INTRODUCTION TO WATERCOLOR

# 수채화 첫걸음

**Art Class**

**미술교실**

INTRODUCTION TO WATERCOLOR

# 수채화 첫걸음

남일 지음

DAEGA BOOKS

# INTRODUCTION TO WATERCOLOR

# 수채화에 첫걸음을 내딛다

수채화는 화려하고 매력적이고 아름다워서 보는 이의 감성을 자극하는 멋진 회화이며, 누구나 쉽게 대할 수 있는 편한 표현매체입니다. 초등학생의 미술 시간부터 중장년층의 수채화 동호회까지, 제일 대중적으로 사랑받는 미술 장르라 할 수 있습니다.

하지만 수채화는 보기보다 매우 까다롭고 섬세한 매체를 사용하기 때문에 잘 하고 싶은 욕구가 생각처럼 빨리 충족되지 않는 분야임은 틀림이 없습니다. 감각과 의욕, 노력보다는 기술적인 부분이 작품의 질을 좌우하는 경우가 많습니다. 그만큼 기본기가 중요한 회화인 것입니다.

수채화를 처음 시작하거나 더욱 실력을 향상하게 시키려는 분들은 기본기를 탄탄하게 다지는 것이 결과적으로 그림이 빨리 느는 방법이라는 것을 명심해야 합니다.

이렇듯 다른 미술 장르보다 기본기가 더욱 중요한 것은 수채화의 몇 가지 특수성 때문입니다.

첫째, 물이라는 재료를 잘 다루어야 하기 때문입니다.
물의 농도를 물감과 종이와 붓으로 익숙하게 다루기 위해서는 많은 연습이 필요합니다. 단지 감성과 감각만으로 다루기엔 어려움이 많기 때문에, 수채화의 기술들을 하나씩 연습하고 응용하여 '물 조절'능력을 키워야 합니다.

그래서 머리로는 이론을 학습하고, 손으로는 반복적으로 연습하는 것이 아주 중요합니다.

둘째, 수정이 거의 불가능하기 때문입니다.
어쩌면 수채화가 어려운 가장 중요한 이유일 수 있습니다.

연필처럼 지울 수 없고, 유화처럼 덧칠로 고치는 것이 어렵기 때문에 맑고 밝은 수채화의 특성을 살리려면 계획적인 제작이 필요합니다. 오랜 시간을 들여 여러 번 만진다고 꼭 좋은 느낌의 수채화가 나오는 것은 아닙니다. 오히려 수채화는 즉흥적이고 가벼운 느낌을 세련되게 표현하는 것, 즉 밝고 맑은 느낌을 위하여 최소의 붓질로 완성하는 것이 일반적인 투명 수채화 기법입니다.

그렇기에 다른 어느 표현매체보다 기본기가 중요하며, 매체에 대한 이해와 학습이 중요합니다. 과정 중간마다 그림을 계속 체크하고 미리 완성작을 예상하는 것이 일반적인 수채화 제작법입니다.

수채화는 여러분이 많이 그려보고 많이 망쳐보기도 하면서 하나씩 배워나가야 하는 미술입니다.

### 셋째, 표현이 매우 다양하기 때문입니다.

수채화는 물을 어떻게 이용하는가에 따라 매우 다양한 효과가 나올 수 있습니다. 붓의 물기를 다루는 기술에서부터 물기가 마른 후 덧칠을 하느냐 마르기 전에 덧칠을 하느냐, 종이를 눕혀서 그리느냐 세워서 그리느냐 등에 따라 매우 다양한 결과가 나올 수 있습니다. 그렇기 때문에 기본기를 잘 익혀야 여러 효과들을 통제할 수 있습니다.

참고로, 수채화는 즉흥적이고 우연적인 표현이 많으므로 아주 똑같은 작품을 그린다는 것은 전문가라도 거의 불가능합니다. 그만큼 수채화는 독창성이 뛰어나며 표현 영역도 넓습니다.

이렇듯 수채화는 물에 대한 이해와 기본기가 병행되어야만 자신이 원하는 그림을 그려낼 수 있습니다. 특히 초보자들은 성급하게 욕심을 내지 말고 하나씩 시간을 들여 기본기를 튼튼하게 학습하는 것이 무엇보다 중요합니다.

이 책은 수채화 초보자들을 대상으로 쓴 수채화 실기 기본서입니다만, 수채화의 일반적 방법론보다는 제 개인적인 강의 노하우를 바탕으로 저술하였다는 것을 밝혀두고자 합니다. 각 파트의 수채화 과정작들도 거의 수업을 하며 시범을 보였던 그림들입니다.

예술에 정답이 없듯, 제가 쓴 내용과 다르게 설명하는 분들도 있을 것입니다. 또 여러분이 오랜 시간 수채화를 그린다면 여러분 나름의 노하우가 생기기도 합니다. 즉, 옳고 그른 것이 아니라 서로 차이가 있다는 것입니다.

하지만 초보자에게 넓디 넓은 바다처럼 막막한 수채화 세계로의 첫걸음을 위해 몇 가지 원칙들을 강조합니다. 이것을 먼저 읽고 책을 본다면 도움이 될 것입니다.

## 1 무엇을 그리든 정확하고 정성껏 그려야 합니다.

사실적인 표현이 예술의 전부는 아니지만, 저는 초보자들에게 시간이 걸리더라도 정확하게 그리도록 권고합니다. 이렇게 정확하고 정성껏 그리는

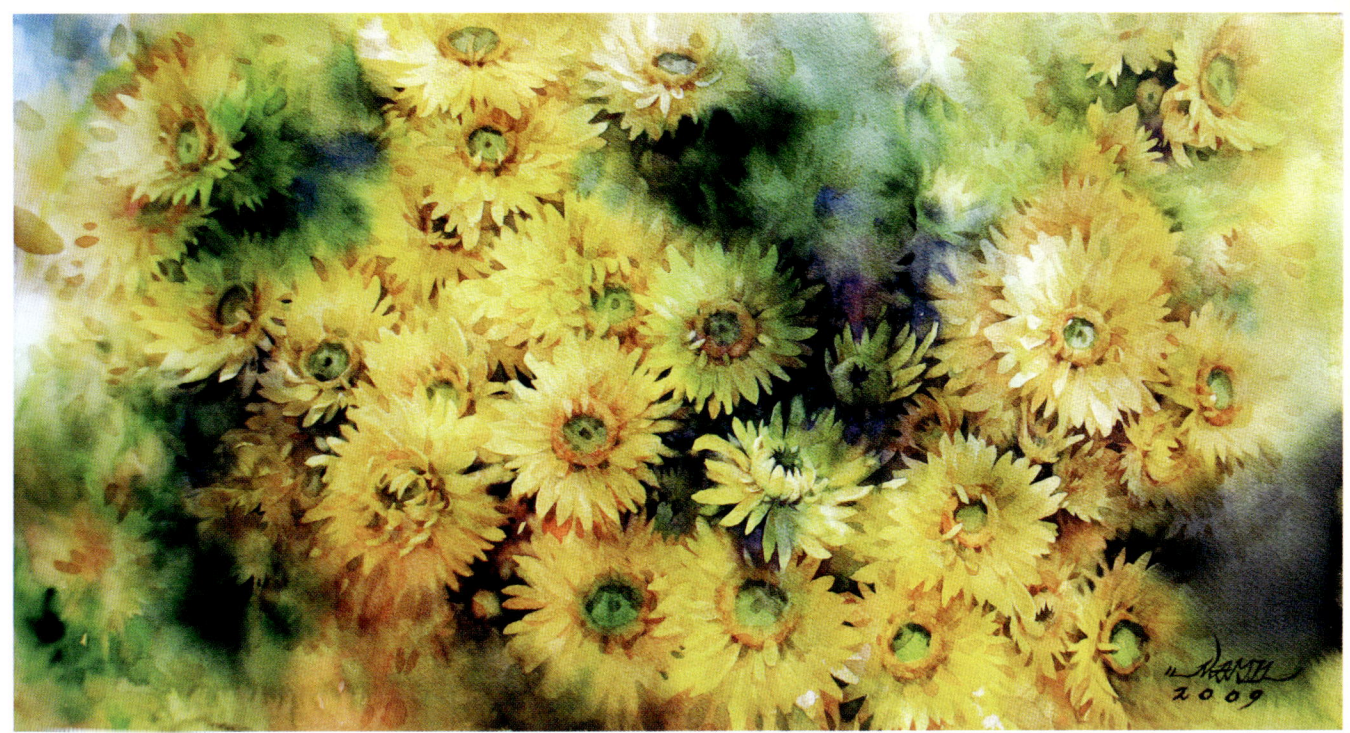

**Yellow Land**, 80×45cm, watercolor on paper.
⟨Land⟩ 시리즈 중 한 작품입니다. 노란 소국들이 가득한 화면 구성으로, 강조와 생략을 조절하여 분위기와 묘사를 적절히 분배하고자 했습니다. 꽃의 신비스러운 아름다움을 강조하고자 몽환적인 분위기를 20호 변형 사이즈로 연출하였습니다.

습관이 시작은 느린 것 같지만 결국 실력이 향상되는 가장 빠른 방법이며 더 높은 수준의 그림을 그릴 수 있는 방법입니다.

### 2 무슨 그림이든 완성을 해야 합니다.
그림을 망쳤다고 중간에 그만두면 안됩니다. 초보자들에게 어울리는 완성이면 됩니다. 그릴수록 완성도는 높아질테니까요.

### 3 시간을 투자해야 합니다.
수채화는 빨리 그린다거나 빨리 완성한다는 선입관이 있는데, 이것은 아주 잘못된 생각입니다. 수채화는 신중해야 하므로 다소 시간이 걸리더라도 정성을 들여 정확하게 그리려고 노력해야 합니다. 물을 다루면서 타이밍 tim-ing 을 적절히 조절하여 천천히 그리는 것도 상당한 테크닉이라는 것을 명심하세요. 한 작품을 오래 그린다고 해서 잘못된 것은 아닙니다. 저는 빨리 많이 그리는 것보다 시간을 들여 완성한 그림이 더욱 좋은 공부가 된다고 믿습니다.

### 4 오랜 세월을 그려야 합니다.
이 말은 수채화를 해 본 분들이면 누구나 공감하겠지만 어느 정도 수준에 올랐다고 쉬거나 그만두면 실력이 퇴보합니다. 왕년에 수채화 좀 했더라도 긴 시간 손을 놓으면 헤매기 일쑤입니다. 그래서 항상 그림 공부하는 분들에

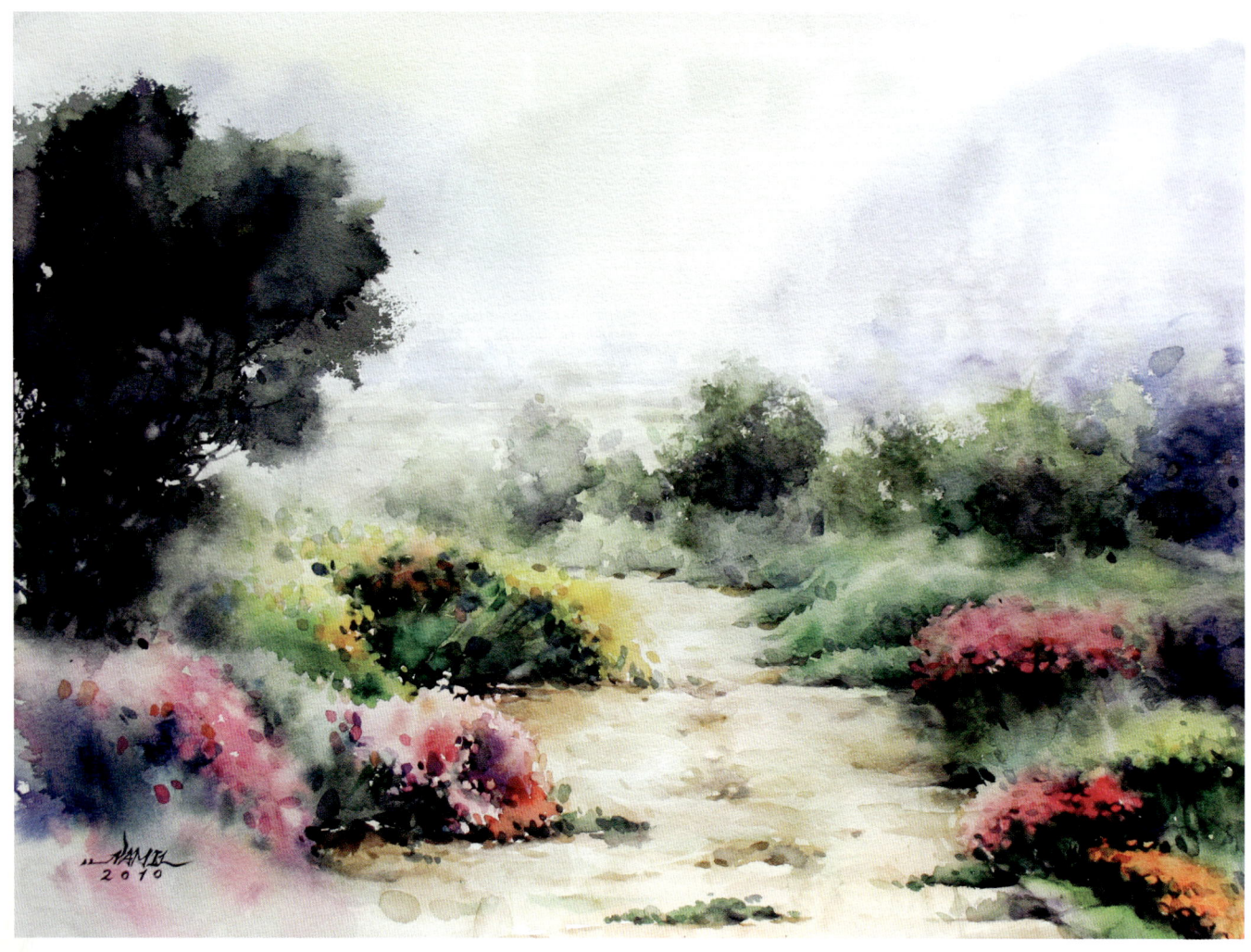

**고향길**, 61×46cm, watercolor on paper.
아스라이 사라질 것만 같은 고향과 자연의 향수를 표현하였습니다. 그래서 수채화의 투명한 물맛을 최대한 살려 주었고, 사실적 묘사보다는 마음속 이미지를 표현하였습니다. 저 길을 가다보면 무엇이 나올까요?

게 '가늘고 길게' 해야 한다고 합니다. 예외의 경우도 있지만 몇 개월, 몇 년을 그려도 마음에 들지 않는 경우도 많다는 것을 명심하고 절대 빨리 승부를 보려 하지 마시기 바랍니다. 여러분이 작가가 되든, 취미로 하든, 넉넉한 세월 동안 그리려는 마음을 가졌으면 좋겠습니다. 그러면 분명, 그림 그리는 새로운 즐거움을 넘어 예술의 진면목을 발견하리라 생각합니다.

**5** 초급과 중급의 경계는 도움 없이 혼자 작품을 완성할 수 있느냐로 나뉩니다.
개인적인 완성도가 다르겠지만 혼자 수채화 그림을 완성할 수 있다면, 중급으로 한발 내디딘 것입니다. 그러니 초보자들은 그림의 시작부터 끝까지 열공하기 바랍니다.

이 책에는 수채화의 기본기에 앞서 수채화의 원리에 가까운 '물'에 대한 이야기를 다루었습니다. 다소 형식적인 이론에 가깝고 알고 나면 너무나 상식적인 내용입니다만 수채화 초보자는 물론 중급자들도 꼭 알아야 하는 내용입니다. 이론으로 먼저 알아두고, 수채화를 그리는 틈틈이 챙겨보면 많은 도움이 되리라 생각합니다.

이렇게 이 책은 수채화 작업을 하며 느꼈던 점들과 수채화 초보자들에게 수업하는 내용, 그리고 수업 예시작들의 과정을 중심으로 실어 보았습니다. 그래서 아주 원론적인 이론이 생략되기도 하고, 중요한 내용이나 말이 잔소리처럼 반복되기도 합니다. 수채화의 아름다움과 우아함보단 딱딱한 원리 원칙을 따집니다. 그리고 장난스러운 말도 하고, 고약한 말도 합니다. 여러분이 수채화를 제대로 공부했으면 하는 저의 충심입니다.

수채화 과정작은 아주 기초적인 과정부터 초급 과정, 중급 과정, 그리고 좀 어려운 과정까지 다양한 스타일의 그림을 넣었습니다. 그래서 여러분의 다양한 시도와 공부에 도움을 드리고자 노력했습니다.

또 수채화를 처음 대하는 분들이 궁금해 하거나, 수채화를 그리며 알고 있어야 할 상식적인 내용도 함께 정리했습니다. 이런 내용도 잘 알아두면 많은 도움이 되리라 생각합니다.

그리고 이 책을 보고 의문이나 궁금한 점, 잘못된 점이나 부족한 점이 있으면 저의 홈페이지에 글을 남겨주십시오. 성심껏 답해드리겠습니다.

-네이버 블로그 남일 수채화 Gallery
-다음 카페 남일 수채화 교실

끝으로 저에게 많은 도움을 주신 도서출판 대가 여러분, 작품을 찬조해 준 임성숙 작가님, 고옥순 작가님, 오랫동안 저와 함께 해준 초등교사 수채화 동아리 '그림사랑', 저의 애제자인 김현정님, 김희정님, Jenny님께 감사드립니다.

이 책이 수채화를 배우는 여러분께 작으나마 도움이 되어 매력적이고 아름다운 수채화를 그리며 행복하길 바랍니다.

남 일 (화가)

# Contents

part 5 *Landscape Painting*
## 풍경화

part 6 *Figure Painting*
## 인물화

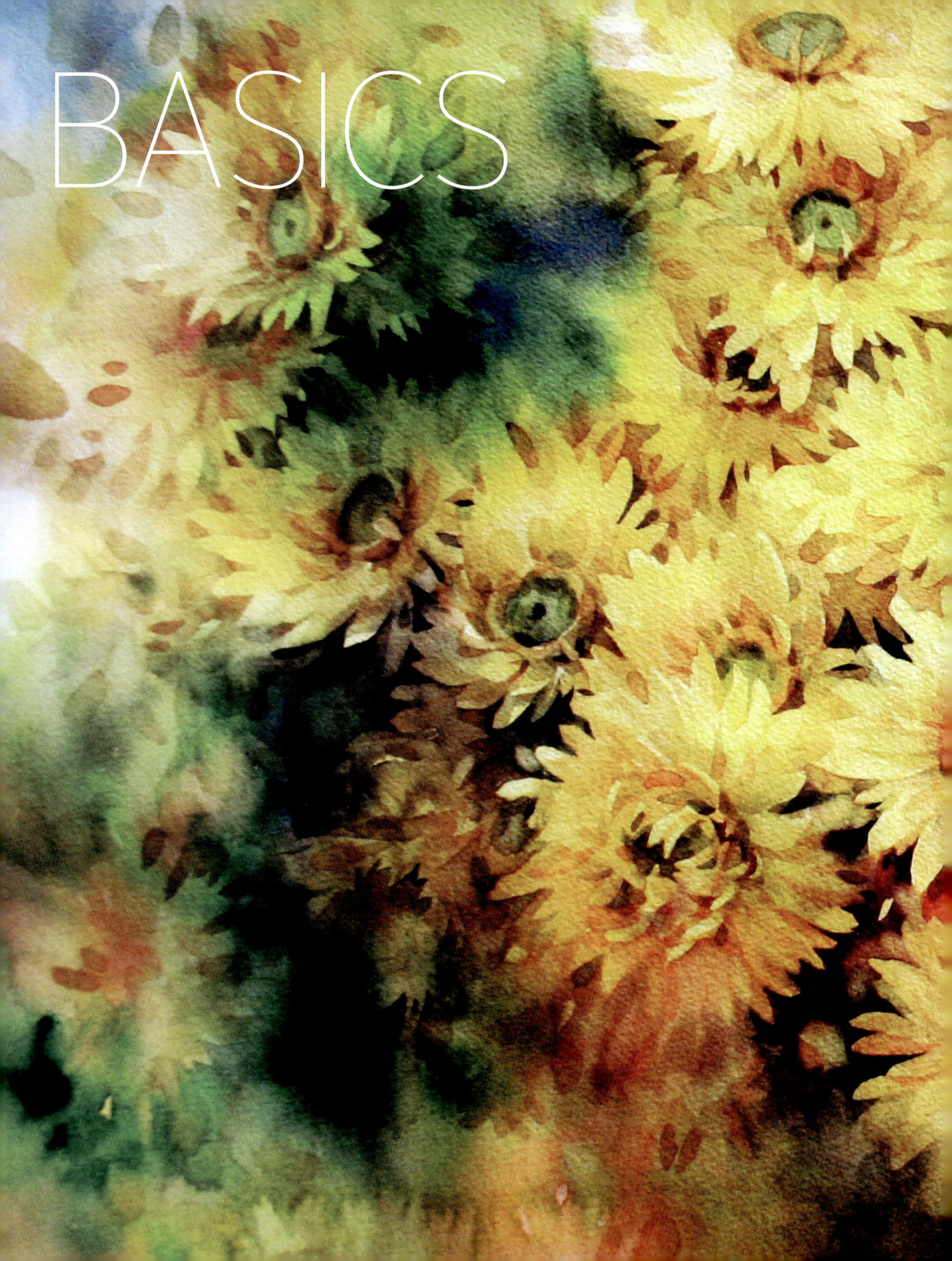

BASICS

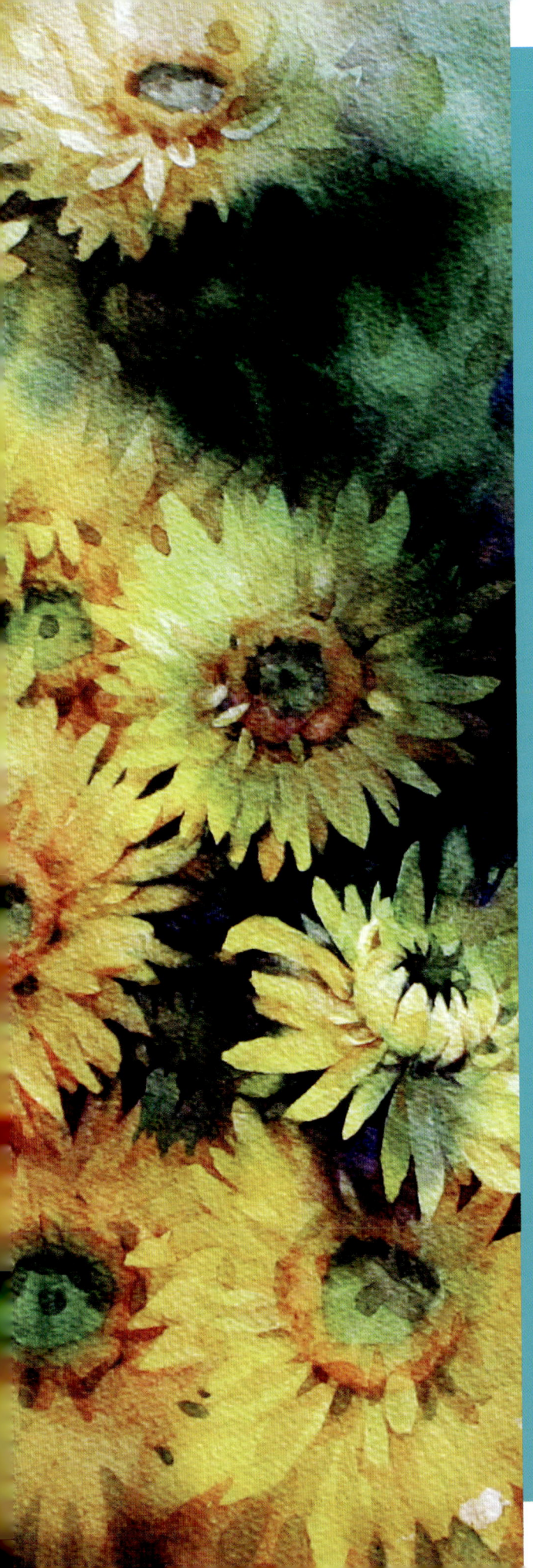

# part 1

# 재료에 대하여

수채화를 그릴 때는 연필, 지우개, 수채화 물감,
수채화 붓, 종이, 팔레트, 물통, 이젤, 화판 등의
수채화 재료들이 필요합니다.
여러분이 재료에 대한 기본적인 지식을 갖는 것은
병사가 무기 사용법을 익히는 과정과 같습니다.
좋은 재료와 올바른 사용법만이 멋진 수채화를 그릴
수 있는 알맞은 무기가 되는 것입니다.
특히, 수채화 재료를 새로 구입하려는 초보자들은
꼼꼼히 읽고, 자신에게 알맞은 재료를 구입하기
바랍니다.

# 수채화 물감

수채화 물감watercolor 은 안료를 아라비아 고무에 녹여 만든 것으로 물에 녹여 종이에 그리는 물감을 말합니다. 변색을 막고 접착력을 높이며 발색을 좋게 하기 위하여 색마다 다른 여러 가지 화학물질을 첨가하기도 합니다. 예전에는 좀 더 아름다운 색을 만들기 위해 동물 뼈나 피를 썼다고도 합니다. 그만큼 아름다운 색에 대한 인간의 탐구는 끝이 없습니다.

수채화 물감은 물과 섞여진 물감의 안료층이 얇고 빛의 투과가 뛰어나기 때문에 투명하고 맑은 느낌을 줍니다. 그리고 혼합이 잘 이루어져 농도에 따라 다양한 색채가 만들어집니다. 또 투명 셀로판 종이를 겹치듯 덧칠해서 더욱 풍부한 표현이 가능합니다. 그리고 물을 거의 섞지 않고 불투명 수채화를 제작할 수 있을 만큼 그 사용이 다양하고 풍부한 채색재료입니다.

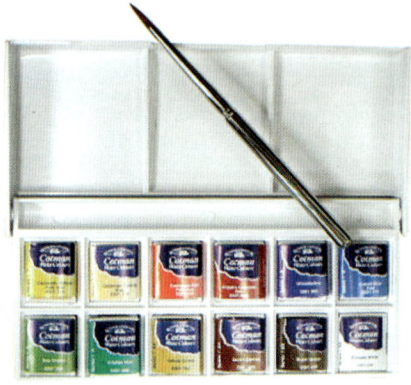

고체 케이크형 수채화 물감

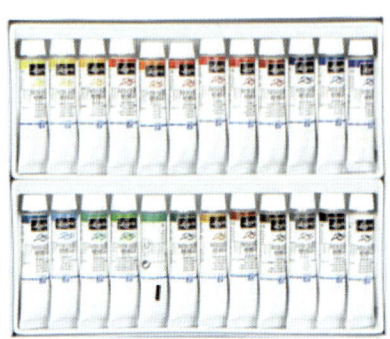

튜브형 수채화 물감

수채화 물감은 그 보관상태에 따라 고체 케이크형 물감과 튜브형 물감으로 나뉩니다.

### 고체 케이크형 수채화 물감

색의 가짓수가 많지 않아 가볍고 편리합니다. 물론 많은 색의 고체형 물감을 낱개로 구비할 수 있으며 팔레트와 일체형이 많아 주로 야외 수채화에 많이 사용됩니다. 이런 고체 케이크형 물감은 '렘브란트' 제품이 많이 사용됩니다.

### 튜브형 수채화 물감

튜브에 반액체 상태로 보관하기 때문에 필요한 만큼 짜서 사용할 수 있습니다. 조금씩 짜서 바로 쓰기도 하지만 일반적으로 팔레트에 일정량을 짜서 굳힌 다음 사용합니다. 쓰고 남은 튜브형 물감은 뚜껑을 꼭 닫아야 합니다. 안 그러면 딱딱하게 굳어져 못쓰게 되는 경우가 많습니다.

국산 수채화 물감으로는 신한ShinHan 의 SWC와 알파Alpa 의 솔거가 있고, 일본의 홀베인Holbein, 영국의 윈저-뉴튼Winsor & Newton, 프랑스의 르프랑Lefranc

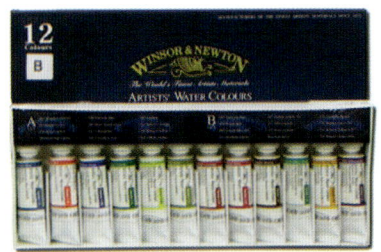
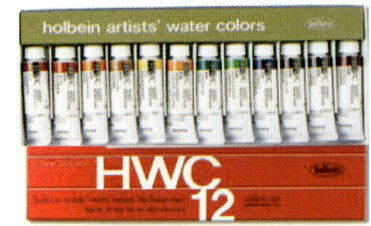
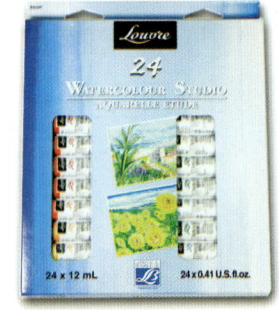
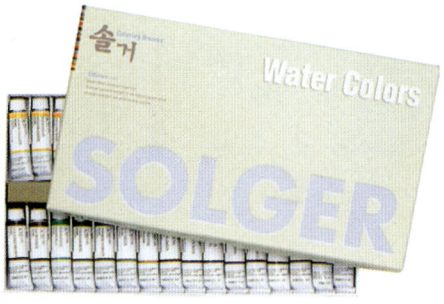
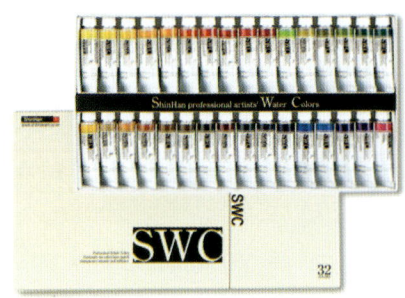

튜브형 수채화 물감

등의 수입 제품이 있습니다.

수채화 물감의 품질은 발색(칠할 때와 마른 후의 색 차이, 색의 선명도 등)과 보존성(시간이 지나도 변색되지 않는)으로 결정됩니다. 그래서 각 회사마다 물감 만드는 방법은 극비라고 합니다. 콜라의 비밀처럼.

참고로, 포스터 물감poster color과 수채화 물감의 가장 큰 차이점은 투명성과 광택입니다. 포스터 물감은 은폐성이 좋은 물감입니다. 그래서 투명하지 않을수록 좋은 물감입니다. 그리고 광택이 없는 것이 수채화 물감과 다른 점입니다. 즉, 포스터 칼라는 불투명하게 쓰는 물감이라는 것입니다.

옛날엔 국산 수채화 물감보다 수입 수채화 물감의 색이 선명하고 맑고 투명하여 비싸지만 많이 선호했습니다. 하지만 요즘엔 국산 수채화 물감의 품질이 매우 좋아져서, 개인적으로는 별 차이를 못 느낍니다.

tip 초보자가 처음 수채화 물감을 구입할 때

처음 수채화 물감을 구입할 때 튜브형 전문가용 수채화 물감 24색이나 32색 1세트를 구입하는 것이 좋습니다. 국산과 외제는 가격 차이가 많이 나니 참고하세요. 수채화 물감 1세트면 생각보다 많은 그림을 그릴 수 있습니다. 그리고 아주 오래 씁니다.

그림을 그리다 보면 주로 많이 쓰는 색이 어느 정도 정해지고, 그렇게 다 쓴 색의 물감이나 새로운 색의 물감을 낱개로 구입하여 사용하면 됩니다. 전문 화방이나 인터넷 재료 구입처에서 수채화 물감을 낱개로 구입하실 수 있습니다. 참고로 구입하고자 하는 색의 이름을 꼭 체크하세요.

## White & Black

전문가 수채화 물감 세트에는 학생용 물감과 다르게, 흰색White 이나 검은색Black 물감을 포함시키지 않습니다(만일 구입한 물감 세트에 흰색 물감이 있을 경우 다른 색으로 교체해 달라고 합니다).

보통 투명 수채화를 그릴 땐 검은색을 못 쓰게 하는 경우가 많습니다. 검은색을 많이 쓰면 그림이 너무 탁해지고 칙칙해질 수 있기 때문입니다. 검은색으로 잘못 그려 놓으면 고치지도 못합니다. 하지만 검은색을 적절하게 잘 쓰면 그림에 깊이가 생기고 풍부한 느낌을 줄 수 있습니다. 마치 독처럼, 잘 쓰면 명약이 되지만 남용하면 죽음이 됩니다.

그래서 검은색의 사용은 개인 선택의 문제이지 쓰면 안되는 색은 아닙니다. 저는 검은색 물감을 잘 사용할 뿐 아니라 먹도 가끔 사용합니다.

마찬가지로 흰색 물감도 잘 쓰면 풍부한 색채를 만들 수 있습니다. 저는 그림을 수정하거나 마무리할 때 사용 하기도 합니다. 자주 사용하지는 않지만 혹시 흰색 물감 이 있다면 팔레트에는 짜놓지 말고 그냥 가지고 있으면 될 것 같습니다. 또는 흰색 아크릴 물감을 사용하는 경우 도 있습니다.

검은색Ivory Black은 물감의 농도(톤) 연습에 필요하므로 초보자들은 꼭 준비하는 것이 좋습니다. 왜냐하면 처음엔 물 농도 연습이 아주 중요하기 때문에 무채색으로 명암연 습을 많이 해야 합니다. 연필로 기본 데생하듯, 무채색으 로 명암, 양감을 공부할 때 색은 무시하고, 물 농도만 신경 써서 공부하는 것이 좋 습니다.

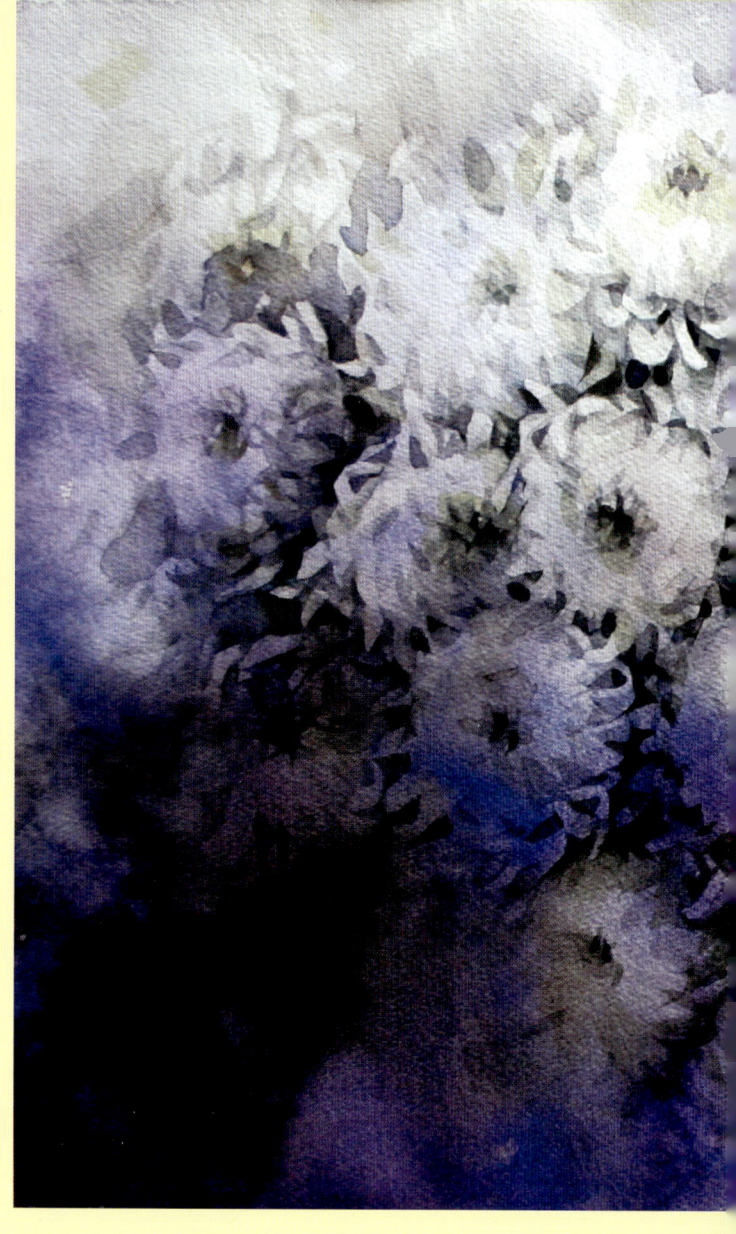

앞에서도 말했지만 수채화 작가들은 검은색Black 을 '적절하게' 사용하여 그림 을 더욱 깊이 있고 맑게 만들기도 합니다. 물론 검은색을 쓰지 않는 경우도 많습 니다.

검은색의 느낌은 물 농도를 조절해 약하거나 진하게 칠해야 합니다. 아무리 검 은색 물감이라도 물을 섞으면 회색이지, 검은색이 아닙니다.

색 중에서 흰색이 혼합되어야만 나오는 색(핑크, 연보라, 하늘색 등)은 원색에 물

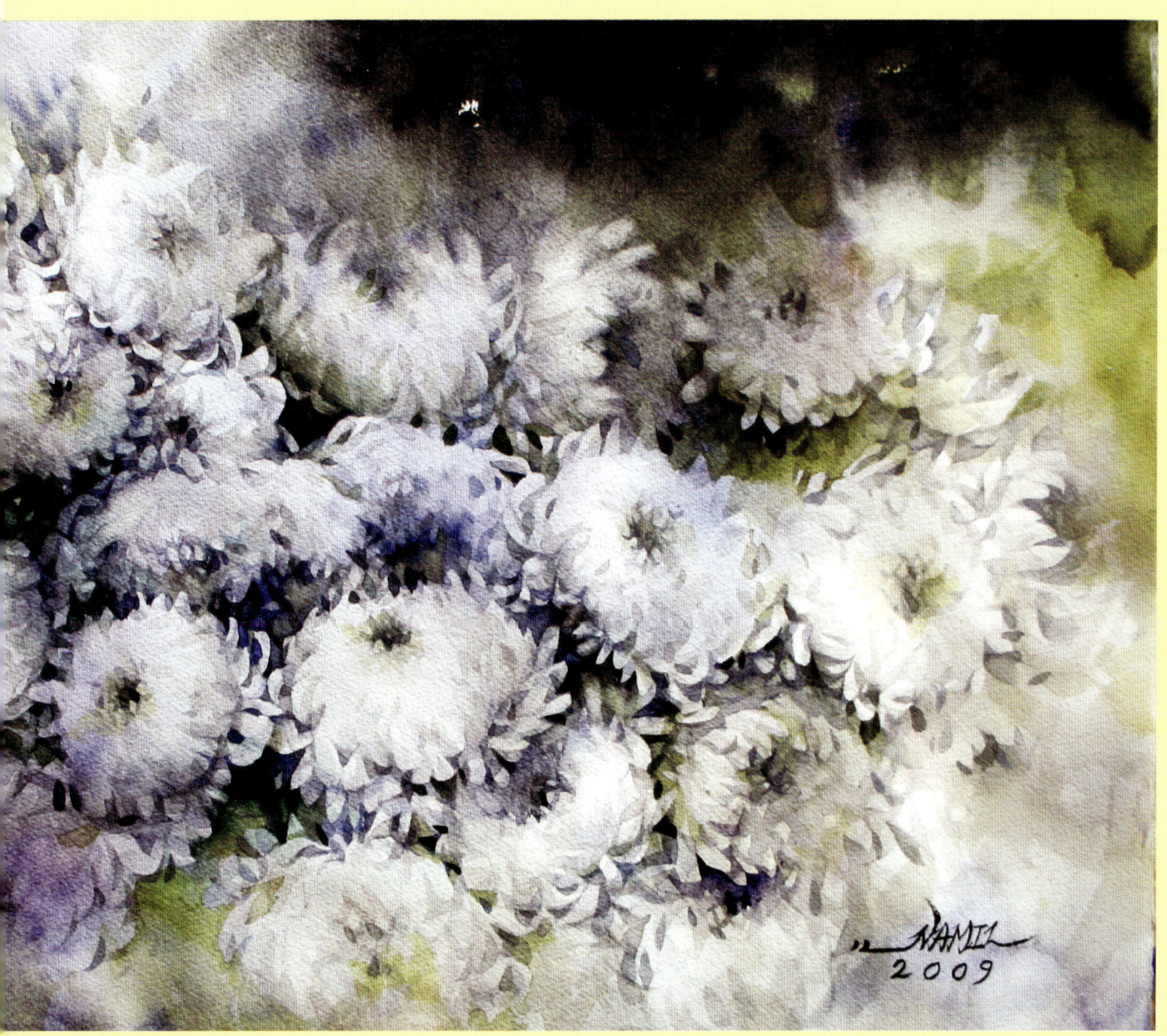

**White Land**, 80×45cm, watercolor
on paper.
하얀 국화를 표현할 때 밝은 톤의 미세한 변
화를 잘 처리하는 것이 핵심입니다. 국화를
적절하게 묘사하면서도 전체적으로 어우러
지게 표현하였습니다.

을 많이 섞어 나타내거나, 미리 만들어진 물감을 낱개로 구입해서 사용하는
것이 일반적입니다.

　　그리고 흰색의 느낌은 유화나 불투명 수채화와 달리 종이의 하얀 표면을 살
려주며 표현하기 때문에 끝까지 아무것도 칠하지 않는 방법으로 표현합니다.
즉, 밝은 톤은 하얀 종이 표면이 많이 비치면 된다는 것입니다.

　　아마도 이것이 투명 수채화에서 제일 중요하고도 어려운 테크닉일 것입니
다. 그래서 이 이야기는 앞으로 자주 나옵니다. 잘 기억해 두세요.

# 팔레트

팔레트palette 는 그 재질과 크기에 따라 매우 다양합니다. 플라스틱, 알루미늄, 방탄유리 재질 등의 팔레트가 있고, 크기, 물감 칸 수 등이 다른 다양한 종류가 있습니다. 일반적으로 알루미늄이나 방탄유리 재질의 팔레트를 많이 사용합니다.

문방구에 있는 작은 학생용 플라스틱 제품보다 되도록 사이즈가 큰 전문가용을 사용하세요. 팔레트는 크고 칸이 많을수록 좋습니다.

무엇보다 처음 구입할 때는 수채화 물감 세트의 수를 감안하여야 합니다. 만약 32색의 수채화 물감을 구입한 경우, 35칸 이상의 팔레트가 필수적입니다. 남는 칸은 우선 비워두었다가 낱개로 구입한 다른 색깔의 물감을 짜서 사용하거나, 많이 쓰는 색의 물감을 두 칸에 짜서 쓰도록 하세요.

수채화 작가들의 경우, 팔레트를 여러 개 사용하기도 하며 그 때 그 때 필요한 색을 짜서 반건조 물감 상태로 그려나가는 경우도 있습니다. 아주 많은 양의 물감이 필요하면 종이컵이나 접시에 물감을 짜 물과 섞어 사용하기도 합니다.

일반적으로 수채화 물감을 색깔별로 팔레트 칸에 충분하게 짜고 팔레트가 펼쳐진 상태로 1~2일 정도 말려서 사용합니다. 물감이 충분히 건조하지 않은 경우 물감이 흘러내릴 수 있으니 주의하세요.

팔레트는 수채화의 시작부터 끝까지 함께 하는 아주 중요한 재료입니다. 처음 구입할 때부터 신경 써서 여유 있게 구입하고 평소에 애지중지 관리해야 합니다. 작업 시간이 끝나면 흐르는 물에 깨끗이 씻어 휴지로 물기를 제거한 후 보관하세요. 물감이 팔레트에 오랫동안 남아있으면 팔레트 표면에 색이 물들기도 합니다.

오래 작업을 할 때는 중간에 팔레트를 깨끗이 씻어서 쓰도록 합니다. 귀찮아하지 말고. 항상 깨끗하게 관리하여 원하는 색을 자연스럽게 쓸 수 있도록 합니다.

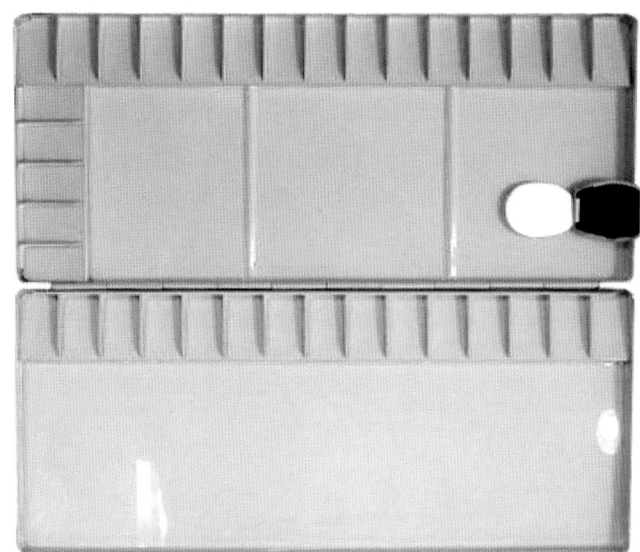

**알루미늄 팔레트**

역사와 전통을 자랑하는 알루미늄 팔레트입니다. 예전에 모든 사람이 애용했습니다. 오른쪽 구멍에 왼손 엄지를 집어넣으면 화가의 포스가 나기도 합니다.

**방탄 유리 팔레트**

요즘 가장 많이 사용하는 팔레트입니다. 알루미늄 보다 가볍고 튼튼해서 사용하기 편리합니다. 저도 이 팔레트를 추천해 드립니다. 팔레트를 바닥에 내려놓고 사용할 때 사진처럼 물감의 칸이 위로 가도록 하여 사용하세요.

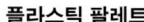

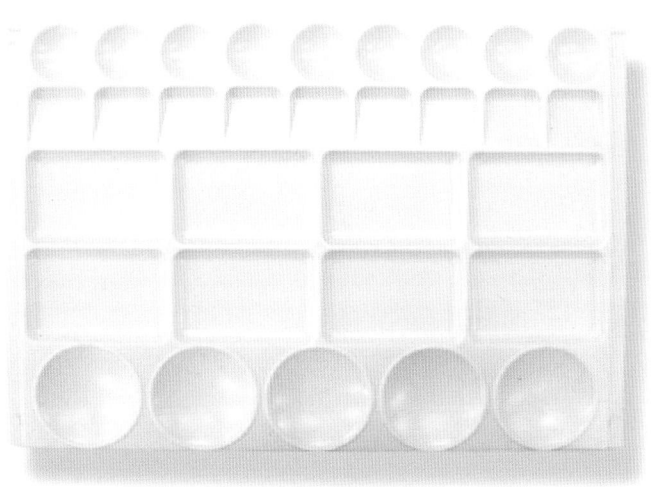

**플라스틱 팔레트**

이 팔레트는 물감을 미리 짜서 쓰는 것보다 필요한 색을 때마다 짜서 쓰는 팔레트입니다. 일러스트나 정밀묘사 때 많이 사용합니다.

**팔레트에 물감 짜는 순서**

팔레트에 물감을 짜는 순서는 개인마다 차이가 있으며, 지도 선생님마다 의견이 다릅니다. 하지만 일반적으로 같은 계열의 색이 모여 있는 것이 좋습니다. 팔레트 물감을 붓으로 풀 때 다른 계열 색과 섞이지 않도록 해야 하기 때문입니다.

그리고 밝은 색에서 어두운 색으로, 또는 그 반대로 명도의 단계별로 물감을 배치하는 것이 사용하기 편리합니다. 일반적으로 노란색Yellow 계열, 빨간색Red 계열, 고동색Brown 계열, 녹색Green 계열, 파란색Blue 계열로 나누어 순서를 정해두는 것이 좋습니다.

특히 어두운 색일 경우, 팔레트 색들이 눈으로는 식별이 잘 안되므로 나름대로의 순서를 확실히 정하여 기억하는 것이 좋겠습니다(특히 Brown 계열 색과 Blue 계열 색). 그리고 중요한 색은 색 이름과 팔레트에서의 정확한 위치를 잘 기억해두어야 합니다.

물감을 짤 때 소극적으로 짜지 말고 팔레트 칸에 가득하도록 적극적으로 짜는게 좋습니다. 그리고 짜서 바로 사용하는 건 괜찮지만 꼭 하루 이틀 말린 후 팔레트를 덮어야 합니다. 바로 덮거나, 덜 말랐는데 덮으면…… 많이 속상한 일이 벌어집니다.

오른쪽 사진은 국산 수채화 물감 32색 세트와 검은색Ivory black을 35칸 수채화 팔레트에 짠 것입니다. 물감 제조 회사마다 세트 구성이 다소 차이가 있으니 참고하세요.

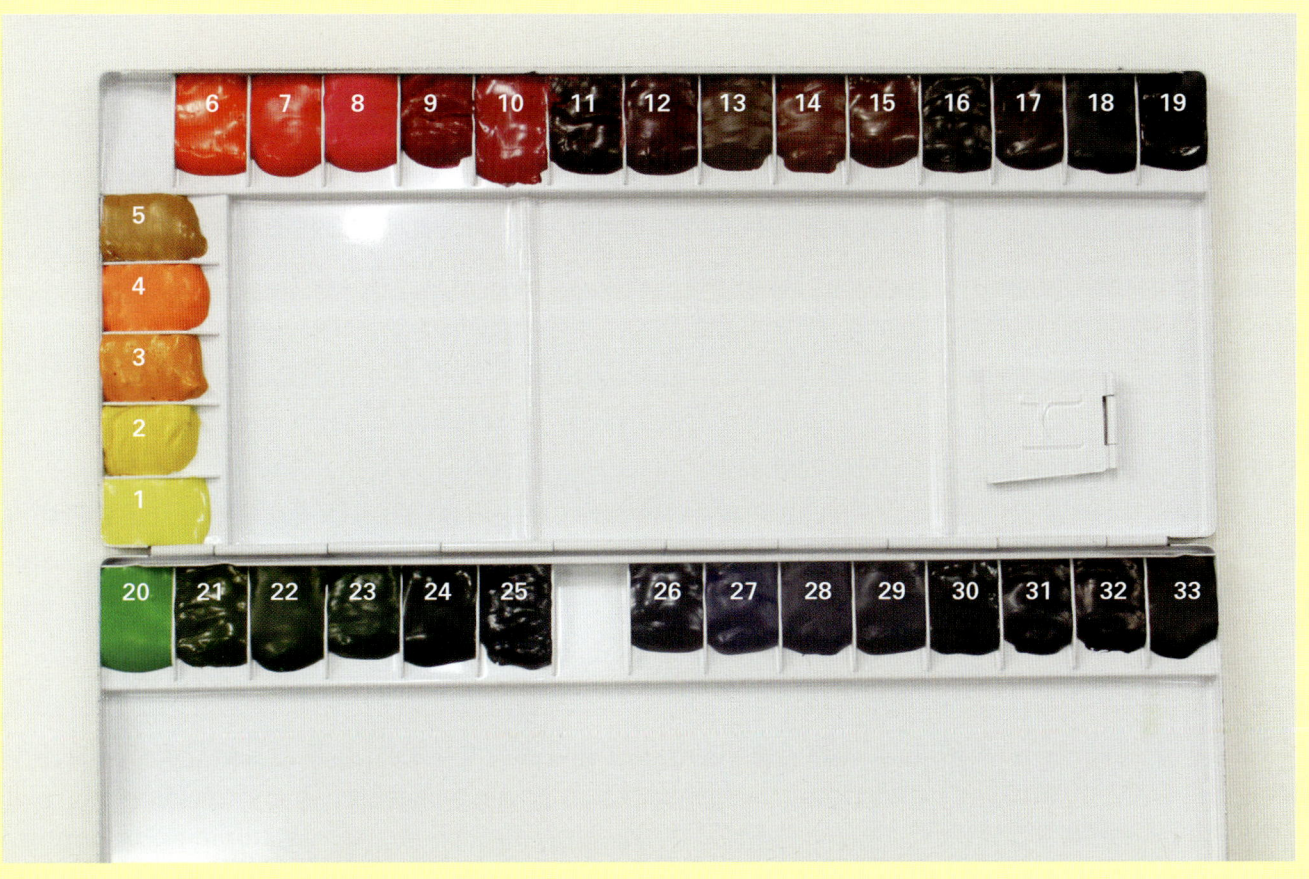

**위 칸 왼쪽부터**

1 레몬 옐로우 Lemon Yellow

2 퍼머넌트 옐로우 라이트
Permanent Yellow Light

3 퍼머넌트 옐로우 딥
Permanent Yellow Deep

4 카드뮴 옐로우 오렌지
Cadmium Yellow Orange

5 옐로우 오우커 Yellow Ochre

6 퍼머넌트 옐로우 오렌지
Permanent Yellow Orange

7 버밀리온 휴 Vermilion Hue

8 오페라 Opera

9 퍼머넌트 레드 Permanent Red

10 퍼머넌트 로즈 Permanent Rose

11 로즈 매더 Rose Madder

12 크림슨 레이크 Crimson Lake

13 로우 엄버 Raw Umber

14 번트 시엔나 Burnt Sienna

15 라이트 레드 Light Red

16 브라운 레드 Brown Red

17 번트 엄버 Burnt Umber

18 반다이크 브라운 Vandyke Brown

19 세피아 Sepia

**아래 칸 왼쪽부터**

20 퍼머넌트 그린 #1
Permanent Green No.1

21 그리니쉬 옐로우 Greenish Yellow

22 올리브 그린 Olive Green

23 샙 그린 Sap Green

24 후커스 그린 Hooker's Green

25 비리디안 휴 Viridian Hue

26 세루리안 블루 휴 Cerulean Blue Hue

27 피코크 블루 Peacock Blue

28 울트라마린 딥 Ultramarine Deep

29 코발트 블루 휴 Cobalt Blue Hue

30 프러시안 블루 Prussian Blue

31 인디고 Indigo

32 퍼머넌트 바이올렛 Permanent Violet

33 아이보리 블랙 Ivory Black

# 종이

동양화는 주로 화선지에 그리고, 유화는 캔버스 천에 그리는 것처럼 수채화는 일반적으로 두꺼운 종이paper에 그립니다.

물을 사용한 채색인 수채화의 경우, 종이의 흡수력과 표면의 재질감에 따라 여러 가지 다른 표현이 가능하기 때문에 종이의 선택은 매우 중요합니다. 수채화 작가들도 종이의 선택은 매우 까다로운 편입니다. 다양한 종이로 다양한 효과를 내는 작가도 있지만, 주로 자기에게 익숙한 종이를 선호합니다. 그래서 종이는 수채화 재료 중 가장 개인적인 기호가 강하고 중요한 재료입니다.

일반적으로 쓰는 켄트지 외에도 여러 회사의 전문 수채화 용지들이 있고, 또한 표면의 질감에 따라 매우 다양하므로 초보자의 경우 전문가의 조언을 구하는 것이 좋습니다.

그리고 처음부터 수채화 전문용지를 사용하는 것보다 켄트지에 충분히 기본 연습을 하고 수채화 전문용지를 사용하는 것이 좋습니다. 전문 수채화지와 가격차이도 크지만 켄트지는 표면이 부드러워 정확한 표현이 가능하고, 물의 흡수가 약하여 물 농도 연습에 제격인 종이입니다.

켄트지를 비롯한 일반 종이는 목재의 펄프pulp를 원료로 만들지만, 고급 수채화 용지는 대개 목면cotton을 재료로 만듭니다. 수채화 용지는 산성이 적어 보존성이 뛰어나고 색의 발색이 좋은 만큼 가격이 비싼 편입니다.

고급 수채화 용지는 그 표면의 질감(건조 방식)에 따라 3가지 종류로 나뉘어집니다.

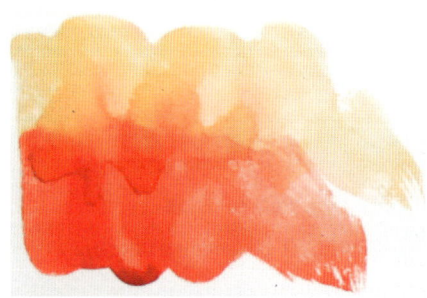

**Hot-pressed**(세목, 가열압착)
세탁한 빨래를 뜨거운 다리미로 민 것처럼 표면이 매끄럽고 흡수력이 약합니다. 부드럽고 정교한 작업에 적합합니다.

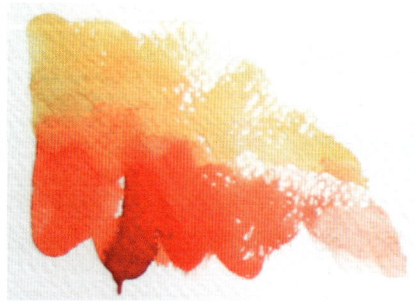

**Cold-pressed**(중목, 냉압착)
세탁한 빨래를 차가운 다리미로 민 것처럼 표면이 약간 거칠고 흡수력이 좋습니다. 일반적으로 가장 많이 사용하는 종이입니다.

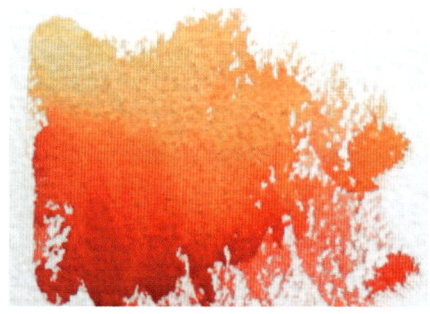

**Rough**(황목)
세탁한 빨래를 그냥 말린 것처럼 표면이 매우 거칠고 흡수력이 좋습니다. 물의 흡수력이 좋고 표면이 거칠어 정교한 묘사보다는 깊이 있는 분위기 표현에 적합합니다.

수채화 전문용지는 영국의 와트만Watman, 프랑스의 아르쉬Arches, 칸송Can-son, 이탈리아의 파브리아노Fabriano 등의 수입 제품들이 많이 사용되고 있습니다.

각 회사마다 종이의 재질과 표면 질감, 흡수력, 두께, 크기가 서로 다른 수십 종의 종이가 생산되며 가격도 다양합니다. 구입하기 선에 꼭 종이의 특성과 가격을 확인하세요.

아래 사진들은 스케치북이나 패드pad로 묶여진 제품입니다. 또한 몇몇 수채화 용지는 전문 화방에서 낱장으로 구입할 수 있습니다. 그리고 큰 작업에 쓰이는 롤roll지도 있습니다.

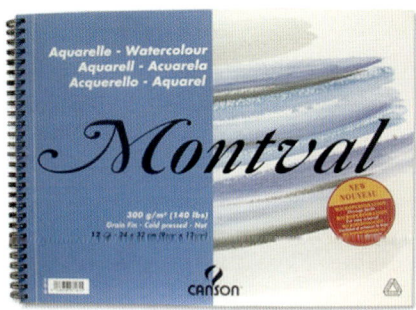
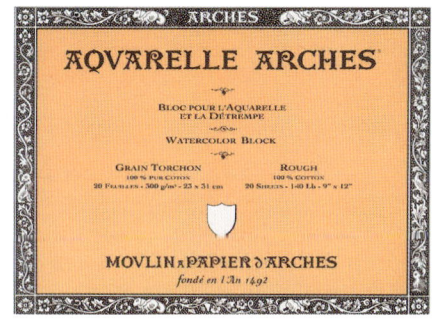

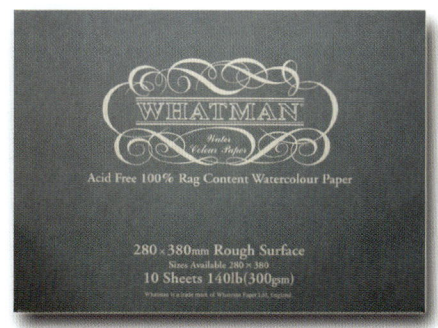
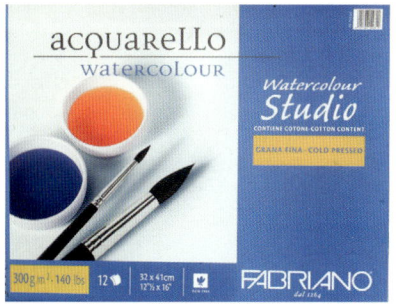

tip 처음 수채화를 배우는 경우

초보자들은 우선 4절이나 5절 켄트지 전문가용 스케치북을 사용하는 것이 좋습니다(켄트지도 앞뒤를 구분하여야 합니다. 종이의 뒤쪽은 거칠고 뭉개지기 쉽죠. 또한 종이의 앞뒤 구분이 쉽지 않으므로, 초보자들은 스케치북을 사용하는 것이 좋습니다).

켄트지는 물의 흡수가 느리고 채색이 편한 반수지 종이입니다. 그리고 물감이 종이 속까지 침투하지 않기 때문에 어느 정도 물로 닦아내며 수정이 가능합니다. 그렇기 때문에 켄트지는 수채화의 물 조절하는 연습과 기본기 익히기에 아주 적당합니다.

단, 200g/m² 정도의 두께여야 합니다. 종이가 얇으면 몇 번의 덧칠로 그림이 뭉개져 망치기 쉽습니다.

## 종이의 두께와 크기

작가들은 작품의 크기를 '호'라는 치수로 부릅니다. 유화의 캔버스 크기를 나타내는 이 단위가 모든 평면 작품에 쓰여지며, '그 작가의 작품이 호당 얼마다 ~'라며 작품의 가격을 정하는 기준이 되기도 합니다.

1호는 엽서 두장 정도(22×16cm)의 크기입니다. 가장 일반적으로 사용되는 호수는 F형 사이즈이므로 이를 기준으로 생각하면 됩니다. 대략 4절지는 10호 정도의 사이즈와 유사합니다.

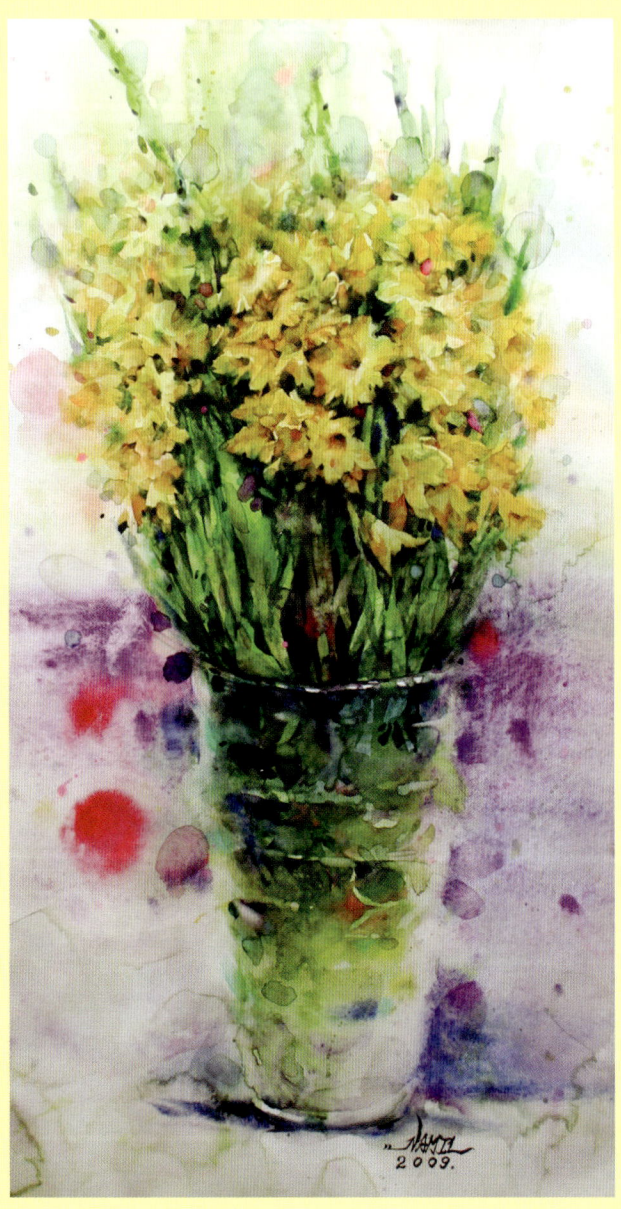

| 호수 | F형 (인물화형) | P형 (풍경화형) | M형 (바다풍경형) |
|---|---|---|---|
| 0 | 18 x 14 | – | – |
| 1 | 22 x 16 | 22 x 14 | 22 x 12 |
| 2 | 22 x 19 | 24 x 16 | 24 x 14 |
| 3 | 27 x 22 | 27 x 19 | 27 x 16 |
| 4 | 33 x 24 | 33 x 22 | 33 x 19 |
| 5 | 35 x 27 | 35 x 24 | 35 x 22 |
| 6 | 41 x 33 | 41 x 27 | 41 x 24 |
| 8 | 46 x 38 | 46 x 33 | 46 x 27 |
| 10 | 55 x 46 | 55 x 38 | 55 x 33 |
| 12 | 61 x 50 | 61 x 46 | 61 x 38 |
| 15 | 65 x 54 | 65 x 50 | 65 x 46 |
| 20 | 73 x 60 | 73 x 54 | 73 x 50 |
| 25 | 81 x 65 | 81 x 60 | 81 x 54 |
| 30 | 92 x 73 | 92 x 65 | 92 x 60 |
| 40 | 100 x 81 | 100 x 81 | 100 x 65 |
| 50 | 116 x 89 | 116 x 81 | 116 x 73 |
| 60 | 130 x 97 | 130 x 89 | 130 x 81 |
| 80 | 146 x 112 | 146 x 97 | 146 x 90 |
| 100 | 162 x 130 | 162 x 112 | 162 x 97 |
| 120 | 195 x 130 | 195 x 114 | 195 x 97 |
| 200 | 259 x 194 | 259 x 182 | 259 x 162 |

단위: 가로×세로, cm

F(Figure, 인물화 그릴 때), P(Paysage, 풍경화 그릴 때),
M(Marine, 해경(바다) 그릴 때)

**나의 노래**, 42×78cm, watercolor on paper.
꽃과 꽃병의 긴 연출을 위하여 20호 변형 크기 size 로 제작했습니다.

또한 '절'이라는 치수를 쓰기도 합니다.

이는 46전지(109.1×78.8cm)를 기준으로 2절지(78.8×54.5cm), 4절지(54.5×39.3cm), 8절지(39.3×27.2cm), 16절지(27.2×19.7cm)로 표시됩니다.

종이의 두께는 g/㎡로 표시합니다.

즉, 1제곱미터 당 몇 그램(g)의 무게를 가지느냐에 따라 두께를 읽어낸다는 것입니다. 수채화 전문 용지는 250~300g/㎡가 일반적입니다.

기본적으로 수채화에 적합한 용지의 두께는 200g/㎡ 정도 이상이어야 합니다. 그 이하이면 종이 표면이 물에 쉽게 뭉개지며 덧칠이 어려워집니다. 학생이나 초보자의 수채화용 켄트지 스케치북도 200g/㎡를 확인하고 구입하는 것이 좋습니다.

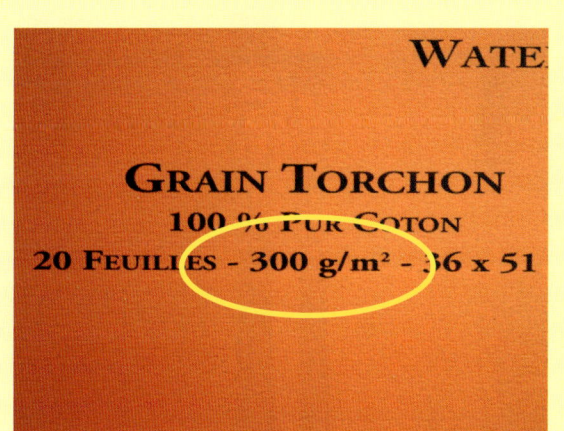
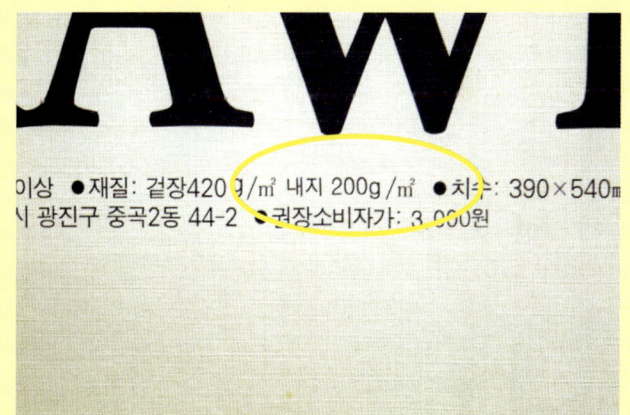

종이 두께 표시

# 붓

수채화용 붓brush은 물의 흡수력과 흡출력이 좋고 부드러우면서도 탄력이 있는 천연모나 인공모로 만들어집니다. 보통 시베리아 담비의 털로 만든 고급 붓이나 다람쥐 털로 만든 붓 등 천연모의 종류에 따라 가격 차이가 생기며 양모와 인공모의 혼합 붓도 많이 쓰입니다.

일반적으로 세필붓, 통붓, 평붓, 빽붓, 동양화붓 등 그 모양과 쓰임에 따라 다른 여러 종류의 붓이 있습니다. 그 중 통붓(둥근 붓)이 수채화에 일반적으로 많이 쓰입니다.

붓의 크기는 제일 작은 1호부터 있으며 호수가 커질수록 점차 붓이 커집니다.

수채화용 붓은 화홍Whahong, 루벤스Rubens, 바바라Babara, 다빈치Davinci 등의 회사 제품들이 나와 있으며 붓의 종류와 크기에 따라 가격이 천차만별이니 잘 살펴보고 선택하는 것이 좋습니다.

전문가들은 고가의 붓을 사용하는 것이 아니라 자신이 오랫동안 사용하여 손에 익숙한 붓을 선호합니다. 그러므로 처음 붓을 구입할 때 몇 년 정도 쓸 생각으로 붓을 구입하는 게 좋습니다. 그리고 붓털에 따라 약간 부드럽거나 뻣뻣하기도 하니, 자신이 익숙해질 때까지 처음의 붓을 꾸준하게 사용하세요.

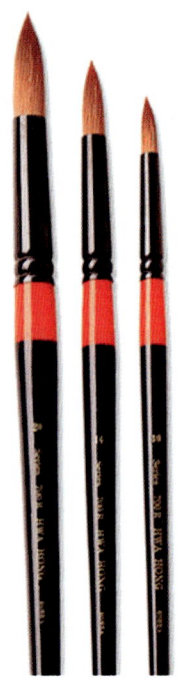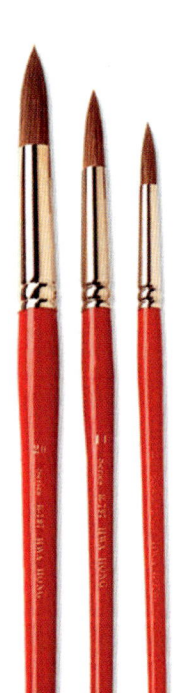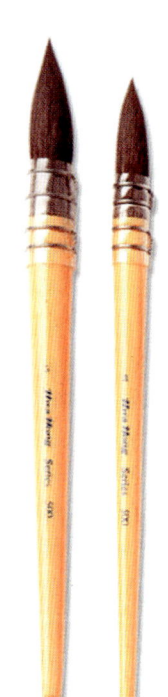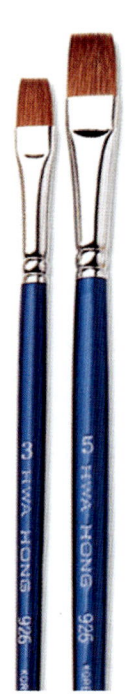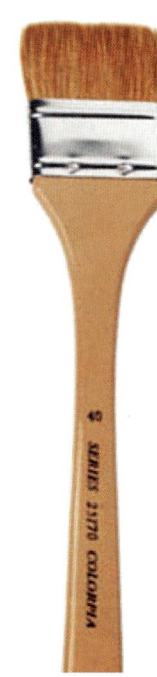

### tip 붓의 보관 시 유의 사항

- 그림 그린 후 깨끗이 붓을 씻고 건조한 후 붓털이 위로 가게 붓꽂이에 보관합니다. 또는 붓집에 고정하여 보관해야 합니다. 붓통은 붓털 부분이 눌릴 수가 있으므로 피하는 게 좋습니다. 붓털 부분을 신경 써서 보관하면 몇 년 동안이라도 사용할 수 있습니다.
- 붓을 물통에 꽂아 두는 경우가 있는데 잠깐은 상관없지만 오래 방치하면 붓의 모양이 구부러질 수 있습니다. 그러면 붓이 갈고리 모양으로 구부러져 못쓰게 되는 경우가 많고, 붓의 나무 부분도 약해지니 붓

을 물통에 방치하지 않도록 각별히 유의하여야 합니다. 참고로, 못 쓰게 된 붓은 버리지 말고 마스킹액을 바를 때 쓰거나 아크릴, 페인팅 등 다른 용도로 쓰세요.
- 수채화 붓으로 다른 채색을 할 경우(마스킹액, 아크릴, 제소 등) 사용 즉시 붓을 비누로 깨끗이 세척해 내야 합니다. 왜냐하면 시간이 약간만 지나도 붓이 굳어 못 쓰게 됩니다. 붓에 비눗물을 먼저 묻히고 마스킹액을 쓰면 세척하기 쉽습니다.

## 붓의 구입 요령

붓을 처음 구입하는 초보자의 경우, 둥근 붓(통붓) 10호, 16호, 20호, 수채화 평붓 큰 사이즈, 이렇게 네 자루만 있으면 됩니다. 사실 이정도만 갖추면 모든 그림이 가능합니다. 둥근 붓의 경우 이렇게 세 가지 크기의 붓이 세트로 구성되어 있기도 합니다.

평붓의 경우, 디자인용 평붓과 수채화용 평붓이 있으므로 잘 살펴보아야 합니다. 디자인용은 붓털이 단단하여 터치의 외곽이 날카롭고 선명합니다. 제가 말한 부드러운 수채화 평붓이 디자인용으로 소개되기도 하니 붓의 상태를 잘 보고 선택하세요.

붓을 직접 고를 때 붓털의 끝 부분이 휘거나 갈라져 있지 않은가 확인한 후 구입하여야 합니다.

특히 같은 크기, 같은 디자인의 붓이라 해도 제조 회사나 그 종류에 따라 가격이 다르므로 꼭 상표와 가격을 잘 살펴보고 선택하세요.

같은 회사의 제품이라도 어떤 털로 만든 붓이냐에 따라 가격이 많이 차이가 나며, 붓의 탄력(부드러움, 중간, 뻣뻣함)이 다릅니다.

그리고 다른 재료와 마찬가지로 이 붓들로 충분히 연습하여 손에 익힌 후 필요한 붓을 추가로 구입해 나가는 것이 바람직합니다. 예를 들어 빽붓이나 세필붓, 동양화붓 등은 그 쓰임새가 한정되므로 필요에 따라 구입하는 것이 좋습니다.

무엇보다 중요한 건 자신에게 익숙한 붓을 선택하는 것입니다. 수채화 작가들도 붓의 가격 여부보다는 자신에게 익숙한 붓을 애용합니다.

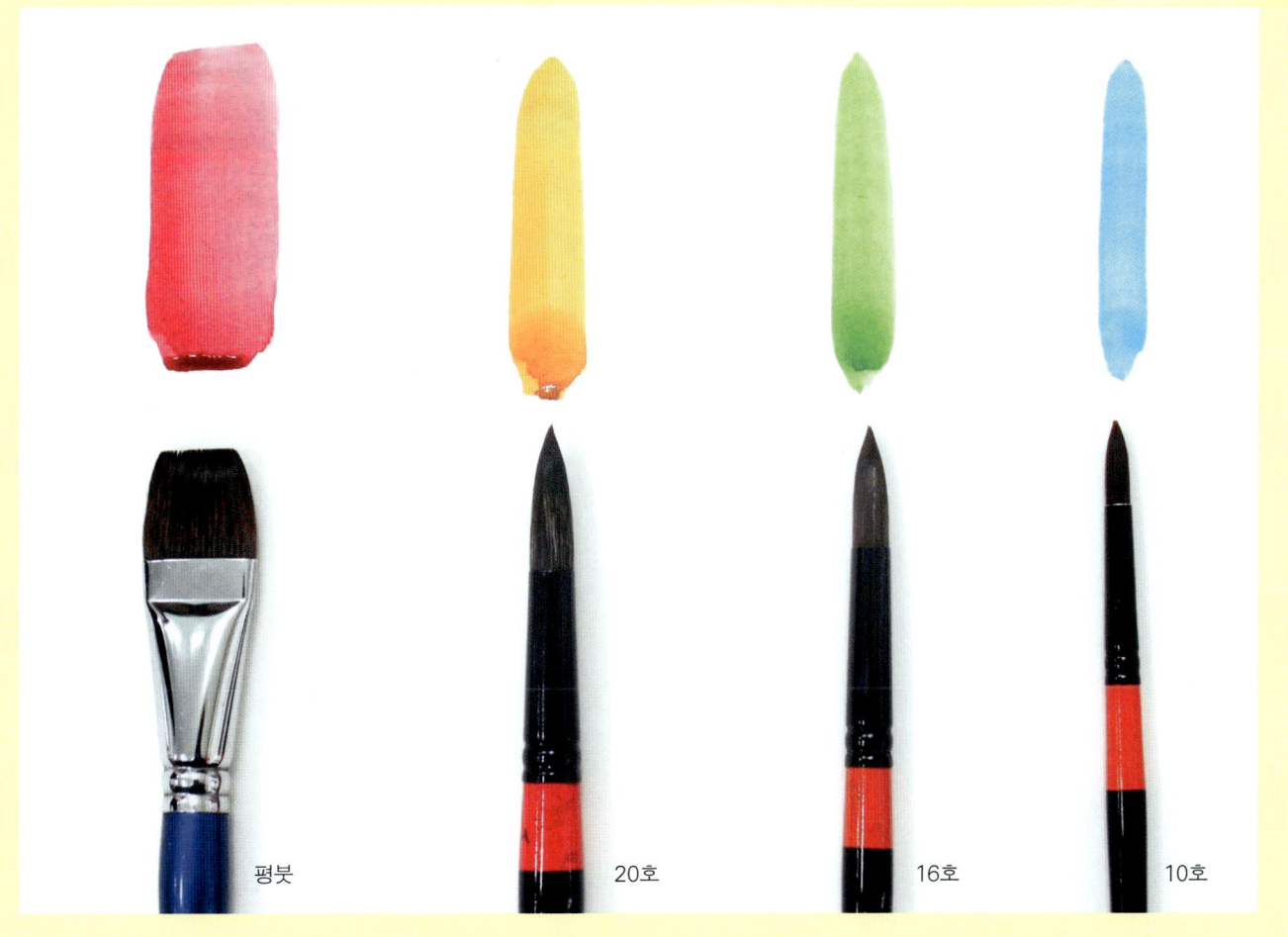

평붓     20호     16호     10호

# 기타 재료

### 물통

물통은 너무 작지 않은 것이면 무엇이든 사용할 수 있습니다. 플라스틱 물통이 화실이나 미술학원에서 가장 일반적으로 사용됩니다. 거기에 물을 약 3분의 2정도 담아 사용하며, 오래 사용한 물은 새물로 갈아주는 것이 좋습니다.

야외 수채화할 때 보관하기 편리한 튜브형 물통이나 야외용 물통을 사용하기도 합니다.

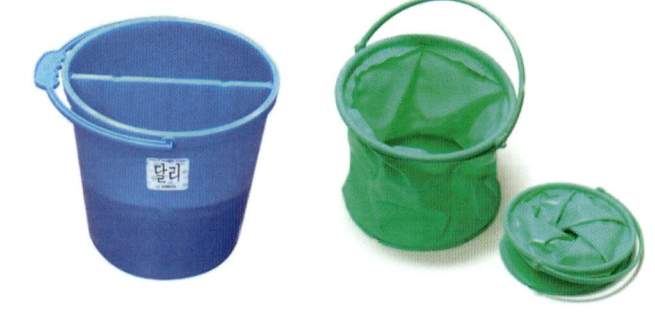

### 아트백

예전엔 화구 박스라고 하여 무거운 나무박스에 수채화 도구를 챙겨 가지고 다니기도 했습니다. 그림은 그냥 말아 가지고 다니거나 도면통에 넣어서 어깨에 매고 다녔습니다.

하지만 요즘에 지퍼가 달린 4절 아트백이나 2절 아트백으로 모든 수채화 재료를 보관할 수 있어서 매우 요긴합니다. 작품의 보관이나 이동에도 많이 쓰이므로 필수적으로 장만하는 것이 좋을 듯합니다.

물론 수채화 재료가 많아지면 화구 박스를 따로 갖추어야 합니다. 작품도 다양하고 많아지면 다양한 크기의 아트백에 관리하는 것이 좋습니다.

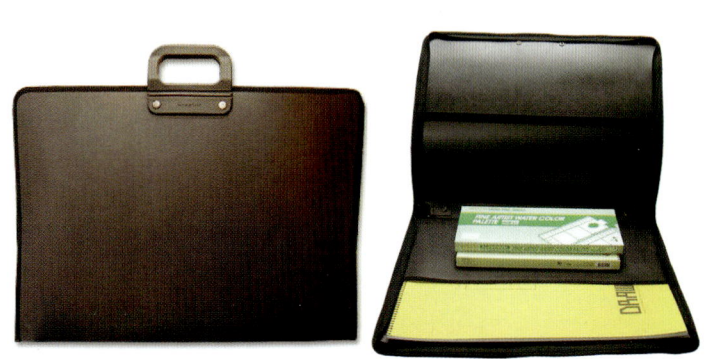

### 이젤과 화판

이젤은 그림을 받치는 도구로 실내용 이젤과 야외용 이젤이 있습니다. 실내용 이젤은 나무 이젤과 알루미늄 이젤이 있습니다. 개인적으로 나무 이젤보다는 가볍고 튼튼하며 높이 조절이 쉬운 알루미늄 이젤을 추천하고 싶습니다.

집에 공간이 된다면, 실내용 이젤을 세워두고 작업한 그림을 항상 보는 것도 좋은 학습이라 생각합니다.

야외용 이젤은 조립식으로 이동이 간편하고 설치가 용이한 대신 쓰러지기 쉬우므로 장소 선택을 잘 하는 것이 중요합니다. 야외용 이젤은 해체하면 세 뼘 정도의 크기로 이동하기 편리합니다.

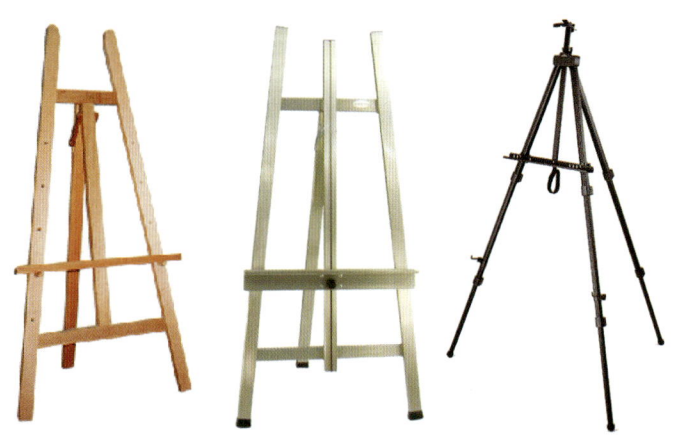

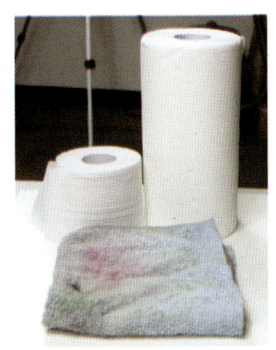

## 수채화 수건과 키친 타월

'붓걸레'라고도 하는 수채화 수건은 매우 중요한 준비물입니다. 특히 초보자의 경우, 붓의 물기를 조절하는데 필수적이기 때문입니다. 항상 팔레트 주변에 준비하여 두는 것이 좋습니다.

키친 타월이나 휴지는 주변 정리나 팔레트 청소에도 사용되며 수채화 수건 대용으로도 쓰입니다. 또는 닦아내는 기법에도 쓰일 수 있습니다.

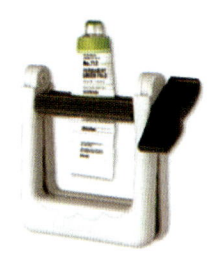

## 튜브 압착기

튜브 물감을 압착하여 짜내는 제품입니다. 사진은 플라스틱 제품이지만 알루미늄으로 된 제품도 있습니다.

어중간하게 남은 물감 튜브들을 관리할 때 편리하며 튜브 속의 물감을 낭비 없이 사용할 수 있습니다. 평상시에는 치약이나 연고 튜브를 짜는데 써도 됩니다.

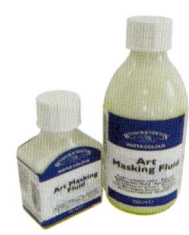

## 수채화 보조재료

마스킹 Masking 액은 그림 위에 미리 칠하거나 중간에 칠하여 채색을 막는 작용을 합니다. 그림이 완성된 후 마스킹액이 칠해진 부분을 떼어내면 그 부분만 깔끔하게 번짐 없이 물감이 묻어있지 않게 됩니다.

복잡한 구도에서 주로 사용되며(예: 무성한 장미 속에 안개꽃) 그림의 풍부한 느낌을 잘 살려주는 보조제입니다. 매우 빨리 굳으므로 못 쓰는 붓을 사용하는 것이 좋습니다.

---

### tip 물감이 옷에 묻었을 때

옷에 물감이 묻었을 때 소금물에 잠시 담갔다가 헹군 뒤, 식초를 섞은 물에 담갔다 빨면 제법 깨끗해집니다. 유화 물감이나 아크릴 물감, 페인트 등은 묻자마자 바로 세탁해야 합니다. 시간이 지나면 굳어서 닦이지 않으니 주의하세요. 그런 작업을 할 때, 앞치마나 토시, 목장갑 등을 준비하는게 좋습니다. 그리고 물감으로 얼룩진 옷은 버리지 마시고 작업복으로 쓰세요.

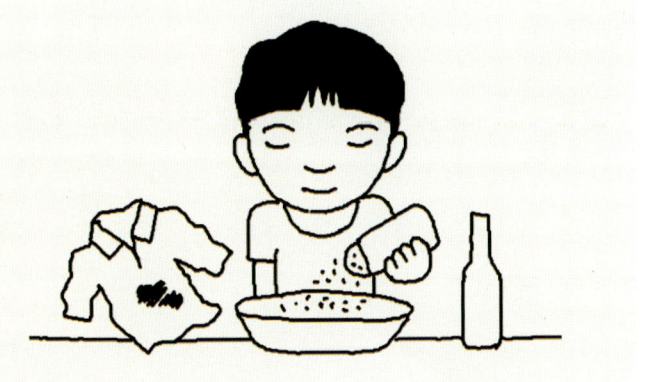

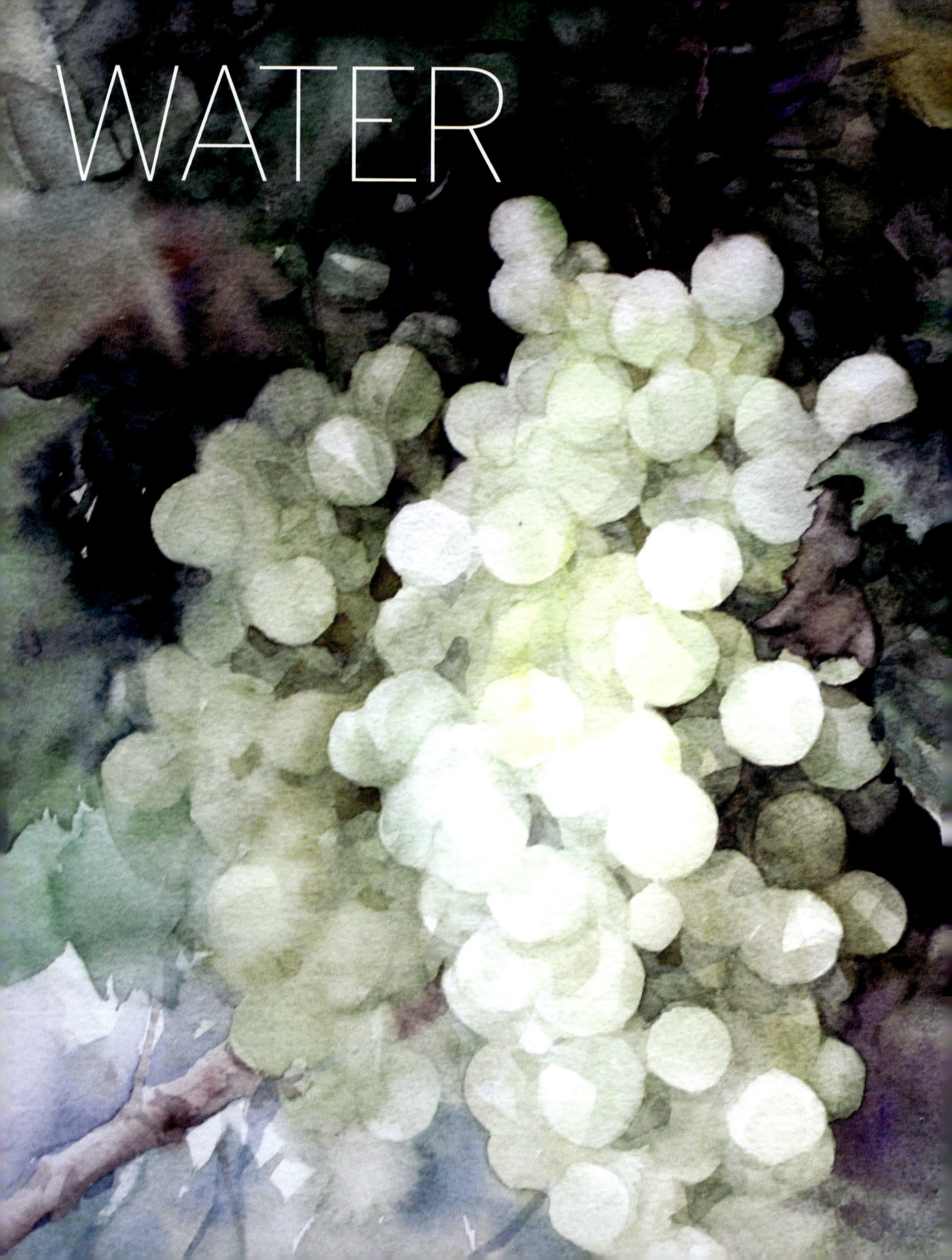

WATER

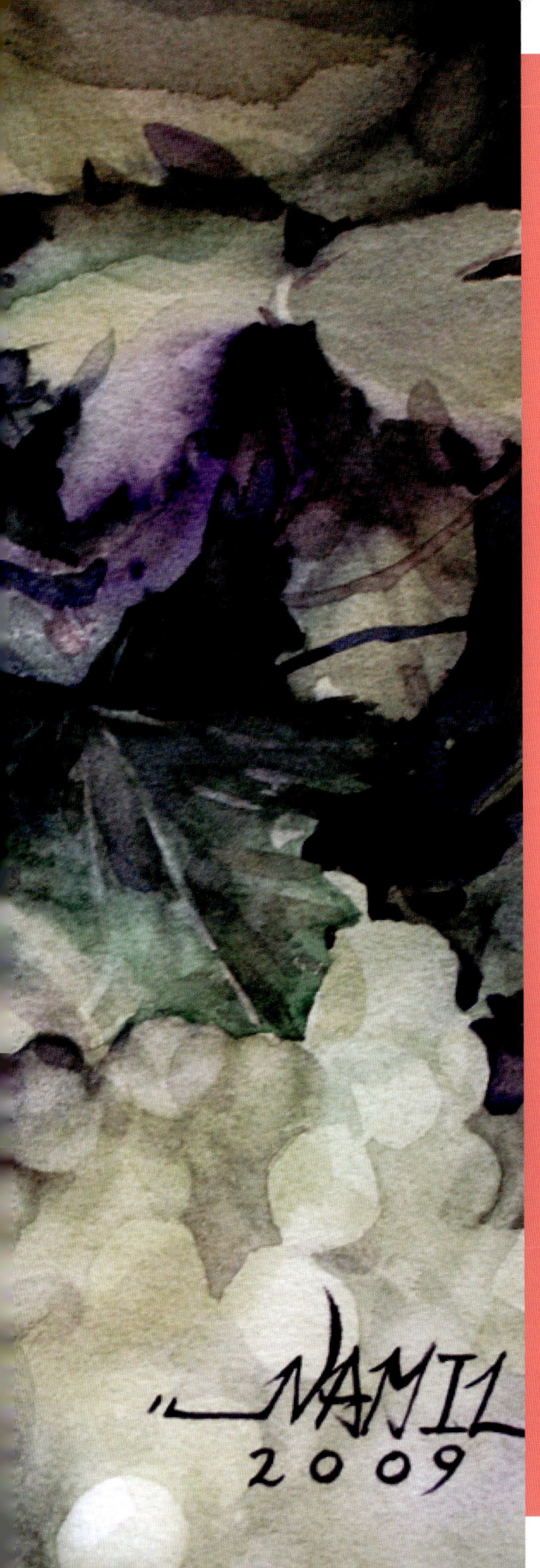

*part 2*

# 물에 대하여

수채화(水彩畵)의 '수(水)'는 Watercolor의
'Water'이다.
수채화는 물을 이용하고 다루어 예술작품을 만드는
창삭행위입니다.
수채화에서 '물에 대한 이해'는 아무리 강조해도
지나치지 않습니다. 다소 이론적이고 상식적인
내용이지만 수채화를 공부하는 틈틈이 이 장을
읽고 이해해서 응용할 수 있다면, 정말 많은 도움이
되리라 생각합니다.

# 물에 대하여

수채화 초보자들, 중급자들은 아름다운 색채나 멋있는 표현, 작품 스타일 같은 것에 마음을 빼앗겨 정작 수채화에서 제일 중요한 요소인 '물'을 간과하는 경우가 많습니다.

'수채화를 못한다'고 생각하는 대부분의 대한민국 성인들은 학창시절 수채화를 그릴 때, 물바다를 만들거나 뜻하지 않게 번져 나가는 바람에 망쳐버린 경우가 종종 있을 것입니다.

열심히 사람을 색칠하고 맨 마지막에 검은색으로 눈을 찍었더니 검은색이 번져 공든 탑이 무너지는 허탈감을 느꼈던 초등학생 시절도 있었겠죠. 미술시간에 그림 잘 그린다고 칭찬받았는데 언제부턴가 수채화만 하면 망쳐버린 중고생 시절도 있었을 것입니다.

솔직히 미술을 직업으로 하는 작가들의 경우도 마찬가지입니다. 대회에서 상을 휩쓸었고 대학 입시도 수채화로

봤을 만큼 누구보다 수채화를 잘 다루었던 미술 전공자들도 몇 년 후에 수채화를 해보고는 당혹스러워하기도 합니다. 정성들인 몇 번의 색칠 후 절망감에 빠지는 경우도 종종 있습니다.

감각과 재주가 뛰어나더라도 '물'에 대한 이해와 그 이해를 바탕으로 한 기술이 부족하다면 수채화를 망치기 쉽습니다. 여러분이 완전 초보든 전문가에게 수강을 한 경험자든 왕년에 수채화로 명성을 날렸든 수채화로 자신이 원하는 그림을 그리려 한다면 '물'에 대한 이 이야기들을 충실히 공부하고 연습해서 익숙해져야 합니다. 즉, 물의 요소가 어떻게 작용하는지 알고, 자신이 물을 다룰 줄 알아야 수채화의 기본이 완성됩니다.

이 단원에서는 수채화의 원리라고 할 수 있는 물과 세 가지 재료의 이해에 대하여 말할 것입니다.

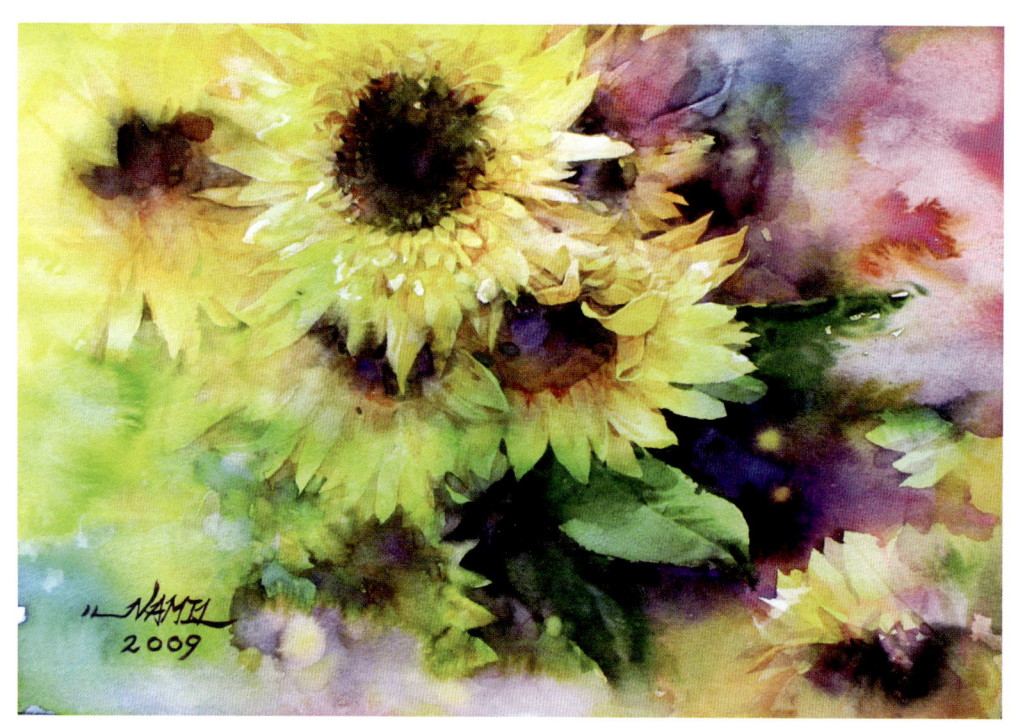

**해바라기**, 51×36cm, watercolor on paper. 해바라기의 다양한 모습을 풍부한 배경의 색채와 함께 몽환적인 분위기로 연출하였습니다. 이 작품에서는 다양한 색채만큼 중요한 것이 다양한 물 농도입니다.

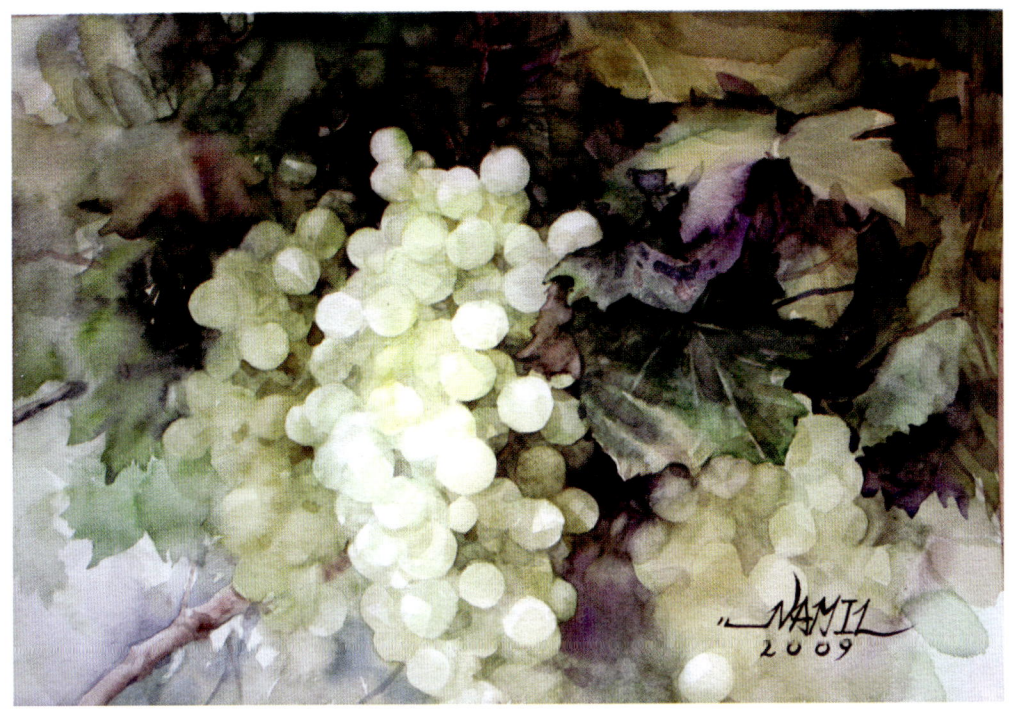

**청포도**, 51×36cm, watercolor on paper.
푸른 포도의 투명한 느낌을 살리기 위해 물 농도를 많이 하여 포도를 그렸습니다. 주변의 어두운 색들 (물 농도가 적은)에 의해 더욱 밝고 투명하게 느껴집니다.

### 먼저, '물과 물감'에 대하여

물의 많고 적음이 색의 명도와 채도를 결정하는 수채화의 특성에 대하여 좀 더 자세히 이야기할 것입니다. 주로 '물 농도'라 하여 물감과 섞여지는 물의 양을 말합니다.

### 두 번째, '물과 붓'에 대하여

수채화의 실질적인 테크닉과도 관계가 있는 붓의 물기에 대하여 다루고자 합니다. 쉽게 익숙해지기 어렵지만 초보자들이 많이 연습해야 하는 부분입니다.

### 마지막으로, '물과 종이'에 대하여

작품이 보이는 공간인 종이에서 물감이 어떻게 작용하는지 알아봅니다. 이 부분은 수채화를 직접 그릴 때 일일이 따지기 힘든 만큼 총괄적으로 이해해야 합니다.

이렇게 물감과 붓 그리고 종이가 물과 적절히 어우러져 맑고 투명한 수채화의 세계가 펼쳐지게 됩니다. 위의 세 가지 요소가 서로 상호작용하기 때문에 이 중 어느 하나라도 부족하다면 만족스런 결과를 기대하기 어렵습니다.

초보자들은 다소 어렵고 까다롭다고 느낄지 모르겠지만, 차분하게 이 부분을 이해하고 직접 실기해보면서 물에 대한 감각을 익혀나간다면 수채화의 실력이 빠르게 상승하리라 생각합니다.

또 데생력에 비해 수채화의 기술적 표현력이 부족한 중급자들도 이 부분을 보며 '물'을 쓰는 기본기와 습관을 되짚어가며 수채화를 그린다면 다른 출구가 보이리라 생각합니다.

# 물과 물감

물과 물감의 관계에서 '물'은 색채의 농담을 좌우하는 요소입니다. 물감과 섞이는 물의 많고 적음이 색깔의 진하고 흐린 것(명도와 채도)을 나타낸다는 말입니다.

이것은 수채화를 접하는 모든 사람들이 알고 있는 요소이지만 의외로 소홀히 대하는 경우가 많습니다. 어중간한 물 농도로 원하지 않은 흐리멍텅한 그림이 나옵니다. 초보자들은 물의 양에 따른 명도와 채도 변화를 머리에 깊이 새겨 넣는 것이 중요합니다.

그러므로 단순하고 어렵고 재미없는 그림이지만 아주 중요하기 때문에 물량을 생각하면서 정성껏 많이 그려 봅시다. 이 연습이 잘 안된다고 실망할 필요는 없습니다. 물과 물감의 조절, 물 농도는 수채화의 영원한 화두이기 때문에 수채화를 공부할 때마다 나오는 이야기입니다. 그만큼 익숙하기 위해선 경험과 시간이 필요한 겁니다. 그렇기에 수채화를 그리면서 계속 고민해야 하는 부분이기도 합니다.

수채화에서 물감의 농도가 물의 농도로 조절되는 것은 유화에서 화이트를 섞어 명도와 채도를 조절하는 것과 같습니다. 예를 들어 물이 섞인 울트라마린Ultramarine 은 정확히 말하자면 울트라마린이 아니고 다른 색인 것입니다. 즉, 물 농도에 따라 하나의 색으로도 다양한 컬러가 나온다는 말입니다. 그렇기에 초보자들은 색채보다는 물 농도

**물 小(명도, 채도 높다)**　　　　**물 大(명도, 채도 낮다)**

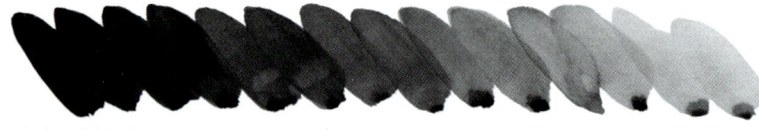

아이보리 블랙(Ivory Black)

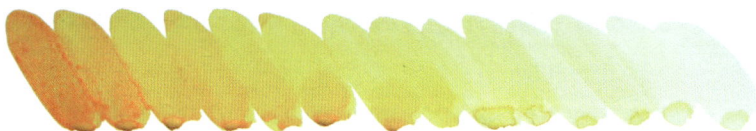

퍼머넌트 옐로우 딥(Permanent Yellow Deep)

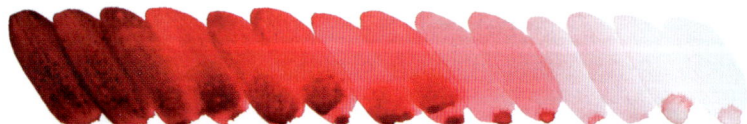

퍼머넌트 레드(Permanent Red)

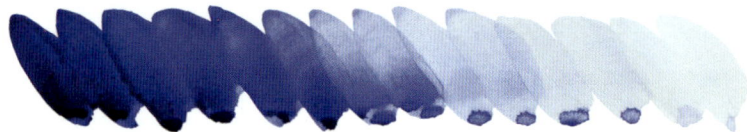

울트라마린 딥(Ultramarine Deep)

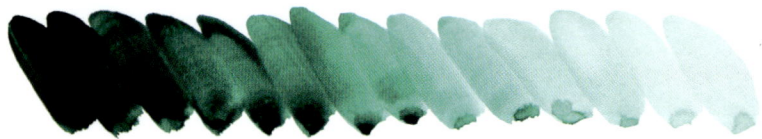

비리디언 휴(Viridian Hue)

물감을 물 농도 변화에 따라 그려보았습니다. 진한 부분은 물감을 그냥 칠한 것과 같으며 조금씩 물의 양을 많게 하여 그립니다. 이렇게 하는 것이 아주 쉬운 초급 실기일 것 같지만 그렇지 않습니다. 이렇게 단번에 물 농도를 조절하는 것은 아주 어려운 부분입니다. 그러니 잘 안 된다고 포기하지 말고 천천히 그려보세요.

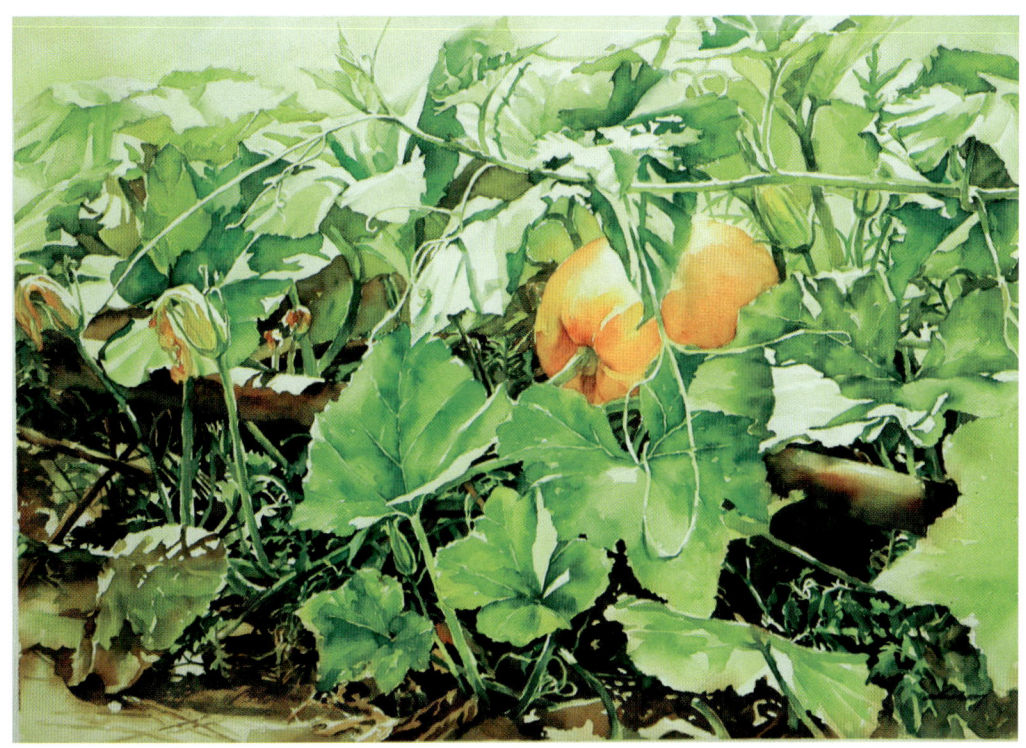

**어느 오후**, 20F, watercolor 2009, 〈임성숙 作〉.

를 더 염두에 두고 공부해야합니다. 물감의 가짓수가 많고 적음이 그림의 풍부한 색감을 나타내는 필수조건은 아닙니다. 그보다 물 농도를 잘 사용한 그림이 풍부한 느낌과 수채화 특유의 물맛이 나는 그림입니다.

팔레트에서 물과 물감이 섞일 때, 초보자들이 눈으로 보고 물 농도를 판단하는 것은 생각보다 어렵습니다. 그래도 물을 많이 섞을 것인가, 적게 섞을 것인가 꾸준히 물 농도를 체크하며 그린다면, 수채화 실력이 빨리 향상 될 수 있습니다.

물론 수채화에서 어두운 부분의 표현(명도 조절)에는 겹쳐 칠하는 것도 포함됩니다. 하지만 기본적으로 밝은 곳은 거의 물로 칠하고 어두운 곳은 진하게 칠하는 것이 좋습니다. 물의 농도 조절만으로도 풍부한 톤이 나올 수 있기 때문에 색채가 미숙하더라도 어두운 곳을 찾아 진하게 칠할 수 있는 배짱이 필요합니다. 또 밝은 부분은 물을 많이 타서 연한 농도로 칠할 수 있는 섬세함도 필요합니다. 그러면서 점차 풍부한 중간 톤이 생기게 됩니다.

물 농도를 조절하는 상급 기술은 이렇게 풍부한 중간 톤을 만들어 내는 기술입니다. 풍부한 중간 톤은 컬러의 그림을 흑백으로 바꾸었을 때, 중간 명암의 변화를 말하는 것입니다.

그 중에서도 제일 어렵고 까다로운 것은 하얀 소재의 명암을 표현하는 것입니다. 하얀 소재의 특징과 명암이 정교한 물 농도 조절을 통해 나오는 것, 즉 밝은 톤 변화가 수채화에서 제일 어려운 테크닉이라고 할 수 있습니다. 이것은 물 농도 조절뿐 아니라 붓의 테크닉과도 관계가 되는 기술입니다.

참고로 아름다운 유화는 색채의 오묘함이 특징이지만 아름다운 수채화는 색채의 오묘함에 물 농도의 변화무쌍함이 더해진 경우가 대부분입니다.

# 물과 붓

'물과 붓'에서 '물'은 수채화의 테크닉과 직접적인 관계가 있습니다.

'붓을 잘 다룬다'는 말 속에는 '붓질을 세련되게 한다'라는 의미와 함께 '붓의 물기(물과 섞인 물감)를 적절하게 조절할 수 있는 능력'이 포함되기 때문입니다.

수채화 붓은 물의 흡수력(물을 빨아들이는 힘)과 흡출력(물을 내보내는 힘)이 좋기 때문에 붓의 물기를 적절하게 조절하여 그리는 것이 중요합니다. 또 이것은 종이에 어느 정도 물기의 물감이 얹혀지는 가와 연관된 부분이기도 합니다.

종이에 직접적으로 표현하는 수단이 붓이므로 수채화 실기에서 가장 중요한 부분일 수 있습니다. 왜냐하면 수채화의 승패는 붓의 물기 조절에 따라 달라지는 경우가 많기 때문입니다. 붓의 물기를 적절히 조절하지 못하면, 즉 자신이 컨트롤하지 못한다면 그림은 운에 맡겨야 합니다.

즉, 초보자들은 세련된 붓 터치보다 붓의 물기를 조절하는 연습이 더욱 필요합니다. 세련된 붓 터치는 많이 그리면 자연스럽게 되지만, 잘못된 물조절 습관은 많이 그린다고 고쳐지지 않습니다. 그러니 초보자들은 붓의 물기에 따라 표현이 달라지는 것을 공부하면서 붓의 물기 조절을 연습하여, 처음부터 좋은 습관을 기르도록 하세요.

여기서는 '물과 붓'에 대하여 네 가지의 특징을 말하겠습니다. 잘 살펴보면, 서로 연관성이 깊습니다. 그러니 한 번 보고 던져버리지 말고, 그림을 공부하는 중간중간 읽고 숙지하면 많은 도움이 될 것입니다.

## 붓의 물감(물기)이 많고 적음은 발색에 큰 차이를 가져옵니다

같은 물 농도의 물감을 한 번은 붓에 많이 묻혀 칠했고, 다음에는 많이 털어내고 칠했습니다.

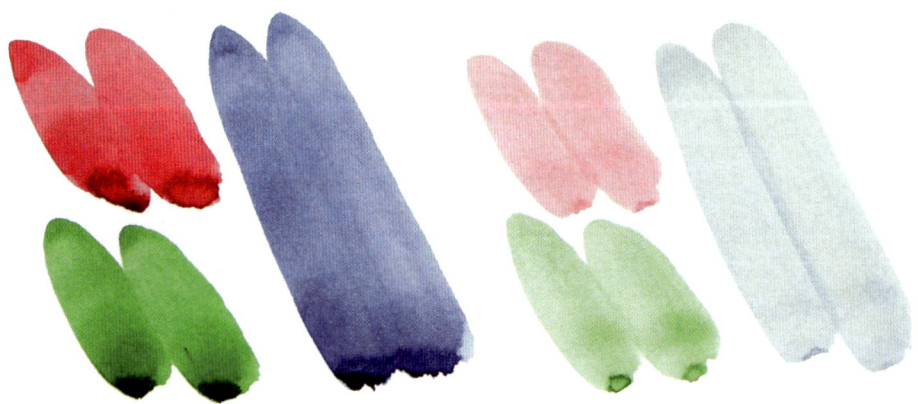

물기가 많은 붓질은 종이에 물감이 많이 올라가기 때문에 두꺼운 막이 형성되어 발색이 선명하고 명도와 채도가 높습니다.

물기가 적은 붓질은 종이에 물감이 적게 올라가기 때문에 얇은 막이 형성되어 발색이 약하고 명도와 채도가 낮습니다.

---

**tip 밝은 톤의 표현**

사진의 그림처럼 밝은 부분이나 하얀 물체의 미세한 톤의 변화는 붓의 물기가 약간 적은 상태에서 하는 것이 좋습니다. 그래야만 물감이 얇게 얹혀지면서 미세하고 정확한 톤의 차이를 나타낼 수 있습니다.

붓에 물이 너무 많으면 밝은 부분의 톤 차이가 잘 나타나지 않습니다.

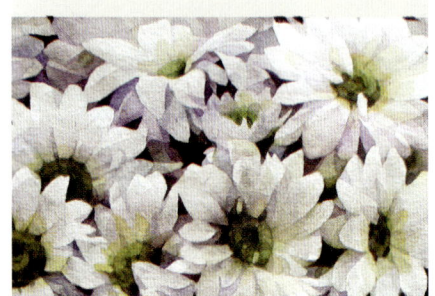

## 붓의 물감(물기)이 많고 적음은 종이 위에서 마르는 시간과 관계가 깊습니다

같은 물 농도의 물감을 한번은 붓에 많이 묻혀 바로 덧칠했고, 다음에는 많이 털어내고 바로 덧칠했습니다.

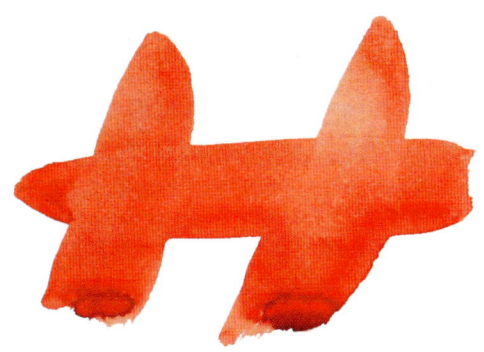

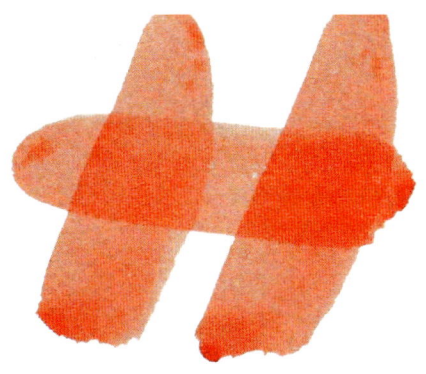

물기가 많은 붓질은 종이에 많은 물감이 올라가기 때문에 마르는데 시간이 오래 걸립니다. 그래서 겹친 터치의 면은 자연스럽게 서로 번져 동일한 톤을 이룹니다. 그래서 이런 경우의 자연스러운 덧칠glrazing은 물감이 마를 동안 기다렸다 해야 합니다.

물기가 적은 붓질은 빨리 마릅니다. 단번에 칠하였는데도 겹친 붓 터치 면은 중첩된 톤을 이룹니다. 그래서 이런 경우는 번지지 않고 바로 바로 덧칠할 수 있습니다.

## 똑같은 붓의 물기라노 실하는 년의 크기에 따라 발색과 건조 시간이 다릅니다

이번에는 붓에 물감을 충분히 묻혀, 한 번은 작은 면을 칠하고 다른 한 번은 큰 면을 칠했습니다. 보통 수채화 붓질을 할 때 붓에 물을 듬뿍 묻혀 쓰기는 쉽지만 붓의 물기를 중간이나 오히려 적게 유지하며 그리는 것은 익숙하지 않습니다.

그래서 번지는 효과는 누구나 쉽게 할 수 있지만, 셀로판 종이가 겹치듯 하는 덧칠은 쉽지 않습니다. 그렇기 때문에 자신이 그리고자 하는 부분의 효과를 어느 정도 조절할 수 있으려면 '붓의 물기 조절' 연습이 필요합니다.

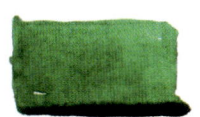

작은 면을 칠할 때는 물감이 두껍게 발라져서 색감이 진하고 건조 시간이 깁니다. 그러니 작은 면을 그릴 때는 붓의 물기가 많지 않은 것이 좋습니다.

넓은 면을 칠할 때는 물감이 얇게 발라져서 색감이 약하고, 붓 터치가 남을 정도로 건조 시간이 매우 빠릅니다. 넓은 면을 그릴 때는 붓의 물기를 충분히 하여 그리는 것이 고르게 칠하는 요령입니다.

특히 초보자의 경우 붓의 물기 조절이 익숙해질 때까지 붓을 수건에 닦아내면서 물기를 적당히 하여 칠하는 연습을 반복하여야 합니다. 그렇다고 너무 물기가 없이 칠하면 안됩니다. 여기서 적당한 붓질의 기준은 '물똥'이 거의 남지 않는 것을 기준으로 해서 판단하면 됩니다.

그래서 처음 수채화를 시작하면, 팔레트 위에서 물감과 물의 농도를 신경써야지, 붓의 물기를 적당하게 조절해야지…… 종이 위에 무언가를 그리기 전부터 정신이 하나도 없습니다.

하지만 이런 일련의 과정들이 조금씩 익숙해진다면, 수채화의 기초 실력이 갖추어지는 것입니다. 이것이 제가 초보자에게 강조하는 '꼭 익숙해져야 하는 좋은 습관' 중 하나입니다.

특히 켄트지는 물기 있는 물감을 많이 흡수하는 종이가 아니기 때문에 물을 많이 써서 칠할 경우, 그 위에 덧칠하기 위해서는 휴지로 종이의 물감을 닦아내거나 완전히 마를 때까지 기다려야 합니다. '기다린다'라는 게 말로는 쉬운 듯하지만, 거의 모두 자포자기 상태에 이른답니다.

붓의 물기를 적게 하여 칠할 경우에는 빨리 마르기 때문에 덧칠이 용이하고 얇은 막이 형성되어 미세한 톤 차이가 나며, 투명하고 깊이 있는 톤이 형성됩니다. 특히 작은 부분을 그리거나 세밀하게 묘사할 때는 붓의 크기 선택과 붓의 물기 조절을 잘해야 합니다.

물론 물기가 너무 적은 붓질은 켄트지 화면을 손상시켜, 한두 번 칠했는데도 탁하고 건조한 느낌을 줄 수 있습니다. 또 붓 터치가 너무 많이 더해져 뭉개지는 경우도 있으므로 주의해야 합니다.

tip **물똥?**

배탈난 사람에겐 살 떨리는 단어인 '물똥'은 수채화에서는 재밌는 일상어입니다. 물똥이란 붓 터치 끝에 맺히는 물방울을 가리키는 말로서, 이젤에서처럼 세워 그릴 때 많이 생깁니다. 마르면 자국이 남는데, 일반적으로 수채화의 물맛과 변화 있고 자연스러운 효과를 살려주기 때문에 문제되지는 않습니다. 하지만 물똥 부분이 늦게 마르기 때문에 의도하지 않게 번질 수 있습니다. 물똥이 마르면 생기는 자국이 지저분하다는 이유로 닦아내거나 붓의 물기를 조절하여 물똥이 남지 않게 그리는 경우도 있습니다. 물똥이 너무 많으면 흘러내리겠죠. 이렇게 물똥으로 붓의 물기를 판단하기도 합니다.

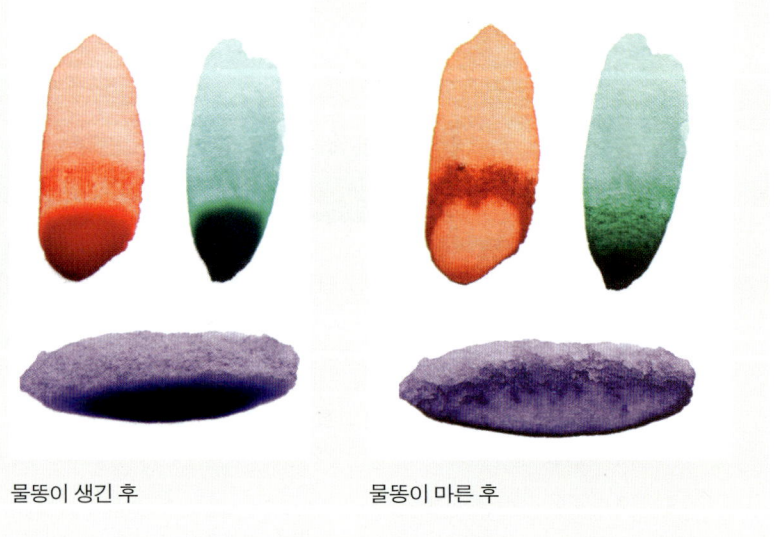

물똥이 생긴 후          물똥이 마른 후

### 큰 붓과 작은 붓

배경같이 넓고 큰 면을 칠할 경우, 붓에 물기가 충분히 있는 것이 좋습니다(큰 붓 사용). 반면 작은 면이나 섬세한 묘사를 하는 경우, 붓의 물기가 적은 것이 그리기 편합니다(작은 붓 사용).

**작은 면**

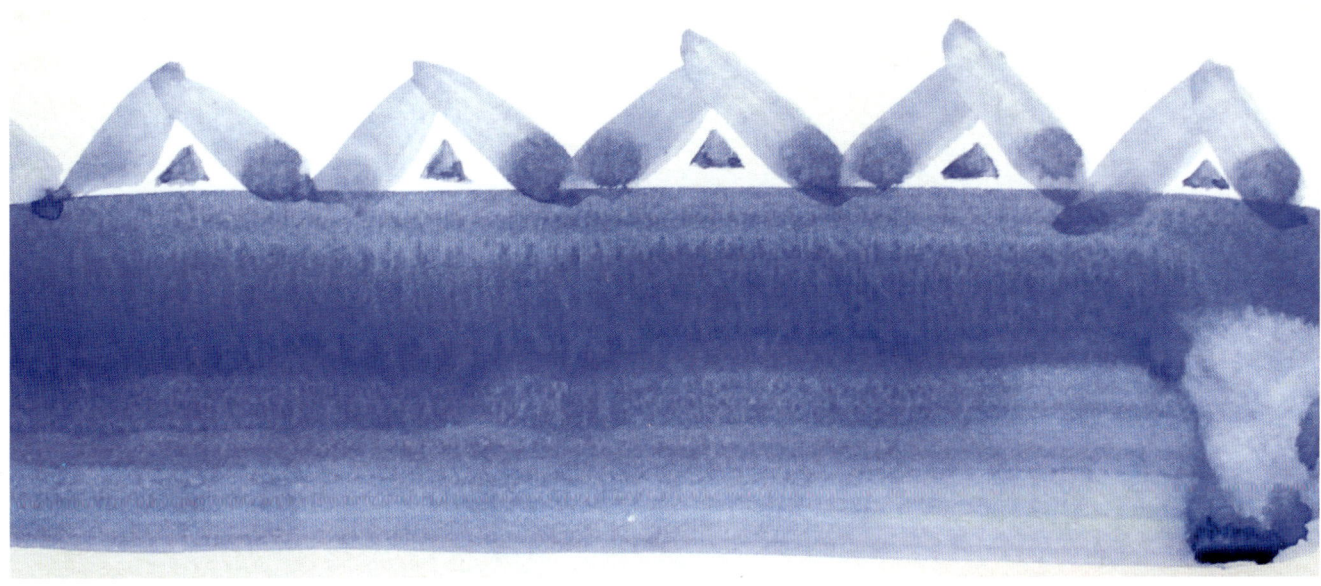

**넓은 면**

윗부분의 작은 면들은 작은 붓으로 물감을 많이 묻히지 않고 그렸습니다. 하지만 아랫부분의 큰 면은 큰 붓으로 물감을 많이 묻혀 시원시원하게 칠해 보았습니다.

## 입시 수채화 & 학생 수채화

일반적으로 학생 수채화나 입시 수채화의 기법은 덧칠에 의해 깊이 있는 완성도를 나타냅니다. 그런 '성실하고 깊이 있는 완성도'가 채점의 중요한 기준 중 하나이기 때문입니다. 그러므로 학생 수채화나 입시 수채화의 경우, 붓의 물기 조절이 아주 익숙해질 때까지 오랫동안 반복하여 공부하는 것입니다. 짧은 시간(3~4시간) 동안 뭉개지지 않고 많은 붓질(터치)이 쌓이며 수채화를 완성시킬수 있는 것은 항상 화면이 건조한 상태를 유지할 수 있도록 붓의 물기를 적당히 조절하여 그려나가며, 적절한 시차를 두고 덧칠을 해나가기 때문입니다.

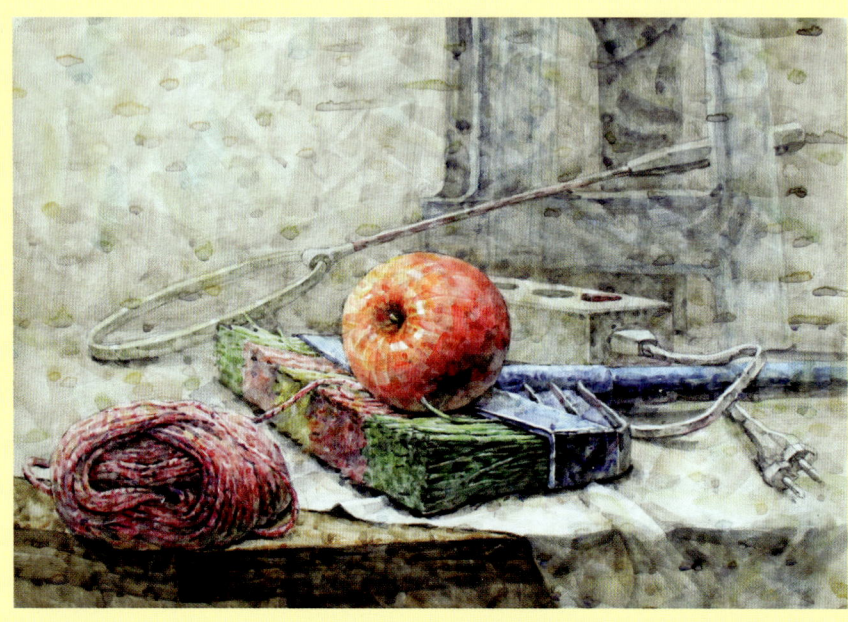

입시 정물화로서 3절지에 4시간 걸려 완성한 작품입니다.

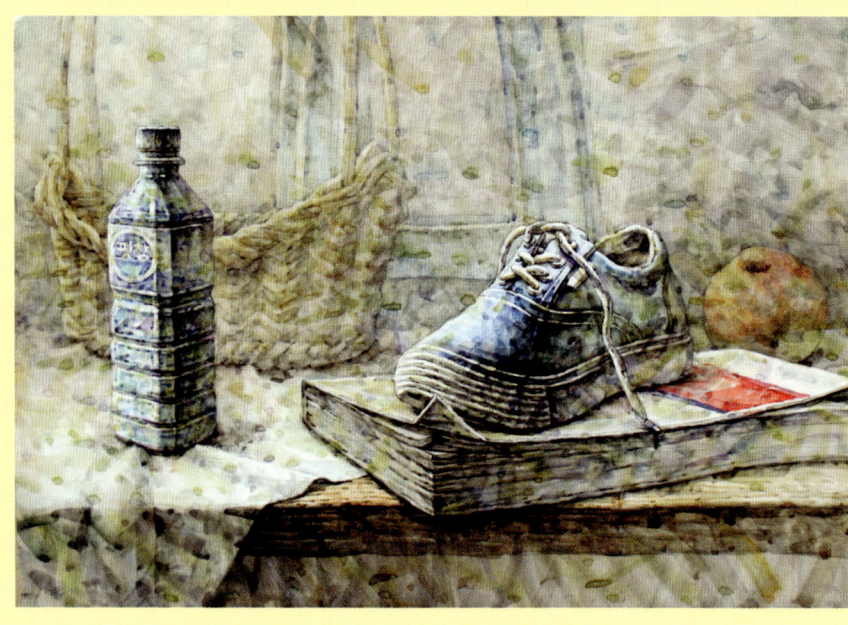

입시 정물화로서 4절지에 3시간 30분 동안 그린 작품입니다.

## 수채화를 망치지 않는 방법

이젤에서 그리든 책상에서 그리든 붓의 물기를 조절하면 물감이 번져서 망치는 일은 생기지 않습니다. 붓의 물기를 수건이나 휴지에 닦아내면서 그리면 됩니다. 특히 도화지나 켄트지는 물의 흡수가 더디기 때문에 덧칠하기 전에 화면의 건조 상태를 확인하도록 하세요.

더 간단하게는 붓의 물기를 적게 해서 그리면 됩니다. 특히 큰 부분을 색칠할 때보다 작은 부분을 색칠할 때 말입니다.

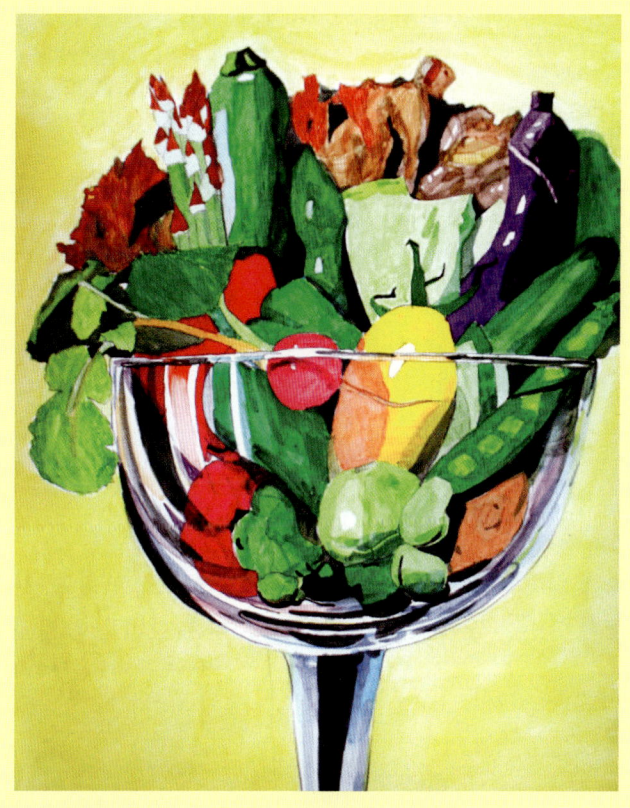

초등학교 5학년 학생의 작품입니다. 채소를 그릴 때 붓의 물기를 적게 하여 꼼꼼히 그렸습니다.

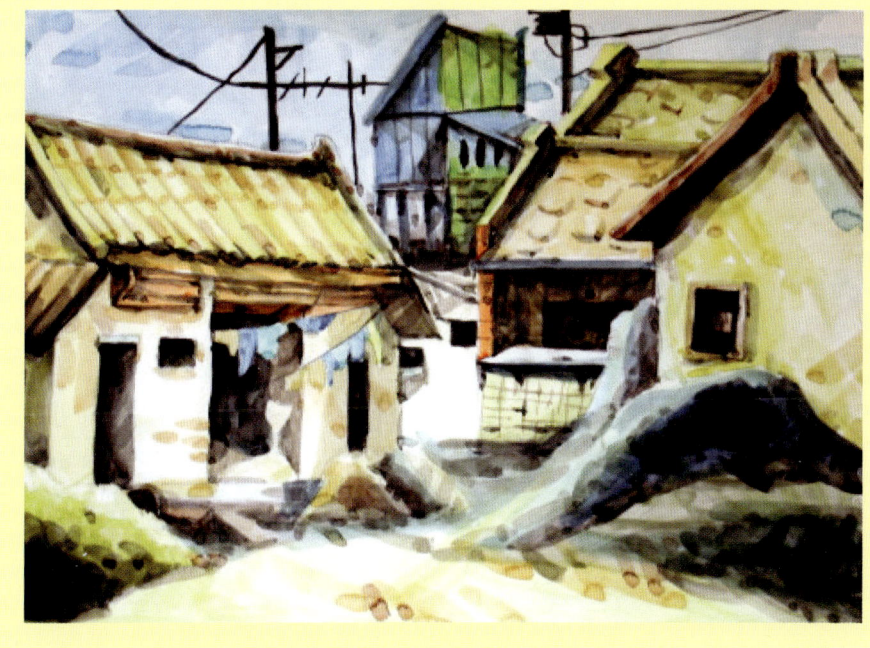

초등학교 4학년 학생의 작품입니다. 하늘이나 땅, 벽처럼 넓은 면은 큰 붓에 물감을 많이 묻혀 그렸고 지붕이나 벽돌, 빨래, 전신주 같은 작은 면은 작은 붓으로 물기를 적게 하여 그렸습니다.

# 물과 종이

물과 종이의 관계는 앞서 말했듯이 붓의 물기와 깊은 연관이 있습니다.

물감이 종이 위에 얹혀졌을 때, 얼마만큼의 물감량이냐에 따라 느낌과 표현이 달라집니다. 수채화의 작품성과도 연관되는 중요한 부분인 만큼 '물과 붓'과 연계하여 정확하게 이해하는 것이 좋습니다.

팔레트에서 물감과 물의 적절한 혼합이 이루어진 후 적절한 크기의 붓으로 그 물감을 묻힙니다. 그리고 칠하고자 하는 부분을 고려하여 붓의 물기를 조절하고 종이 위에 붓으로 그려야 합니다. 또 종이에 칠해진 부분이 어떤지 잘 살펴보아야 합니다. 그 결과에 따라 위의 과정들이 변화 있게 반복됩니다.

결국 종이 위에 나타난 표현에 대한 많은 경험과 정보가 자신의 실력을 키우기 위한 밑거름이 되는 겁니다. 쉽게 말해 많이 그리고, 더 많이 시행착오를 하고, 많이 따져보아야 실력이 향상된다는 말입니다.

이제 물감이 종이 위에 그려졌을 때 물감과 종이의 관계에서 알아두어야 할 세 가지를 말해보겠습니다. 초보자들의 경우 다소 어려울 수 있지만 수채화의 느낌과 표현에 대한 근본적인 요소이므로 그림을 그리면서 스스로 느낄 수 있도록 확인해나가는 것이 중요합니다.

## 종이 위에 얹혀진 물감의 양에 따라 발색에 차이가 납니다

이것은 앞서 말한 '물과 붓'의 ①의 경우와 같은 내용입니다. 동일한 물 농도의 물감이 한번은 많이 두껍게 칠해지고, 다른 한번은 얇게 칠해진 경우입니다.

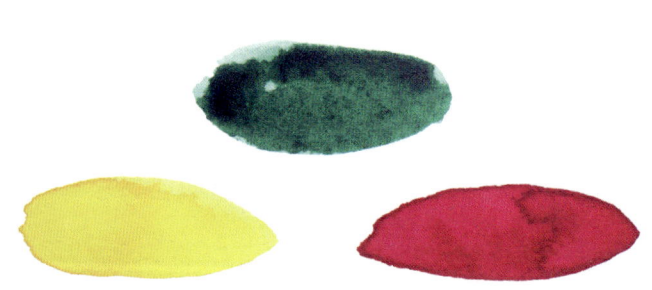 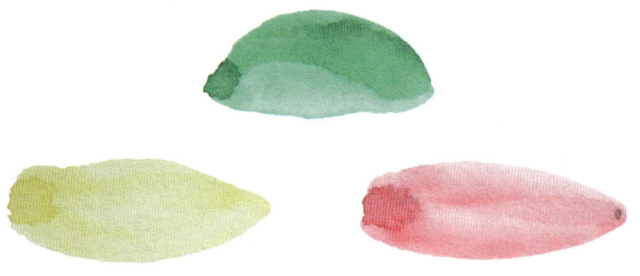

**종이에 물감이 많이 올라간 경우**
종이 위의 물감막이 두껍게 형성되므로 발색이 선명하고 맑고 투명한 느낌이 잘 나타나며 풍부한 느낌을 줍니다. 반면에 마르는 데 시간이 걸리므로 자연스러운 번지기 효과를 줄 수 있지만 덧칠이 까다롭고 정확한 톤의 표현은 어렵습니다.

**종이에 물감이 적게 올라간 경우**
종이 위의 물감막이 얇게 형성되어 발색이 연하고 마른 느낌을 줍니다. 정확한 톤 변화를 줄 수 있고 빠르게 건조하여 덧칠이 쉽습니다. 반면에 탁하고 건조한 느낌이 들 수 있으며, 붓 터치마다 붓 자국이 많아져 거칠고 산만해질 수 있습니다.

### 종이에 처음 물감이 칠해졌을 때와 마른 후의 발색이 다릅니다

처음 물과 섞인 수채화 물감의 색감은 마르고 나면 약해집니다. 이것은 물감의 품질 문제이기도 합니다. 발색이 좋고 마른 이후 변색이 많지 않은 수채화 물감이 좋은 물감입니다.

그리고 이것은 하얀 종이 위 물감층의 두께 문제이기도 합니다. 처음 칠하였을 때 물과 섞인 물감이 두툼하고, 마른 후에 물기가 없어져 물감이 종이에 얇게 안착됩니다. 그렇기 때문에 마른 후의 색감이 약해지는 것입니다.

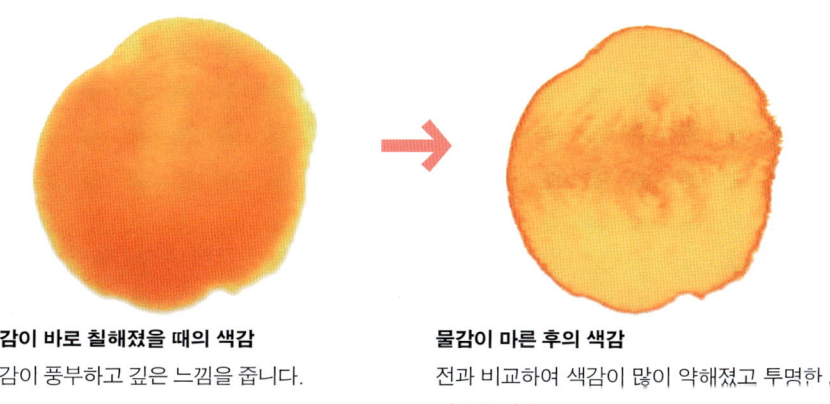

**물감이 바로 칠해졌을 때의 색감**
색감이 풍부하고 깊은 느낌을 줍니다.

**물감이 마른 후의 색감**
전과 비교하여 색감이 많이 약해졌고 투명한 느낌을 줍니다.

### 같은 물 농도의 물감이 같은 양으로 얹혀지더라도 종이의 흡수력에 따라 느낌과 표현 결과가 달라집니다

어떤 종이를 쓰느냐에 따라 '물기 조절'이 다릅니다(재료의 '종이' 참고). 종이의 흡수력이 다르기 때문에 같은 물감의 양이라도 종이 표면에 나타나는 색감이나 표현은 차이가 납니다.

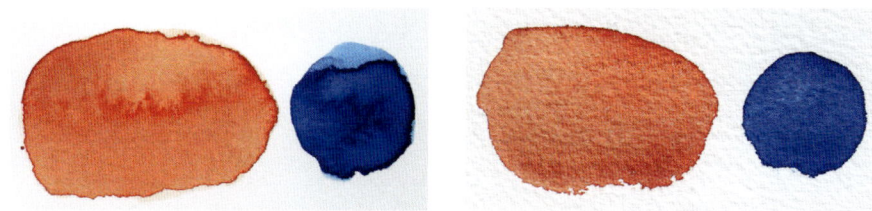

**흡수력이 약한 켄트지나 cold-pressed(세목)지**
옆의 황목 종이에 비하여 물감이 덜 흡수된 상태로 마릅니다. 그래서 발색이 진하고 선명하며 물 자국이 남습니다.

**흡수력이 강한 rough(황목)지**
옆의 세목 종이에 비하여 물감이 종이에 완전히 흡수되었습니다. 그래서 발색이 약하고 부드러우며 물 자국이 거의 없습니다.

앞서 수채화 재료 부분에서도 말씀드렸지만, 보통 수채화 작가들은 익숙하고 숙련된 '물기 조절'을 위해 한두 가지의 종이를 제한적으로 쓰는 경우가 많습니다. 그만큼 종이에 따라 표현이 다르기 때문에 종이의 선택은 작가들에게 특별하고 신중한 일입니다.

어느 종이에 그리느냐에 따라 '물 조절'이 달라지는 만큼, 초보자는 켄트지의 특성을 잘 알아두어야 합니다.

켄트지는 표면이 부드럽고 물의 흡수가 많이 되지 않으므로, 다른 재질의 종이보다 톤 차이를 쉽게 나타낼 수 있으며 어느 정도 수정이 가능합니다. 그래서 수채화의 기법보다는 수채화 기본기를 연습하는 종이로 매우 적절합니다. 또 수채화 전문지에 비해 가격이 저렴하다는 것도 선호도가 높은 이유입니다.

물과 종이는 수채화 작업의 가장 중요한 point입니다.

보통 붓으로 그리지만 기법에 따라 물감을 그냥 종이 위에 부어 자연스런 효과를 연출하기도 하고, 붓과 다른 성질의 도구를 이용하기도 합니다. 물감을 그냥 종이에 뿌리기도 하며 특수한 효과를 위하여 실험적인 재료를 사용하기도 합니다. 또는 특별한 종이를 쓰기도 하는데 한지나 포장지, 벽지 같은 종이에 그리기도 합니다. 종이가 아닌 곳에도 그릴 수 있습니다. 그러므로 수채화의 가장 중요한 특징은 물(水)이며, 수채화를 물(水)의 예술이라고 정의합니다.

앞서 살펴보았듯이, 수채화는 물을 다루는 그림이므로, 물과 관련된 여러 가지 수채화 재료를 이해하여야 합니다. 또한 물이 자연스럽게 마르려면 시간이 필요하다는 것을 잊지 마세요.

'수채화는 빨리 완성해야 한다'는 선입관을 버려야 합니다. 물론 유화의 제작 시간에 비하면 평균적으로 많이 짧은 것은 사실입니다. 하지만 그림에 따라 시간이 결정되는 것이지, 무조건 후다닥 그려야 하는 것은 아닙니다. 적절한 시간조절을 하면서 여유 있고 느긋하게 그리는 것이 좋습니다.

---

**tip 시간조절 timing**

수채화의 시간조절은 종이 위 물감의 건조 정도와 관련이 깊습니다. 종이의 물기가 어느 정도에서 번지게 하느냐에 따라 그 효과와 느낌이 다르며 각 부분마다 건조되는 시간이 다르므로 이를 잘 컨트롤하는 것이 중요합니다. 어떤 느낌을 나타낼 지에 따라 빠르게 덧칠하느냐 한참 후에(완전히 마른 후) 덧칠하느냐를 결정합니다. 이런 시간조절 능력은 수채화의 기본기 중 하나입니다.

예전에 수채화를 오래 하신 분의 그림을 봤습니다. 너무 서둘러서 그런지 그림이 많이 번지고 불명확했습니다. 하지만 느낌도 좋고, 색감도 세련된 수채화였습니다. 그런데 그 분이 이런 말씀을 하셨습니다.

"제가 성격이 워낙 급해서요, 그림이 항상 이렇게 나오네요. 휴-"

물론 겸손이겠지만, 자신의 급한 성격 때문에 원하는 표현을 하지 못한다면 그것은 아직 수채화 기본기가 부족한 것입니다. 시간조절을 의도대로 하지 못한다는 것이죠. 저도 성격이 급하지만 필요하면 기다려야합니다. 그것이 테크닉입니다.

## 수채화 선생님은 물기를 신경 쓰지 않는다?

수채화 선생님이 수채화 그리는 것을 옆에서 지켜본 적이 있다면, 팔레트에 물감과 물을 섞어 쓱쓱 칠하는데도 자연스럽게 번지거나 정확하게 덧칠하는 모습을 신기하게 바라본 적이 있을 것입니다. 참 쉽게 그립니다.

그렇기 때문에 초보자들의 경우, 색채 변화는 어떤지, 붓 터치는 어떤 식으로 하는지, 묘사는 어떻게 하는지, 이런 부분에만 관심을 가지게 되는 경우가 많습니다. 심지어 수채화 전문가들은 물의 많고 적음을 상관하지 않는다고 착각하는 경우도 있습니다. 하지만 그건 큰 오해입니다.

수채화 전문가들은 적절한 물 농도나 물기 조절(물감, 붓, 종이)그리고 시간조절이 익숙하기 때문에 그렇게 보일 뿐입니다. 많은 시행착오를 거치고 많은 작품들을 하며 몸으로, 감각으로 숙련되었기 때문에 팔레트에서 붓에 물감을 묻히며 또는 종이에 칠을 하며 적절한 물기를 만들고 그것을 효과적으로 활용하는 것입니다. 특히, 남들을 가르치면 기본적인 과정을 수백 번씩 반복하여 그립니다.

세련된 붓 터치나 화려한 색 표현의 바탕은 물 농도에 대한 기본기라는 것을 잊지 말아야 합니다. 그렇기 때문에 이런 물 농도에 대한 기본기가 없다면 다른 표현들이 힘들어집니다.

그러므로 여러분은 물 농도를 항상 염두에 두며 수채화를 그려야 됩니다. 그렇게 물감과 붓, 종이의 물 농도에 익숙해지도록 하면서, 형태, 명암, 양감, 공간감 등의 기본기를 공부하면 됩니다.

첫 술에 배부를 순 없습니다. 하나하나 익히고 배우며 그린다면, 점차 자신의 실력이 향상되는 것을 느낄 것입니다. 또 세련된 표현 방법을 익힐 때는, 항상 물 농도에 대한 것부터 체크하여야만 자신 있게 그려낼 수 있습니다.

이렇게 물에 대한 감각이 까다롭고 어려워서 소홀히 할 수 없기에 아름다운 수채화가 예술로서 돋보이는 건 아닐까요? 그래서 여러분이 수채화를 그토록 짝사랑하는 걸까요?

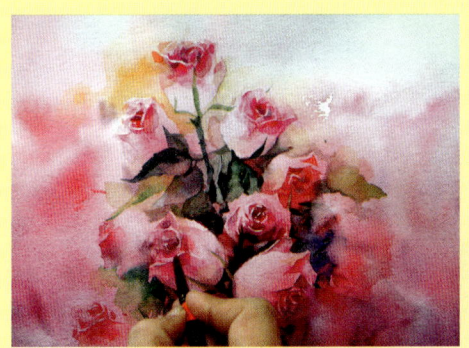
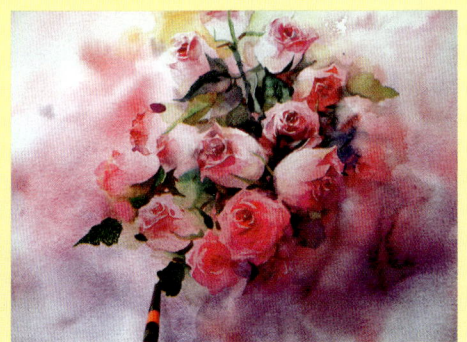
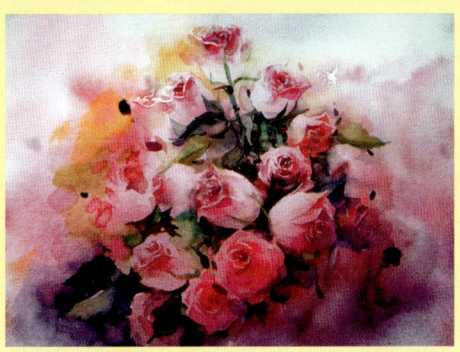
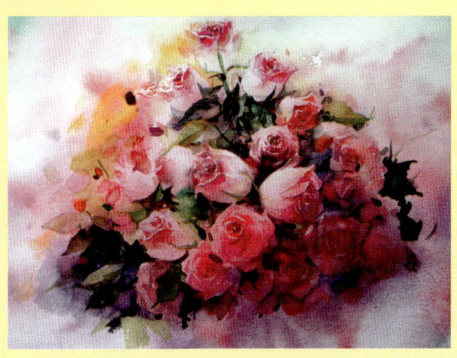

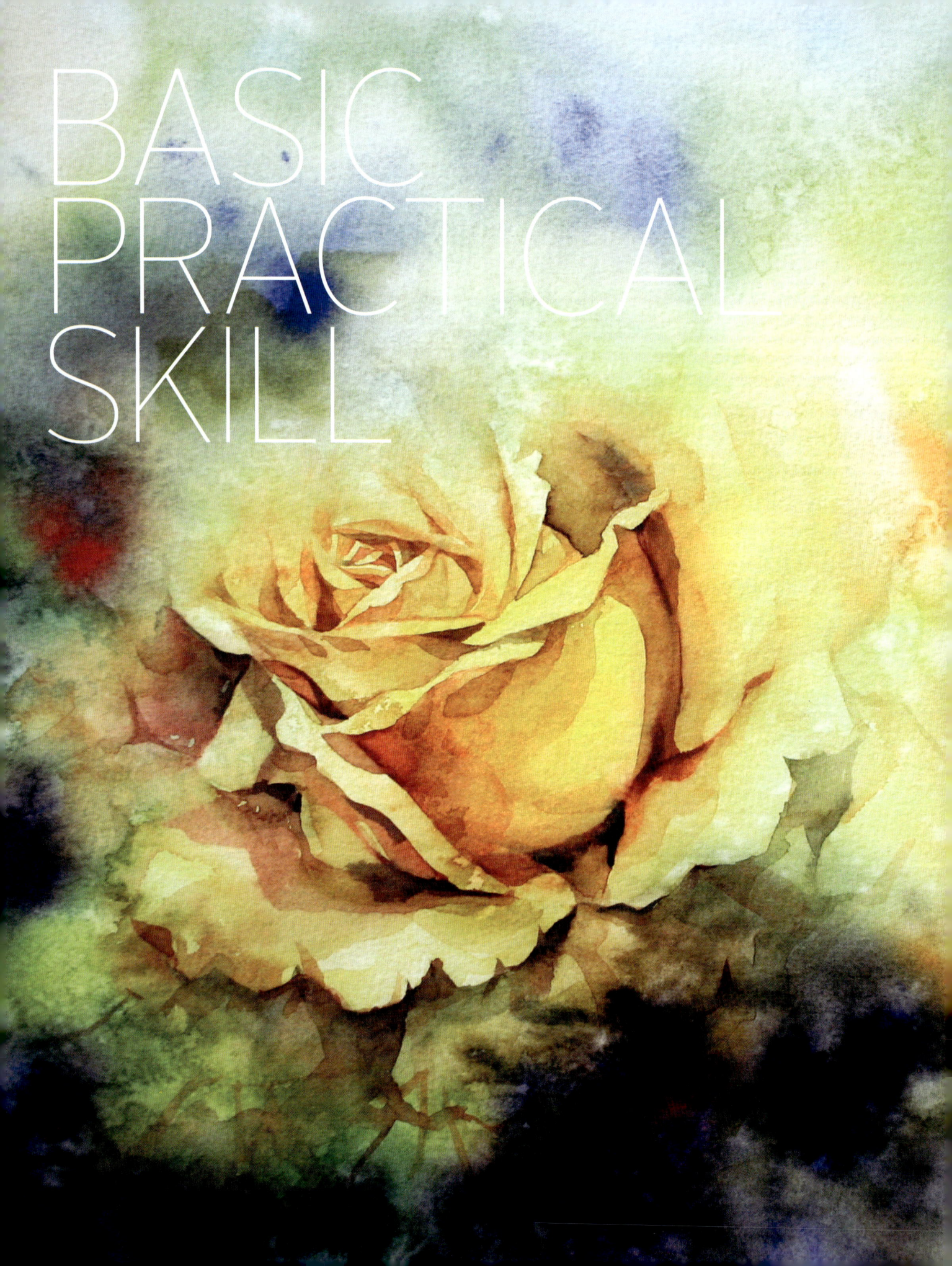

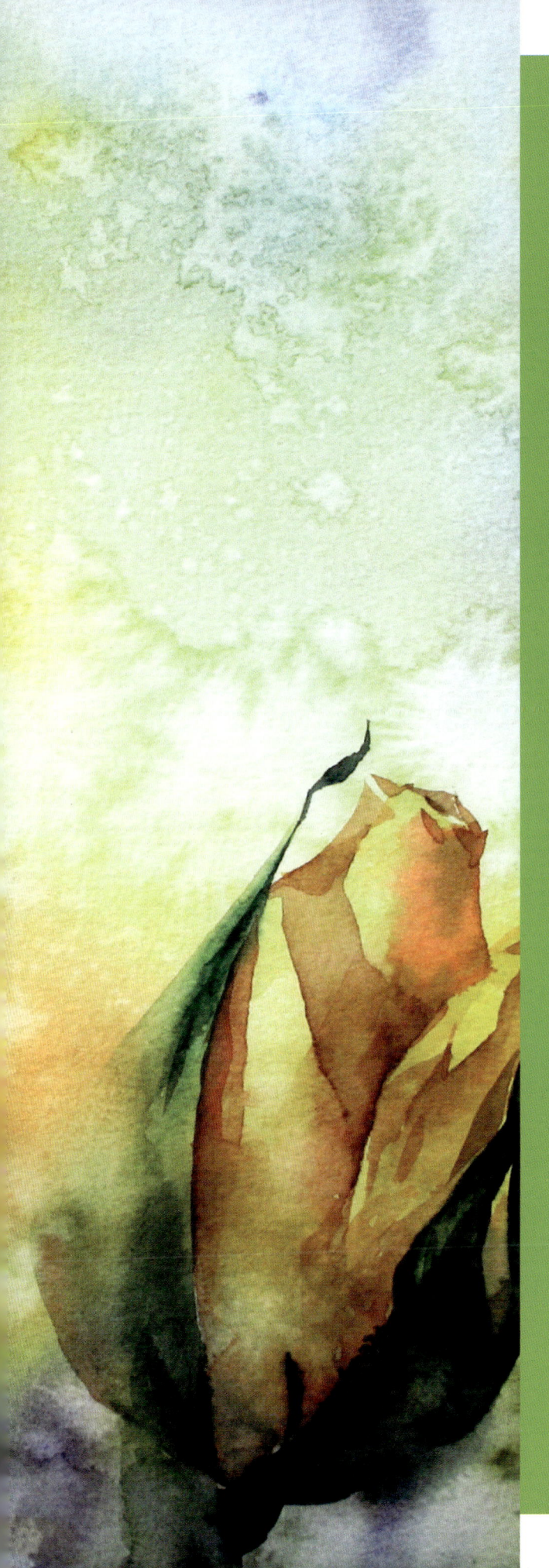

# part 3

# 기초 실기

수채화를 처음 접할 때 할 수 있는 기본적인 실기를
모았습니다. 하지만, 이 기초 실기 부분은 가르치는
강사나 선생님의 숫자만큼 다양할 수 있습니다.
데생부터 하기도 하고, 물 농도 연습부터 시키는
선생님도 있고, 그냥 바로 모작을 시키기도 합니다.
무엇이 좋고 나쁜지 판단하기는 쉽지 않습니다.
다만, 스승을 믿고 따르다 보면 결국 같은 곳에서
만나게 된다는 것이 중요합니다.
이 장에서는 꼭 알아두어야 할 기초적인 실기와
상식들을 모아봤습니다. 지면으로 실기를
설명하고 가르친다는 것은 많은 한계가 있지만,
초보자들에게는 이런 기초 수채화 실기에 대한
직·간접 경험이 중요하다고 생각합니다.
전체적으로 따라해 보거나, 필요한 부분을 따로
연습하는 것도 좋겠습니다.

# 스케치에 대하여

스케치sketch는 수채화를 그릴 때 제일 먼저 그리는 밑그림입니다. 수채화뿐 아니라 유화, 동양화, 데생, 일러스트나 애니메이션까지 모든 평면 회화의 시작인 셈입니다.

스케치는 마치 멋진 빌딩을 짓기 위해 그린 설계도와 같습니다. 집의 외관이나 내부의 공간 활용에 이르기까지 설계도를 통해 그 집의 전체적인 모습을 상상할 수 있는 것처럼, 스케치 또한 작품이 어떤 구도를 가질 것이고 주제는 어떻게 나타내어 연출하며 무엇을 그릴 것인가 등의 계획을 담는 설계도입니다. 즉, 자신이 그릴 수채화의 화면 구성과 주제의 표현, 위치 그리고 빛의 설정 등을 구상하는 계획도인 것입니다.

설계도가 미흡한 건축물이 부실해지기 쉬운 것처럼 스케치가 부족하다면 높은 완성도의 그림을 기대하기 어렵습니다.

특히 초보자는 빨리 채색하려는 조급함을 버리고 스케치에 좀 더 많은 시간과 노력을 들여야 합니다. 그렇게 시간을 많이 들여 정확한 스케치를 하며 자신의 표현력을 늘려나가는 것이 바람직합니다.

"연필로 그릴 수 없는 것은 붓으로도 못 그린다."

이 말은 지우개로 고치며 그리는 데생으로도 어려운 것을, 고치기 힘들고 연필보다 자유롭지 않은 붓으로는 그리지 못한다는 말입니다. 그래서 보통 수채화를 배우려면 데생부터 하는 경우가 많은 것입니다.

일반적으로 스케치에는 보통 2B나 HB 미술연필이 쓰입니다. 처음에는 지저분하고 진해지더라도 정확하게 그리세요. 그리고 점차 흐리고 약하게 그리면 됩니다.

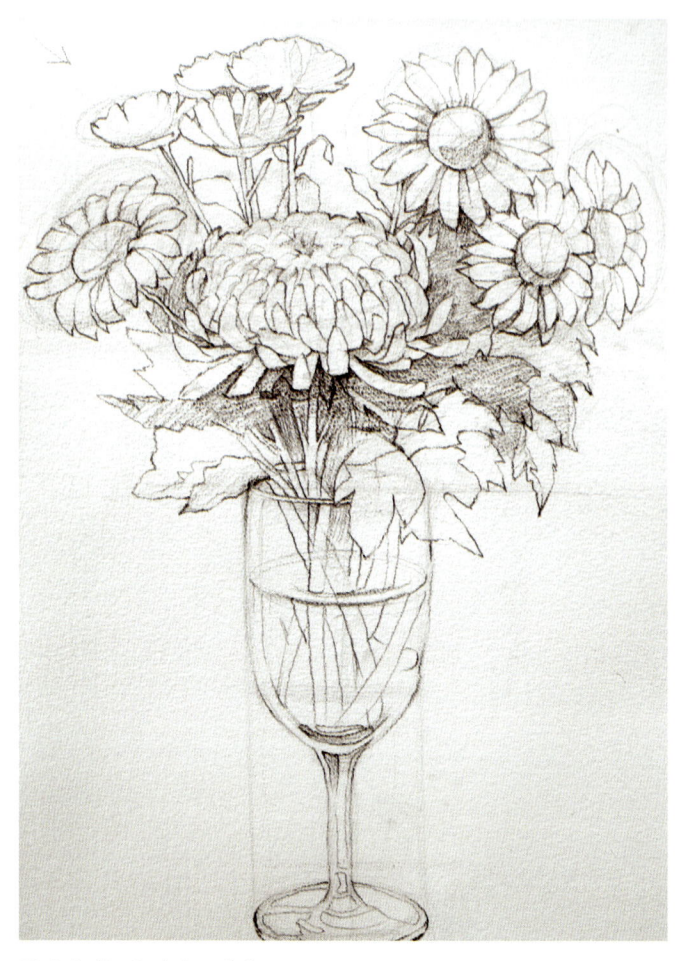

국화가 있는 유리잔 스케치

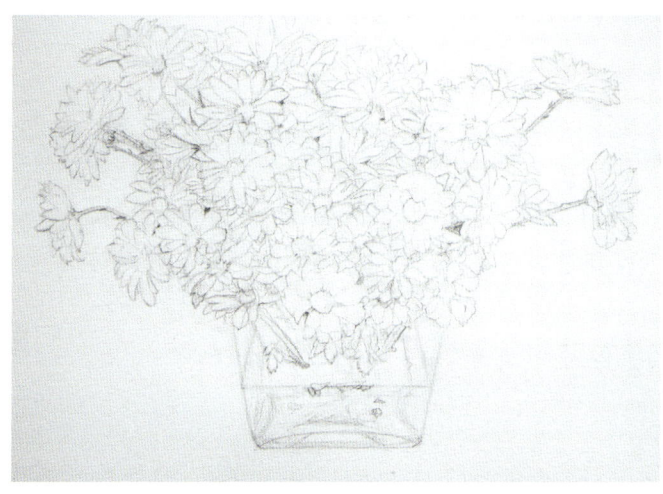

스케치

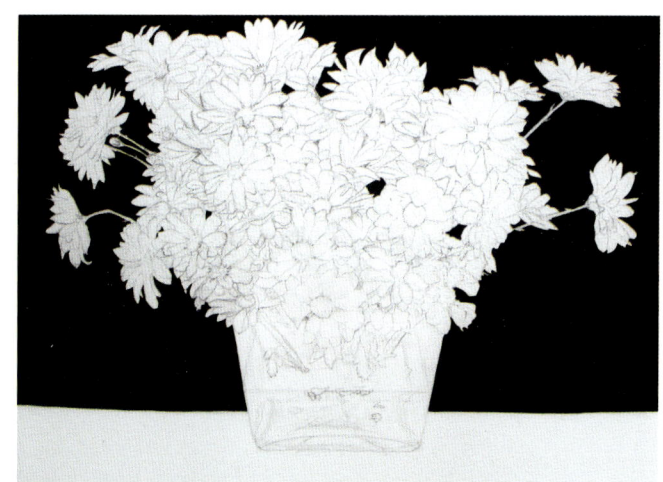

초벌

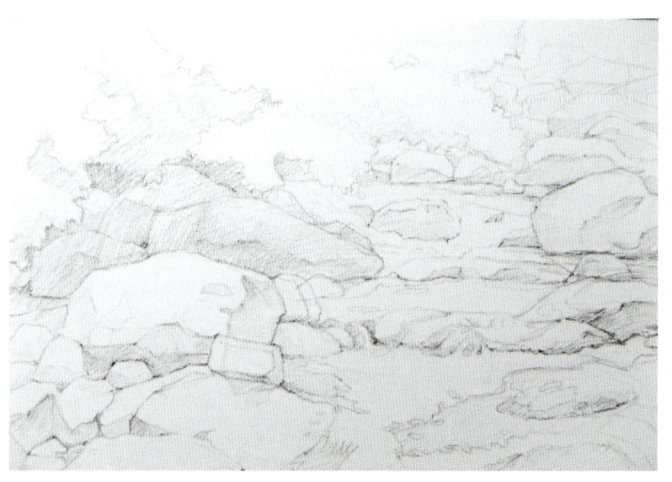

스케치

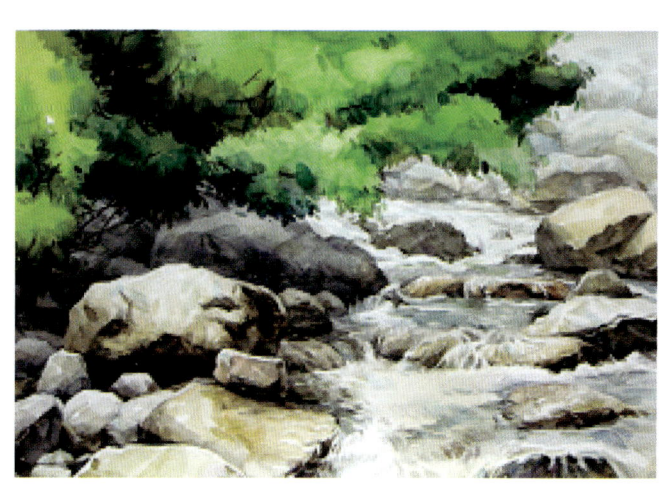

완성

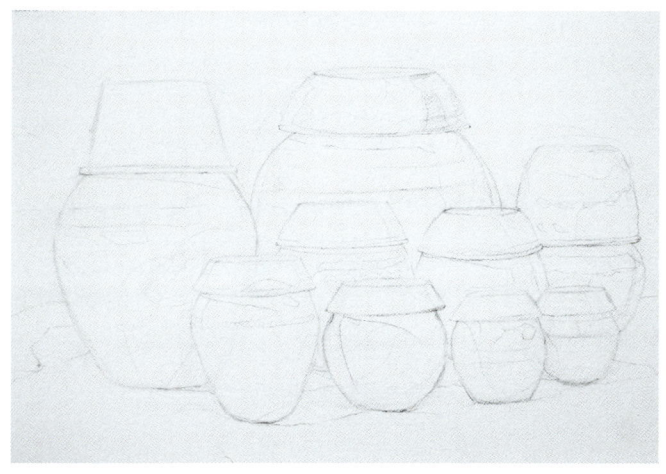

스케치

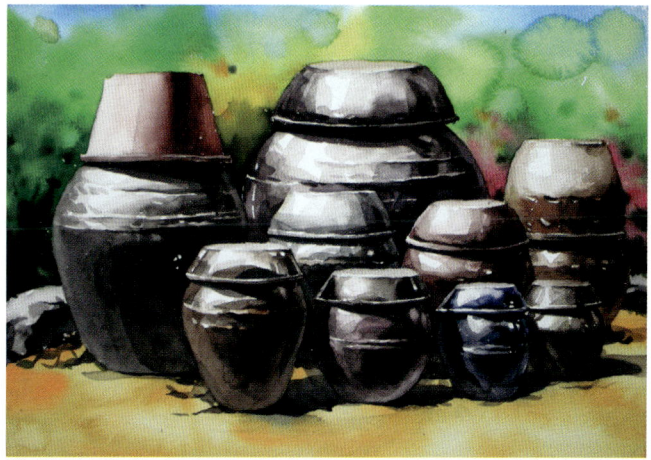

완성

# 스케치 방법

스케치는 연필을 주로 사용합니다. 수채화에서 자연스러운 스케치 선들은 그림을 더욱 풍부하게 해 주는 요소이기도 합니다. 그러니 너무 많이 만진다고 걱정하지 마시고 정확하게 그려보세요.

스케치를 잘 한다는 것은 결국 기본적인 미술 실력이 뛰어나다는 말과 같은 뜻입니다. 여러분의 스케치 실력은 어떻습니까?

그리고 스케치할 때 지우개를 너무 많이 쓰거나 너무 세게 지우개질을 하지 말아야 합니다. 지우개는 종이 표면을 손상시킬 수 있습니다.

스케치하는 방법이 꼭 정해진 것은 아니지만, 일반적으로 다음의 세 단계를 거칩니다.

## 전체적인 구도를 그립니다

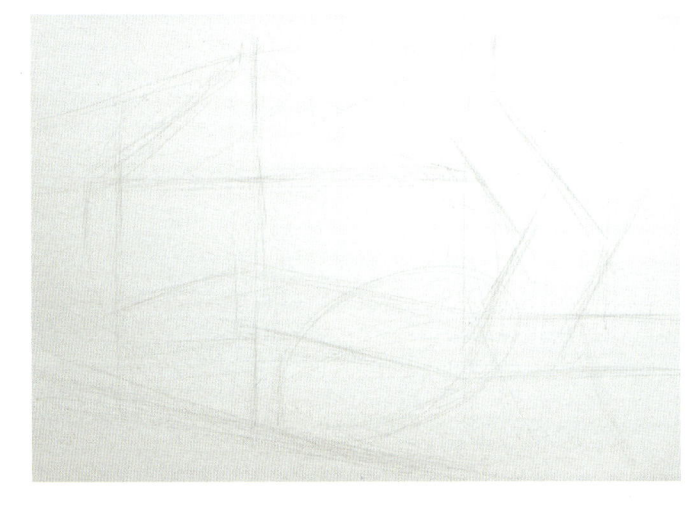

정해진 화면 속에 내가 그릴 것들이 어떻게 들어가야 하는지를 정하는 것입니다. 또한 무엇을 그릴 것이며 무엇을 그리지 않을 것인지 예상하면서, 먼저 하얀 종이에 완성된 그림을 상상해 봅니다. 이 부분에서 고수들은 지긋이 하얀 화면을 바라보기만 해도 완성된 이미지가 떠오른답니다.

그리고 제일 처음에는 주제가 들어 갈 화면에서의 위치, 크기를 대략적인 선들로 약하게 표시해 나갑니다. 그런 다음, 주제의 대략적인 크기와 위치를 감안하며 다른 것들도 배치해 나갑니다.

구체적이지는 않아도 그리고자 하는 요소들을 원, 직선, 곡선을 이용하여, 대략 크기와 위치를 잡아주는 과정입니다. 이런 것들이 모여 전체적인 구도를 이룹니다. 물론, 자세히 그리면 조금씩 달라지기도 합니다.

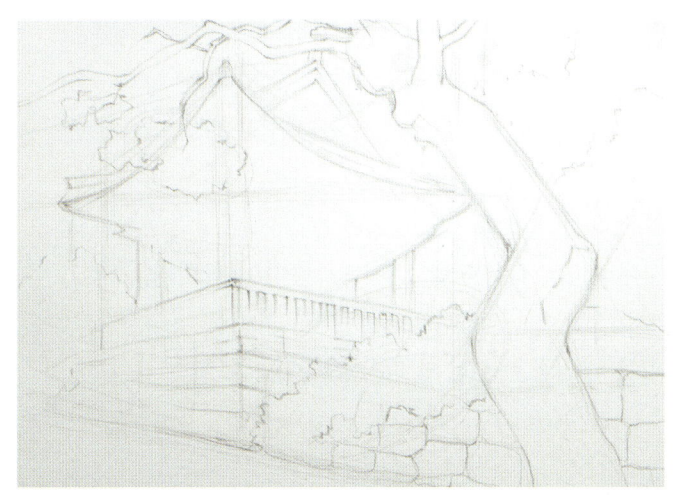

### 세부적이고 정확한 형태를 그립니다

그림의 대략적인 구도가 그려졌다면, 그림의 주제부터 세부적이고 정확한 형태를 잡아 나갑니다. 특히 주제나 각요소의 특징이 잘 나타나는 부분은 정성껏 스케치해야 합니다. 아름다운 색을 가졌더라도 모양새가 찌그러지거나 이상하면 바로 알아차릴 수 있답니다. 그렇기 때문에 형태가 정확하게 나올 수 있도록 꾸준히 노력해야 합니다.

이 과정의 시간이 가장 오래 걸리며, 많은 끈기와 집중력을 요구하는 부분입니다. 처음에는 시간도 많이 필요하고, 만족할 만한 성과가 나오지 않을 수도 있지만, 점차 시간이 단축되면서 스케치도 정확해집니다.

그리고 이렇게 형태를 정확히 그리는 과정에서 형태력을 비롯한 데생력이 생깁니다. 하지만, 아주 작은 부분이나 생략해도 되는 부분들은 너무 집중하시 말고 과감히 생략하세요.

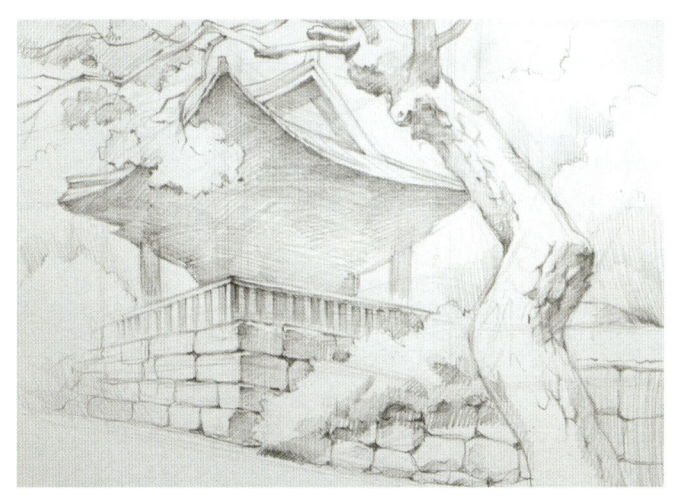

### 일정한 빛의 방향을 설정하여 명암과 그림자를 그립니다

어느 정도 구체적인 형태들이 나왔다면 일정한 빛 방향을 설정하고, 명암과 그림자를 약하게 넣으면서 더욱 자세하게 그려줍니다. 이 과정은 그리는 사람에 따라 생략될 수도 있습니다만 초보자들은 자연스러운 명암과 그림자를 그려 주는 것이 좋습니다. 그리고 전체적으로 스케치를 정리해줍니다.

수채화를 비롯한 평면 회화는 2차원인 평면에 3차원의 입체를 나타냅니다. 이는 빛에 의한 명암을 그림으로써 가능한 것입니다. 명암을 그려서 보는 이의 눈에 착시현상을 불러일으키는 겁니다. 그렇기 때문에 명암은 형태와 함께 미술의 가장 기초적인 테크닉입니다.

스케치를 열심히 하는 것만으로도 훌륭한 데생 공부가 된다는 것을 명심하시기 바랍니다.

## 데생 dessin 과 수채화

일반적으로 수채화 초보자는 물론 유화를 그리고자 하는 분들도 처음에는 데생 기초과정을 공부하는 경우가 많습니다. 명암 단계 연습, 간단한 기하 도형부터 좀 더 자세한 데생 공부까지 어느 정도의 표현력을 키우는 데 중점을 둡니다. 수채화와 다르게 연필 데생은 수정이 가능하며, 색채가 없습니다. 그렇기 때문에 데생은 형태, 명암, 양감, 질감, 공간감 등의 기본기를 공부하는 일반적인 방법입니다.

하지만, 데생을 잠깐 했다고 해서, 기본기가 끝나는 것은 절대 아닙니다. 데생도 매력 있는 미술 장르이고, 좀 더 깊이 있는 데생을 하기 위해서는 많은 시간을 그려야 합니다. 수채화의 기초과정으로 하는 데생은 형태, 명암, 양감 등의 기본기가 약간 부족할 수밖에 없습니다.

그래서 수채화 초보자들은 부족한 데생력(표현력)을 '정확한 스케치'를 함으로써 보충해야 합니다. 그리고 중급 이상의 수채화 실력을 가진 분들은 데생과 수채화를 병행하면 많은 공부가 됩니다.

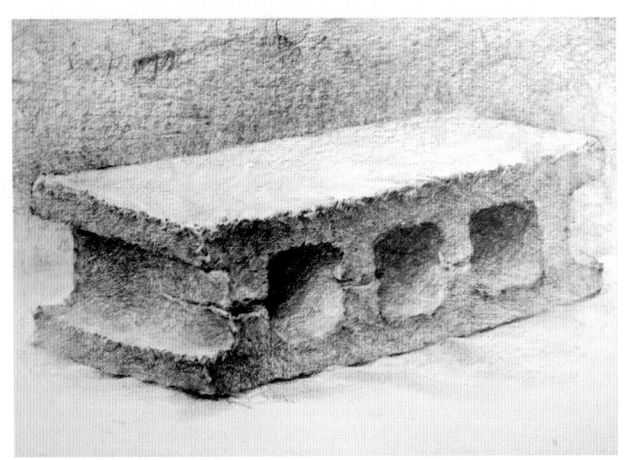

거친 질감을 가진 벽돌을 연필로 데생한 작품입니다.

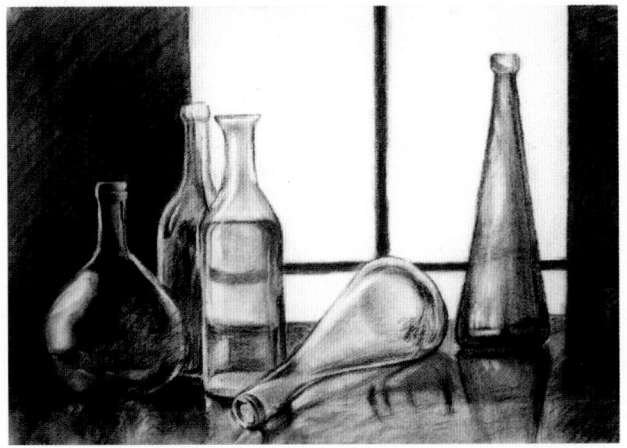

창문이 있는 테이블 위의 유리병들을 목탄으로 데생한 작품입니다.

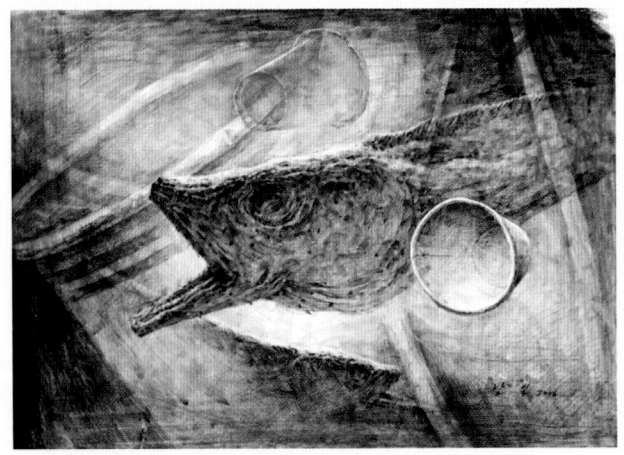

북어와 종이컵을 주제로 자유드로잉한 작품입니다. 재료는 연필, 콘테, 색연필, 수채화 물감 등을 함께 사용하였습니다.

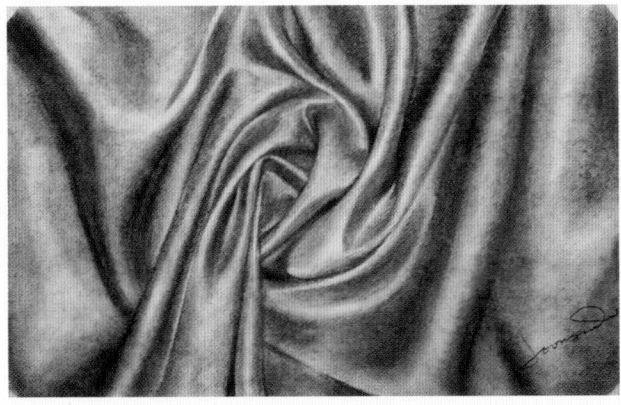

실크천의 굴곡과 주름을 목탄으로 데생한 작품입니다.

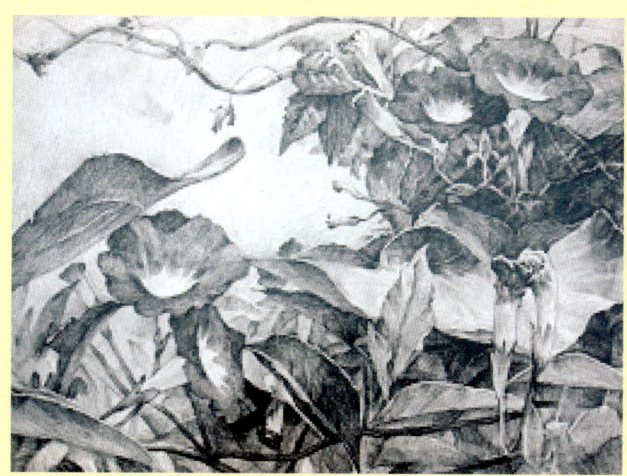

연필 데생

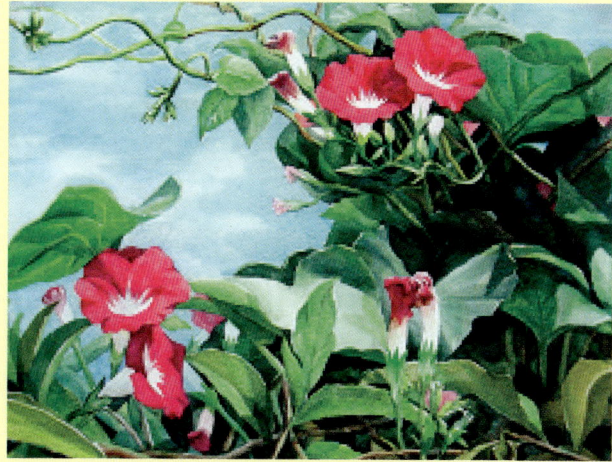

수채화 - 왼쪽 데생과 비교해 보세요.

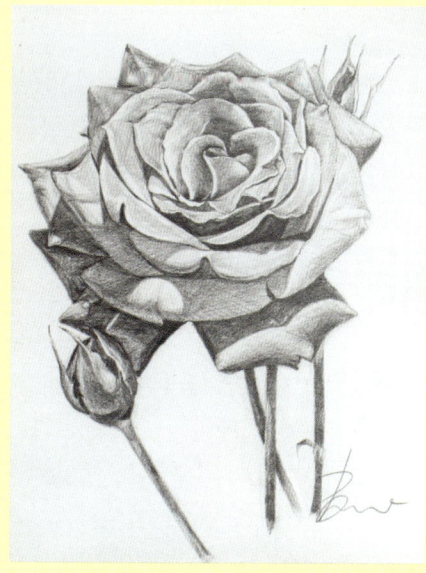

장미를 연필로 데생한 작품입니다.

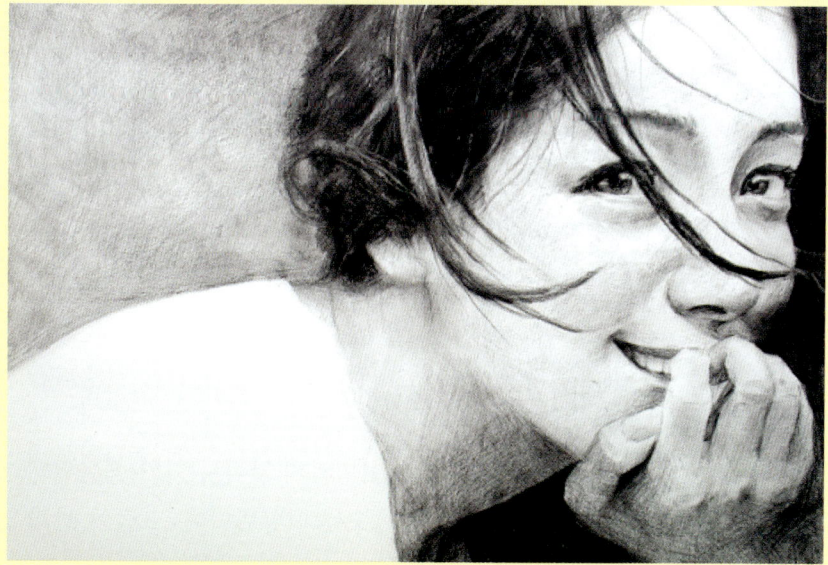

**미소**, 51×36cm, conte on paper.
수줍게 미소짓는 아름다운 여인을 콘테conte 로 그린 작품입니다. 콘테는 일반적으로 연필보다 진하고 거친 느낌을 줍니다.

# 무엇을 보고 그릴까?

예전에 좋은 그림 자료를 구하기가 너무 어려워, 외국 서적을 사러 헌책방을 뒤졌던 기억이 납니다. 필름 카메라를 들고 직접 촬영하러 다니기도 했고(다 인화하지도 못했지만), 있는 정물 몇 가지와 상상의 정물 몇 가지, 그리고 완성된 정물 그림에서 또 몇 가지…… 이런 식으로 짜깁기해서 그리곤 했습니다.

하지만 요즘엔 시각 매체가 넘쳐납니다. 디지털 카메라의 보급으로 모두 사진작가 수준으로 사진을 찍으며, 인테넷을 통해 공유되기까지 하니 정말 그림 자료가 넘치는 판국입니다.

'무엇을 보고 수채화를 그릴 것인가?'라는 우문을 던지는 이유는 무엇을 보고 그리든 초보자들이 참고해야 할 몇 가지를 이야기하기 위해서입니다.

가장 전통적이고 보수적인 방법이 '실물'을 보고 그리는 겁니다. 그리고 사진이나 영상을 보고 그리는 방법, 그림을 보고 그리는 방법이 있습니다.

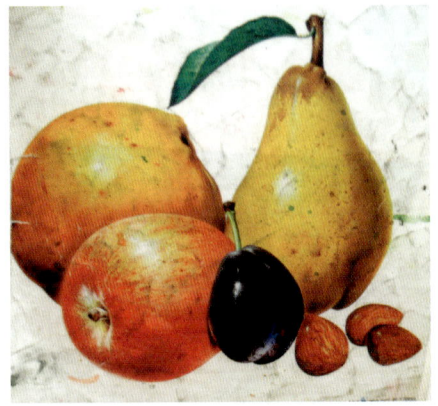

초급자용 자료로 쓰는 이 그림은 어느 외국 일러스트 작품입니다. 이름은 기억하지 못하지만, 고마운 마음을 전합니다.

### 그림을 보고 그리는 방법

그림을 보고 그린다는 것은 모방imitation 이고 카피copy 입니다. 언젠가 유명 소설가의 인터뷰를 읽은 기억이 납니다. 그는 소설가가 되기 위한 공부로, 자신이 좋아하는 작가의 소설을 원고지에 손수 한 글자 한 글자 베껴 썼답니다. 이렇게 모든 예술 공부의 시작은 모방과 카피입니다. '모방'은 아주 중요한 미학 용어입니다.

모방과 카피는 세 가지 수채화 방법 중, 제일 쉬운 방법입니다. 우선 다른 작가가 색이나 명암, 구도, 원근 표현 등을 짜임새 있게 완성했으므로, 따라 그리는 사람은 색이나 명암, 구도, 원근법 등을 고민하지 않아도 되기 때문입니다. 이렇게 카피는 초보자들이 가장 많이 하는 수채화 방법이며, 그림이 빨리 늘기 위해 꼭 필요한 학습법입니다.

하지만 이 좋은 방법에는 몇 가지 함정이 있다는 것을 잊지 말아야 합니다. 이러한 '따라쟁이' 습관이 들면, 사진이나 실물을 보고 그리기가 정말 힘들어집니다. 그러니 초보 과정이 지나면 꼭 카피와 사진이나 실물을 보고 그리는 방법을 병행해야 합니다. 혼자 고민해서 그려보지 않으면 실력이 정체될 수 있습니다. 또 어쩔 수 없는 상황이라면 몰라도, 남의 작품을 카피할 때에는 허락을 받거나, 원작자를 밝히는 매너를 잊지 마세요.

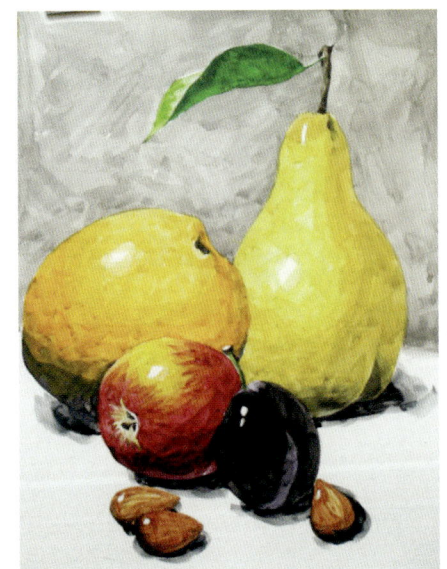

일러스트 작품을 보고 그린 수채화입니다. 그림을 보고 그리는 것은 아주 좋은 공부입니다.

### 사진이나 영상을 보고 그리는 방법

요즘은 인테넷을 조금만 돌아다녀도 정말 멋진 사진과 영상이 많습니다. 어떤 사진은 다른 연출이 필요 없을 정도로 회화적인 느낌을 잘 표현해서 제가 참

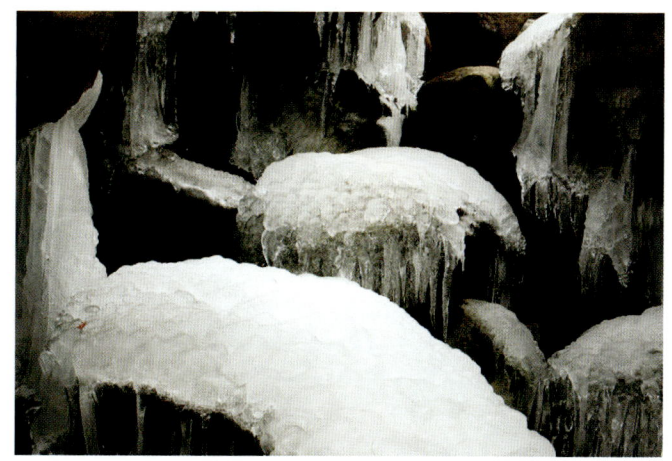

이 사진은 '백야'님이 카페에 올린 작품 사진입니다.

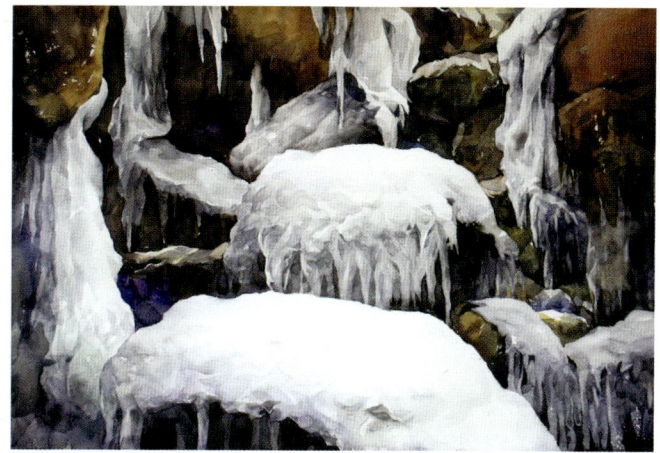

**겨울이야기**, 51×36cm, watercolor on paper. '백야'님의 멋진 사진을 보고 그린 그림입니다.

구할 정도입니다. 그리고 영상매체의 멋진 스틸 사진도 좋은 자료가 됩니다. 우리가 직접 고생하지 않아도 멋진 풍경과 정물, 꽃, 인물 사진들을 참고하여 수채화를 그릴 수 있습니다. 자신이 원하는 장면을 직접 찍어 그리는 경우도 많습니다.

사진을 보고 그리는 방법은 작가들도 많이 사용하는 방법입니다. 그림을 보고 그리는 방법보다 어렵고 머리아픈 일이지만 여러분도 멋진 사진들을 적극적으로 활용하세요. 보통 사진들을 그냥 그대로 베끼는 것도 상관없지만, 자신이 원하는 구도와 연출을 위해, 사진을 재구성하는 습관을 기르는 것이 좋습니다. 물론 사진을 100% 똑같이 그리는 극사실주의hyper-realism 미술도 있지만, 보통은 '강조'와 '생략'을 통해 재구성합니다.

사진을 보고 그린다면, 사진도 엄연한 예술 작품이므로, 허락을 받거나 원작자를 밝혀 주는 센스를 잊지 마시길 바랍니다.

### 실물을 보고 그리는 방법

실제 사물이나 실제 상황을 현장에서 느끼며 그리는 방법입니다. 대표적인 예가 야외 수채화입니다. 또한 입시 수채화에서 정물화, 인물화와 누드 크로키가 있습니다. 무엇보다 현장성이 많이 강조되며 직접 보고 그리는 사실성, 제한된 시간의 즉흥성이 강조됩니다. 수채화 기술이 익숙해진 후, 실물의 사실성과 느낌을 집중적으로 표현한다면, 아주 새로운 경험이 되리라 봅니다. 중급자 이상은 꼭 실물을 보고 그려봐야 합니다.

물론, 수채화 기본기도 실물을 보고 그리며 공부할 수 있습니다. 사실 여유가 된다면, 그렇게 하는 것이 좋습니다. 초보자들이 실물을 보고 그리더라도, 그 사실적인 느낌에 너무 당황할 필요는 없습니다. 우선 보이는 형태나 명암, 색채 등을 배운대로 아는 만큼 재구성하면 됩니다. 너무 외워서 그리는 것은 좋지 않지만, 자신이 배운 것들을 응용할 수 있는 능력을 키우는 것도 매우 중요하기 때문입니다.

실물을 보고 그리는 방법이 진정한 미술이라고 여겨지던 때도 있었습니다. 하지만 오늘날은 사진이나 영상에 대한 재창조, 모방이나 카피를 통한 역설, 작가의 선택에 의해 기성품을 예술품으로 승화, 키치(싸구려 미술) 등 다양한 예술 활동이 있습니다.

# 수채화 그리는 순서

## 1) 밝은 색과 어두운 색

보통 일반적으로 수채화는 밝은 색부터 채색하는 것으로 알고 있습니다. 그리고 그렇게 그리는 작가들도 많습니다. 하지만 어두운 색부터 그리는 것도 하나의 방법입니다.

개인적인 스타일이거나 그리려는 대상의 특성에 따라, 밝은 색부터 시작하여 점점 어두운 곳을 채색하며 완성하기도 합니다. 또 어두운 색부터 시작하여 점점 밝은 곳을 채색하기도 합니다. 즉, 정해진 순서는 없습니다. 그림 그리는 사람 마음입니다. 그래도 초보자들은 우선 한 가지 방법을 선택하여 익숙해질 때까지 반복하는 것이 좋습니다. 그렇게 익숙해지면 무엇을 먼저 하든 완성에는 큰 지장이 없습니다.

### ① 밝은 색부터 채색하기

보통 밝은 색부터 채색하도록 하는 이유는 깨끗한 물과 팔레트가 밝고 맑은 색들을 채색하기 쉽기 때문입니다(주로 노란 계열, 오렌지색, 연두색 등). 그리고 밝은 색부터 채색하기 시작하면, 그림 과정을 잘 보아가며 점차 중간 톤, 어두운 톤을 넣어주기 쉽습니다.

그래서 수채화를 배우지 않은 일반인들은 밝은 색부터 채색하며 차분히 그림을 진행해 나가는게 좋습니다.

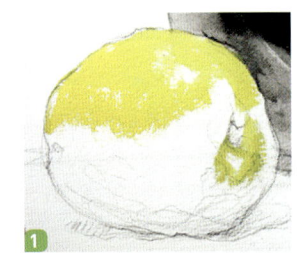
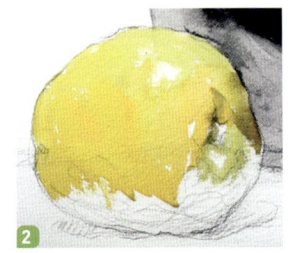
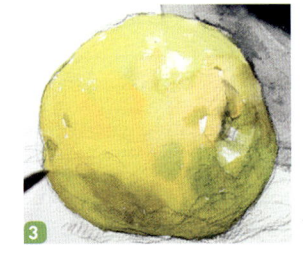
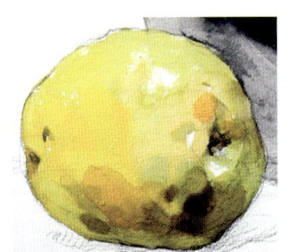

### ② 어두운 색부터 채색하기

어두운 색부터 채색하는 이유는 완성에 가까운 어둠을 먼저 잡아주고 이 부분을 기준으로 점차 물을 섞으면서 밝게 채색하기 위해서입니다. 즉, 어두운 색을 기준삼아 중간 톤과 밝은 톤을 만들어 줍니다. 그러면 어두운 톤이나 중간 톤, 밝은 톤을 많이 만지지 않고 완성할 수 있습니다. 하지만 이렇게 어두운 색부터 과감하게 채색하려면 스케치가 잘 되어 있어야 하고, 명암에 대한 이해와 수채화 완성 경험이 많아야 합니다. 한번 진하게 칠한 부분은 고칠 수 없기 때문에 신중해야 합니다.

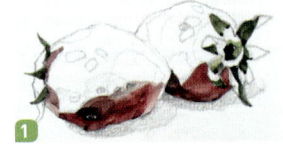
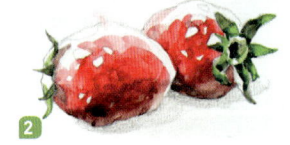
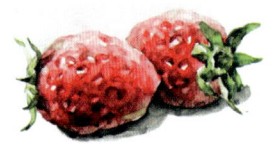

## 2) 전체와 부분

일반적으로 수채화는 전체적으로 그립니다. 그림의 주제(주인공)가 완성되는 정도와 비례해 다른 부분도 채색해 나갑니다. 이것은 그림을 전체적으로 보는 능력을 키우는 일반적인 방법이며, 작품의 완성도를 높이는 방법이기도 합니다.

하지만 전체적인 완성보다 개체의 묘사를 중요하게 그릴 때, 혹은 그리는 사람의 성향이나 스타일에 따라, 부분적으로 완성해가며 그림을 진행시킬 수도 있습니다. 초보자들은 우선 전체적으로 그리는 것을 공부하는 것이 좋습니다. 그리면서 전체적인 발란스를 잘 맞추어 보세요.

### ① 전체적으로 그리기

밝은 부분부터 그릴 것인가, 어두운 부분부터 그릴 것인가, 주제부터 그릴 것인가, 배경부터 그릴 것인가 등의 문제가 있습니다. 그건 개인 스타일의 문제이니, 아는 대로, 배운 대로, 생각한 대로 그리면 됩니다. 단, 전체적인 발란스를 잘 살펴야 합니다. 그러기 위해선 그림을 전체적으로 보는 연습을 해야 합니다. 그래야지만 불필요하게 더 그리거나, 미완성처럼 덜 그리지 않을 수 있답니다.

### ② 부분적으로 그리기

부분적으로 완성해 나가는 그림은 묘사를 많이 하는 경우가 대부분입니다. 하나씩 자세히 그려나가는 겁니다. 비록 부분적으로 완성하며 그리더라도 전체적인 완성도가 높으면 문제가 없습니다. 이런 방법은 어느 정도 수채화 경험이 있고 전체적인 완성을 미리 예측해야 합니다. 그래야 주인공(그림 주제)의 완성도와 조연(주제 주변)의 완성도에 차이를 줄 수 있습니다.

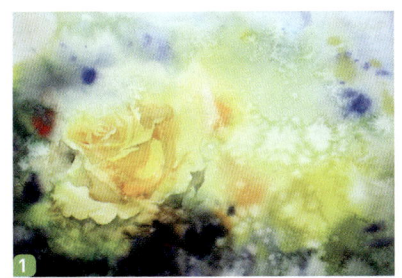

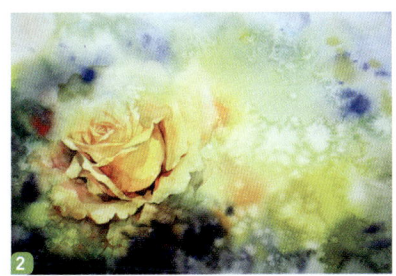

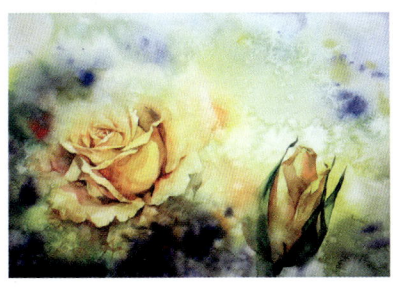

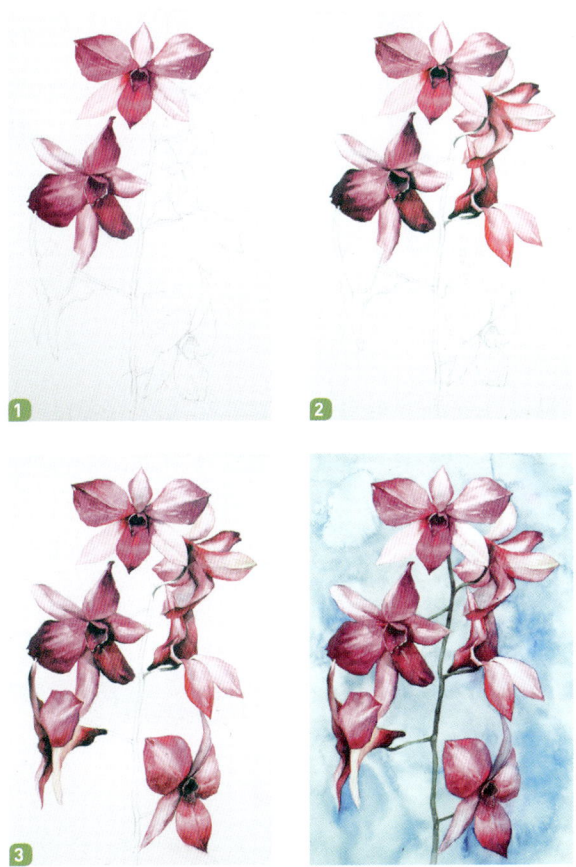

# 붓의 힘조절

이젠 본격적인 실기입니다. 앞장에서 설명한 물과 물감, 물과 붓, 물과 종이의 관계를 잘 생각하며 해보세요.

　우선 붓의 힘조절에 대하여 알아보겠습니다. 초보자들은 붓을 쓰는 것이 익숙하지 않기 때문에 정확한 붓놀림이 잘 안되겠지만 천천히 다루다 보면 시간이 지남에 따라 자연스럽게 익숙해집니다.

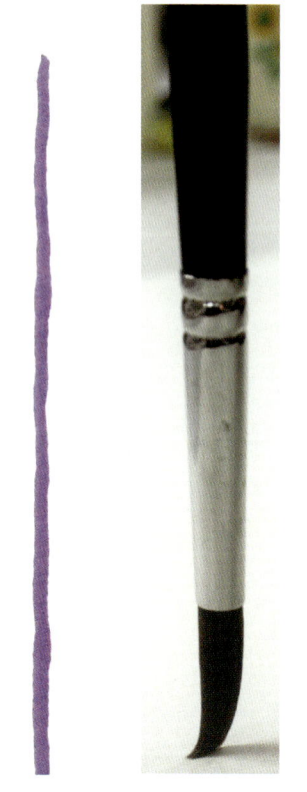

**약하게**
붓의 힘을 약하게 하여 붓끝으로 칠해 봅니다. 가는 선의 붓 터치가 나옵니다.

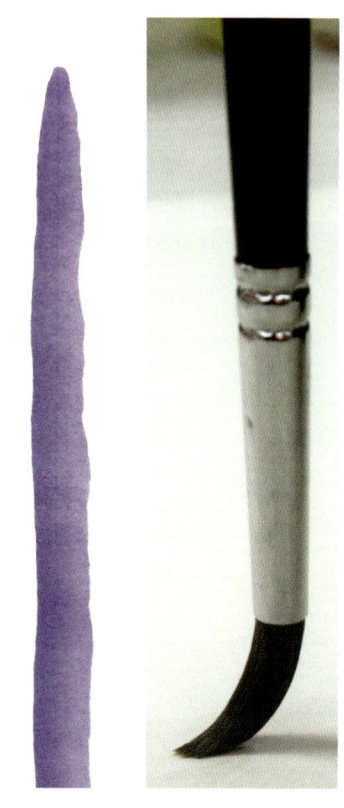

**중간**
붓의 힘을 중간 정도로 하여 칠해 봅니다. 중간 정도 굵기의 붓 터치가 나옵니다.

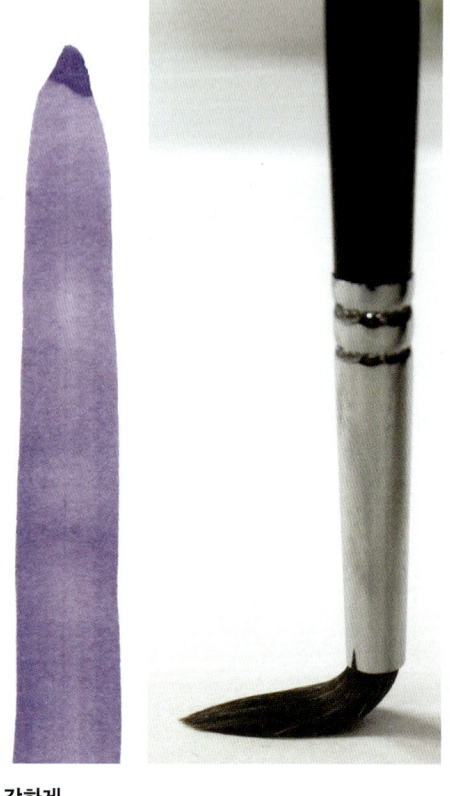

**강하게**
붓의 힘을 강하게 하여 칠해 봅니다. 굵은 붓 터치가 나옵니다.

　붓의 힘을 조절하면 다양한 느낌의 터치가 나옵니다. 아래 그림은 붓으로 칠해나가며, 천천히 힘을 주었다 풀었다 하였습니다. 여러분도 한번 따라 해 보세요. 초보자들은 붓의 힘조절이 어느 정도 익숙해 질 때까지는 붓의 힘을 약간 강하게 누르며, 굵은 터치로 그리는 것이 좋습니다. 터치가 너무 크면 좀 더 작은 붓을 사용하세요.

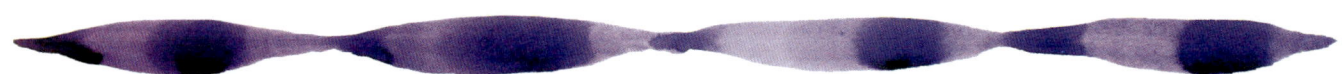

붓의 힘을 강, 중, 약으로 하며 연속적으로 칠하기

# 팔레트의 색

팔레트의 색을 순서대로 칠해 봅니다. 중간 붓(14~16호)으로 그리며, 붓의 힘을 약간 강하게 합니다. 색을 바꾸어 칠할 때는 붓을 깨끗하게 씻어 다른 색이 섞이지 않게 하는 것이 중요합니다. 자신의 팔레트에 있는 색들을 모두 써보면서 색을 익히도록 합시다.

## 수직선, 수평선 그리기

긴 직선을 그릴 때는 손목과 팔꿈치를 고정하고 어깨를 이용해야 합니다. 붓의 뒷부분을 편하게 쥐고 붓을 종이와 직각에 가깝게 세웁니다. 긴 터치이므로 물기를 충분하게 합니다. 먼저 수직선을 위에서 아래로 그립니다. 되도록 적당한 속도를 유지하며 그립니다. 터치의 마지막에 붓을 부드럽게 뗍니다. 급하게 떼면, 지저분한 얼룩이 생깁니다. 수직선이 다 그려지면 그 위에 수평선을 같은 요령으로 그립니다.

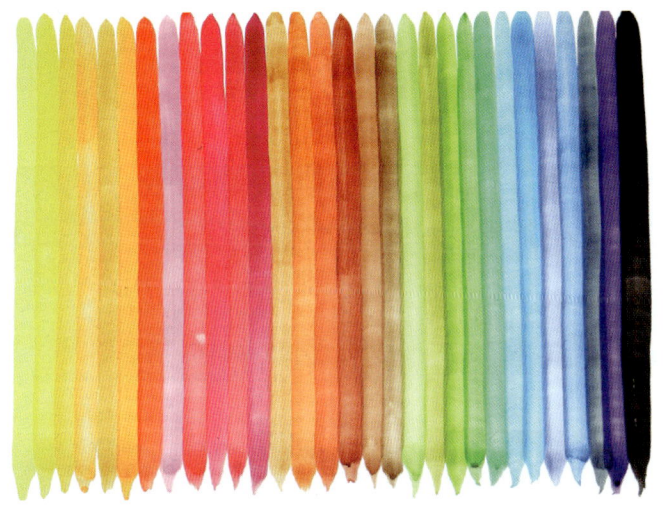

**수직선** 종이의 왼쪽부터 위에서 아래로 직선을 그려줍니다.

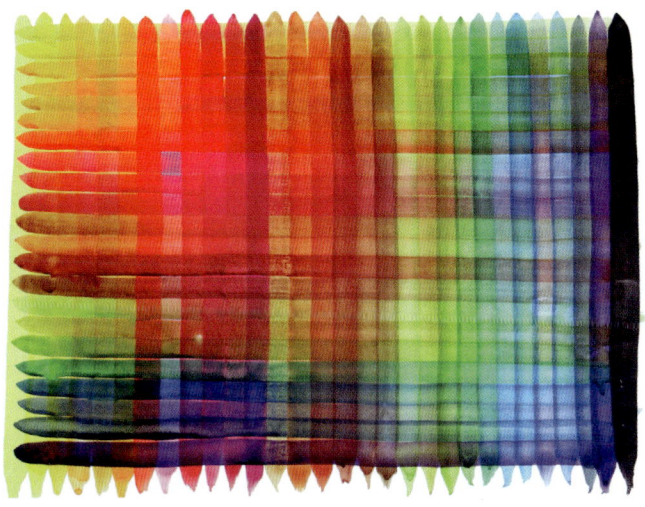

**수평선** 수직선이 모두 그려지면, 위부터 수평선을 그려줍니다.

## 사선 그리기

먼저 종이를 가로로 4등분 하여 표시해둡니다. 그리고 아래 그림과 같이 대략 45도 각도로 엇갈리며 왼쪽부터 그려나갑니다. 마지막까지 다 그려지면 처음과 반대 방향으로 그립니다.

짧은 선을 그릴 때는 손목을 이용하며, 붓의 물기를 많지 않게 합니다(되도록 물똥이 남지 않게).

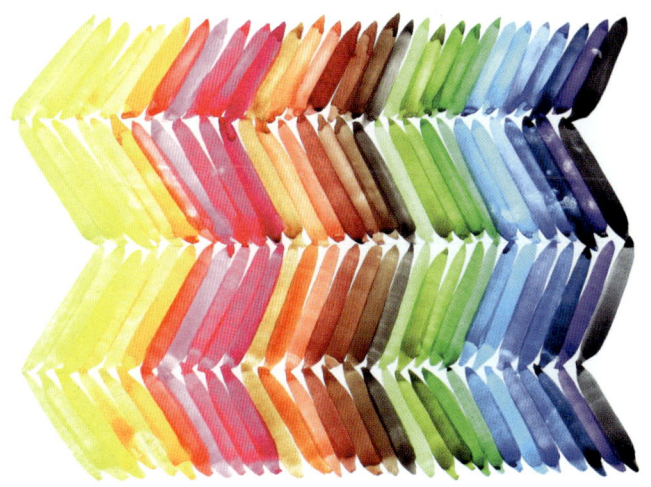

**짧은 사선 1**

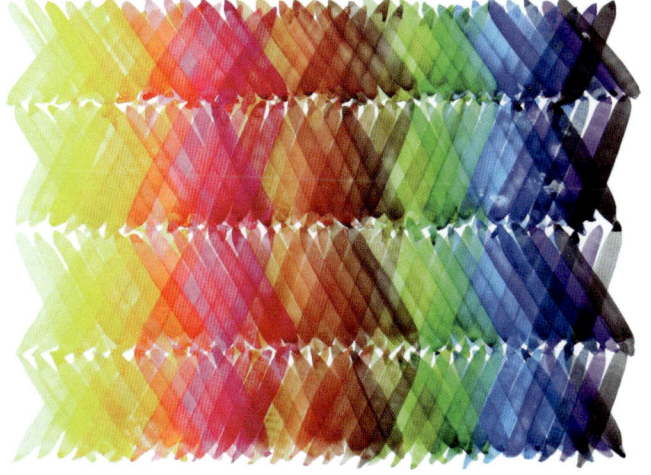

**짧은 사선 2**

# 검은색으로 그리기

블랙 물감Ivory Boack을 이용하여 물의 양에 따른 명도 변화를 연습합니다. 검은색이나 무채색으로 먼저 실기를 하는 이유는 물 농도를 정확히 익히기 위해서입니다.

이렇게 색채가 배제된 무채색으로 기본 도형인 육면체, 원기둥, 구를 그리면서, 수채화의 기본 요소인 물감과 물의 배합을 경험해 보세요.

이를 통해 기본 도형의 정확한 스케치 능력과 확연한 명암 대비를 이해하고 점차적으로 중간 톤과 밝은 톤의 변화를 알아나가는 것이 목적입니다.

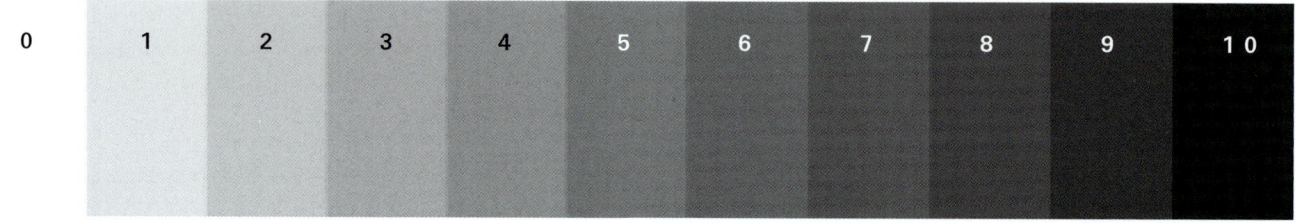

명도 대비 10단계

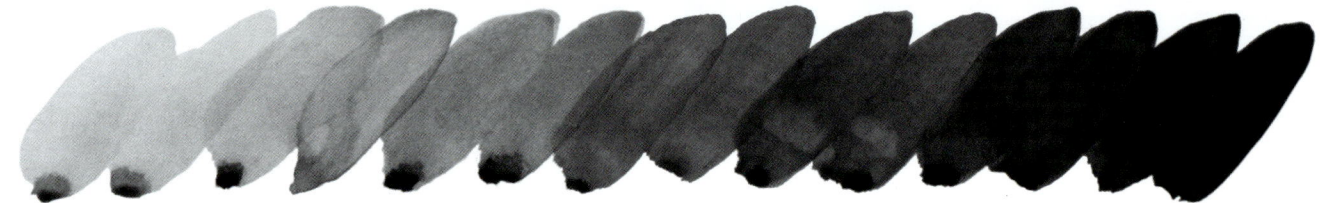

물 농도에 따른 명도 단계

**tip 섞어서 블랙 만들기**

블랙 물감이 없거나, 선생님에 따라서 사용하지 못하게 하는 경우도 있습니다.

이는 블랙이 색채와 혼합되면 그림이 칙칙해지는 경우가 많기 때문입니다. 물론 검은색을 사용하는 문제는 그리는 이의 선택일 뿐 정해진 법칙은 없습니다. 검은색을 쓰지 않는 경우, 블랙에 가까운 무채색을 섞어 만들어서 사용합니다. 일반적으로 가장 많이 사용하는 혼합색을 알아봅시다.

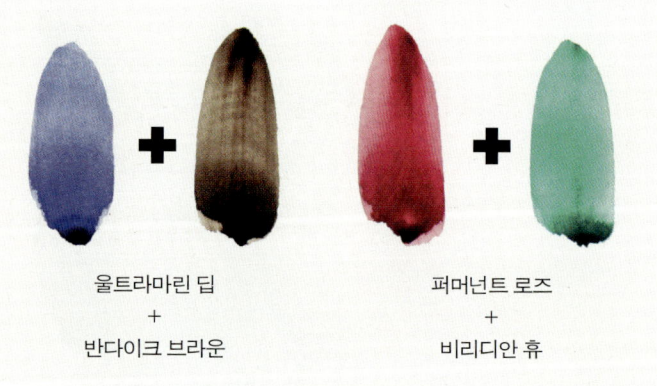

울트라마린 딥
+
반다이크 브라운

퍼머넌트 로즈
+
비리디안 휴

## 육면체

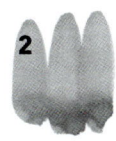

**1 Hilight**

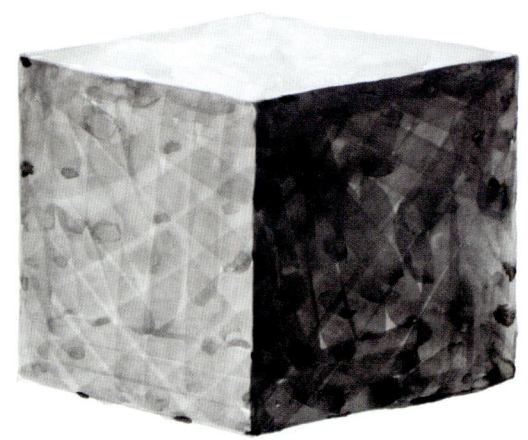

|과정1| ①면은 하이라이트이므로 아무것도 칠하지 않고, ②면과 ③면은 되도록 중첩되지 않게 한 번씩 칠해줍니다.

|완성| 〈과정 1〉과 같은 톤으로 먼저 있는 붓 터치와 다른 방향으로 그려줍니다. ①면은 아주 밝은 톤으로 처리하며, 붓의 물기를 적당히 조절해서 그리세요.

## 원기둥

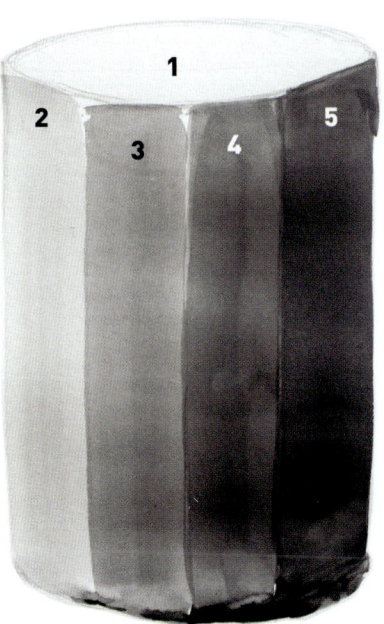

**1 Hilight**

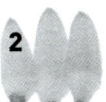

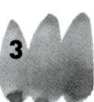

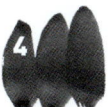

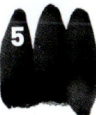

|과정1| ①면을 제외하고 크게 4등분하여 각 면에 알맞은 진하기로 넓게 칠해줍니다.

|완성| 붓의 물조절을 하며, 〈과정1〉의 각 면들이 중복되도록 덧칠해줍니다. 이때 각 면이 자연스럽게 연결되도록 그리고 ①면은 아주 밝게 처리하여 완성합니다.

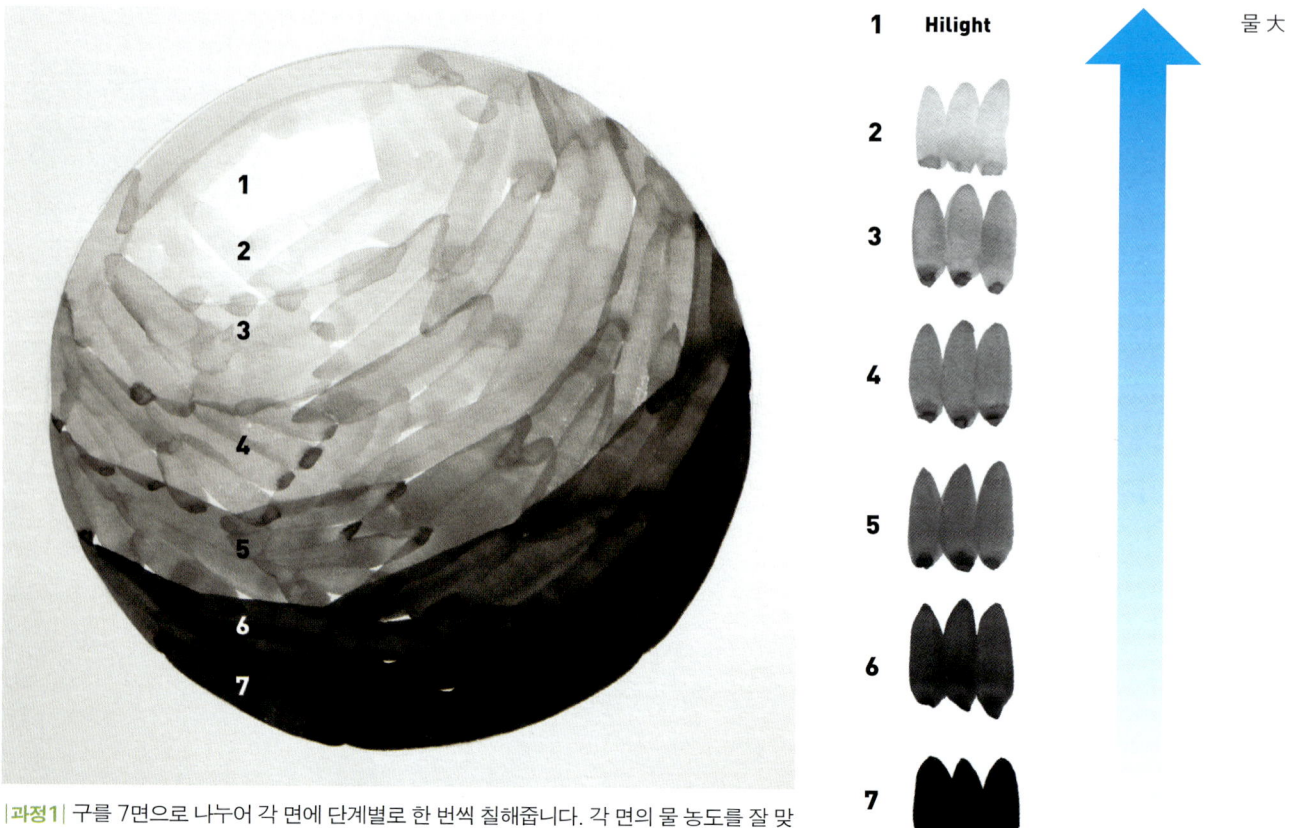

1    **Hilight**    물 大

2

3

4

5

6

7

물 小

|과정1| 구를 7면으로 나누어 각 면에 단계별로 한 번씩 칠해줍니다. 각 면의 물 농도를 잘 맞추어 주는 것이 중요합니다. ①면은 하이라이트이므로 아무것도 칠하지 않습니다.

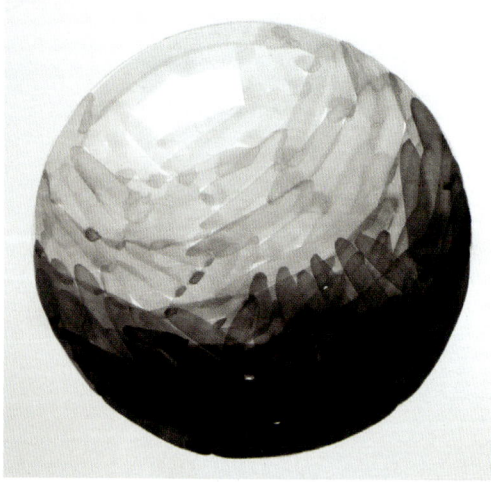

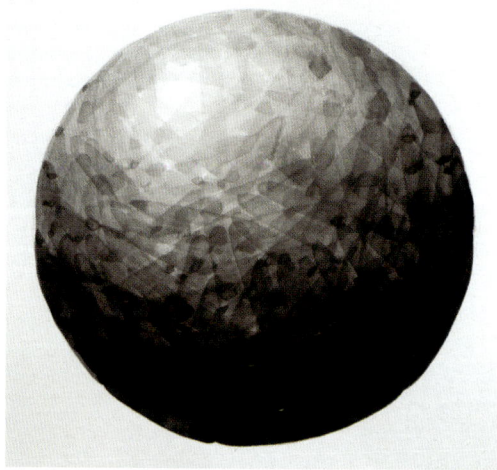

|과정2| 어두운 면부터 짧은 터치로 덧칠하며 연결시켜 나갑니다. 주의할 점은 붓의 물기가 많지 않게 하고 천천히 진행시켜야 하는 것입니다.

|완성| 작은 변화보다는 전체적인 구의 양감을 보며 완성 시킵니다. 각 면에 적절한 진하기의 톤으로 1~2번의 덧칠로 마무리하고 밝은 부분은 많이 손대지 않도록 주의하세요. 만일 화면의 물감이 덜 말랐다면, 천천히 말려가면서 해야만 합니다.

## 구 그리기의 데생 과정

구(球)는 데생이든 수채화든 모든 평면 회화에 중요한 기본 도형입니다.

그림을 처음 시작하는 분들이 가장 힘들어 하는 도형인 만큼 구를 잘 그리는 것은 쉽지 않습니다. 하지만 그만큼 구를 많이 그리면 물 농도 공부뿐 아니라 명암과 양감 그리고 전체적으로 그림을 보는 시선까지 공부가 되니 초보자들에게는 아주 중요한 과정입니다. 참고로, 구를 그리는 데생 과정을 보여드립니다. 수채화 과정과 비교도 해 보시고, 연필을 이용하여 천천히 완성해 보세요.

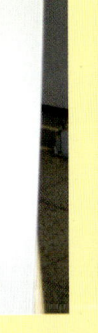

|과정1|

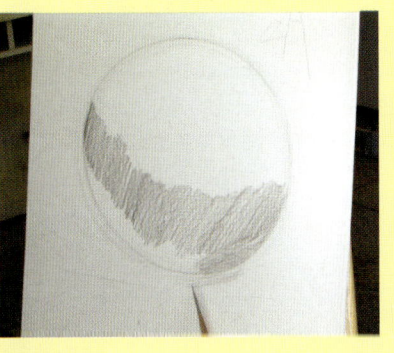

|과정2|

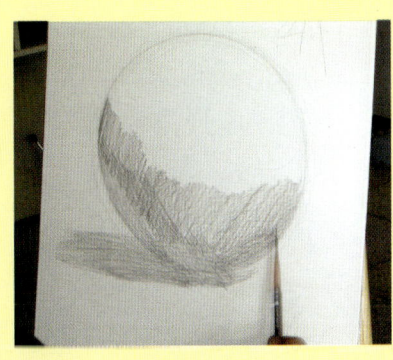

|과정3|

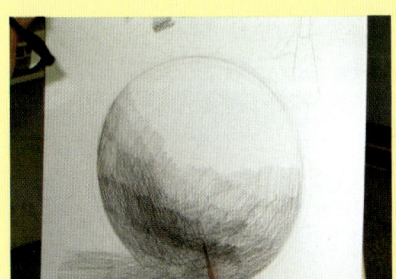

|과정4|

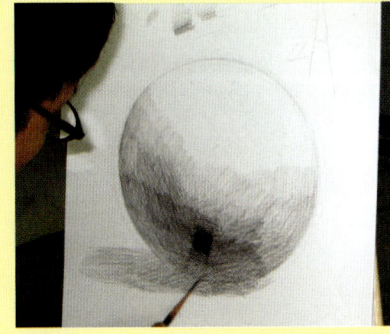

|과정5|

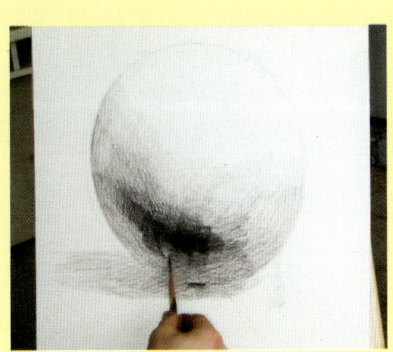

|과정6|

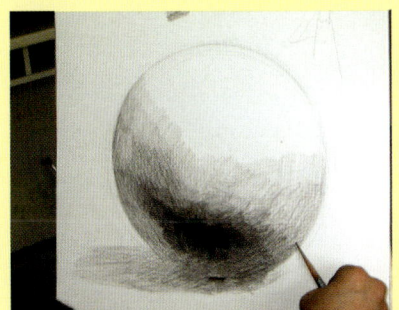

|과정7|

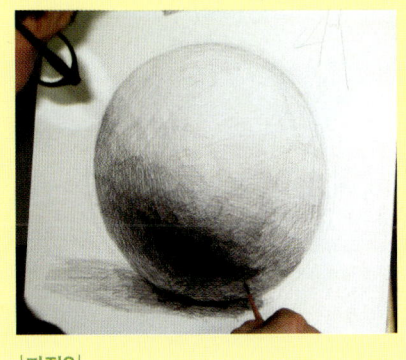

|과정8|

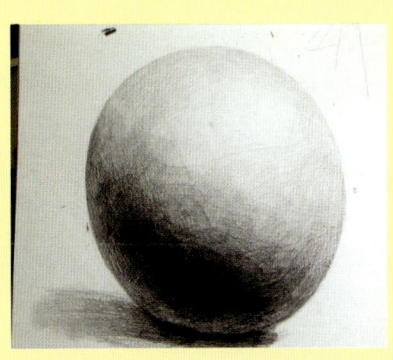

|완성|

## 육면체, 원기둥, 구를 함께 그리기

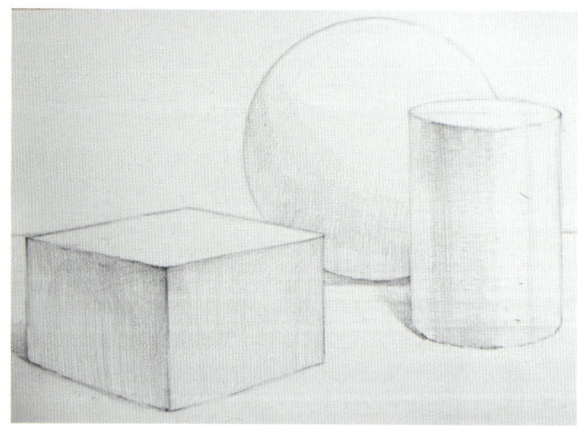

|과정1| 시점과 빛 방향을 고려하여 정확하게 스케치합니다.

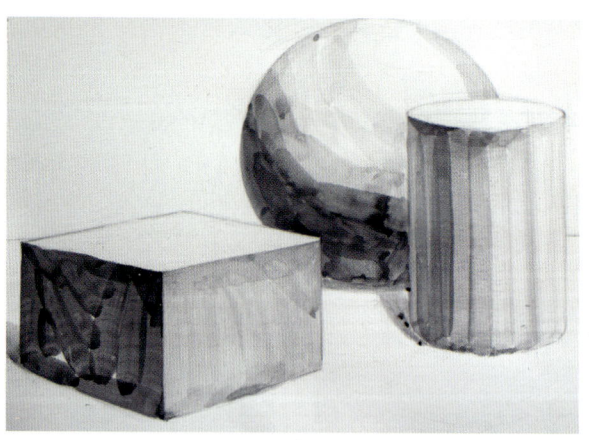

|과정2| 어두운 면과 중간 면을 나누어 밑칠을 합니다. 이때 어두운 부분은 진하고 과감하게 그립니다.

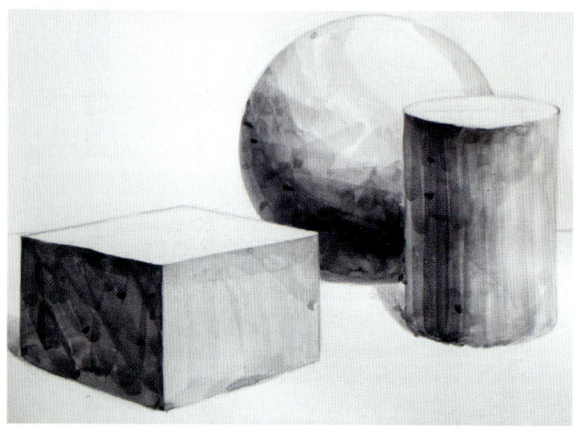

|과정3| 물똥이 너무 많지 않도록 붓의 물기를 알맞게 조절하며 덧칠합니다.

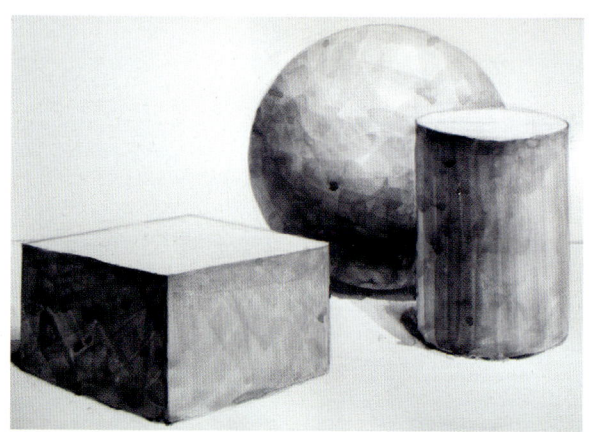

|과정4| 어두운 부분을 중심으로 정리해줍니다.

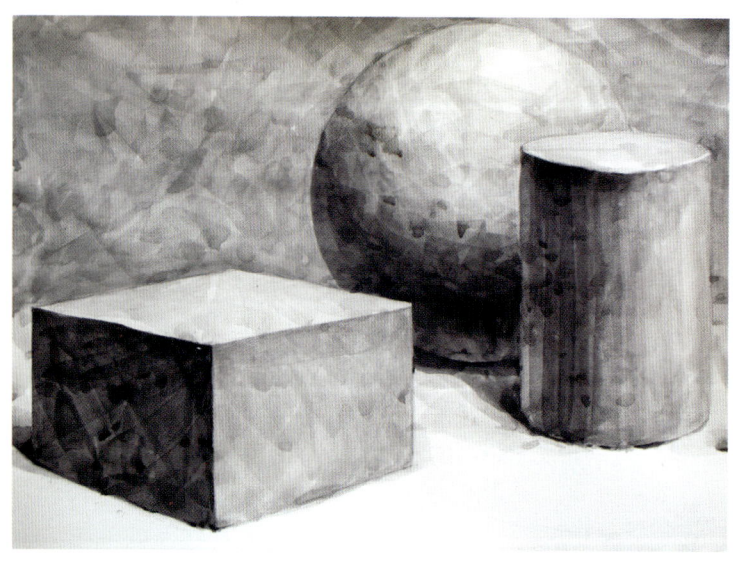

|완성| 배경은 물감을 얇게 하여 큰 붓으로 넓게 그립니다. 밝은 부분이 어두워지지 않도록 끝까지 신경쓰며, 전체적인 조화를 감안하여 완성합니다. 어떻습니까? 검정 물감 하나로 그렸는데도, 물 농도 변화와 덧칠만으로도 풍부한 톤이 나옵니다. 그만큼 수채화에서는 물 농도 조절이 가장 기본이 됩니다.

# 빛과 그림자

그림에서 빛과 그림자는 중요한 요소입니다. 빛이 없는 곳에서는 아무것도 보이지 않습니다. 그만큼 빛은 사물의 자세한 형태와 입체감, 공간감을 만들어주는 원인입니다.

대상의 명암을 그릴 땐 항상 빛을 의식해야 하며, 한 화면에서는 일정한 빛 방향으로 통일감을 주어야 합니다. 그림자는 그 빛의 방향을 설명해주는 역할 뿐 아니라, 대상의 무게감과 존재감, 공간감을 나타내주는 역할을 합니다.

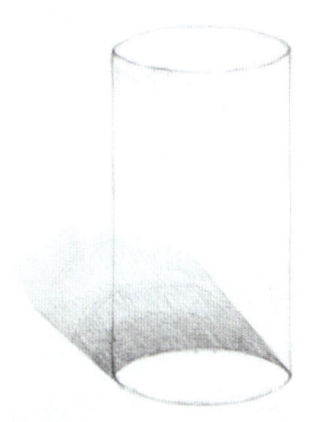 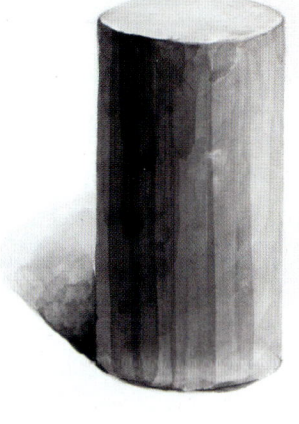

우측광

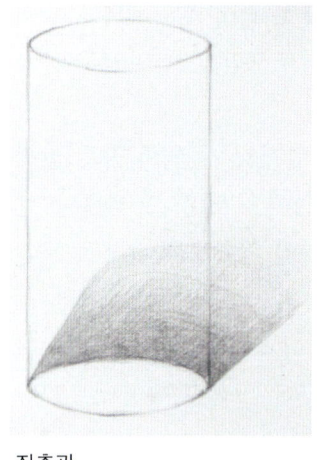 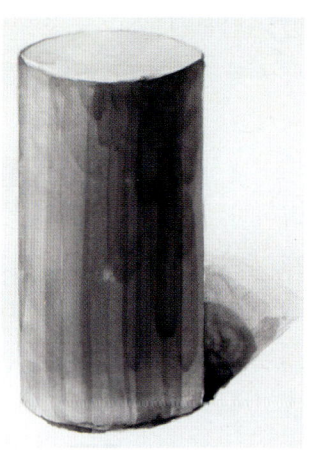

좌측광

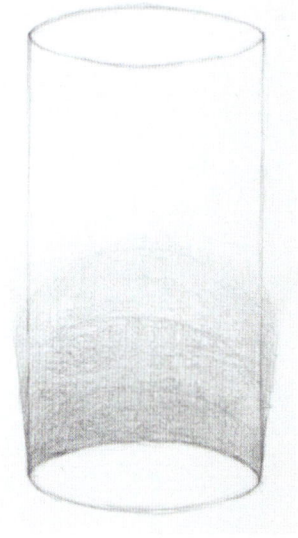 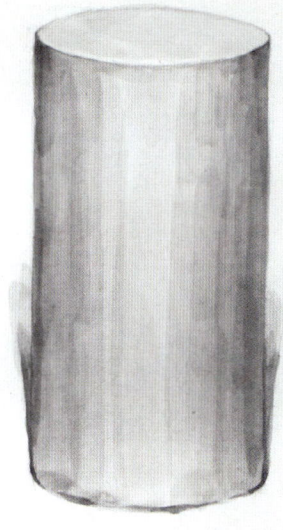

정면광

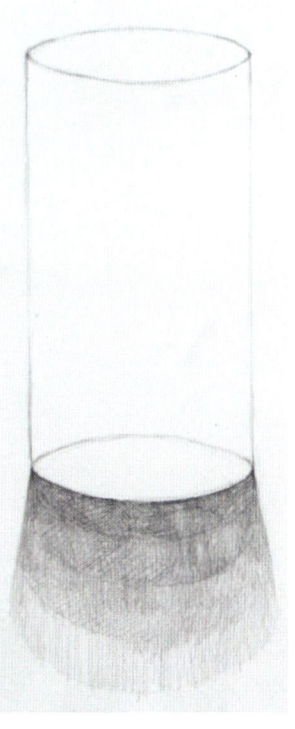 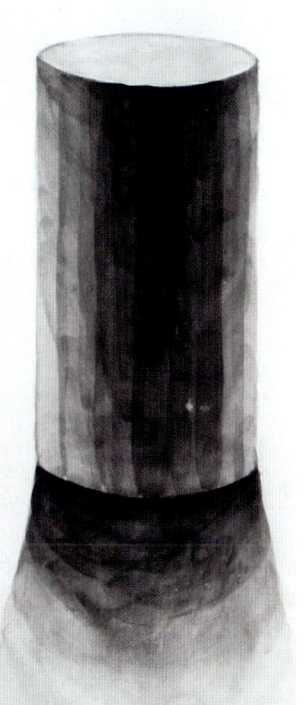

후면광(역광)

# 색의 기본 혼합

초보자들이 제일 신경쓰는 부분 중 하나가 바로 물감의 혼합입니다.

'어떤 색과 어떤 색을 섞어야 되는가?'라는 고민은 사실 중요하지만 불필요하기도 합니다. 왜냐하면 팔레트의 색만으로도 무수히 많은 컬러가 나오기 때문입니다. 물감을 혼합하지 않고 물 농도만 조절해도 색이 예쁜 그림이 나올 수 있고 상식적인 혼합색 정도만 알고 있어도 충분합니다.

수채화에서는 색과 색의 혼합에서 각 색의 작은 양의 차이만으로도 무수히 많은 색들이 나오며, 그 색에 물 농도 차이나 붓 터치의 차이에 따라 엄청나게 많은 종류의 색이 나올 수 있습니다. 그래서 작가들이 실제 작품을 제작할 때조차 의도하지 않은 색이 나오게 되는 경우도 많습니다.

물감을 섞을 때도, 수채화에서는 보통 두세 가지 이상의 물감을 섞지 않습니다. 물감은 섞을수록 채도가 떨어지기 때문에 맑고 밝은 채색에는 두 가지 이상의 물감을 섞지 않는 것이 일반적입니다.

자신도 모르게 서너 가지 색을 섞다 보면 처음 보는 신비한 색이 나오기도 하겠지만 실제로 종이에 칠해져 마른 후에 보면 팔레트에서 섞을 때의 느낌은 전혀 없고 탁하기만 한 경우가 대부분입니다.

이렇게 기본적인 색의 혼합에 적절한 물량 조절만으로도 풍부한 색감의 수채화가 된다는 것을 명심하며 자신이 알고 있는 색을 쓰도록 노력해야 합니다.

기본적인 네 가지 색을 중심으로 색을 혼합해 보았습니다. 여기에 있는 기본적인 혼합색들을 직접 만들어 칠해보고 기억해두면, 여러분은 색의 마술사가 될지도 모릅니다.

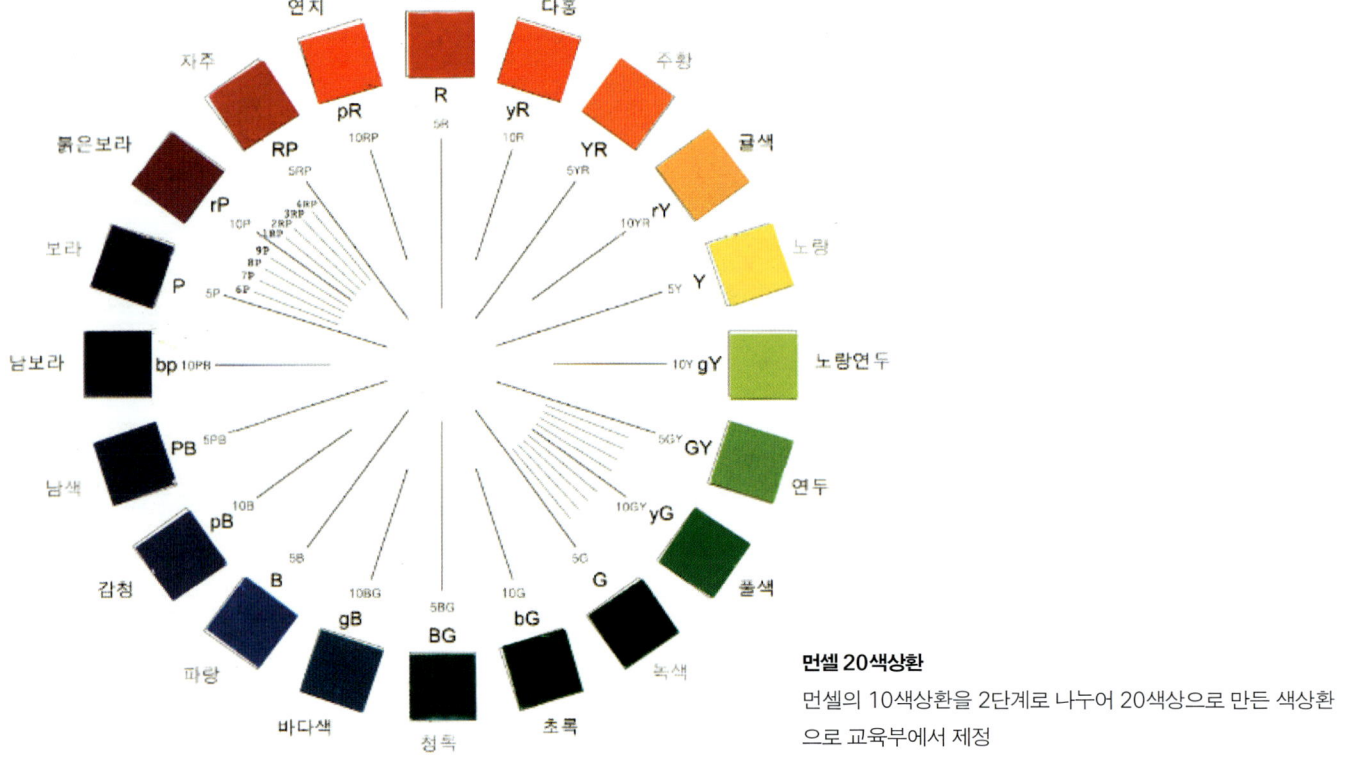

**먼셀 20색상환**
먼셀의 10색상환을 2단계로 나누어 20색상으로 만든 색상환으로 교육부에서 제정

## 노란 계열
퍼머넌트 옐로우 딥 Permanent Yellow Deep

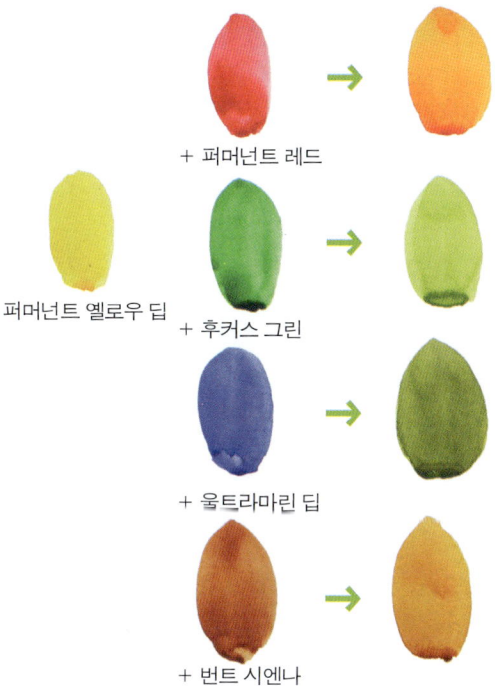

퍼머넌트 옐로우 딥

+ 퍼머넌트 레드

+ 후커스 그린

+ 울트라마린 딥

+ 번트 시엔나

## 빨간 계열
퍼머넌트 레드 Permanent Red

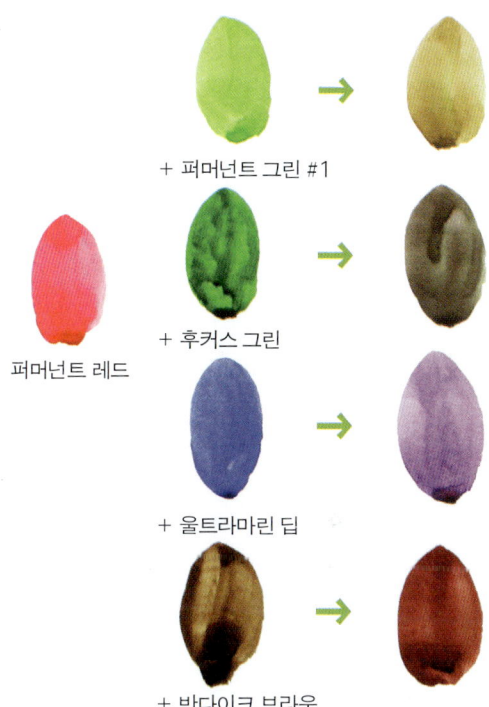

퍼머넌트 레드

+ 퍼머넌트 그린 #1

+ 후커스 그린

+ 울트라마린 딥

+ 반다이크 브라운

## 녹색 계열
후커스 그린 Hooker's Green

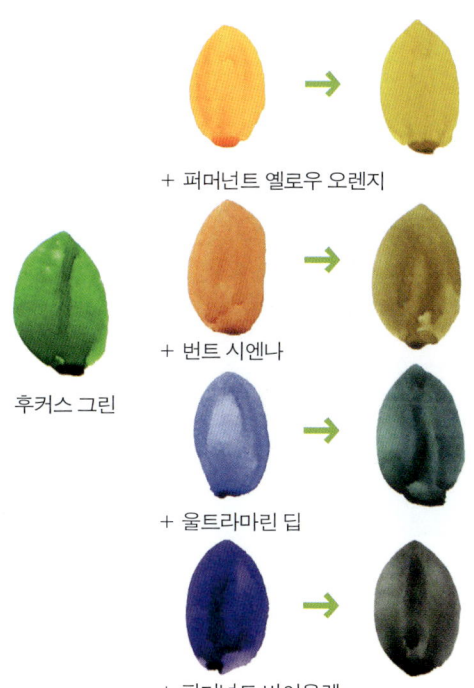

후커스 그린

+ 퍼머넌트 옐로우 오렌지

+ 번트 시엔나

+ 울트라마린 딥

+ 퍼머넌트 바이올렛

## 파란 계열
울트라마린 딥 Ultramarine Deep

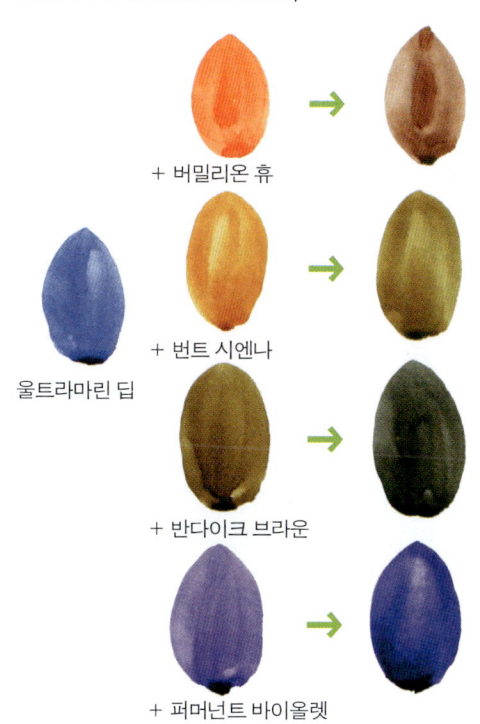

울트라마린 딥

+ 버밀리온 휴

+ 번트 시엔나

+ 반다이크 브라운

+ 퍼머넌트 바이올렛

# 구 그리기

## Red 구 그리기

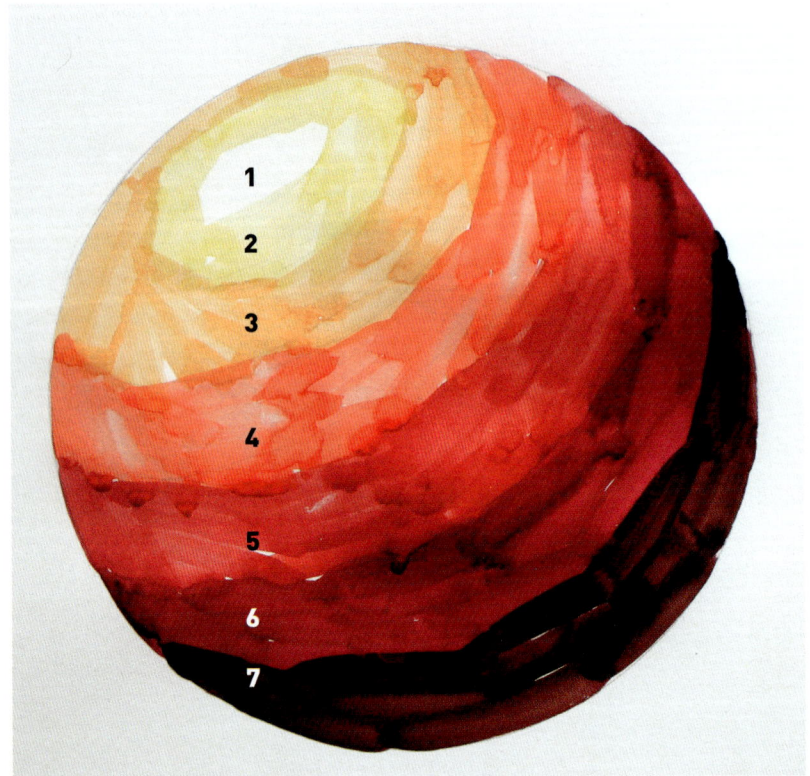

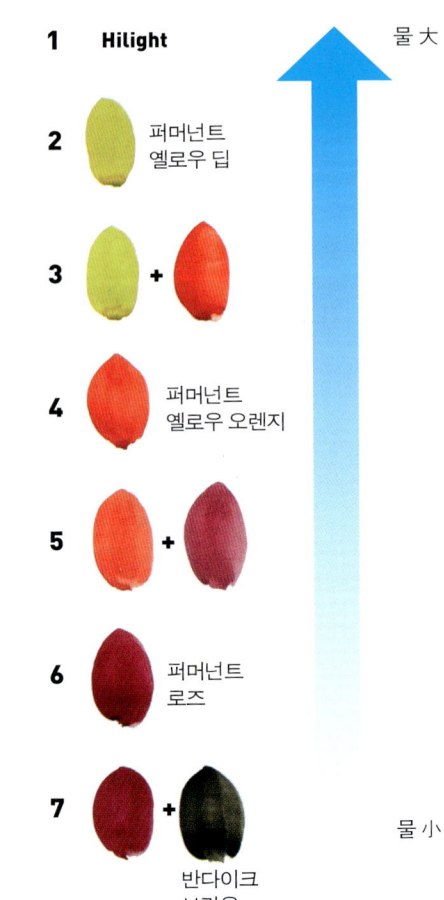

| | |
|---|---|
| **1** | **Hilight** |
| **2** | 퍼머넌트 옐로우 딥 |
| **3** | + |
| **4** | 퍼머넌트 옐로우 오렌지 |
| **5** | + |
| **6** | 퍼머넌트 로즈 |
| **7** | + 반다이크 브라운 |

물 大

물 小

|과정1| 구를 7면으로 나누어 스케치하고 각 면을 채색합니다. ①면은 하이라이트이므로 칠하지 않고 뒤로 갈수록 진하게 채색합니다('무채색 구' 참고).

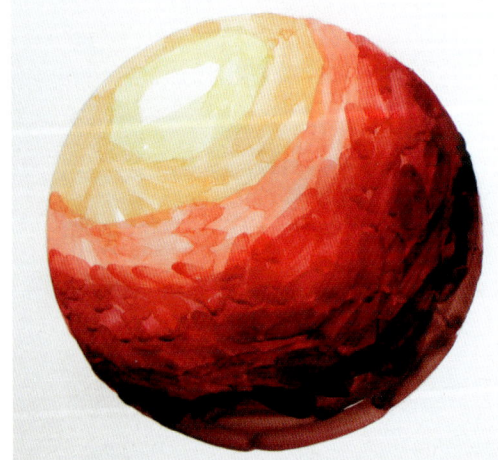

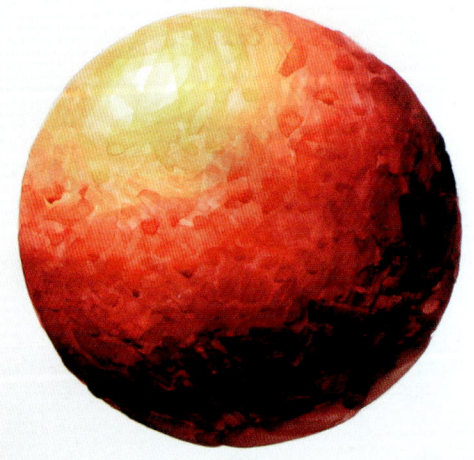

|과정2| 어두운 면부터 짧은 터치로 덧칠하며 연결시켜 나갑니다. 주의할 점은 붓의 물기를 많지 않게 하고 천천히 진행시켜야 합니다.

|완성| 작은 변화보다는 전체적인 구의 양감을 보며 완성합니다. 각 면에 적절한 톤으로 한두 번의 덧칠로 마무리하고 밝은 부분은 많이 손대지 않도록 주의하세요.

Red 구의 응용

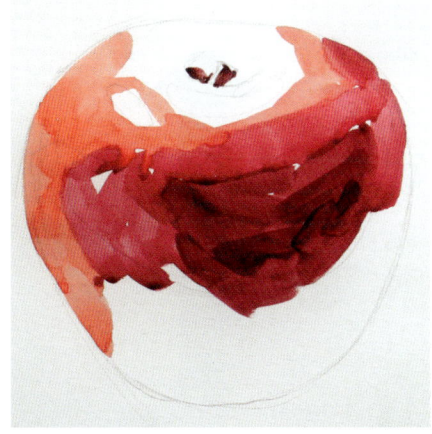

|과정1|

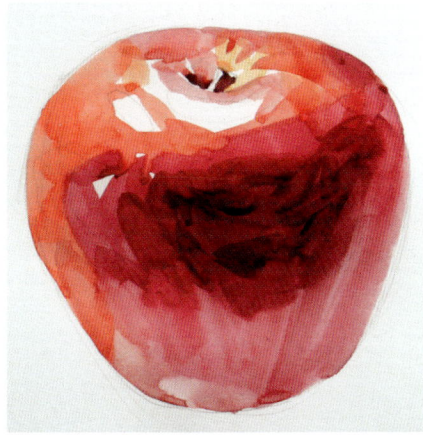

|과정2|

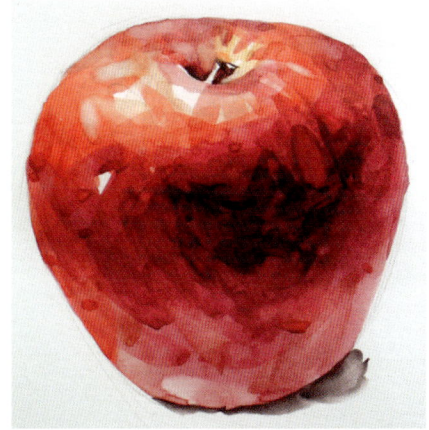

|완성|

tip **사과의 비밀**

정물 중 제일 많이 그리는 것은 '사과'일 것입니다. 세잔느가 "사과에 모든 회화 원리가 있다"고 말했을 정도로 기본적인 정물이지만 잘 그리기는 쉽지 않습니다. 만만하게 생각했다 좌절하는 초보자도 많이 봤고 저도 학창시절에 사과를 그리면 썩은 사과가 되던 기억이 납니다. 그런데 사과를 잘 그리는 비법이 있습니다. 바로 사과의 '배꼽'입니다.

이 사과의 꼭지가 있는 배꼽 부분을 잘 처리하면 그럴듯하게 완성됩니다. 그러기 위하여 사과의 몸통과 배꼽 부분을 다르게 처리해야 합니다. 특히 배꼽 부분은 작고 섬세한 처리이기에, 붓의 물기를 적게 하여 번지지 않게 공들여 묘사해야 합니다. 사과를 잘 그리고 싶다면 사과의 배꼽을 그리는 연습만 해 보시는 것도 좋습니다.

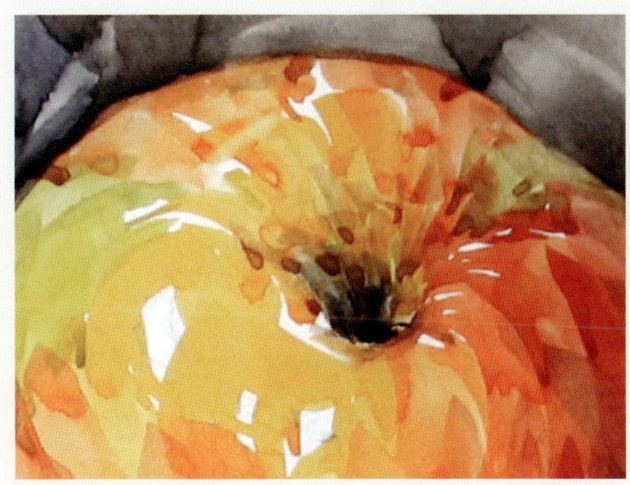

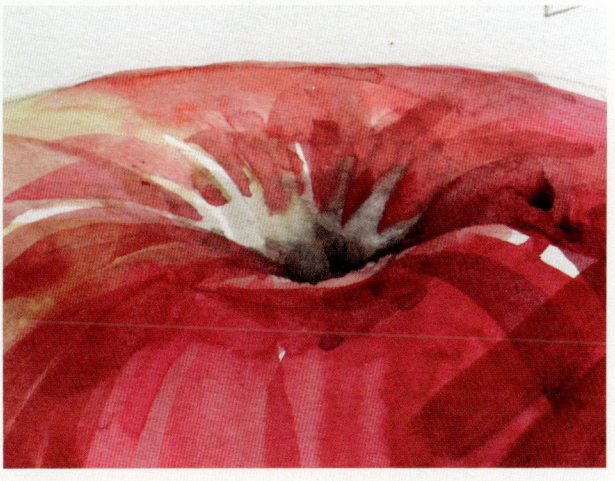

# Green 구 그리기

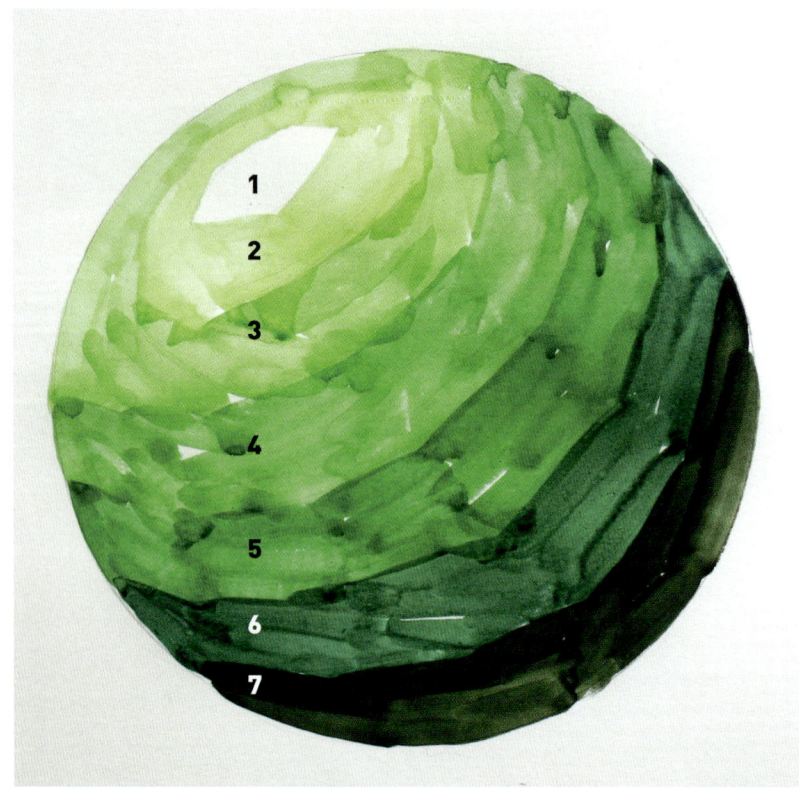

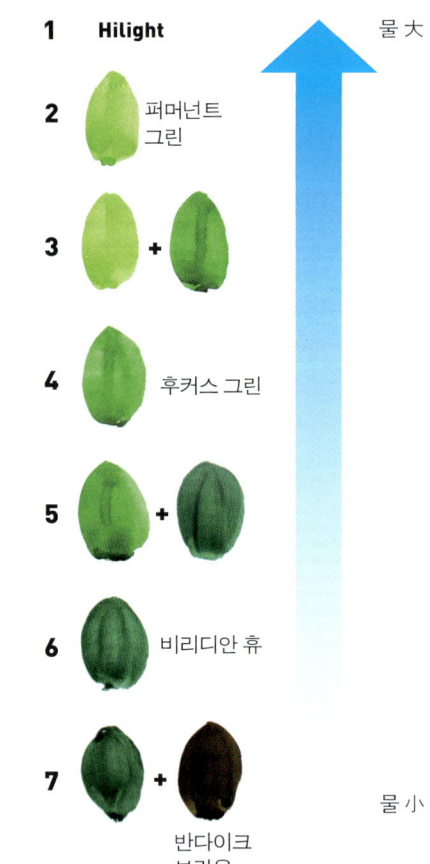

1 Hilight

2 퍼머넌트 그린

3 +

4 후커스 그린

5 +

6 비리디안 휴

7 +

반다이크 브라운

물 大

물 小

|과정1| 구를 7면으로 나누어 각 면을 채색합니다. ①면은 하이라이트이므로 칠하지 않고 뒤로 갈수록 점점 진하게(물 농도 적게) 채색합니다('무채색 구' 참조).

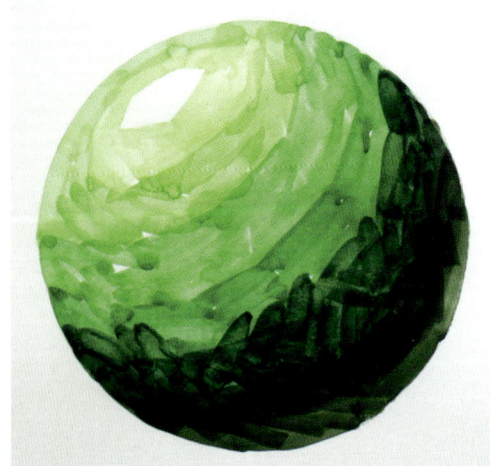

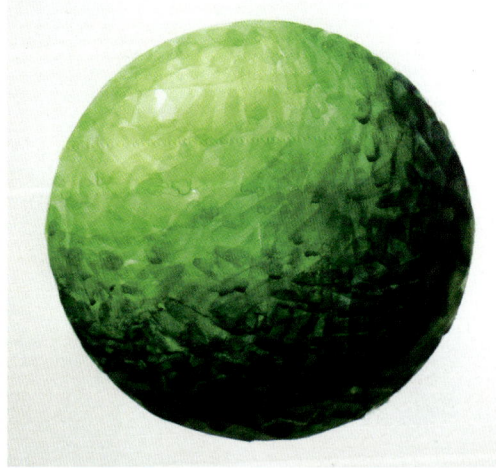

|과정2| 어두운 면부터 짧은 터치로 덧칠하며 연결시켜 나갑니다. 주의할 점은 붓의 물기가 많지 않게 하고, 화면이 번지지 않도록 천천히 진행합니다.

|완성| 전체적인 구의 양감을 보며 완성시킵니다. 각 면에 적절한 진하기의 톤으로 한두 번의 덧칠로 마무리하고 밝은 부분은 많이 손대지 않도록 주의하세요.

Green 구의 응용

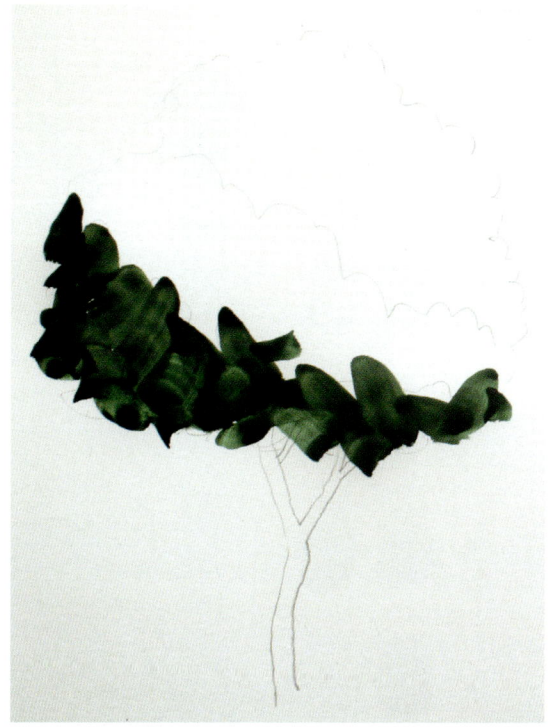

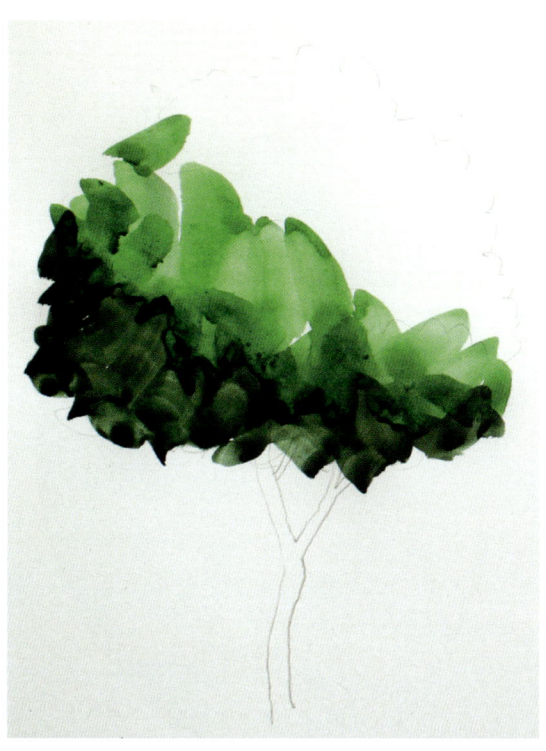

|과정1| 나무의 어두운 부분을 옆의 그림 ⑦면의 색(비리디안 휴+반다이크 브라운)으로 진하게 채색합니다.

|과정2| ④면의 색(후커스 그린)을 중간 진하기로 채색합니다. 이때 어두운 부분과 닿는 곳은 자연스럽게 겹치게 그립니다.

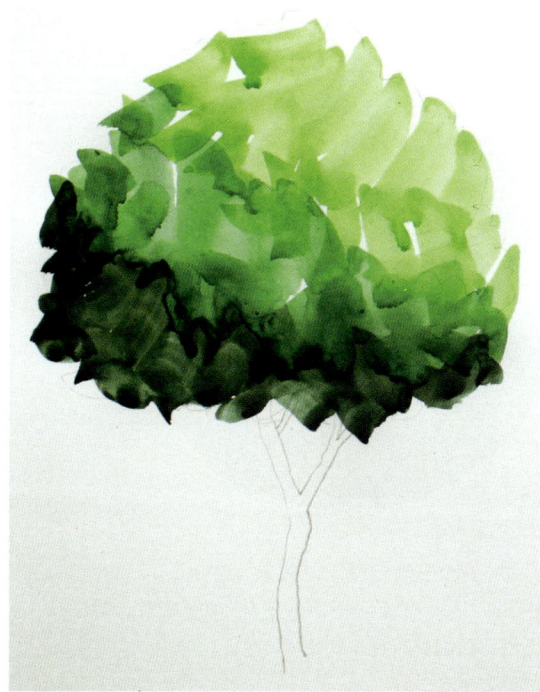

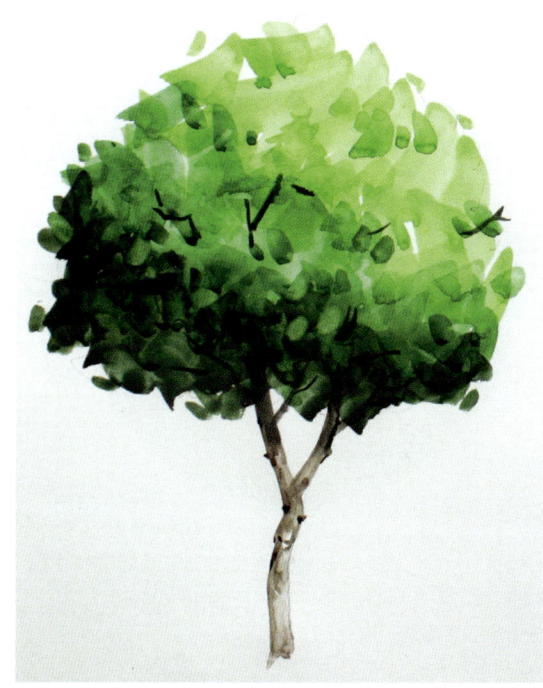

|과정3| 밝은 부분을 ②면의 색(퍼머넌트 그린)으로 밝게 채색합니다.

|과정4| 짧은 터치를 살리며 덧칠하여 마무리합니다. 특히 각 면이 닿는 부분을 자연스럽게 연결합니다.

## Blue 구 그리기

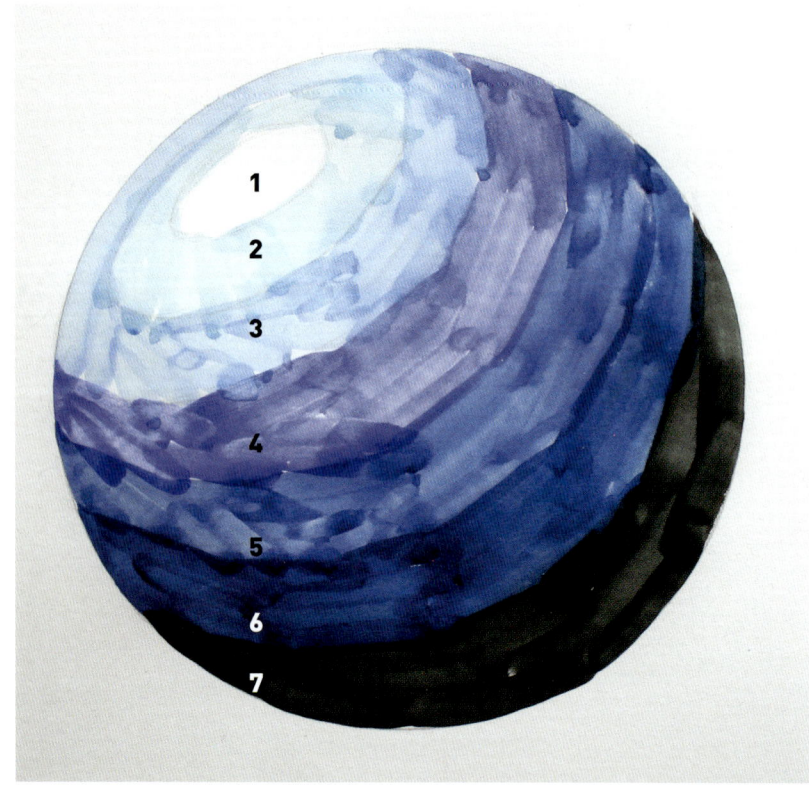

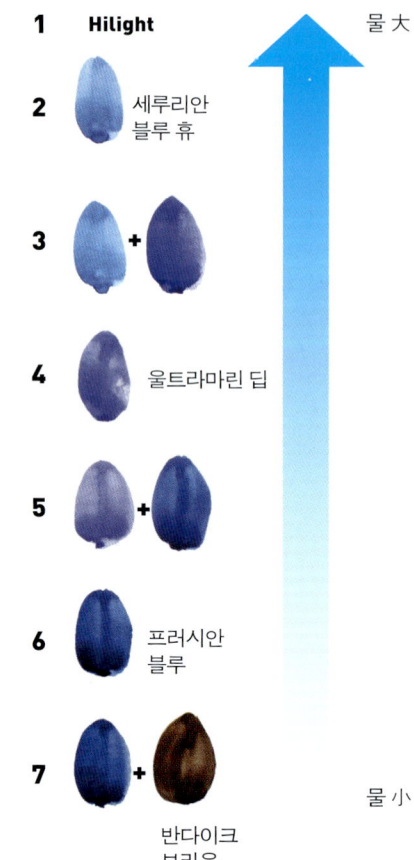

| | |
|---|---|
| **1** | Hilight |
| **2** | 세루리안 블루 휴 |
| **3** | + 울트라마린 딥 |
| **4** | 울트라마린 딥 |
| **5** | + |
| **6** | 프러시안 블루 |
| **7** | + 반다이크 브라운 |

물 大

물 小

|**과정1**| 구를 7면으로 나누어 각 면을 채색합니다. ①면은 하이라이트이므로 채색하지 않고 뒤로 갈수록 진하게 채색합니다('무채색 구' 참조).

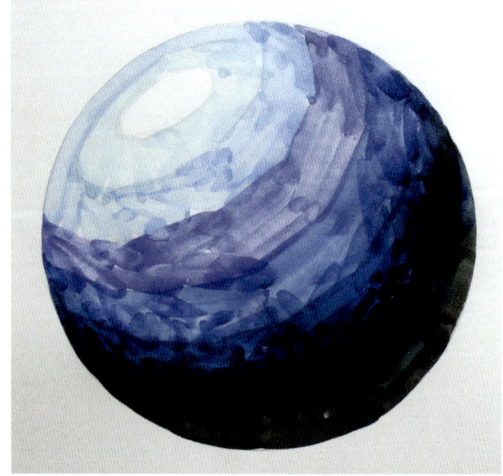

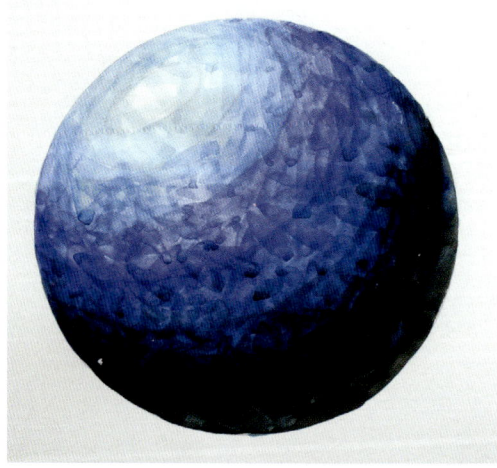

|**과정2**| 어두운 면부터 짧은 터치로 덧칠하며 연결시켜 나갑니다. 주의할 점은 붓의 물기를 많지 않게하여 그리며 천천히 진행합니다.

|**완성**| 전체적인 구의 양감을 보며 완성합니다. 각 면에 적절한 진하기의 톤으로 한두 번의 덧칠로 마무리하고 밝은 부분은 많이 손대지 않도록 주의하세요.

## Blue 구의 응용

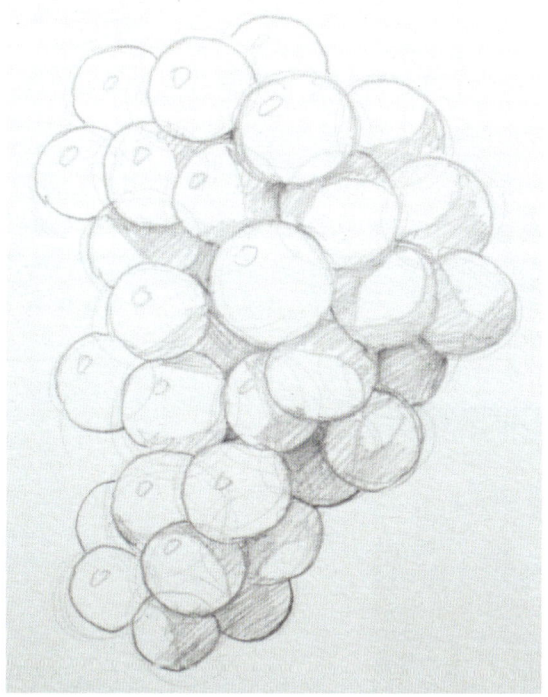

|과정1| 포도에 생기는 그림자를 잘 포착하여 스케치합니다.

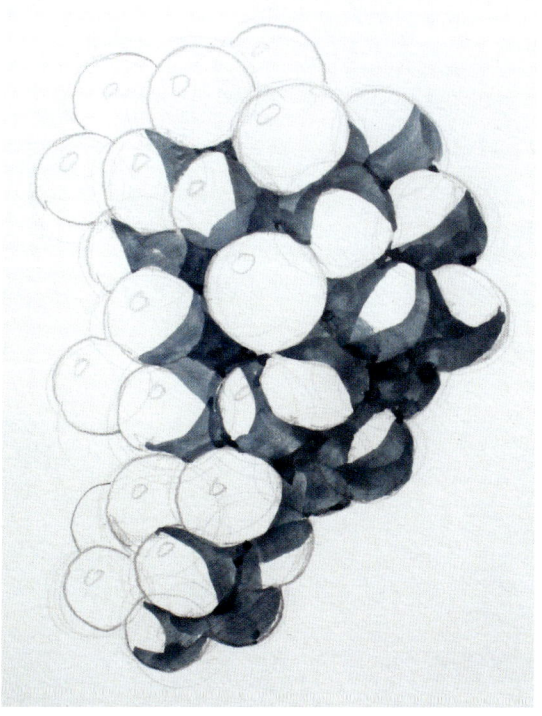

|과정2| 어두운 부분과 그림자를 옆의 그림 ⑦면의 색(프러시안 블루＋반타이크 브라운)으로 채색합니다.

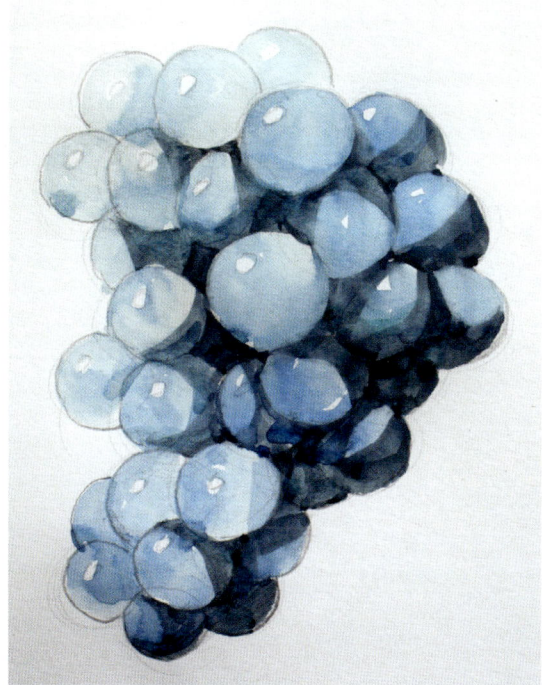

|과정3| 포도의 밝은 부분을 ②면의 색(세루리안 블루 휴)으로 변화 있게 채색합니다.

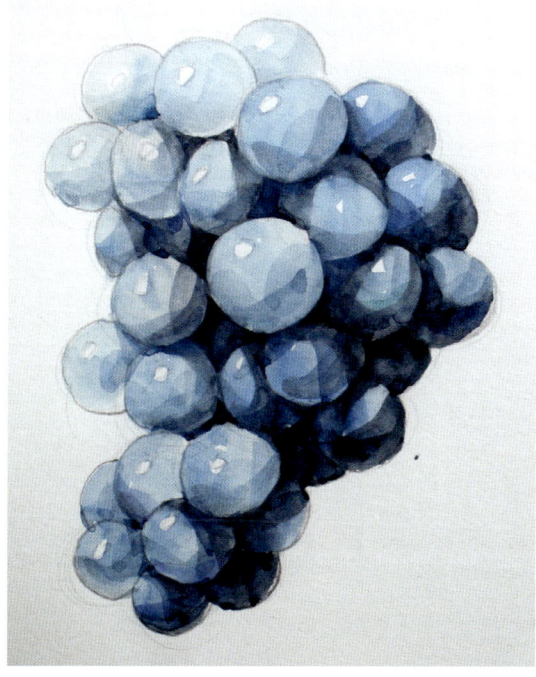

|완성| 어두운 톤과 중간 톤을 정리하며 완성합니다. 포도는 작은 면이 많으므로, 붓의 물기가 많지 않도록 해서 그립니다.

# 원근법 Perspective

평면인 종이에 원근 처리를 함으로써 공간감이 있는 그림, 깊이 있는 그림이 됩니다. 그런 원근감의 표현은 명도, 채도, 선명도, 크기 등의 변화에 의해 나타납니다. 앞부분(근경)은 명도, 채도, 선명도, 크기, 묘사 등의 '강조'에 의해 표현되며, 뒷부분(원경)은 '약화, 생략'에 의해 표현됩니다. 여기서 강조와 생략의 기준은 그림 속에서 결정되며, 작가의 의도가 개입되는 경우가 많습니다.

초보자들은 우선 앞부분의 강조를 연습하고, 점차 뒷부분의 표현들을 익혀나가면 됩니다. 우선 계단과 기둥을 그리며 원근법에 대한 기본기를 익혀두세요.

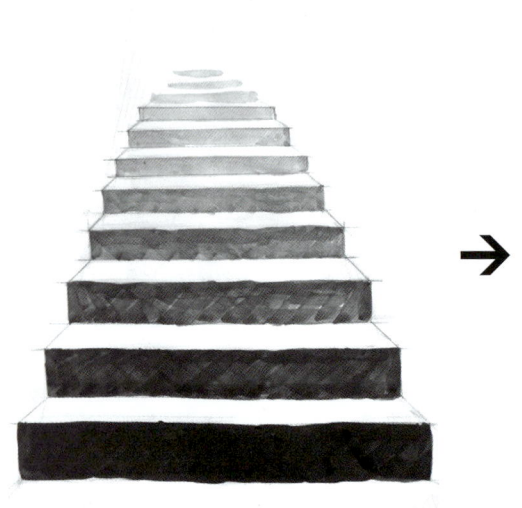

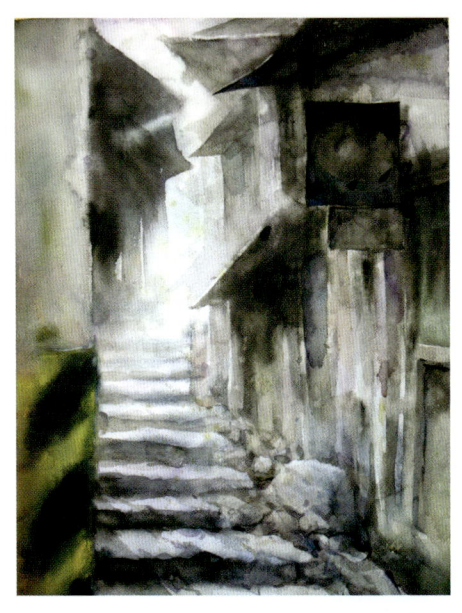

**계단그리기** 앞부분이 제일 진하고 선명하며 채도가 높습니다. 뒤로 갈수록 점차 약해집니다.

'달동네'란 제목의 이 작품에는 마치 하늘로 오르는 듯한 돌계단이 있습니다. 전체적으로 화려하지 않고 차분한 모노톤으로 처리하여 어두운 분위기를 연출하였습니다.

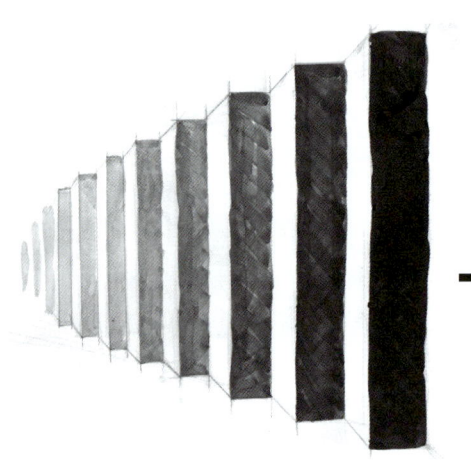

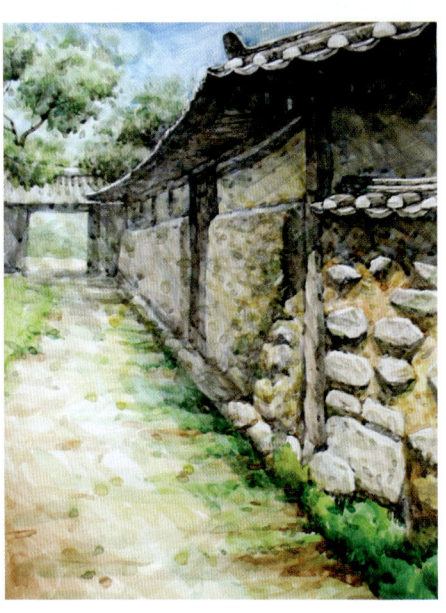

**기둥그리기** 오른쪽이 제일 진하고 선명하며 채도가 높습니다. 뒤로 갈수록 점차 약해집니다.

한옥의 긴 담을 그린 이 작품은 원근감을 잘 살려 주어 공간감을 느끼게 해줍니다.

# 주연과 조연

영화나 드라마에도 주연과 조연이 있듯이, 그림에도 주연과 조연이 어울려 하나의 작품을 만듭니다. 주연과 조연의 역할은 위치의 차이에서 생기는 거리감의 표현이거나 작가의 의도가 개입된 연출이기도 합니다. 주연과 조연에는 '강조와 생략'이라는 원근법의 표현 기법이 주로 사용됩니다. 주연은 명도, 채도, 선명도, 크기, 묘사 등의 강조에 의해 연출되며, 조연은 약화와 생략에 의해 연출됩니다. 훌륭한 조연은 주인공을 더욱 돋보이게 하는 역할과 그림을 더욱 풍성하게 하는 역할을 합니다.

여러분도 그림을 감상할 때 주연뿐 아니라 조연들이 어떻게 표현되었는가를 살펴본다면 더욱 깊이 있게 작품을 감상할 수 있을 것입니다.

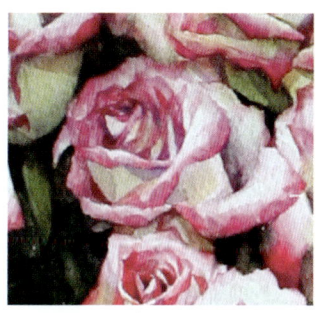
주연 장미

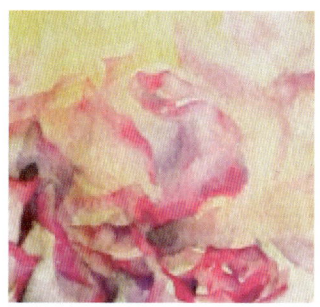
조연 장미

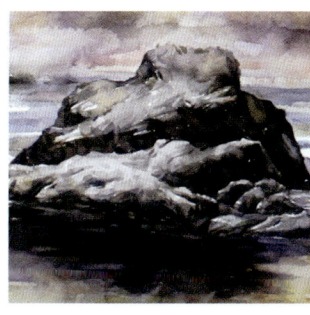
주연 바위

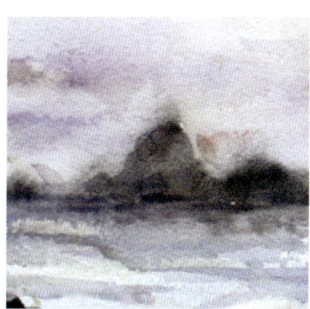
조연 바위

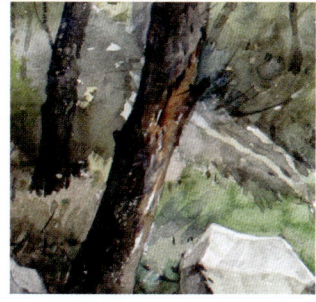
주연 나무

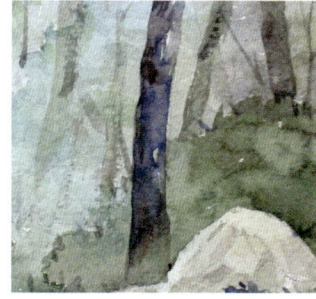
조연 나무

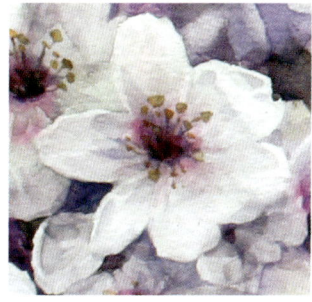
주연 매화

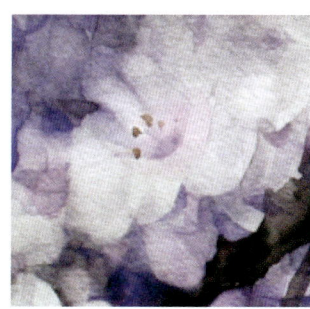
조연 매화

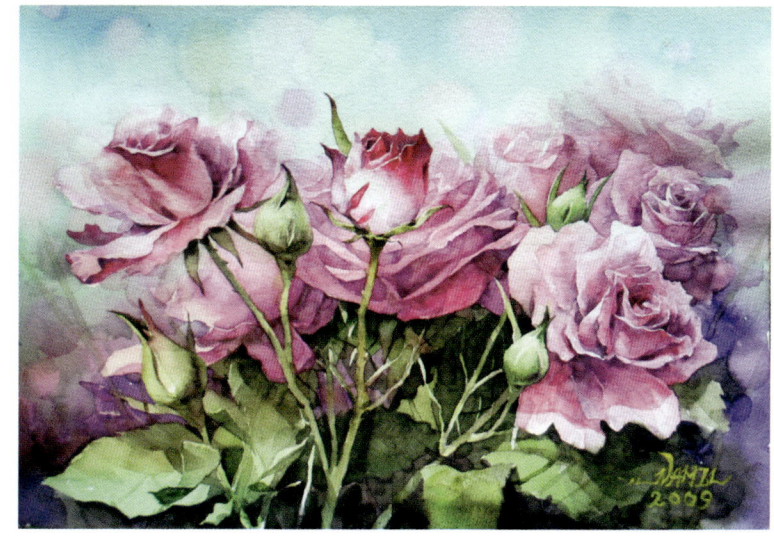

**가족**, 51×36cm, watercolor on paper.
야생장미들이 옹기종기 모인 모습이 가족처럼 다정합니다. 실제 앞의 장미와 뒤의 장미 거리는 불과 30cm 내외입니다. 하지만 앞의 장미를 포인트(주연)로 하기 위해 뒤의 장미를 과감히 약화(생략)시켰습니다.

# 구도 Composition

구도는 그림의 짜임새입니다. 추상 미술에서는 화면 구성이기도 합니다. 미술에서는 '황금비례'라고 하여 적절한 구도에 대하여 많이 이야기합니다. 또 변화와 통일을 중요시합니다.

하지만 초보자에게 구도를 일일이 따지는 것은 어렵고 재미없습니다. 초보자들도 많은 작품을 감상하다 보면 자연스럽게 눈으로 익혀지는 것이기에, 어떤 그림이 어떤 구도라는 정도만 알 수 있으면 됩니다.

즉, 좋은 구도의 그림은 자연스러운, 보기에 불편하지 않은 그림을 말합니다.

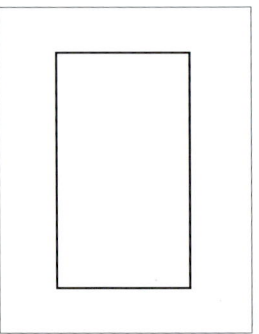

액자 구도

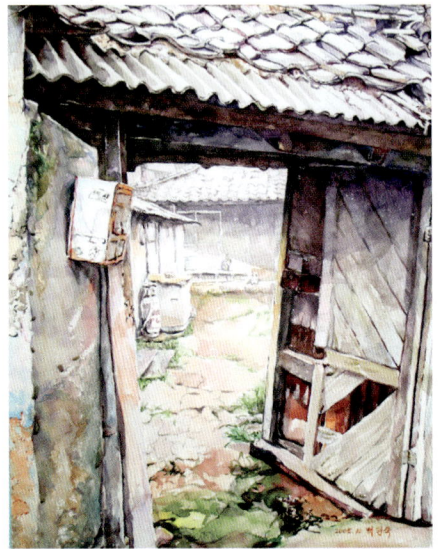

시골 대문이 잘 묘사되었고, 그 사이로 집안 풍경이 아스라이 보입니다.

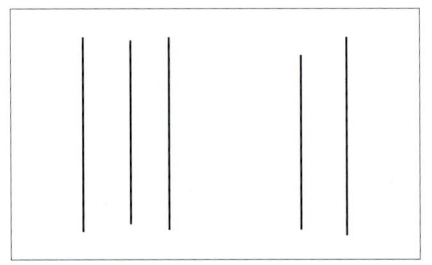

수직 구도

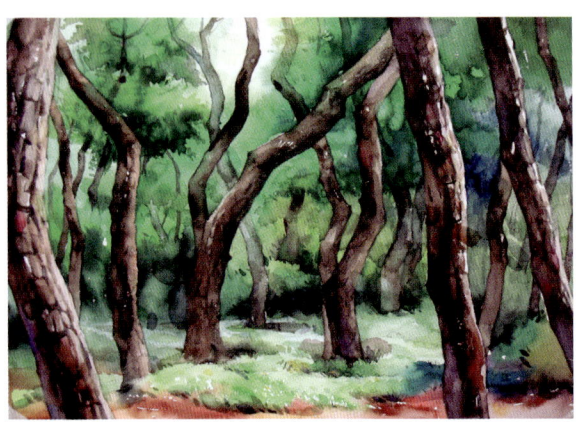

솔밭을 그린 이 작품에서는 나무들의 자연스런 뒤틀림이 변화를 줍니다.

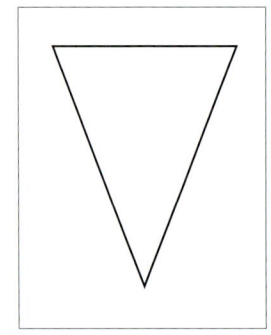

역삼각형 구도

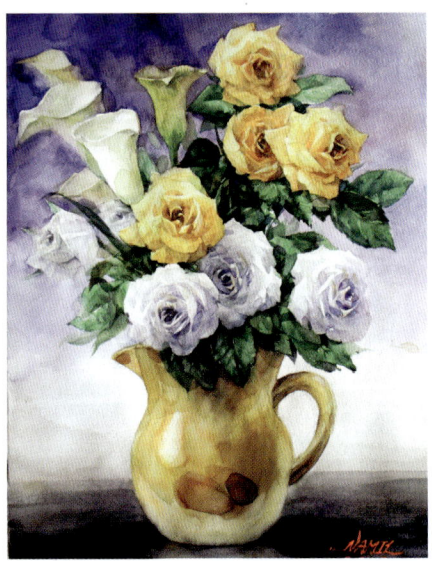

카라와 장미의 풍요로움이 아름답습니다. 이렇게 역삼각 구도는 화병과 꽃을 나타낼 때 자주 쓰입니다.

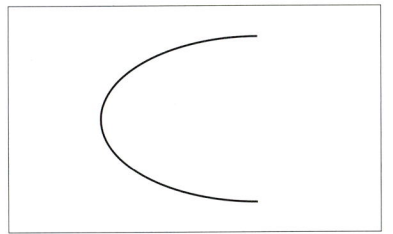

C자형 구도

솔숲에서 내려다 본 해안선이 큰 포물선을 그립니다. 이 그림 처럼 C자형 구도의 그림은 해변이나 들길의 자연 풍경화에서 많이 볼 수 있습니다.

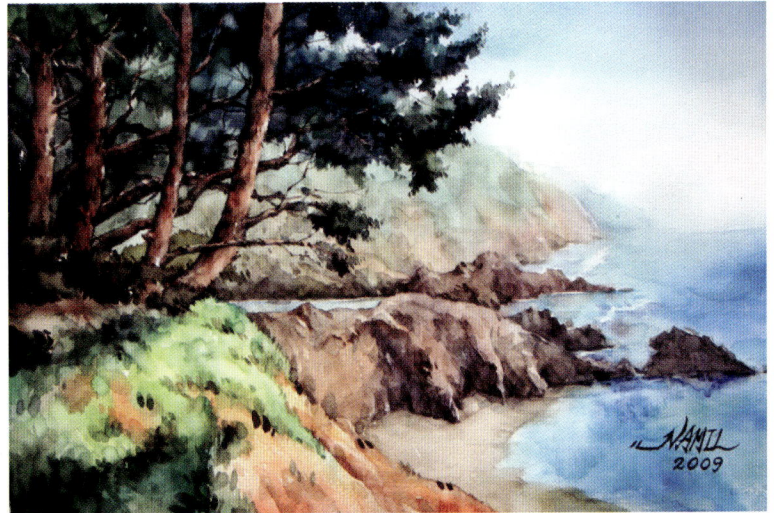

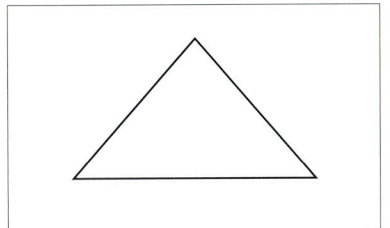

삼각형 구도

가운데 백합 항아리를 중심으로 큰 삼각형 구도를 이룹니다. 삼각 구도는 가장 안정적이며 편합니다.

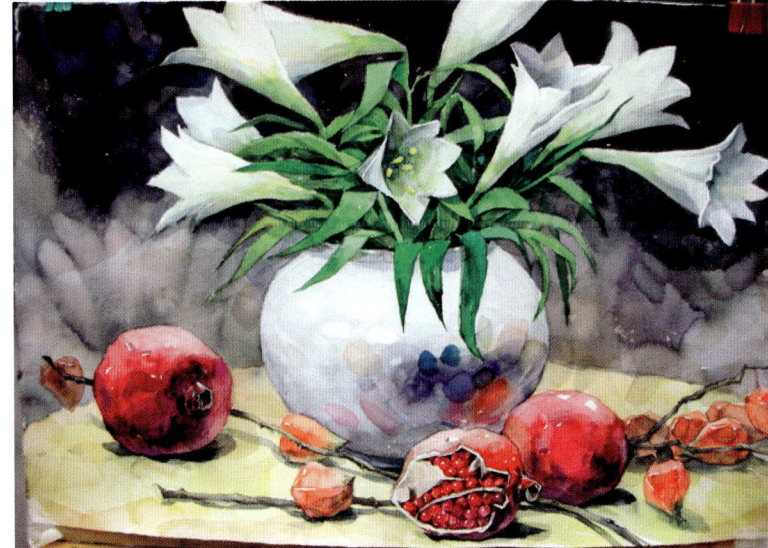

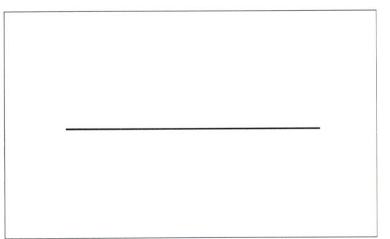

수평 구도

강변 마을을 그린 이 작품에서는 마을과 강의 경계가 수평으로 나뉩니다. 강에 비친 그림자와 마을의 대비가 그림을 재미있고 풍부하게 연출합니다. 수평 구도는 이렇게 먼 거리의 풍경에 자주 나타납니다.

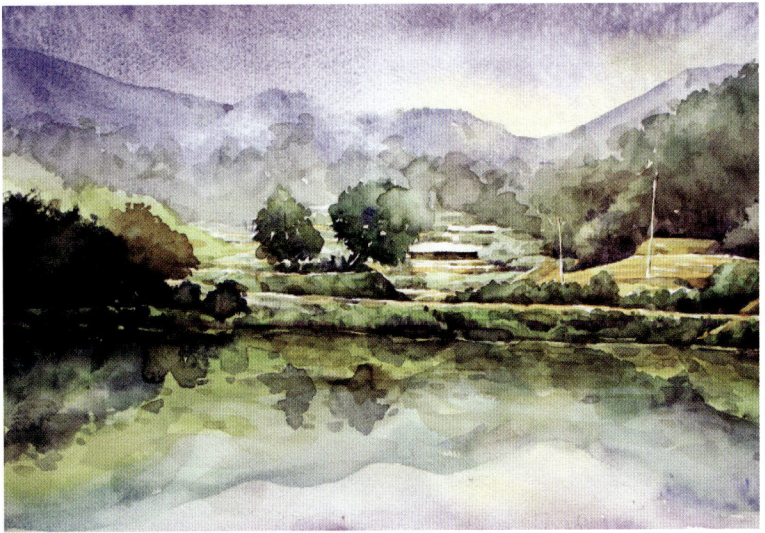

# 습식 기법과 건식 기법

**습식 기법** wet-in-wet
'습식' 기법은 종이 위 물기가 마르기 전에 채색이 더해지는 기법으로 번지거나 자연스러운 혼색의 효과가 납니다.

자연스러운 톤, 환상적인 효과, 맑은 완성도와 수채화의 물맛이 좋습니다. 하지만 의도대로 니오기기 쉽지 않고 많은 연습이 필요합니다.

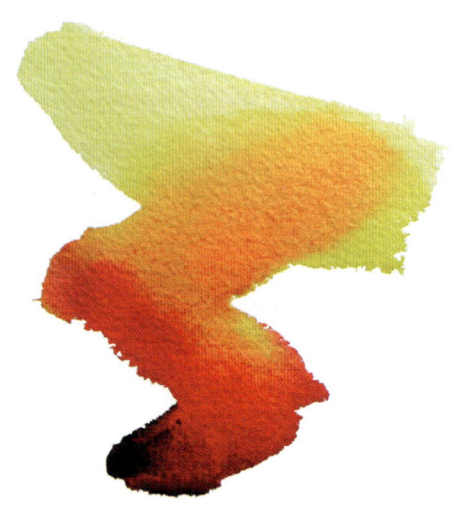

물감이 마르기 전에 덧칠을 하여 자연스럽게 번지게 하는 표현 방법입니다.

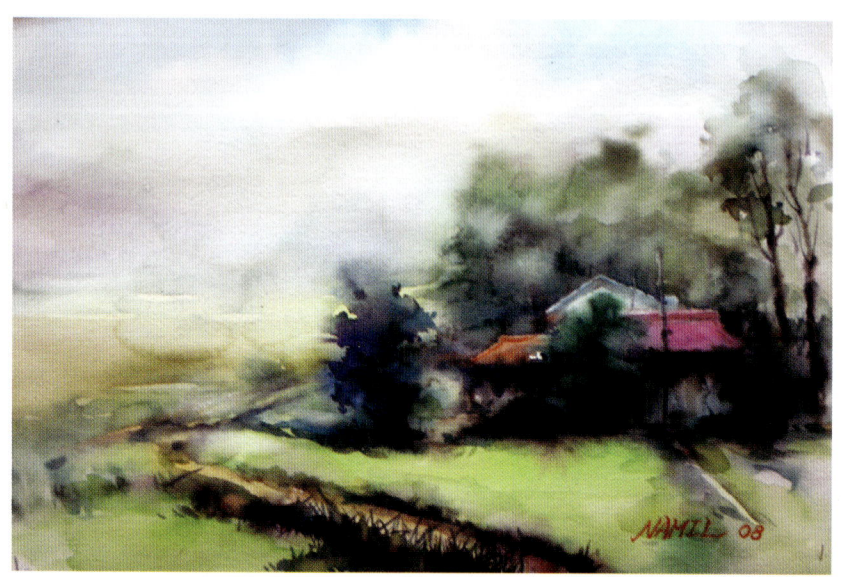

어느 농촌의 여름 풍경을 그린 이 작품은 번지기 효과(습식 기법)를 많이 씀으로써 우연적이고 감각적인 느낌이 듭니다.

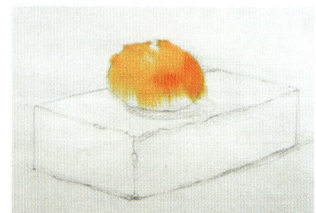

**|과정1|** 스케치 후, 종이에 물칠을 하여 화면이 젖은 상태에서 굴의 밝은 톤을 채색합니다.

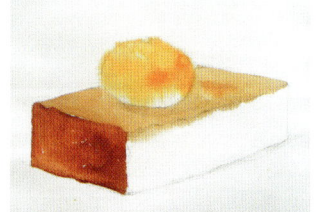

**|과정2|** 시간 간격을 두지 않고, 화면이 마르기 전에 벽돌의 밝은 면과 중간 면을 채색합니다.

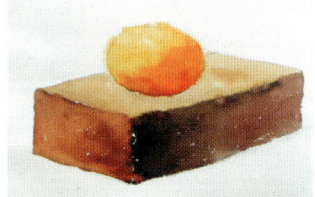

**|과정3|** 벽돌의 어두운 면을 강하게 채색합니다. 이때 서로 자연스럽게 번지도록 합니다.

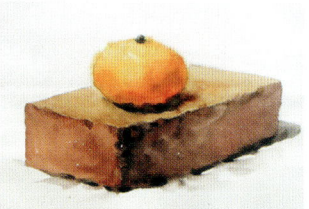

**|완성|** 그림자를 채색하고 어두운 부분을 자연스럽게 번지도록 채색하며 완성합니다.

## 건식 기법 wet-on-dry

반대로 '건식' 기법은 종이 위의 물기가 마른 후 수채화의 투명성을 이용해 차곡차곡 톤이 겹치는 기법을 말합니다.

건식 기법은 셀로판지가 겹쳐지는 걸 생각하면 됩니다. 보통 학생 수채화나 입시 수채화에서 쓰이며, 완성도가 높고 풍부한 톤과 깊이감, 양감, 투명한 효과가 생겨 묘사에 적절합니다. 물기가 마른 후에 겹쳐져야 하므로 붓의 물기 조절과 속도 조절이 중요합니다. 효과적인 겹치기를 위해서는 많은 경험이 필요합니다.

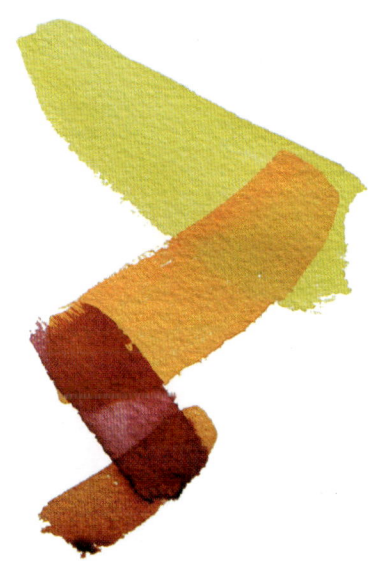

물감이 완전히 마른 후에 덧칠을 하여 채색면과 면이 서로 겹치는 표현 방법입니다.

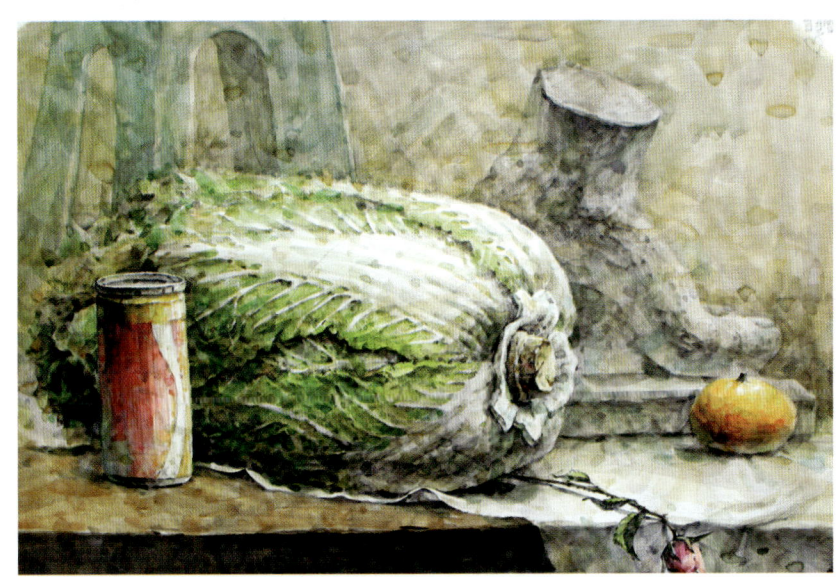

배추가 있는 정물 수채화입니다. 밑색 과정과 중간 과정 그리고 마무리까지 성실하고 단단한 완성도를 보여줍니다. 배추가 정말 묵직해 보입니다.

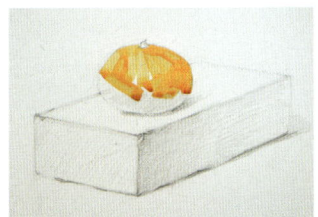

|과정1| 스케치 후, 귤의 밝은 부분을 붓의 물기가 많지 않게 채색합니다.

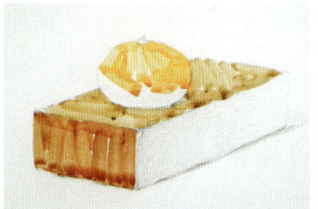

|과정2| 벽돌의 밝은 면과 중간 면을 채색합니다. 이때는 붓 터치가 겹치지 않도록 밑칠해줍니다.

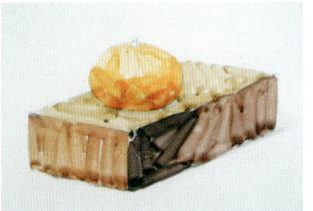

|과정3| 벽돌과 귤의 어두운 면을 채색합니다. 귤은 먼저 채색한 물감이 완전히 건조된 후에 해야 합니다.

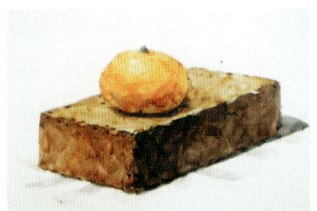

|완성| 붓의 물기를 적당히 조절하며 덧칠하며 완성합니다.

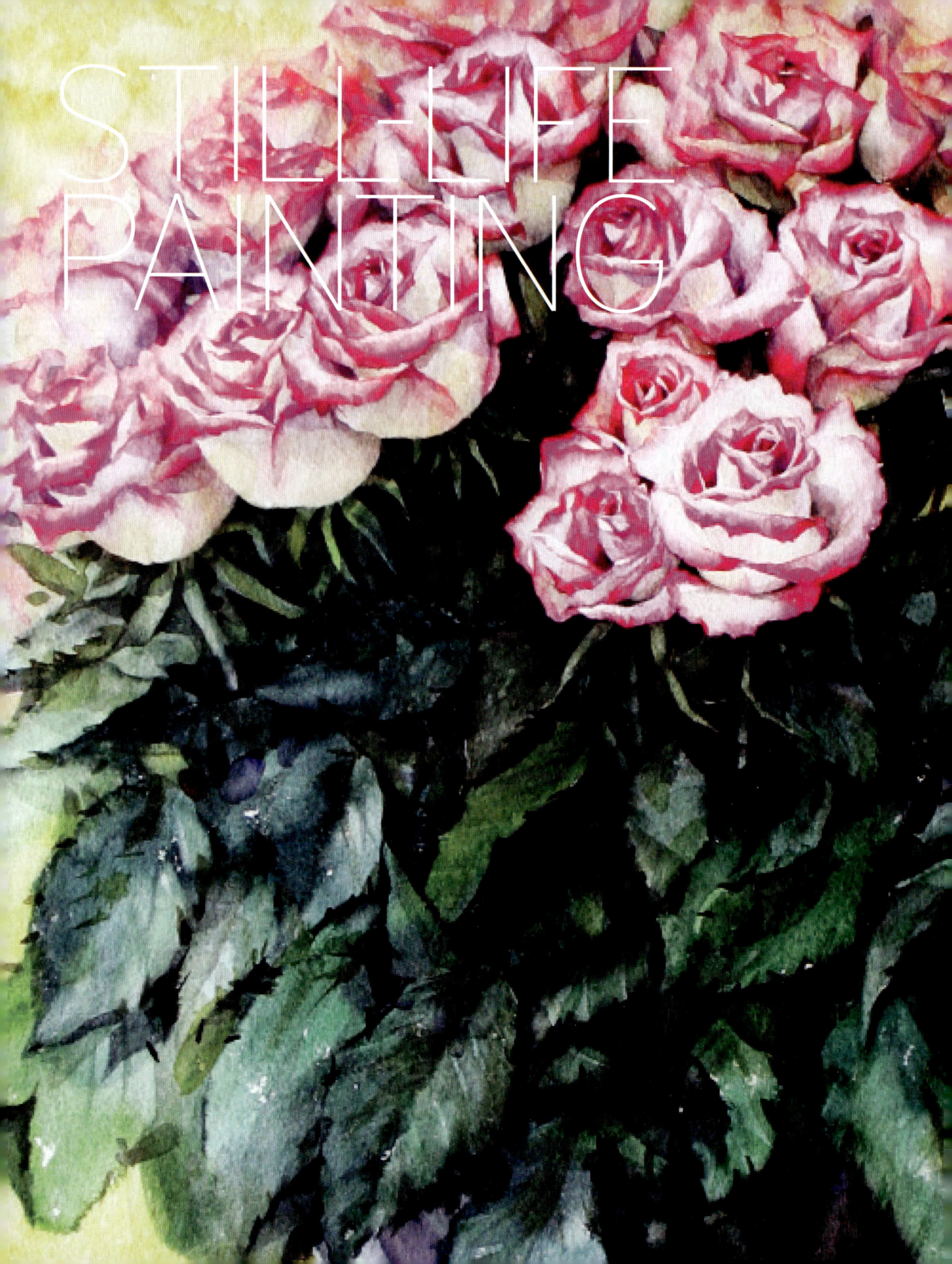

STILL-LIFE
PAINTING

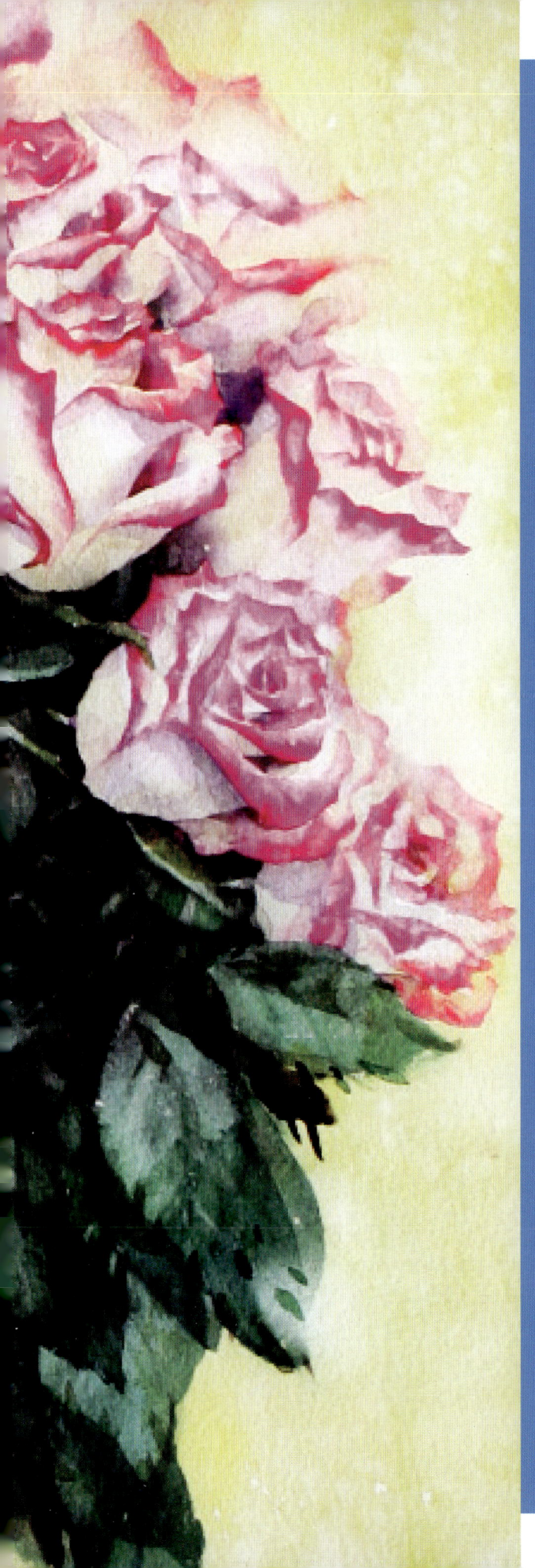

# part 4

# 정물화

정물화는 자연적 환경과는 동떨어진 장소에
움직이지 않는 물체의 형태, 색채, 질감, 구도를
묘사한 그림입니다. 정물화는 이처럼 소재를
변화하는 자연에서 분리하여, 더욱 자세히 관찰하고
연구하기 위하여 시작된 그림입니다.
그래서 정물화는 그림을 공부하는 가장 전형적인
방법으로 미술을 처음 시작하는 초보자들에게
적당합니다.
또 간단한 개체 묘사부터 개성적인 작품까지 다양한
정물화가 있습니다.

# 정물화에 대하여

정물화는 자연적 환경과는 동떨어진 장소에 움직이지 않는 물체의 형태, 색채, 질감, 구도를 묘사한 그림을 말합니다. 즉, 정물화를 특징짓는 중요한 요인은 '인공'과 '정지' 두 가지입니다. 인공적인 장소에 있는 정지된 사물을 효율적으로 연출한 그림이 정물화입니다.

정원에 피어 있는 장미를 그린다면 풍경화라 말하고, 이 장미꽃을 가져다 실내에서 화병에 꽂아두고 그린다면 정물화라 합니다.

정물화는 주변 물체의 세부를 관찰하고 사실적으로 재현하는 것에 작가의 의도된 연출이 더해지면서 발전되었습니다. 그림을 연구하고 공부하는 방법으로 정물화만한 것이 없어 그림에 입문하는 초보자들에게 적당합니다. 간단한 정물의 개체 묘사부터 화면 전체를 개성있게 구성하는 것까지 매우 다양하기 때문에 수채화 기본기를 연습하는 일반적인 방법입니다. 그림의 크기나 시간, 실력 등을 감안하여 정물의 개수를 정할 수 있고, 배경이나 바닥 같은 부분을 적절히 생략할 수도 있습니다.

초보자들은 처음부터 너무 어려운 정물보다는 형태가 간단하고 색이 선명하며 낯설지 않은 정물을 그리며 수채화를 공부하는 것이 좋습니다.

예를 들어, 사과, 귤, 복숭아, 배, 모과, 포도 등의 과일이 적절하리라 봅니다. 파인애플은 나중에-.

기본기 연습을 어느 정도 했다면, 하얀 천이 씌워진 테이블에 정물이 4~5개 정도 배치되는 전형적인 정물화만 생각하지 말고 좀 더 넓은 시각으로 다양한 주제를 다양한 시각으로 그려보길 권합니다. 이런 재미있는 소재와 연출은 그림을 개성 있게 하는 중요한 요소이기도 합니다.

정물화를 그릴 때, 초보자들이 알고 있어야 할 중요한 부분은 바로 시선에 대한 문제입니다. 즉, '어느 높이에서 보았는가'라는 시선의 처리가 중요합니다. 다양한 정물을 그릴 때, 동일한 시선으로 처리해야 합니다. 이 말은 정물

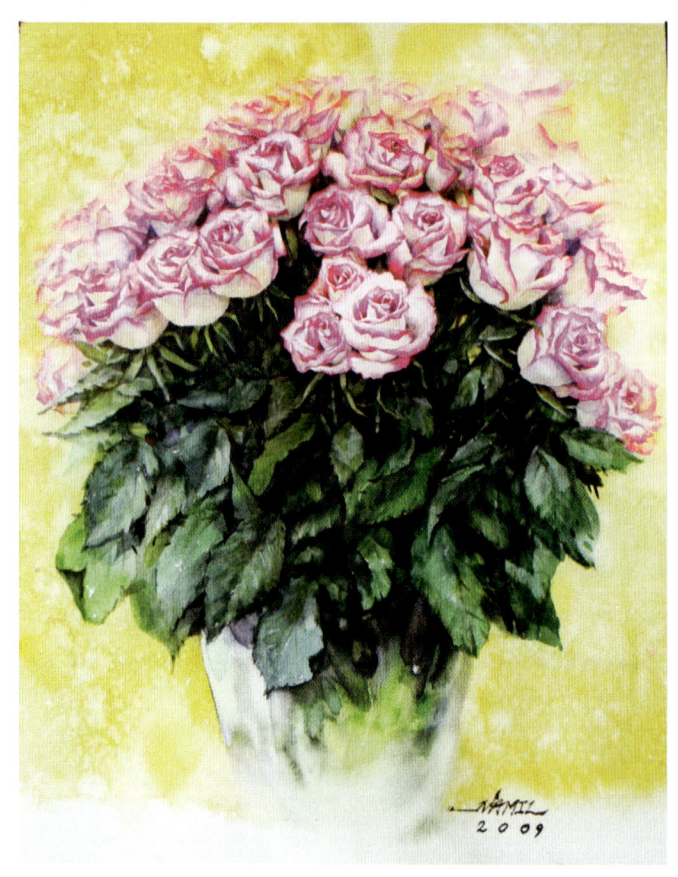

**유혹**, 46×61cm, watercolor on paper.
이 그림의 자료는 일산 국제꽃박람회에서 촬영한 사진입니다. 꽃은 아름다운 그림 소재이며, 정물화에서 많이 그립니다. 특히 장미는 꽃의 여왕이라고 할 정도로 화려하고 매력적입니다. 보는 이의 미적 감성을 자극합니다. 이렇게 화려하고 아름다운 장미들이 우리를 유혹합니다. 그려달라고…….

이 같은 높이에서 본 것처럼 그려야 한다는 뜻입니다.

예를 들어, 어떤 종이컵은 바닥이 보이게 그리고, 어떤 벽돌은 윗면이 별로 안보인다면 종이컵이 비스듬히 공중 부양하는 것처럼 어색합니다. 특히 테이블과 배경의 경계 설정과 깊은 관련이 있으므로 주의하여야 합니다.

여기서는 기본적으로 세 가지 정도의 시선을 말하겠습니다. 약간의 차이는 있지만, 나름대로 특징이 있으니 잘 기억해두세요.

# 정물화의 시선(視線)

### 높은 시선

일반적으로 많이 그리지는 않지만, 아주 재미있고 낯선 시선입니다. 위에서 내려다보면 새롭고 독특한 작품을 만들 수 있습니다. 그림에서 배경이 곧 바닥이 됩니다.

화면이 웅장해 보이고 낯선 새로움을 보여주어 개성 있는 작품이 됩니다. 반면, 잘못하면 산만해질 수 있습니다. 그리고 보통 위에서 빛이 오므로, 어둠의 자연스러운 처리가 어려울 수 있습니다. 또 모든 사물이 보는 사람과 비슷한 거리에 있으므로, 원근의 처리가 거의 없는 것이 특징입니다.

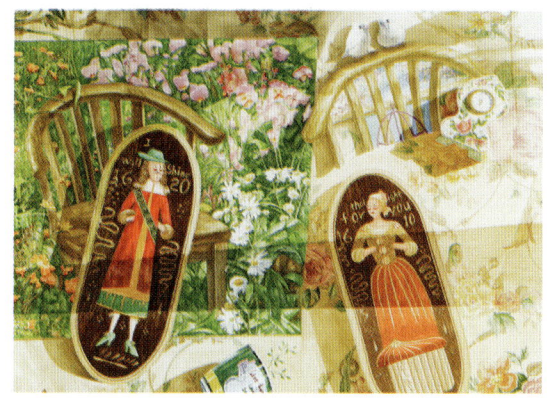

**소품들**, 고옥순, 116×80cm, watercolor on paper.
시선이 위에서 아래로 향하여 테이블보의 꽃무늬나 펼쳐진 꽃 그림이 시선을 사로잡습니다. 정교한 묘사와 거리감이 없는 평면적 시선처리가 잘 어울리는 작품입니다.

### 중간 시선

가장 일반적인 시선 방법입니다. 중간 높이의 시선은 다양한 사물의 특징을 잘 나타낼 수 있으며, 자연스러운 배치에 의해 가려짐과 드러남이 화면에 적절히 표현될 수 있습니다. 사물의 특징, 빛에 의한 명암, 양감 그리고 원근감 등을 잘 표현할 수 있는 시선 높이입니다. 하지만 사물의 위치 즉, 구도를 특히 신경써야 합니다. 잘못하면 그림이 자연스럽지 못하고, 규칙적인 배열이 느껴질 수도 있습니다.

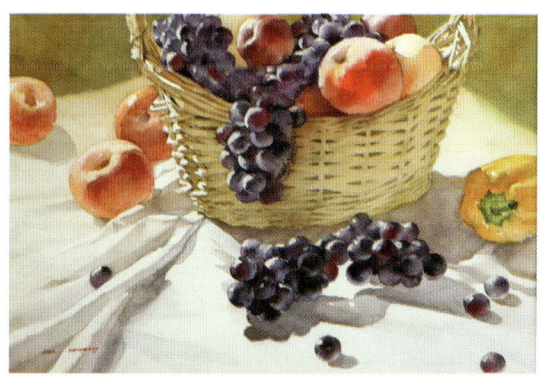

**풍요**, 임성숙, 61×46cm, watercolor on paper.
과일의 풍성함이 측면에서 오는 빛과 어울려 풍요롭게 느껴집니다. 중간 높이의 시선을 통하여 과일의 특징이 잘 나타납니다.

### 낮은 시선

요즘은 정물화의 시선 높이가 예전에 비해 많이 낮아졌습니다. 시선이 낮아지면, 바닥이 줄고 배경이 늘어나며 사물들의 개수가 적어집니다. 테이블 위에 사물이 많으면 서로 가려서 안 보이는 경우가 생기고, 사물이 거의 일직선상에 위치합니다. 이렇게 낮은 시선의 그림은 보는 이에게 안정감을 줍니다. 그리고 복잡한 구도나 화려한 바닥 처리가 거의 없으므로 사물에 더욱 집중할 수 있습니다.

하지만 낮은 시선에서는 사물의 특징이 너무 평범해져, 재미없는 그림이 될 수 있습니다. 또 배경처리가 그림의 분위기를 좌우하는 경우가 많습니다.

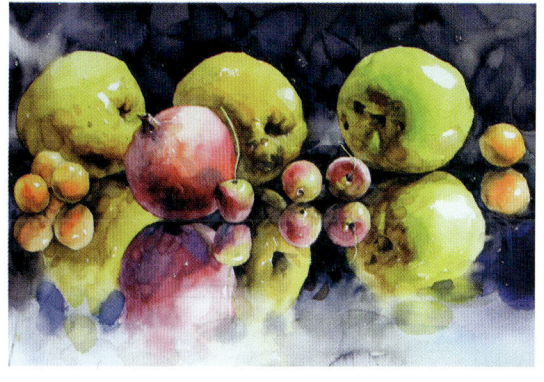

**Reflaction**, 51×36cm, watercolor on paper.
과일이 반사되는 형상의 위치를 보면 시선의 높이가 읽혀집니다. 검은 유리 같이 비치는 바닥이므로 실제 과일과 거의 비슷한 반사 이미지가 만들어져 풍성해 보입니다.

# 개체 묘사하기

## 항아리

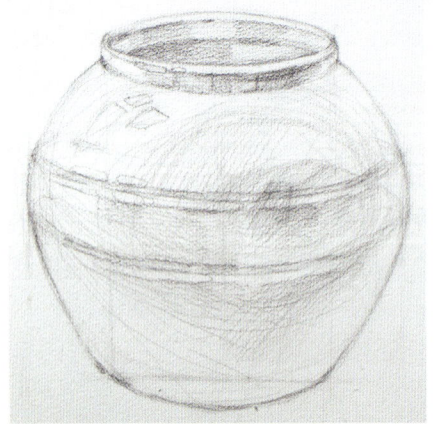

|과정1| 항아리는 좌우가 대칭을 이루므로 형태에 유념하여 스케치해야 합니다.

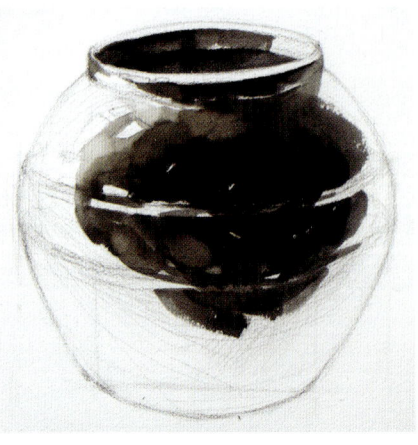

|과정2| 어두운 부분을 블랙과 반다이크 브라운으로 강하게 채색합니다.

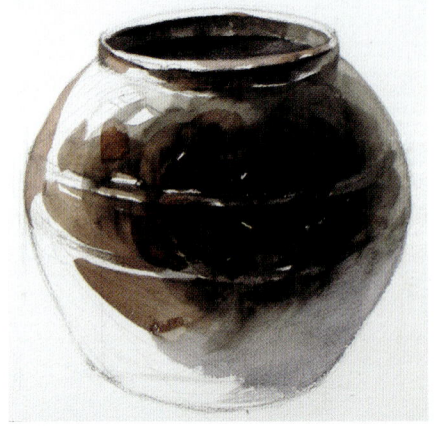

|과정3| 중간 부분을 반다이크 브라운으로, 반사광은 울트라마린 딥이 섞인 무채색으로 채색합니다.

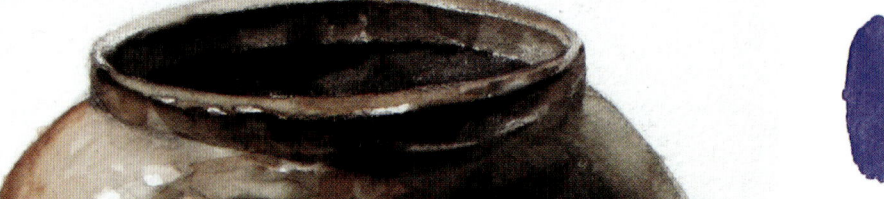

### 주요색

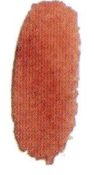

울트라마린 딥        번트 시엔나

반다이크 브라운      아이보리 블랙

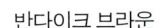
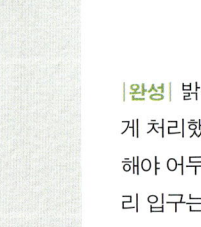

|완성| 밝은 부분은 번트 시엔나 위주로 변화 있게 처리했습니다. 항아리는 명암 대비를 강하게 해야 어두운 항아리의 특징이 잘 나옵니다. 항아리 입구는 작은 변화들이 많습니다. 붓의 물기를 적당하게 조절하며 그리세요.

## 바구니

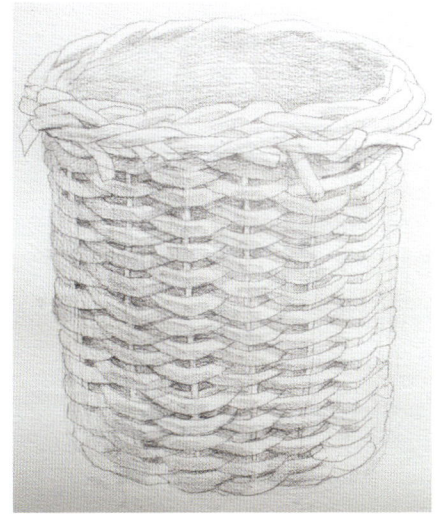

|과정1| 바구니는 복잡하지만, 시간을 들여 자세히 스케치하면 오히려 채색하기 쉽습니다.

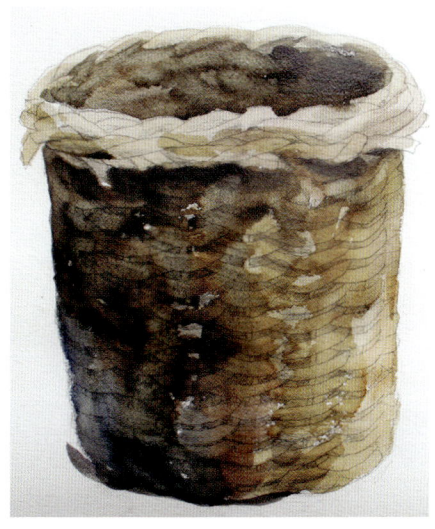

|과정| 빛 방향을 의식하여 로우 엄버와 번트 엄버로 크게 채색합니다.

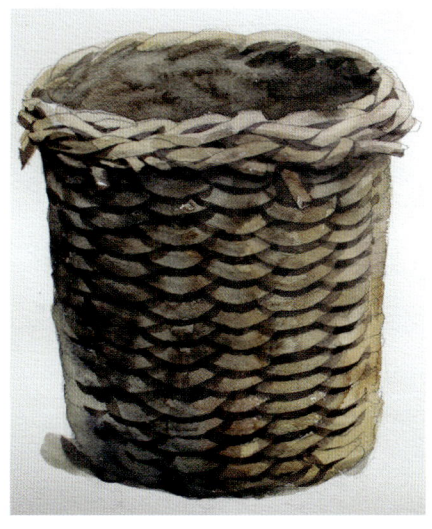

|과정3| 바구니의 어두운 부분을 스케치에 기초하여 울트라마린 딥과 반다이크 브라운을 섞어 어둡게 채색합니다.

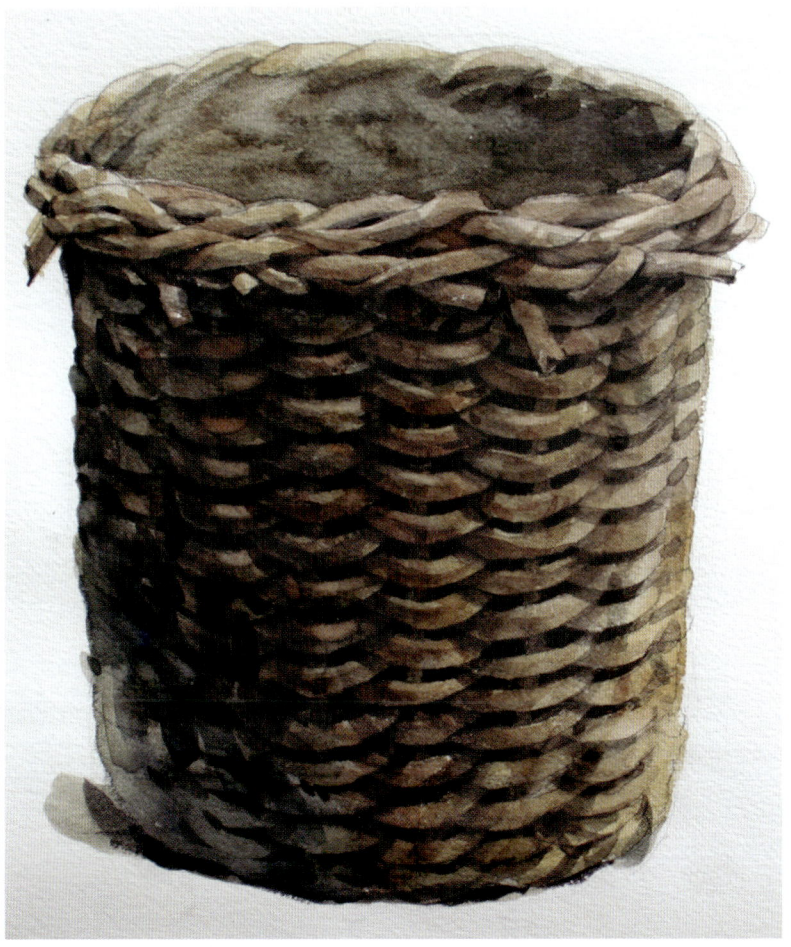

**주요색**

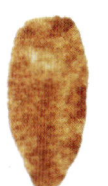

로우 엄버

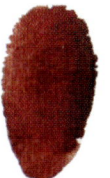

번트 엄버

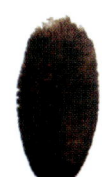

반다이크 브라운

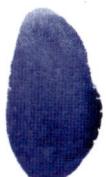

울트라마린 딥

|완성| 〈과정3〉의 어두운 부분 중에서 더욱 어두운 부분을 강하게 덧칠하여(어둠 속의 진한 어둠) 바구니의 특징을 묘사합니다. 그리고 중간 톤과 그림자를 채색하며 완성합니다. 바구니는 복잡하고 어려운 정물이지만, 아주 많이 그려집니다.

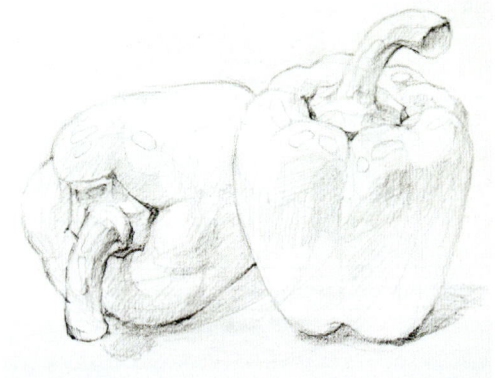

| 과정1 | 파프리카의 특징이 잘 살도록 예쁘게 스케치합니다.

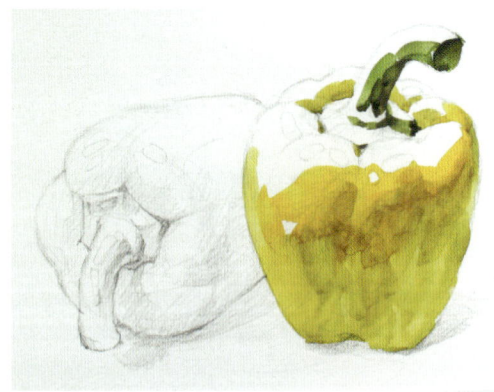

| 과정2 | 노란 파프리카의 어둠을 퍼머넌트 옐로우 딥에 반다이크 브라운을 약간 섞어 강하게 채색하고, 중간 톤을 퍼머넌트 옐로우 딥으로 채색하세요.

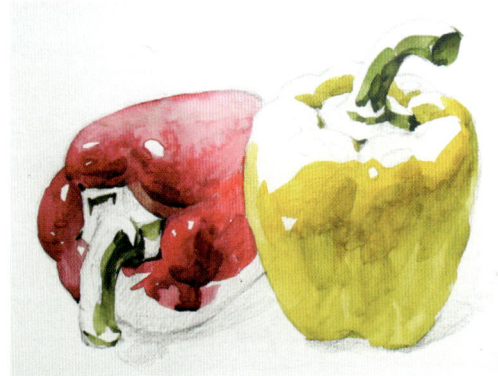

| 과정3 | 빨간 파프리카의 어둠을 로즈 매더와 반다이크 브라운을 섞어 강하게 채색합니다. 중간 톤과 밝은 톤은 로즈 매더로 물 농도를 조절하여 그립니다.

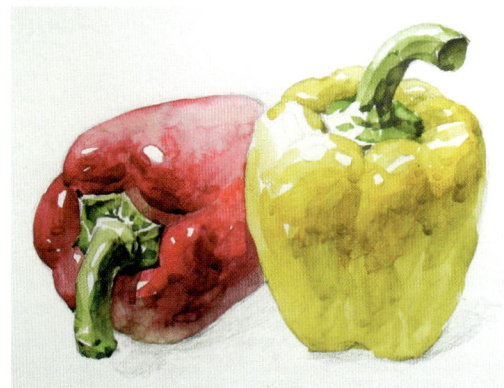

| 과정4 | 색채의 농도를 신경쓰며 중간 톤과 밝은 톤을 정리합니다.

**주요색**

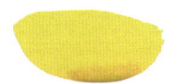

퍼머넌트 옐로우 딥

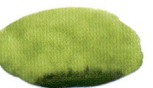

올리브 그린

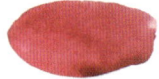

로즈 매더

샙 그린

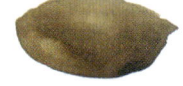

반다이크 브라운

| 완성 | 파프리카의 꼭지는 작은 붓으로 물기를 조절하며 그려야합니다. 그림자와 배경을 정리해 주고, 전체적으로 마무리하세요.

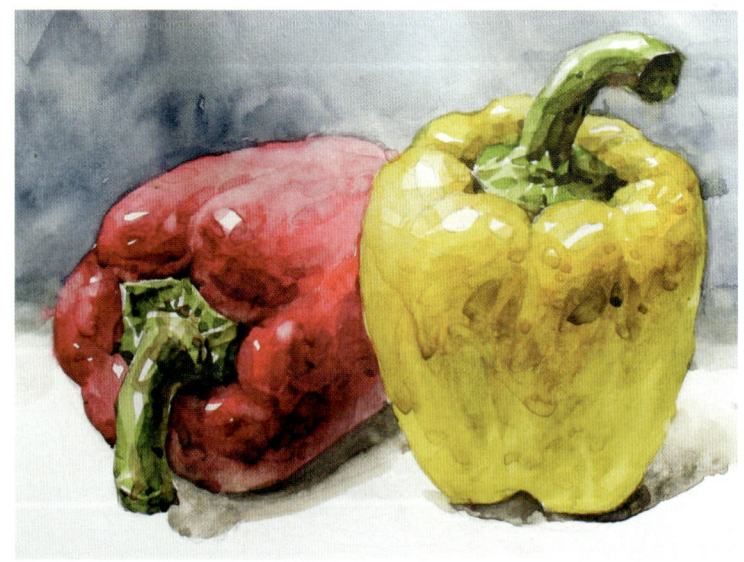

# 석류

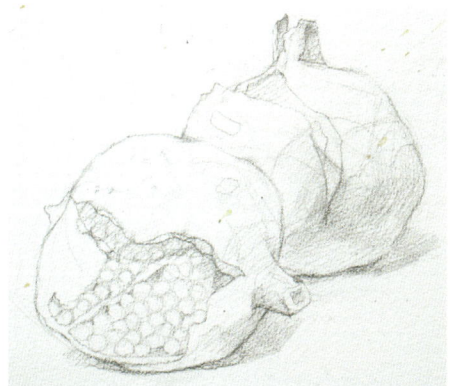

|과정1| 석류의 특징을 잘 살려 스케치합니다.

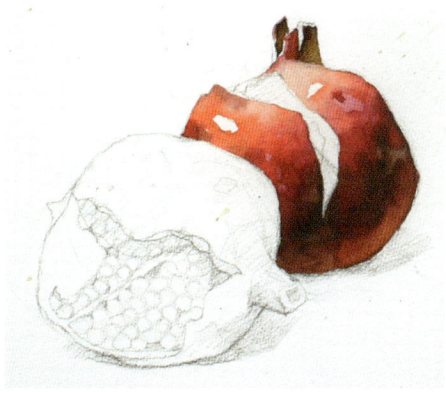

|과정2| 석류의 어두운 부분은 퍼머넌트 로즈와 세피아를 섞어 강하게 채색합니다.

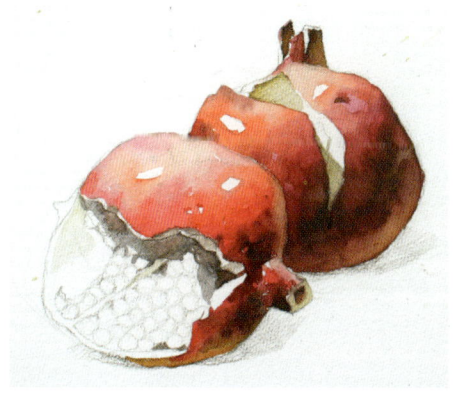

|과정3| 석류의 중간 부분은 퍼머넌트 로즈로 물조절하며 채색하고, 그림자는 세피아로 채색합니다.

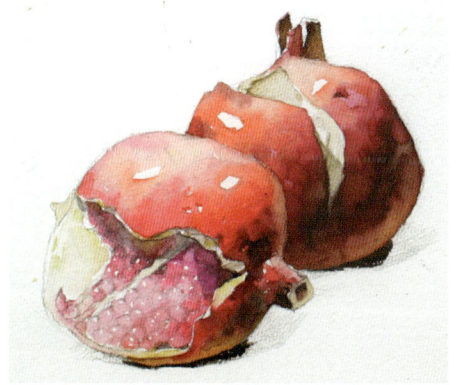

|과정4| 석류 씨앗은 오페라로 반짝이(작은 여백)를 남기고 엷게 채색합니다.

**주요색**

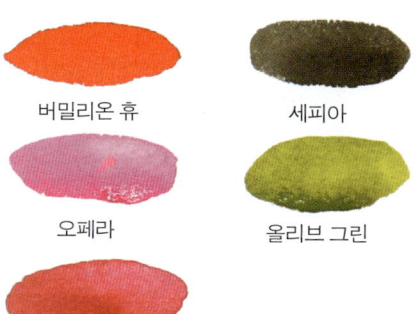

버밀리온 휴

세피아

오페라

올리브 그린

퍼머넌트 로즈

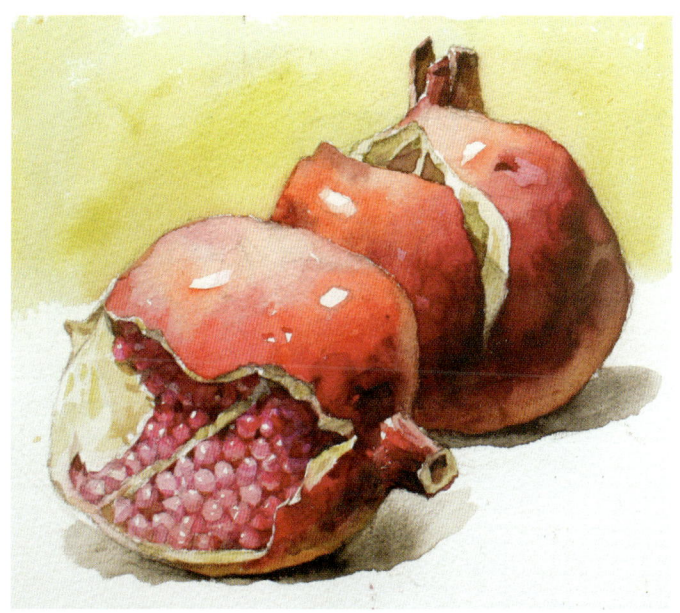

|완성| 석류 씨앗을 묘사하고 그림자와 배경을 정리하여 완성합니다.

# 호박과 유리잔

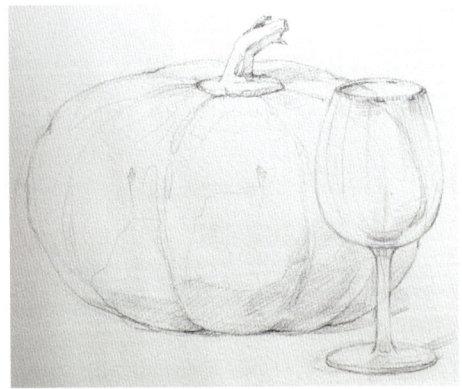

|과정1| 유리잔이 찌그러지지 않고 대칭이 되도록 신경 쓰며 스케치합니다.

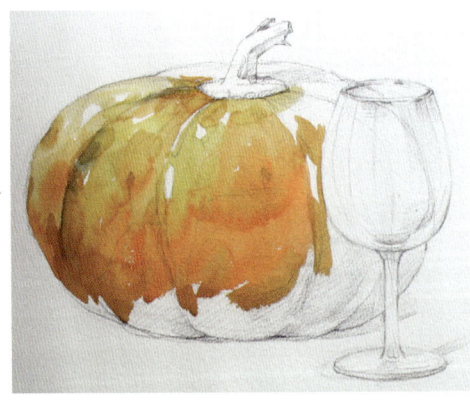

|과정2| 퍼머넌트 옐로우 딥, 카드뮴 옐로우 오렌지, 버밀리온 휴를 이용하여 밝은 톤과 중간 톤을 그립니다.

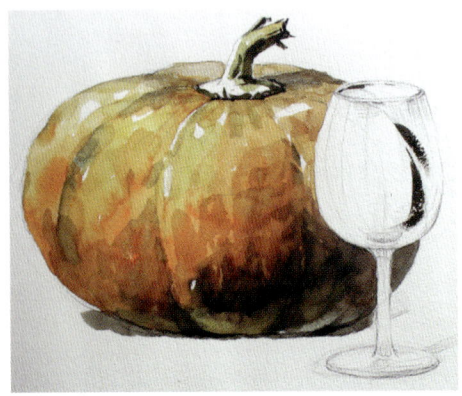

|과정3| 호박의 어두운 부분은 세피아, 반사광은 올리브 그린을 섞어 어둠보다 약간 연하게 채색합니다.

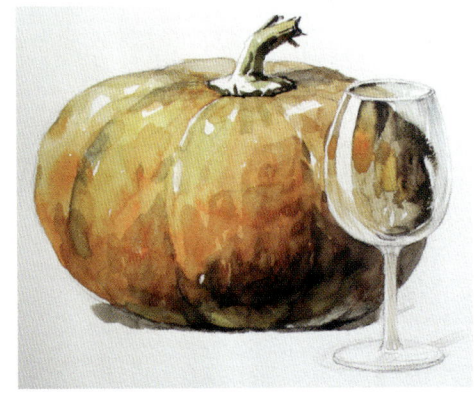

|과정4| 유리잔에 비친 호박을 그린색으로 표현하며 특히 유리잔의 밝은 부분을 잘 살리는 것이 중요합니다.

## 주요색

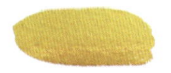

퍼너넌트 옐로우 딥

카드뮴 옐로우 오렌지

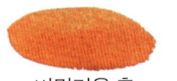

버밀리온 휴

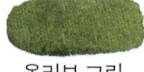

세피아

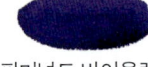

올리브 그린

퍼머넌트 바이올렛

|완성| 호박과 유리잔을 묘사하며 마무리합니다. 특히 투명 유리잔에 비친 호박의 이미지를 잘 살립니다.

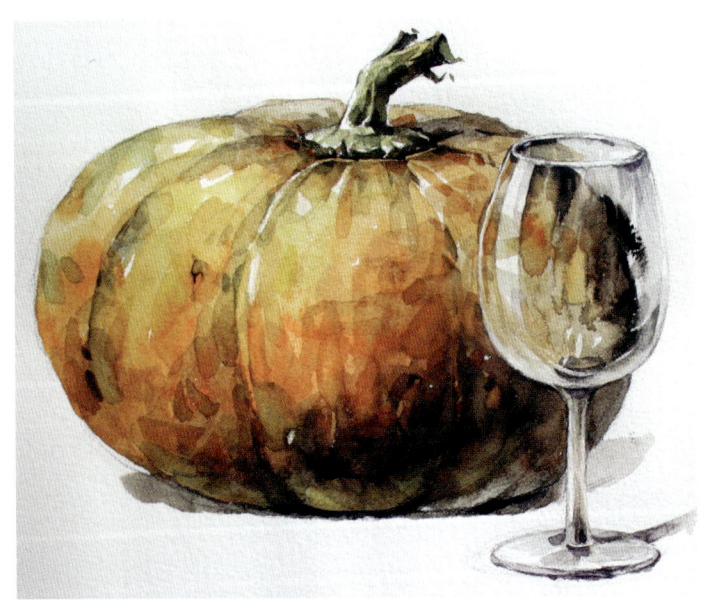

## 정물화 배경

어떤 작품이나 그렇지만, 특히 정물 수채화는 정해진 배경이 없기 때문에, 배경을 어떻게 처리하느냐에 따라 작품의 전체적인 분위기나 느낌이 많이 달라질 수 있습니다. 정물화의 배경은 화면의 주제를 돋보이게 해 주어야 하며, 그림의 느낌을 조화롭게 해 주는 것이 좋습니다.

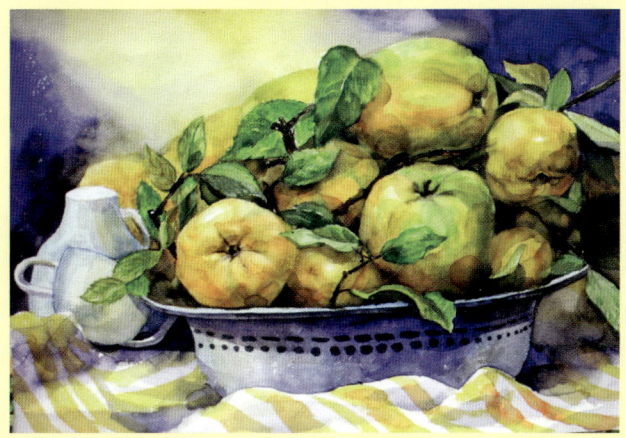

**강한 색상 대비로 처리**
이 작품의 배경은 노란 색과 파란색이 강한 대비를 이룹니다. 노란색 부분은 빛이 오는 느낌을 주어 그림이 풍요롭습니다.

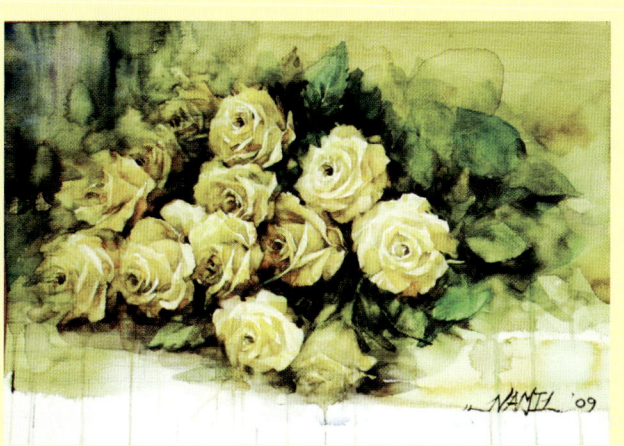

**모노톤으로 처리**
누란 장미다발을 그린 이 작품의 배경은 올리브 그린을 채색하여 노란 장미와 녹색 잎이 자연스럽게 화면에 동화됩니다.

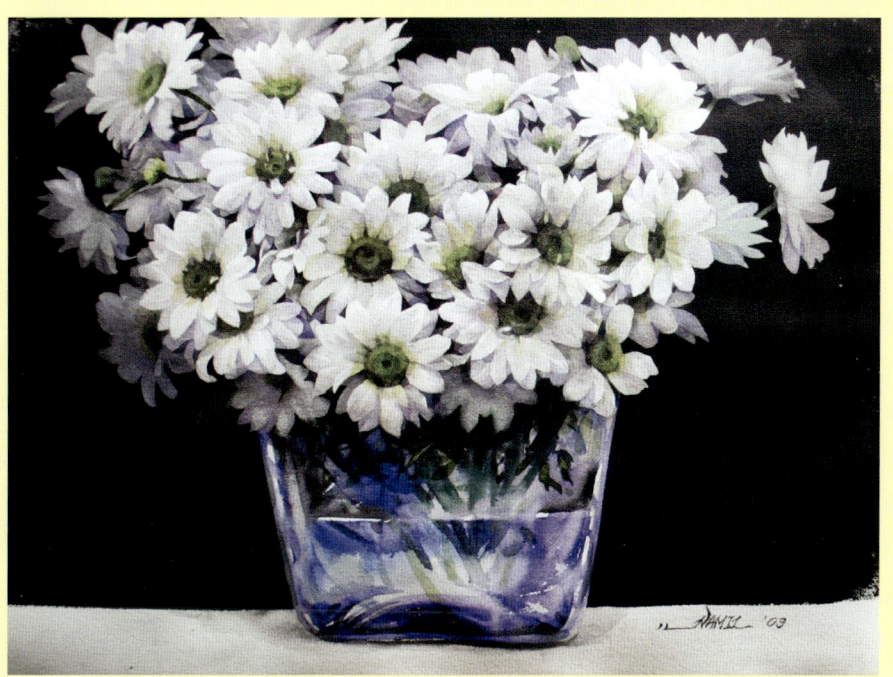

**어둡게 처리**
하얀 소국을 그린 이 작품의 배경은 강한 블랙입니다. 깊고 어두운 배경을 택한 것은 하얀 소국의 느낌을 강조하기 위해서입니다. 또 이 블랙은 '먹'을 사용하여 새로운 느낌을 주었는데 이렇게 어두운 배경은 주제를 부각시키는 효과가 있습니다.

# 기초 수채화

## 여러 가지 과일

* 이 그림은 일러스트 작품을 참고하여 그렸습니다.

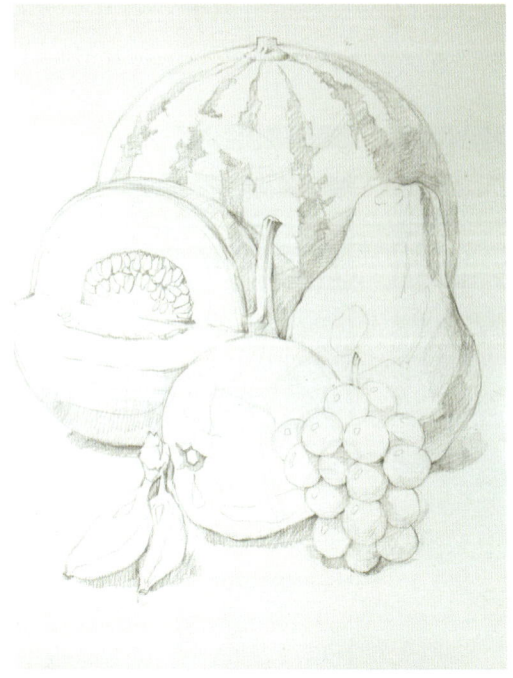

|과정1| 각 과일의 특징을 잘 관찰하여 스케치합니다. 특히 어둠, 어두운 중간 톤, 밝은 중간 톤, 아주 밝은 톤으로 나누어 명암을 그리는 것이 중요합니다.

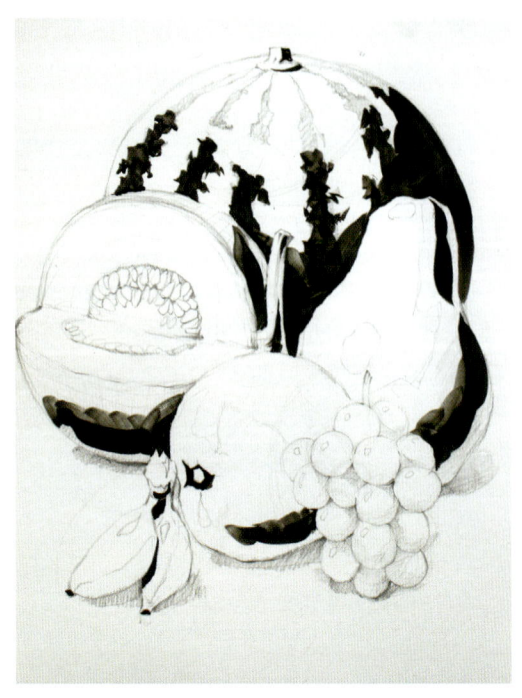

|과정2| 과일의 어두운 부분을 블랙으로 강하게 채색합니다.

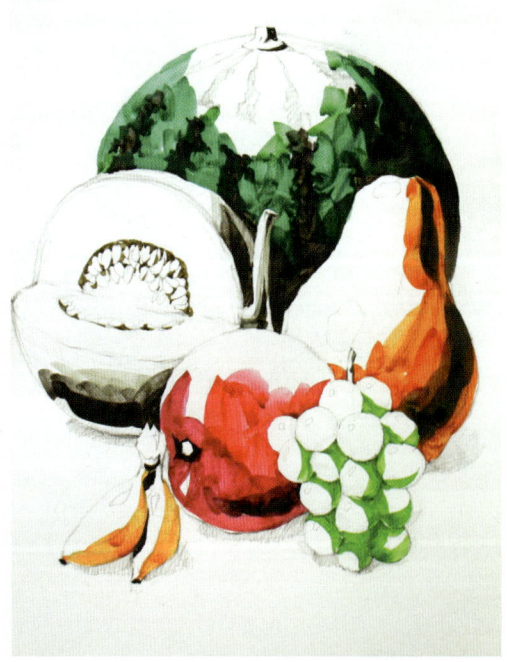

|과정3| 과일의 어두운 중간 톤을 채색합니다. 특히 사과, 수박, 서양배의 중간 톤은 강하게 채색해야 합니다.

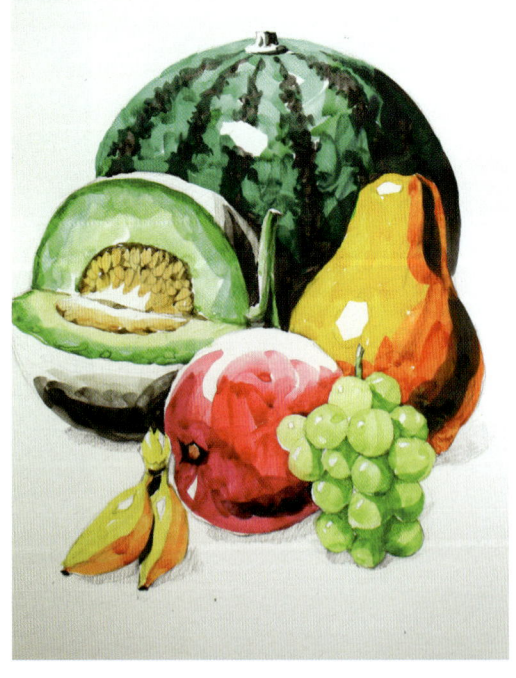

|과정4| 밝은 중간 톤 부분을 채색합니다. 전반적으로 딱딱한 느낌이 들더라도 물 농도에 주의하여 정해진 부분에 채색하는 것이 중요합니다. 여기까지가 '초벌'입니다.

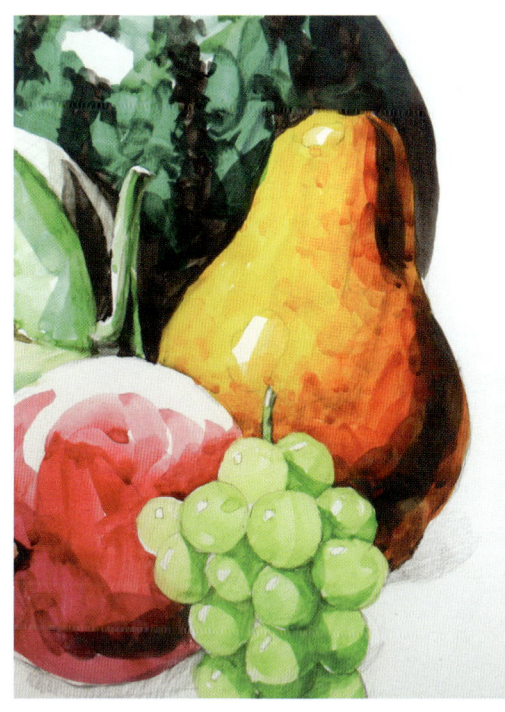

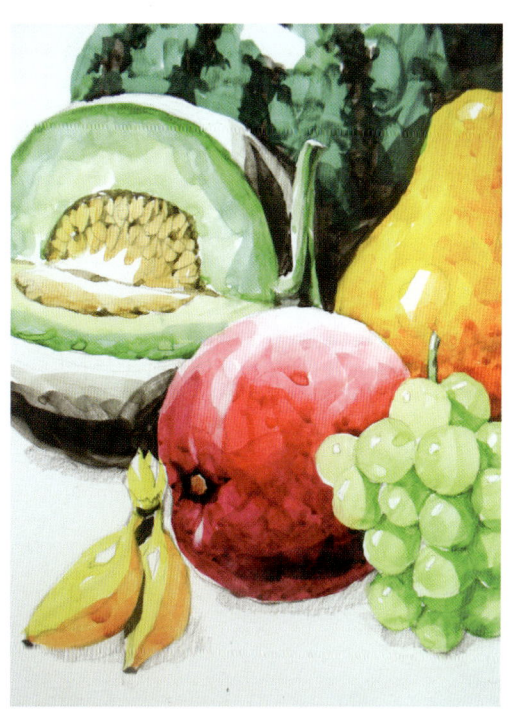

|과정5| 이제부터는 딱딱하게 나누어졌던 면들을 덧칠하며 연결하는 과정입니다. 우선 서양배 부분의 면들을 덧칠하여 줍니다('기초실기 – Red 구' 참고 ).

|과정6| 각 톤을 연결시킬 때는, 중간 색, 중간 톤으로 덧칠합니다. 붓의 물기가 너무 많지 않도록 주의하며 채색하고, 밝은 부분은 그대로 둡니다.

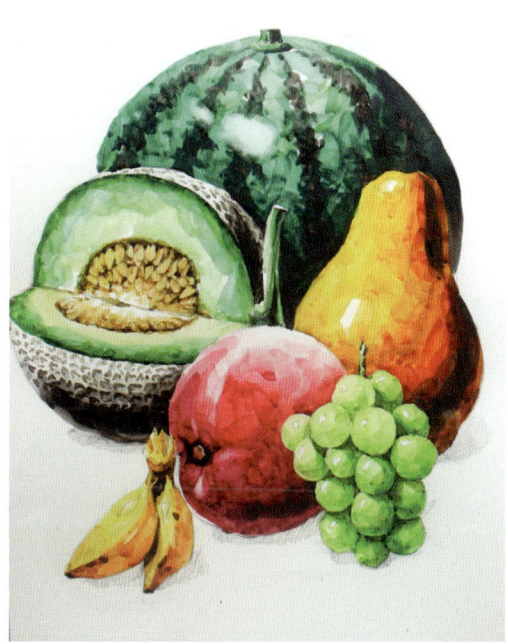

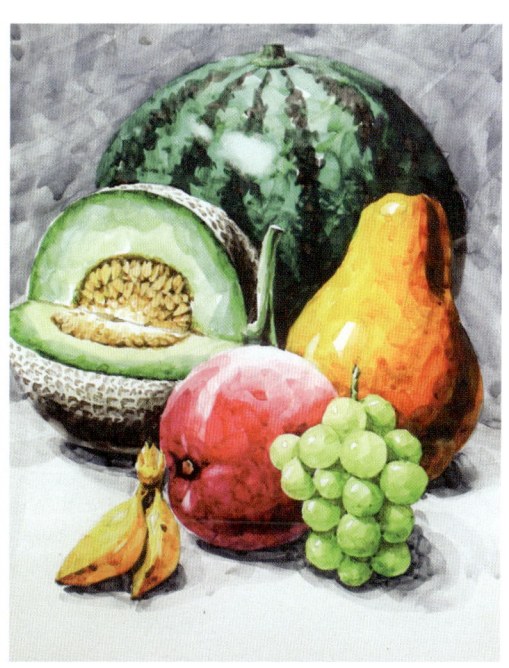

|과정7| 전체적인 과일의 중간 톤을 자연스럽게 채색하고 작은 변화를 묘사합니다.

|완성| 그림자와 배경을 채색하여 그림을 완성합니다. 특히 바닥은 아주 밝게 처리하여 하얀 천의 느낌을 살립니다.

## 서양배

* 이 그림은 일러스트 작품을 참고하여 그렸습니다.

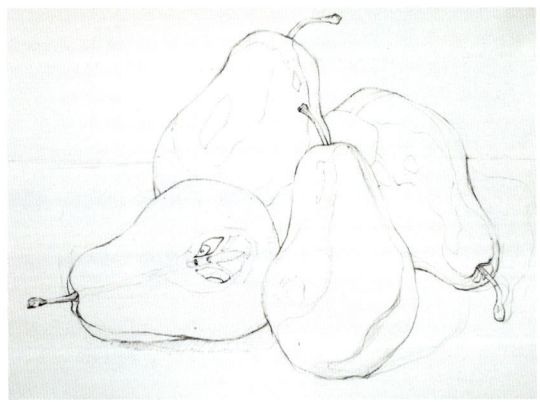

|과정1| 네 개의 서양배를 비슷한 크기로 스케치합니다.

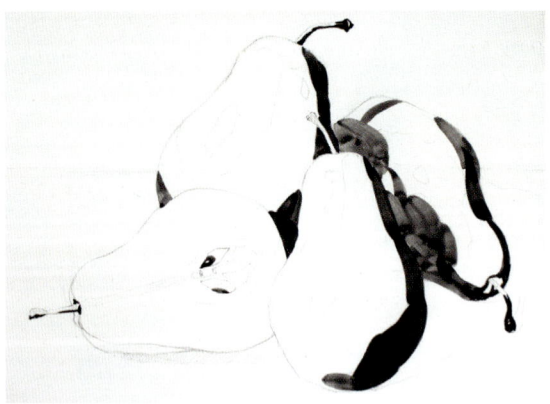

|과정2| 과일의 어두운 부분을 블랙으로 채색합니다. 이때 어두운 부분이 미리 스케치되어 있어야 합니다.

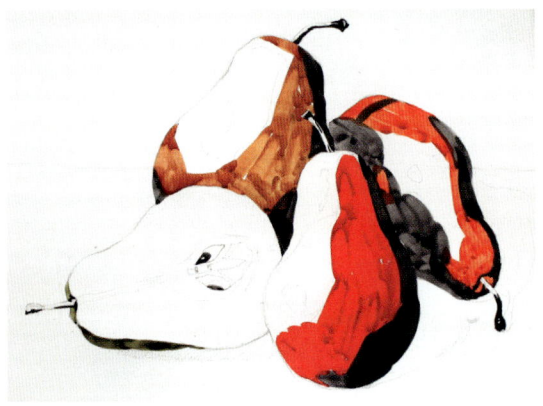

|과정3| 어두운 중간 톤 부분을 진하게 채색합니다.

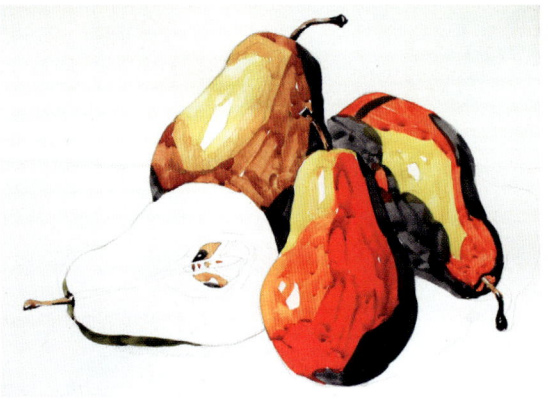

|과정4| 밝은 중간 톤 부분을 연하게 채색합니다. 특히, 여기까지의 밑칠 과정은 많이 만지지 않도록 주의하세요.

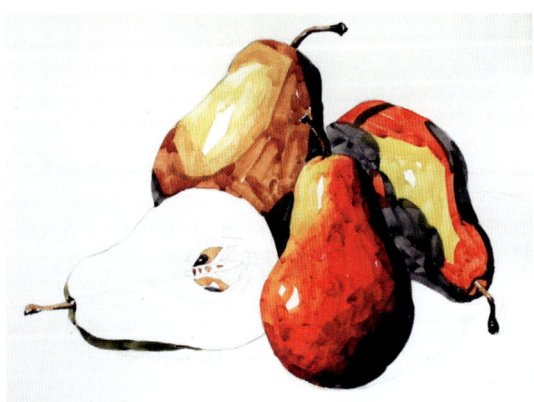

|과정5| 가운데 있는 정물부터 중간 톤을 연결해줍니다. 밝은 부분은 여러 번 손대지 않도록 주의하세요('기초실기 – Red 구 그리기' 참조).

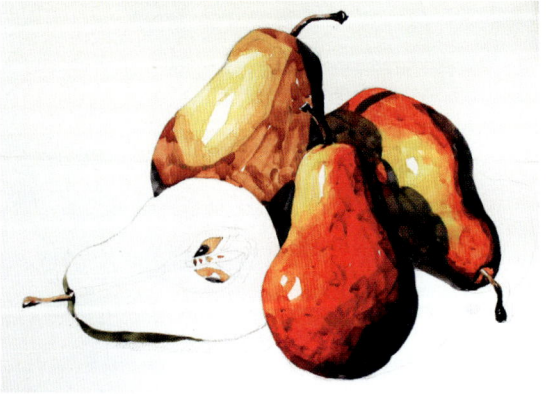

|과정6| 오른쪽 정물의 중간 톤을 연결하며 채색합니다. 정물에 드리운 그림자 부분도 함께 덧칠해주세요.

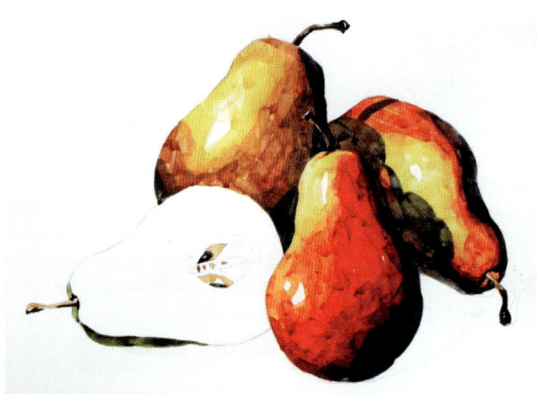

|과정7| 왼쪽 뒤 정물의 중간 톤을 정리합니다.

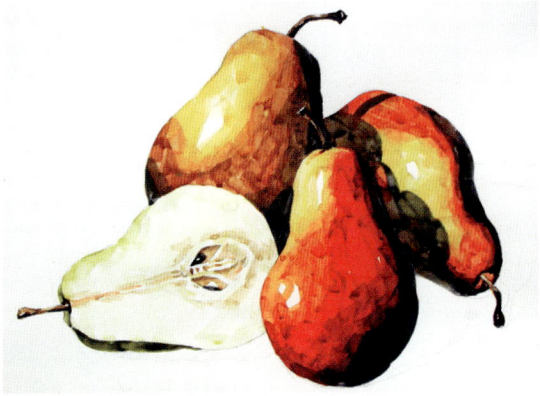

|과정8| 왼쪽의 잘린 배를 밝게 채색하며 묘사합니다.

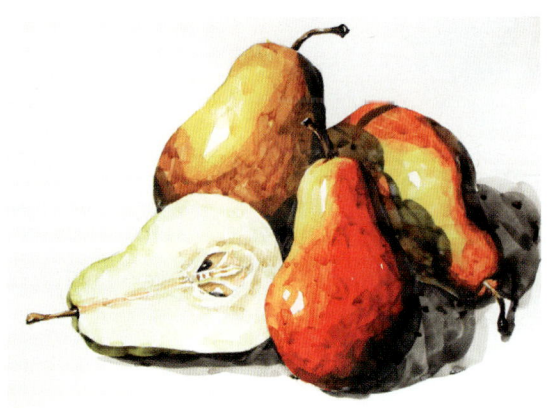

|과정9| 그림자를 정리합니다.

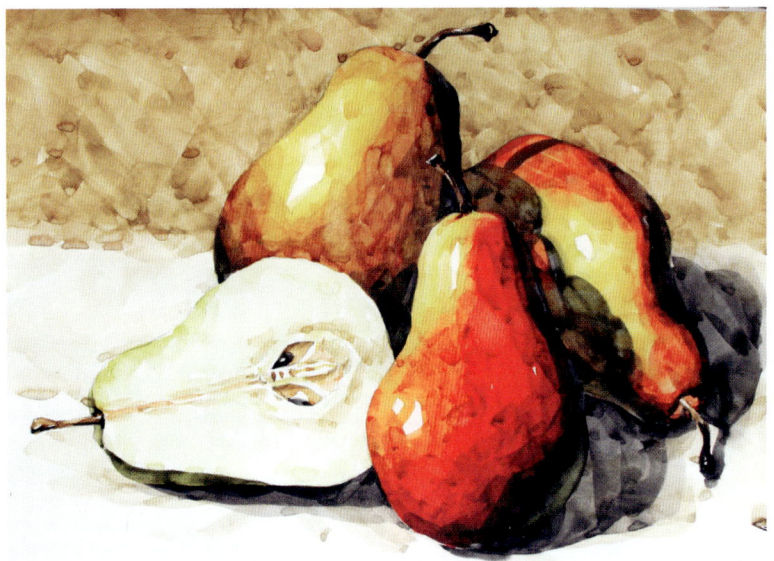

|완성| 배경을 옐로우 오우커와 세피아를 섞어 채색하고 전체적인 완성도를 보며 마무리 합니다. 바닥의 그림자 부분은 약하게 덧칠하여 자연스럽게 하고 배경의 색을 다르게 해 도 됩니다. 하지만 큰 붓으로 크게크게 칠하고, 외곽 부분을 정확하게 다듬어 주는 것이 좋습니다.

# 사과가 있는 정물

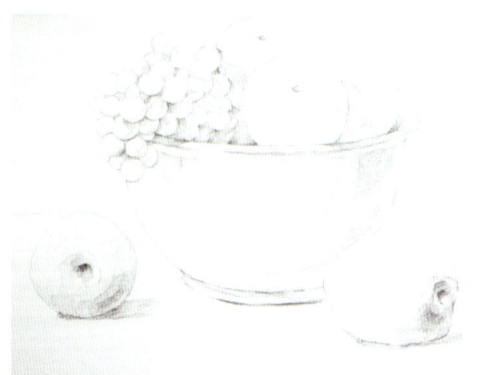

|과정1| 빛 방향과 시점을 생각하며 스케치합니다.

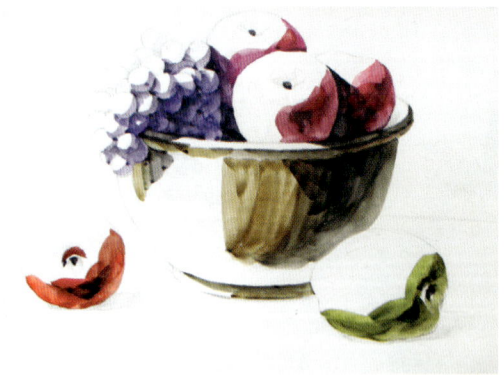

|과정2| 먼저 어두운 부분을 강하게 색칠하고 무채색의 어두운 주변을 원색으로 강하게 칠합니다.

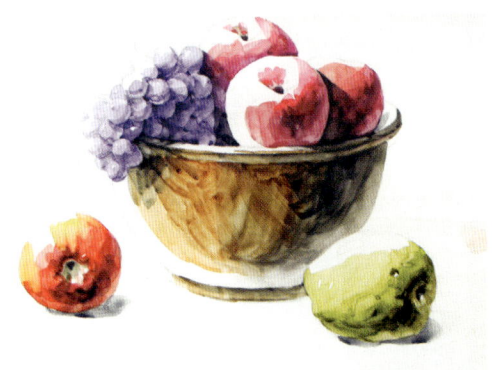

|과정3| 중간 톤을 각 정물의 고유색으로 맑게 채색합니다.

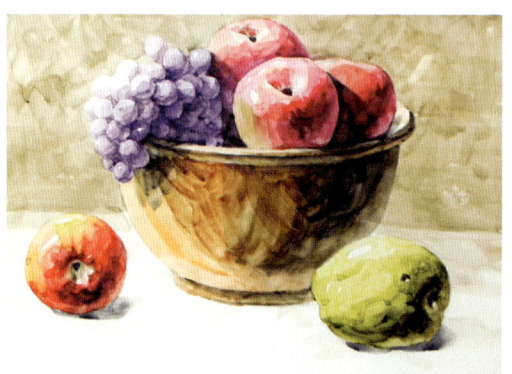

|과정4| 밝은 톤은 물조절을 하며 변화 있게 그려주고, 배경은 브라운 계열의 색으로 중간 물 농도로 채색합니다.

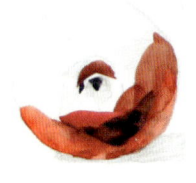
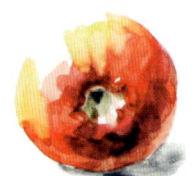
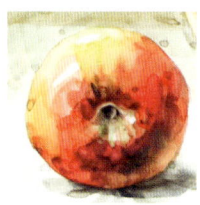

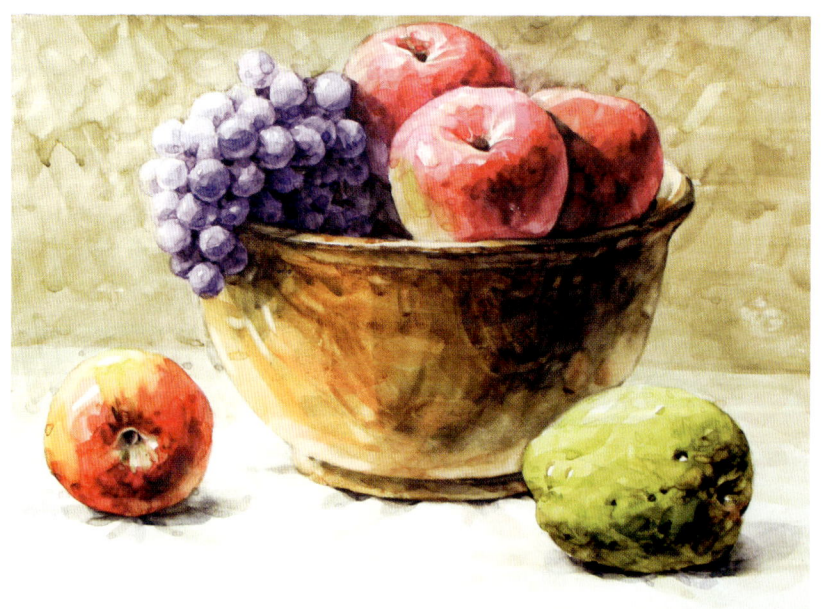

|완성| 주로 어두운 부분을 다듬어 주며 깊은 어둠을 넣어 어두운 톤의 변화를 만들어줍니다. 그리고 전체적인 조화를 보며 완성합니다.

# 목각 기러기가 있는 정물

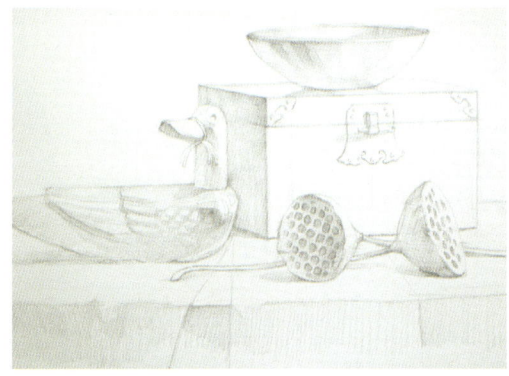

|과정1| 시점을 너무 높지 않게 해 각 정물의 특징이 잘 살도록 스케치합니다.

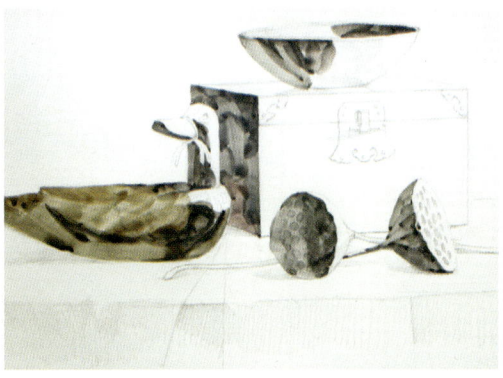

|과정2| 어두운 부분을 무채색으로 채색합니다. 스케치 단계에서 어두운 부분이 미리 정해져 있어야 합니다.

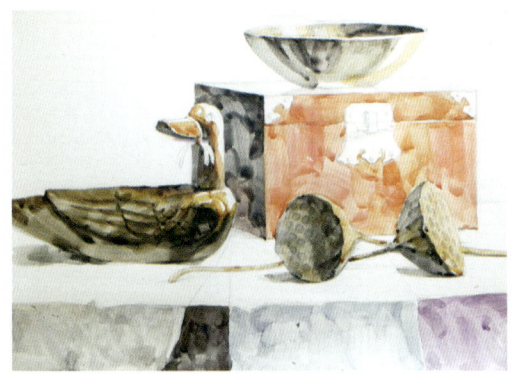

|과정3| 각 사물의 원색이 나오는 중간 톤을 채색합니다.

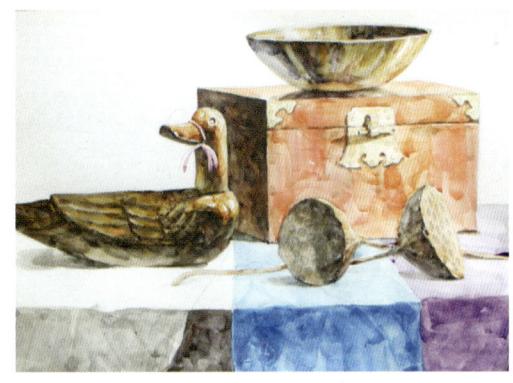

|과정4| 밝은 채색과 부분 묘사를 하고 어두운 부분의 무채색 위로 각 정물의 색을 덧칠해줍니다.

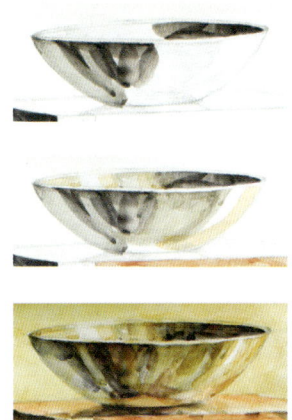

|완성| 배경과 그림자, 물체의 특징을 살리며 마무리합니다. 특히 테이블 밑을 보면, 꺾인 천의 톤 변화가 그림을 더욱 변화 있고 생기 있게 한다는 걸 알 수 있습니다.

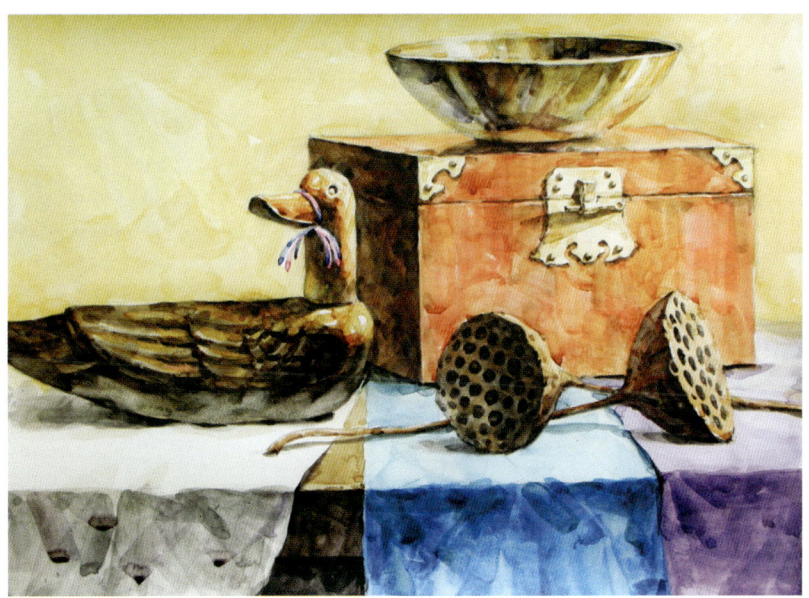

# 노란 그릇 속 과일

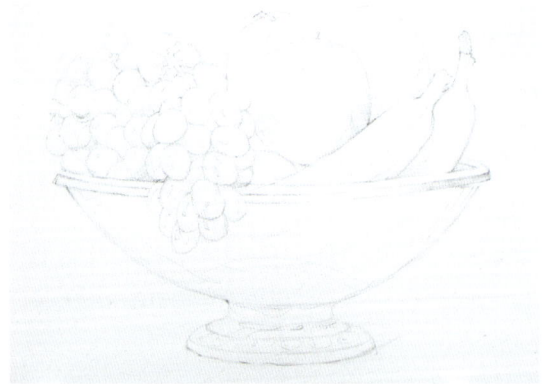

|과정1| 큰 그릇을 가운데 배치하고, 과일의 형태를 정확히 스케치합니다.

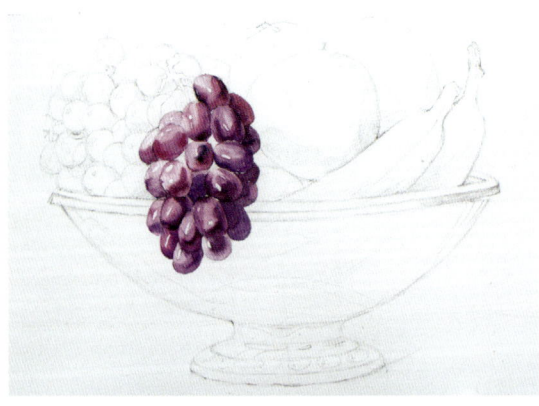

|과정2| 바이올렛과 레드 계열의 색을 변화 있게 혼합해 포도를 그립니다.

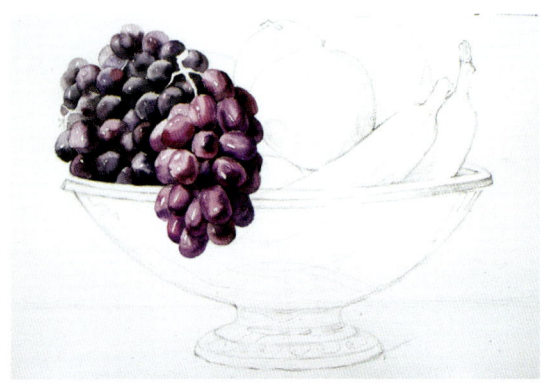

|과정3| 뒷 포도는 바이올렛과 블랙을 섞은 것이 주색입니다. 약간씩 변화를 주며 포도를 묘사합니다.

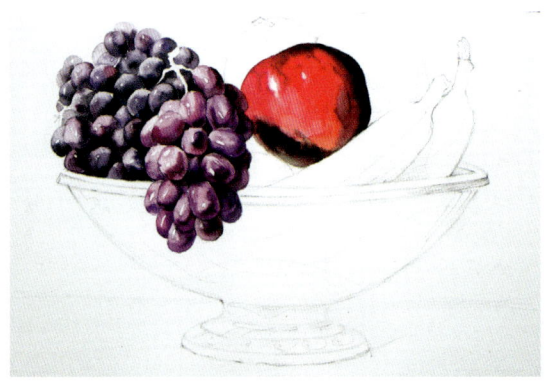

|과정4| 사과의 주색은 퍼머넌트 로즈와 로즈 매더입니다. 그림자와 어둠을 붉은 색채와 자연스럽게 섞이도록 하세요.

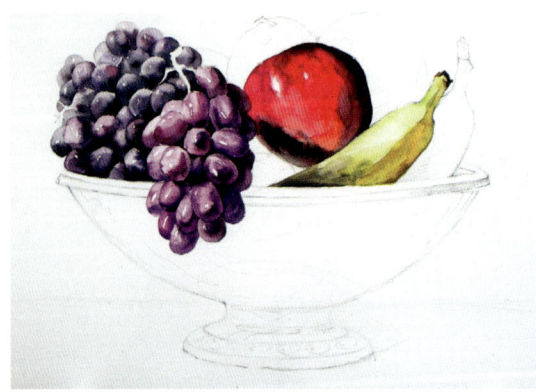

|과정5| 바나나를 그릴 때 주의할 점은 사과에 비해 색이 맑게 나와야 한다는 점입니다. 레몬 옐로우와 퍼머넌트 옐로우 딥을 주색으로 하였습니다.

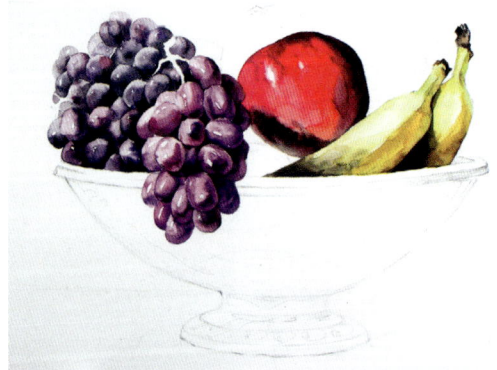

|과정6| 뒤에 있는 바나나는 그림자를 잘 표현하여 깊숙이 들어간 느낌을 주어야 합니다. 바나나와 그림자의 물 농도 차이가 크다는 것을 잘 체크해 주세요.

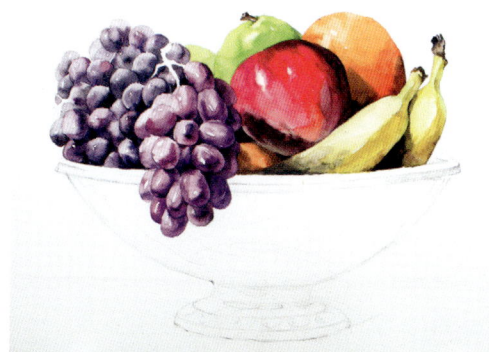

|과정7| 나머지 과일을 채색합니다.

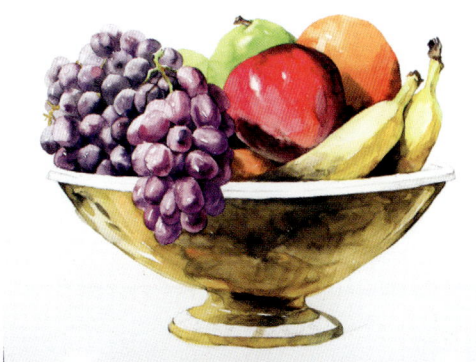

|과정8| 노란 그릇의 어둠을 옐로우 오렌지와 브라운 계열, 블랙 등을 혼합하여 변화 있게 채색합니다.

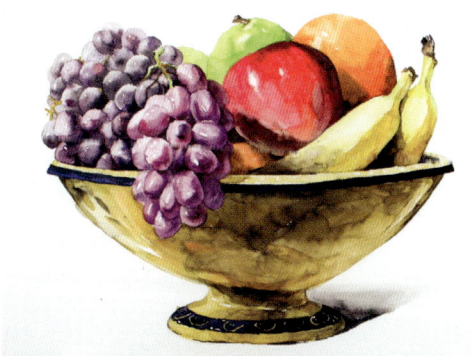

|과정9| 노란 그릇과 과일을 마무리하고, 그림자를 넣어 줍니다.

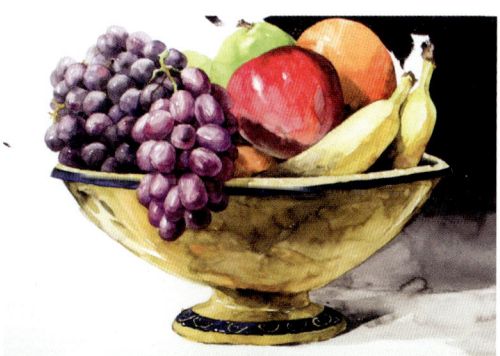

|과정10| 블랙으로 배경을 칠하고 물 농도의 변화와 번지는 효과만으로 변화있게 배경을 완성합니다.

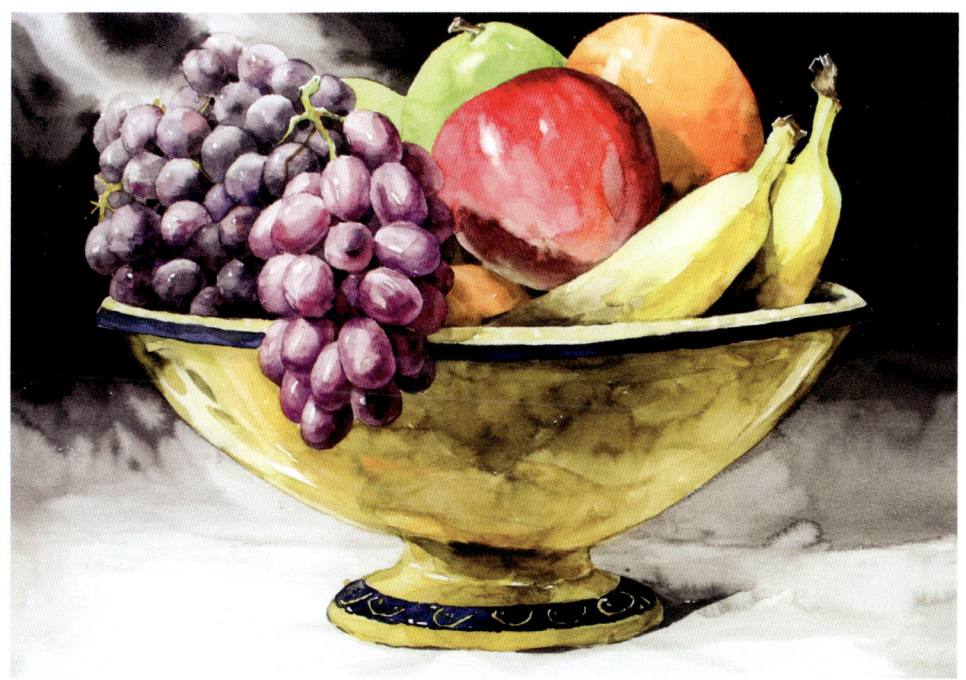

|완성| 전체적으로 어두운 배경과 하얀 바닥이 자연스럽게 조화를 이루도록 마무리합니다. 바닥은 물 농도가 많은 어둠으로 가볍게 처리하세요.

# 장미와 백자

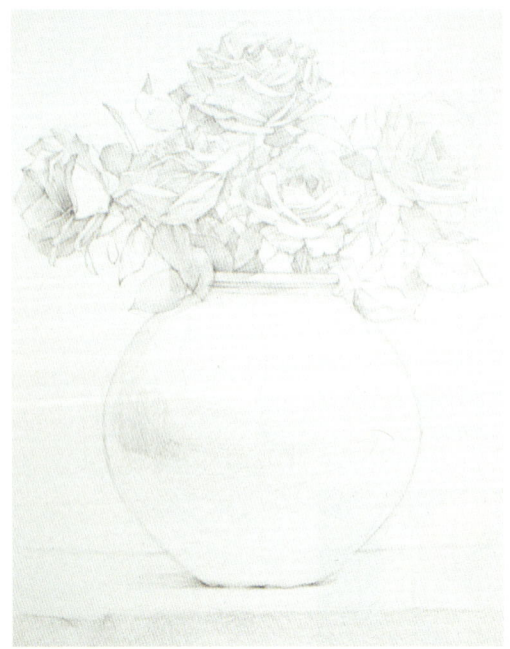

**|과정1|** 백자의 대칭 형태와 장미의 명암을 잘 살펴 스케치합니다. 특히 장미는 밝고 어둠을 명확하게 잡아 줍니다.

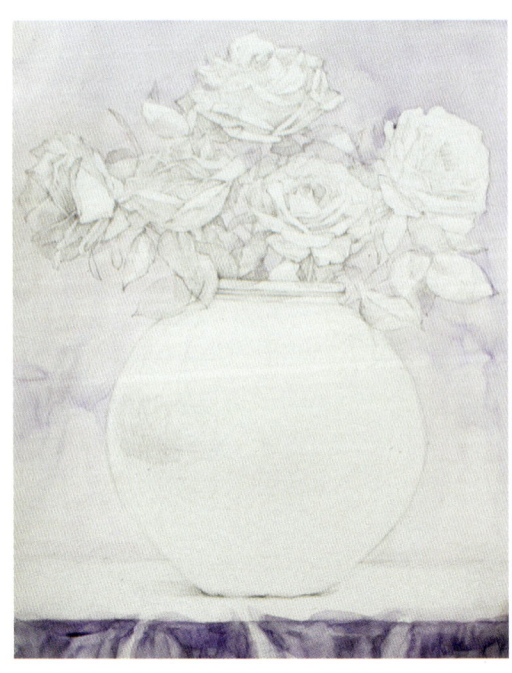

**|과정2|** 먼저 배경에 물칠하고, 자연스럽게 배경과 천의 어둠을 퍼머넌트 바이올렛으로 채색합니다. 이때 작은 붓보다는 평붓이나 큰 통붓을 쓰는 것이 좋습니다.

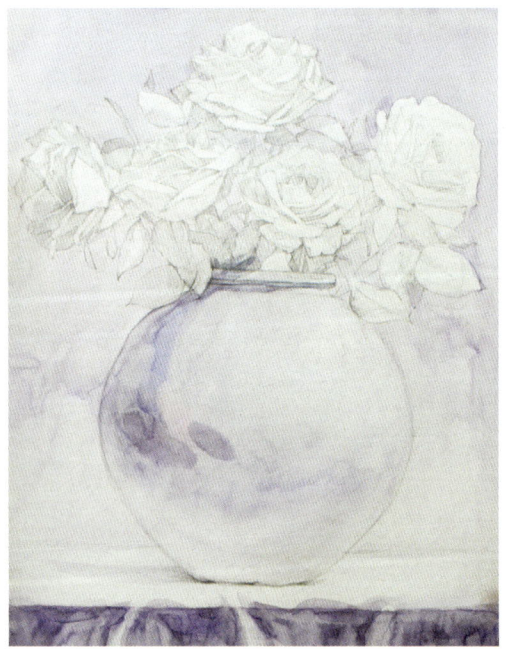

**|과정3|** 백자를 배경과 비슷한 색으로 밝게 채색합니다. 하얀 백자의 느낌이 들도록 밝게 채색합니다.

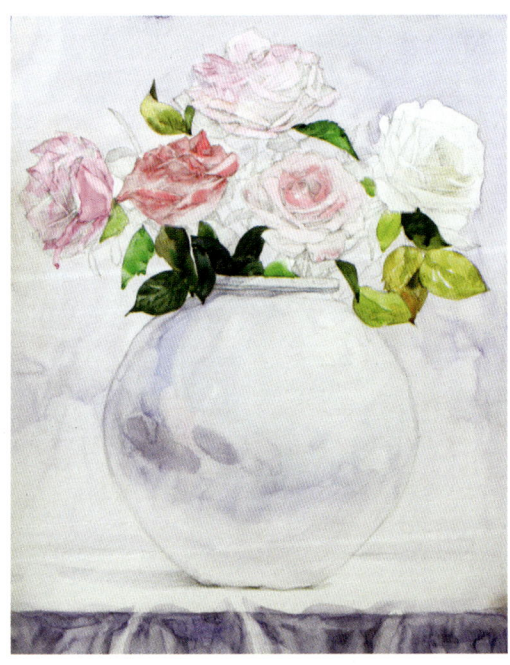

**|과정4|** 장미의 기본색을 밝게 채색하고, 잎사귀를 그려 나갑니다. 잎을 그릴 때 작은 묘사는 자제하고, 명암에 맞추어 채색합니다.

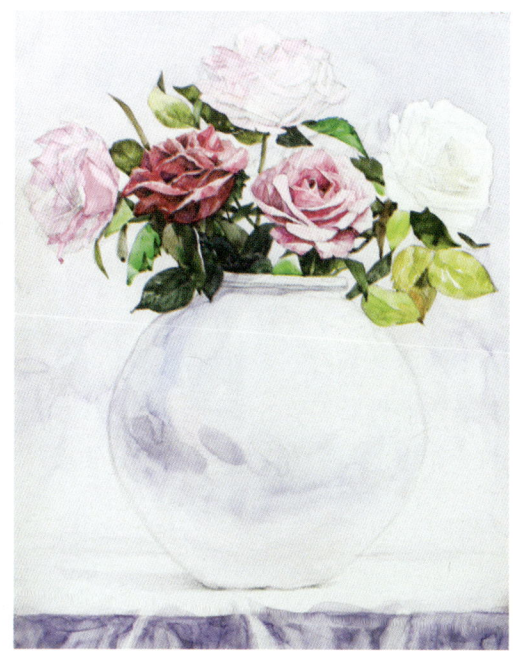

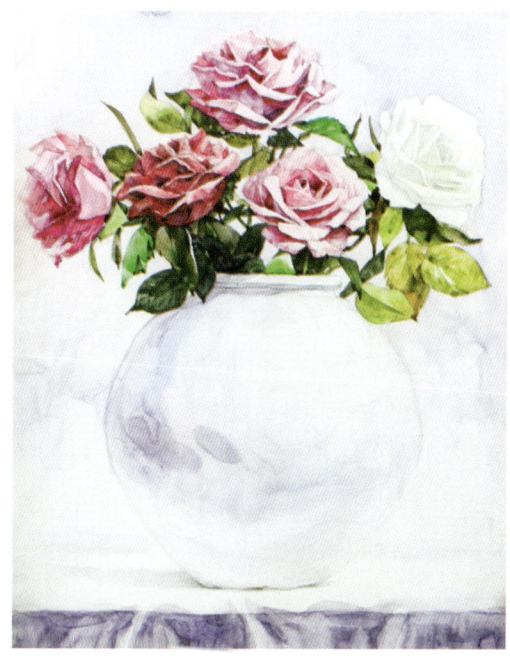

**|과정5|** 가운데 장미부터 묘사합니다. 장미의 어둠 위주로 변화 있게 채색하며 완성합니다.

**|과정6|** 나머지 장미들도 어둠에 변화를 주며 완성하고, 잎도 더 그려주어 풍성하게 합니다.

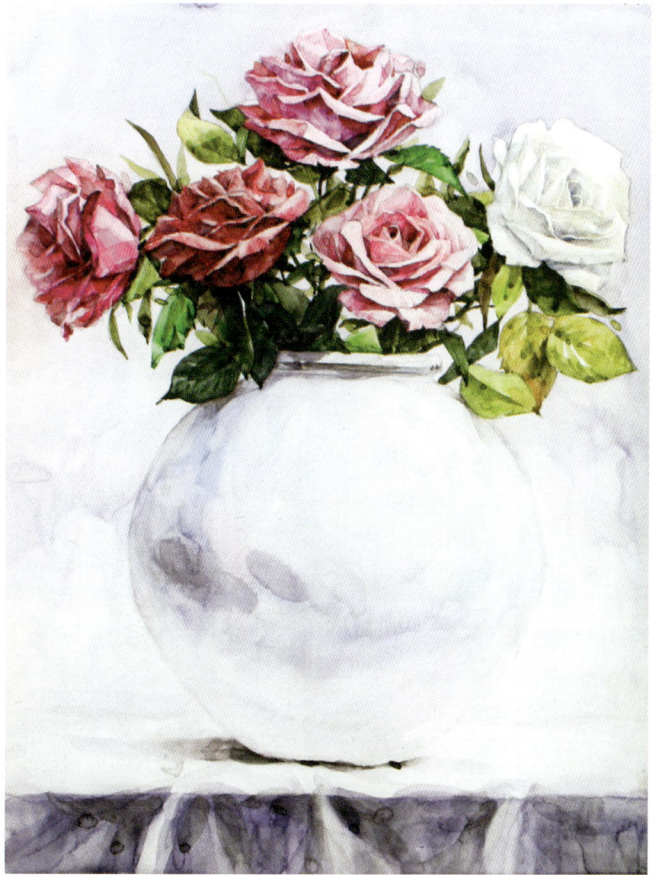

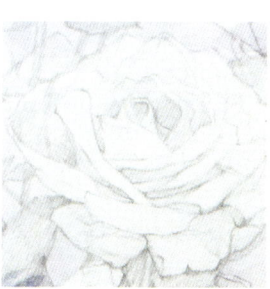

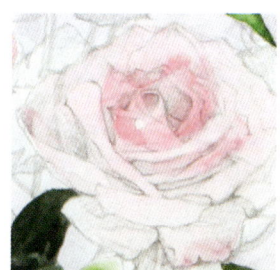

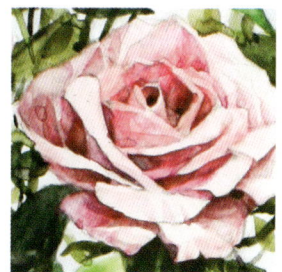

**|완성|** 장미의 어둠, 항아리의 그림자, 잎사귀의 어둠을 중심으로 정리해 나갑니다. 각 장미의 색을 조금씩 다르게 하여, 변화 있고 풍성하게 보이도록 합니다.

## 장미 그리기

수채화에서 꽃은 소재로 많이 선택되고 있습니다. 그 중에서도 장미는 가장 으뜸으로 꼽히며, 특히 여성 초보자들이 잘 그리고 싶어하는 소재 중 하나입니다.

장미는 그 형태도 복잡하고 색채도 화려하며 다양해서 표현하기가 그리 만만치 않습니다. 아주 단순하고 쉽게 그리는 경우도 있지만 장미의 기기묘묘한 변화를 정확하게 표현하려면 많은 연습이 필요합니다.

우선 장미를 잘 그리려면 연필로 데생을 해 봐야 합니다. 그 형태의 복잡함이야 시간들여 그려보면 되지만 빛에 의해 생기는 명암은 데생을 하며 많이 경험하고 느껴봐야 합니다. 명암의 변화가 심하고 색의 화려함에 가려 잘 보이지 않을 수도 있습니다.

초보자는 빛에 의해 음영이 선명한 사진자료를 구하여 데생하거나, 맘에 드는 장미 그림을 카피하는 것이 좋습니다. 또는 칼라 사진을 흑백으로 전환해서 그려보는 것도 좋습니다. 아무튼, 장미의 명암을 연필로 공부하고, 어둠의 변화가 잘 표현된다면 수채화로 도전해 보세요.

복잡하고 까다롭지만 매력적인 장미를 꾸준히 연습하다 보면, 다른 꽃 표현력도 덩달아 좋아집니다. 그만큼 장미의 명암은 어렵지만 실력을 키우기 위한 중요한 소재입니다.

장미 – 연필 개체 묘사

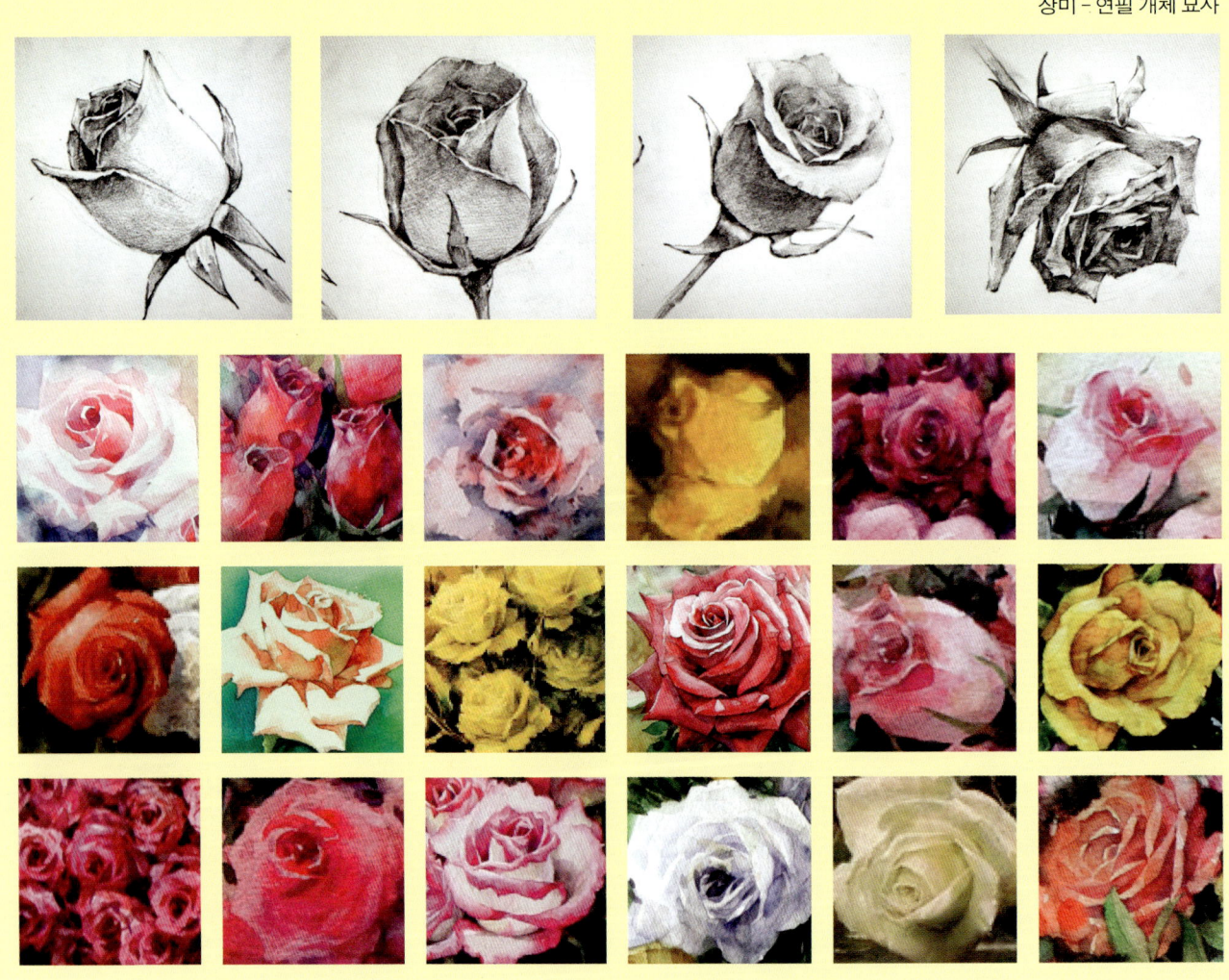

# 장미가 있는 항아리

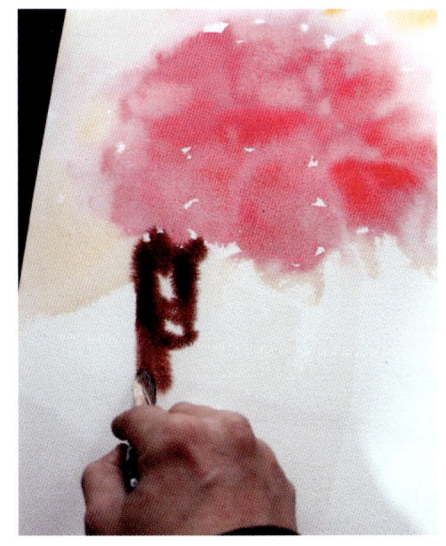

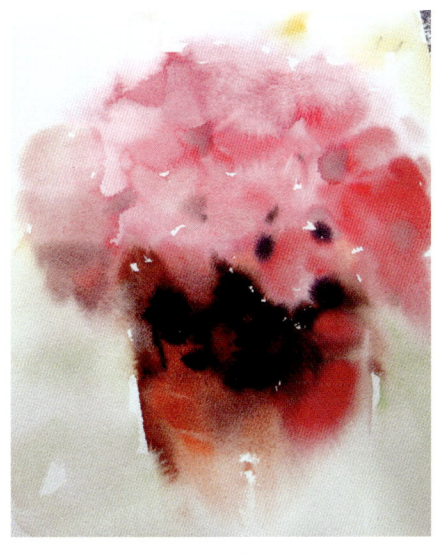

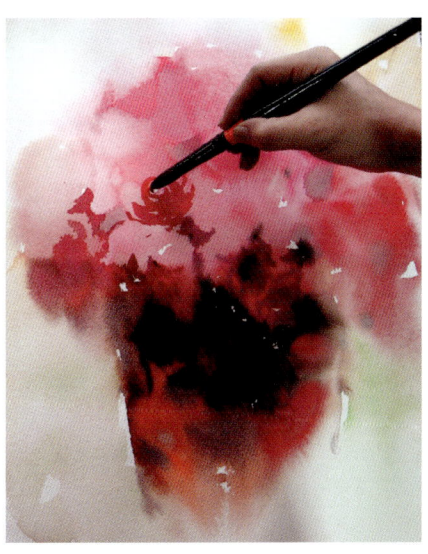

|과정1| 종이를 테이블에 펼칩니다. 화면에 물칠을 한 후, 장미 부분과 항아리 부분을 크게 채색합니다.

|과정2| 항아리의 어두운 부분을 강하게 채색하여 자연스럽게 번지게 합니다.

|과정3| 큰 밑칠이 되면, 이젤에 세우고 장미의 어두운 부분을 그려줍니다.

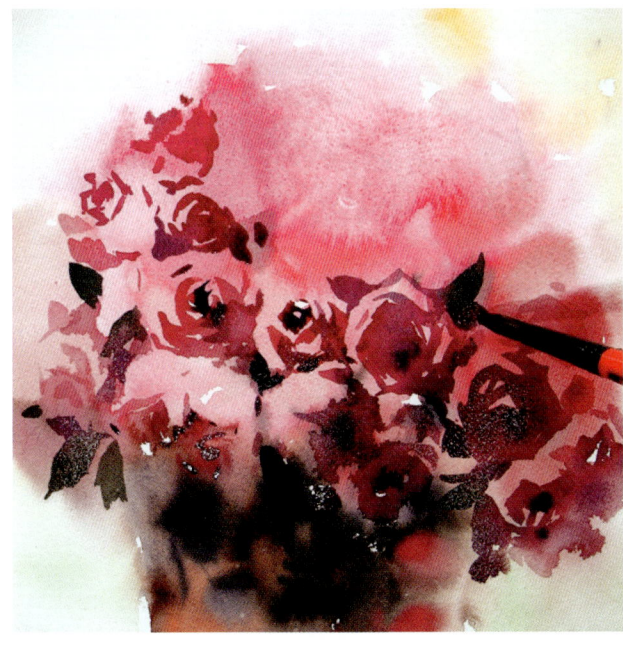

|과정4| 장미와 장미사이의 어둠을 강하게 채색하여 입체감을 만들어 줍니다.

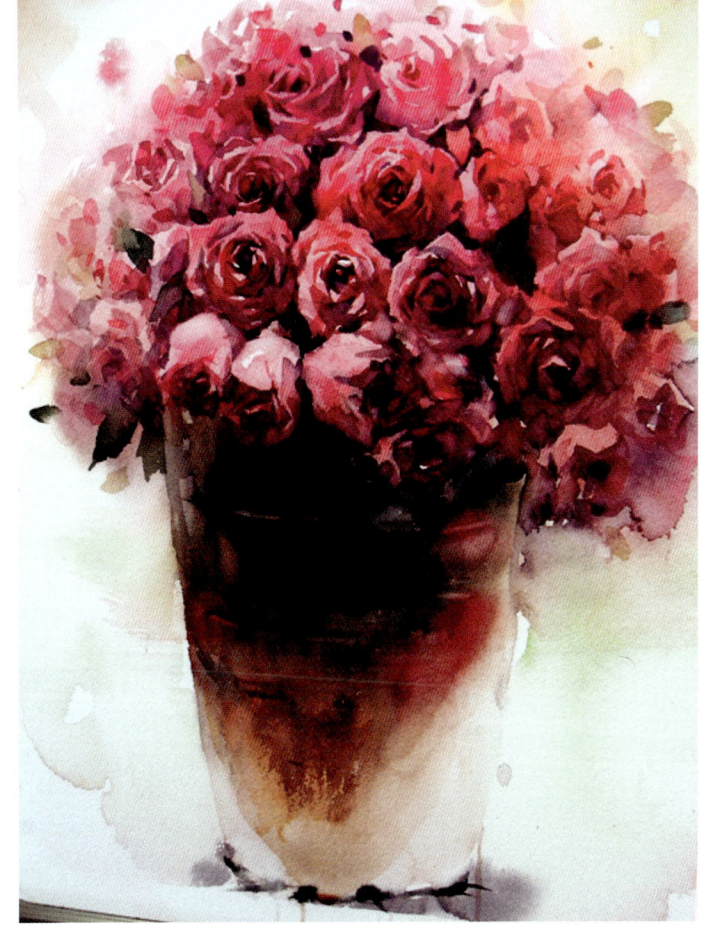

|완성| 자연스럽게 번지는 느낌을 끝까지 살려주기 위해 물조절을 하며 완성합니다.

# 소국 바구니 정물

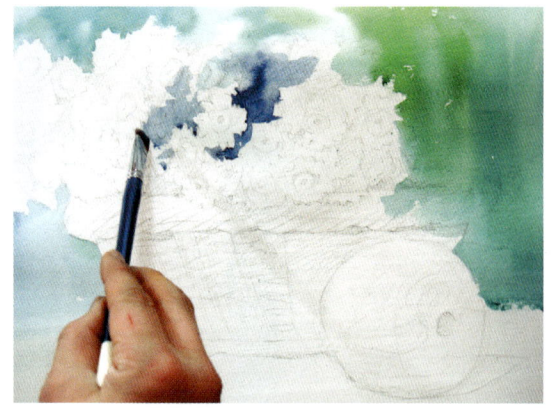

|과정1| 스케치 후, 배경과 꽃의 어두운 부분을 변화 있게 채색합니다.

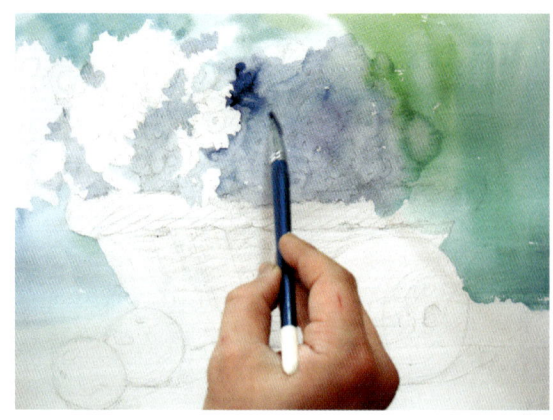

|과정2| 빛이 오는 방향을 고려하여 전체적인 어둠을 채색합니다.

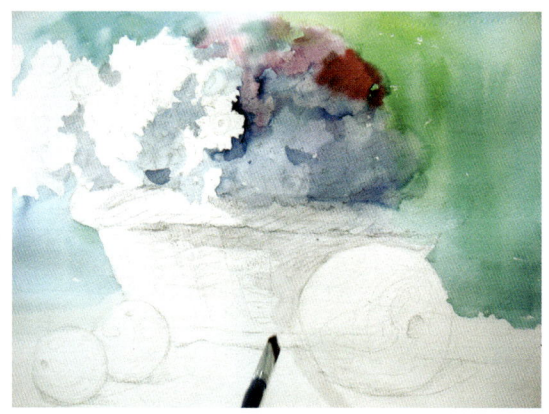

|과정3| 바구니의 어두운 부분에 먼저 물칠을 합니다.

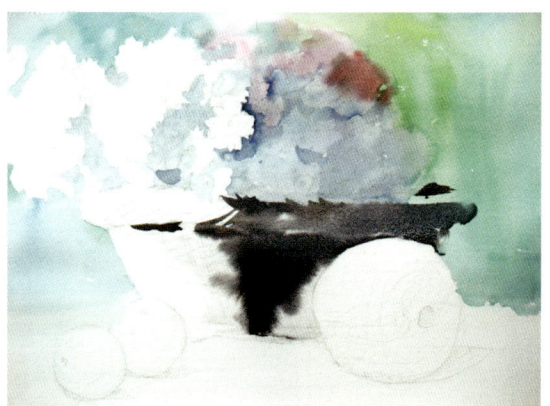

|과정4| 바구니의 어두운 부분을 강하게 채색합니다.

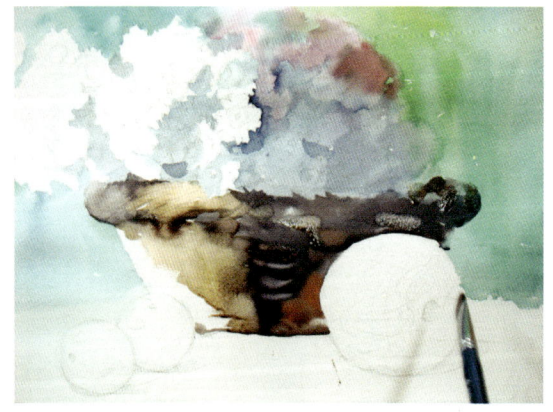

|과정5| 바구니 부분이 마르기 전에 변화 있게 채색합니다.

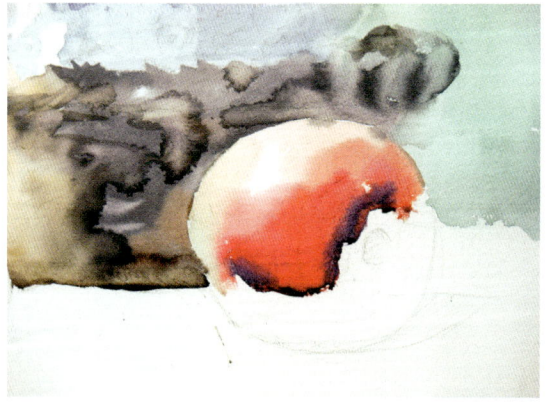

|과정6| 사과는 색채와 물 농도 변화를 잘 살피며 채색합니다.

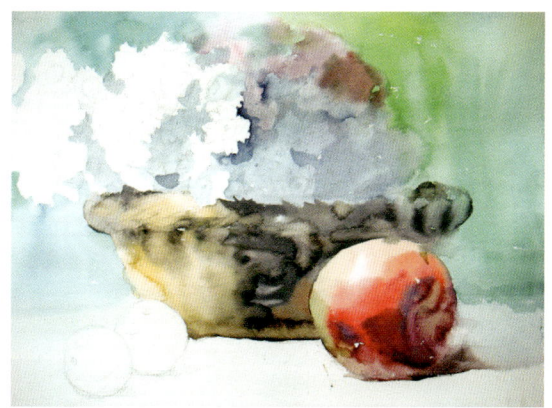

|과정7| 전체적인 명암을 먼저 잡아줍니다.

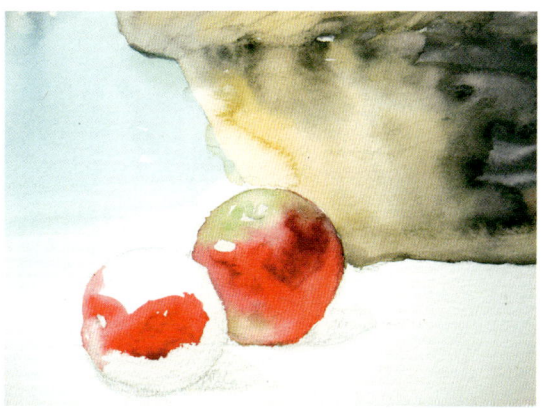

|과정8| 작은 과일은 작은 붓으로 물기를 조절하며 채색하세요.

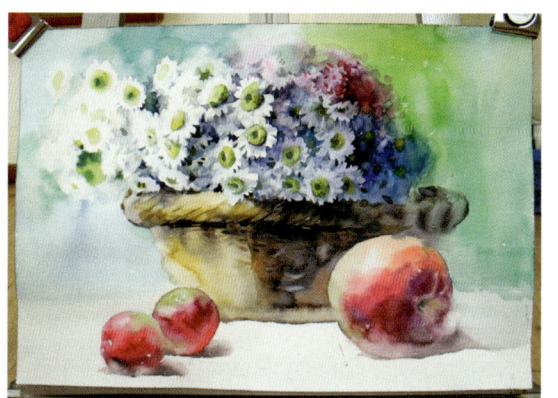

|과정9| 꽃 묘사를 합니다.

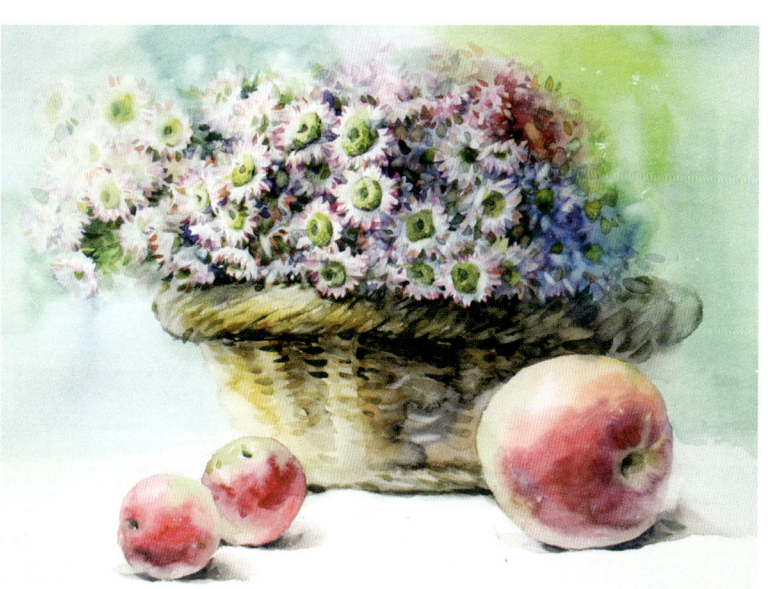

|완성| 부분적인 묘사와 전체적인 조화를 살피며 마무리 합니다.

### tip 큰 명암부터

작고 묘사적인 소재들이 많이 모여 있을 경우, 우선 큰 명암(큰 덩어리)을 처리하는 것이 좋습니다. 처음부터 작은 묘사를 시작하면, 전체적인 입체감이 떨어질 수 있기 때문입니다. 확인하며 초벌을 한 후, 구체적인 묘사를 하는 것이 묘사의 일반적인 방법입니다. 작은 묘사라도 전체적인 조화를 염두에 두고 그리는 습관을 기르도록 하세요.

큰 명암 (초벌)
  중간 명암 (중벌)
    묘사 (완성 색감)

# 유리잔 속 국화

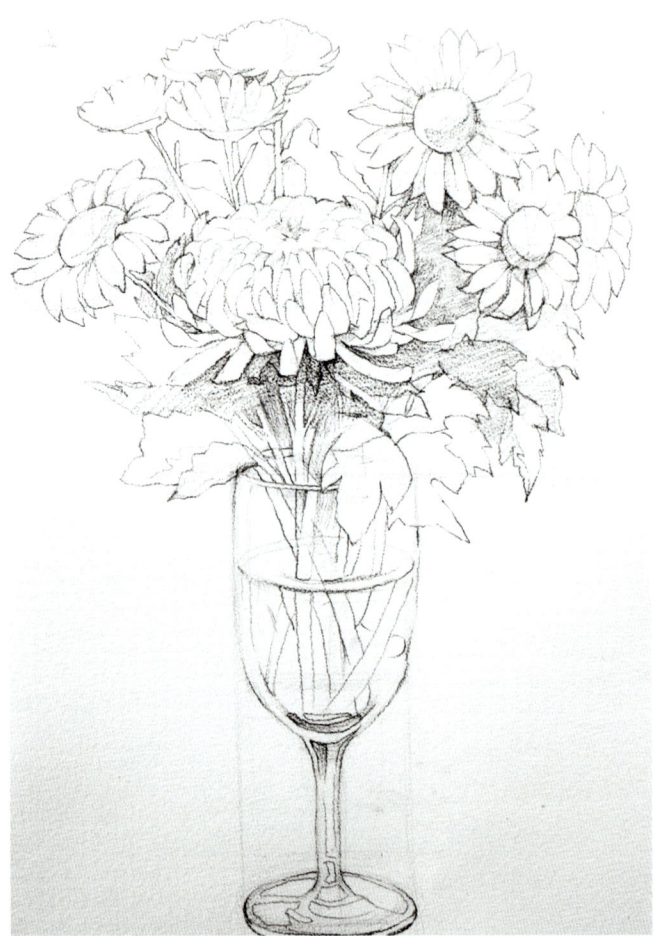

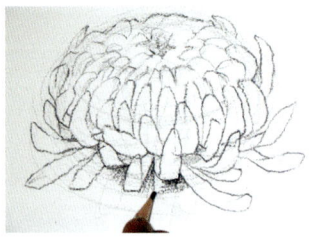

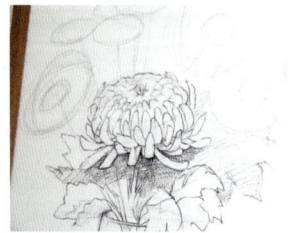

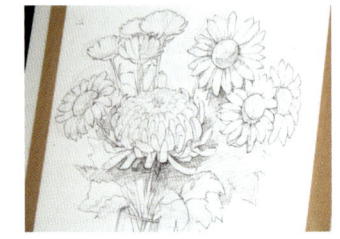

|과정1| 국화와 소국을 자세히 그리고 복잡한 잎도 명암을 잡아 스케치합니다. 전체적으로 화면의 중앙에 배치하며, 특히 유리잔이 가운데 와야 합니다.

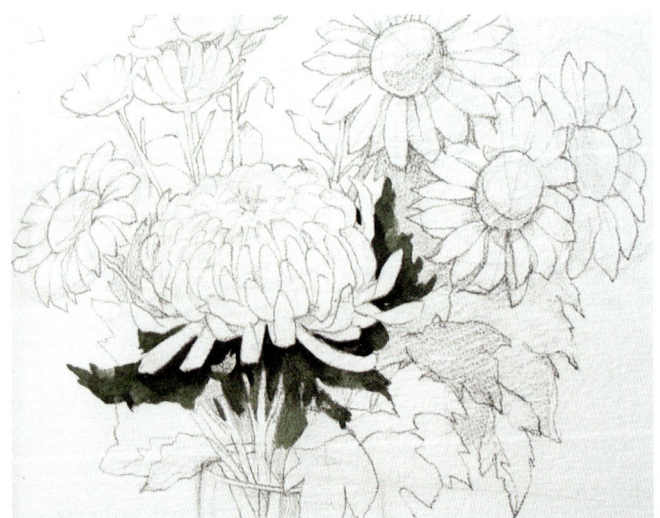

|과정2| 먼저 잎의 어둠을 강하게 채색합니다. 흰 국화의 형태와 연결된 잎의 어둠은 정확하게 따야 합니다.

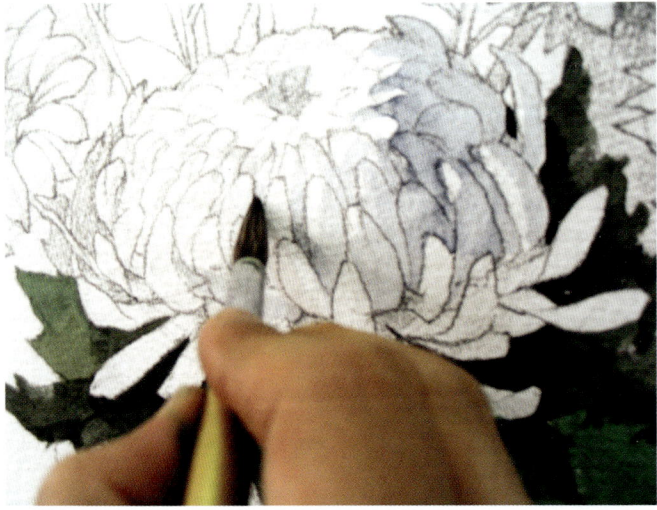

|과정3| 국화의 어둠을 밝게 잡아 줍니다. 흰 국화의 어둠은 무채색에 울트라마린 딥을 혼합하여 약간 파란 느낌이 나도록 합니다.

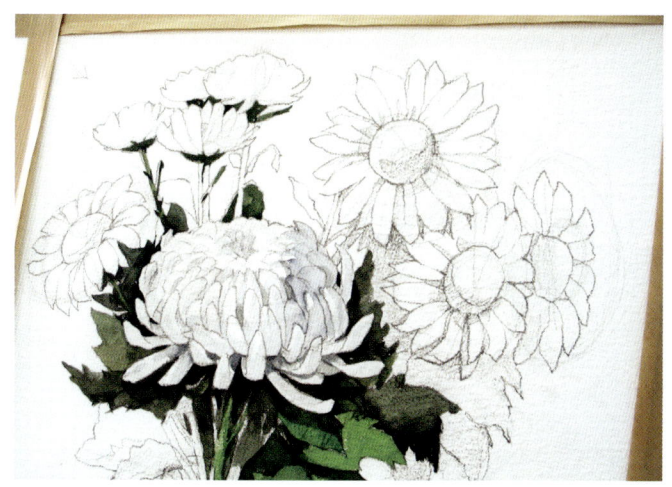

|과정4| 잎을 완성합니다.

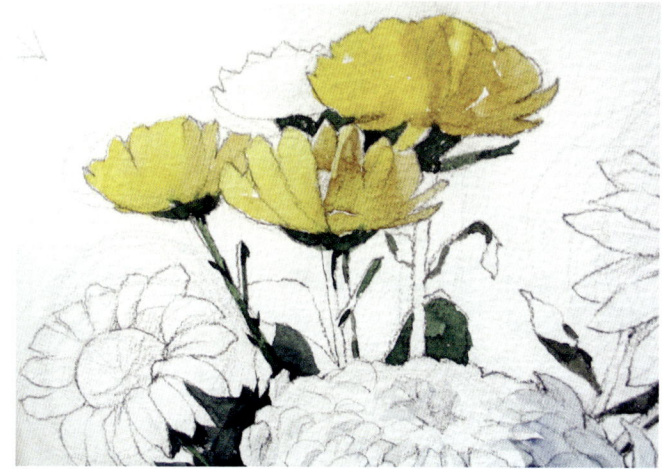

|과정5| 노란 소국에 명암을 넣어 표현합니다.

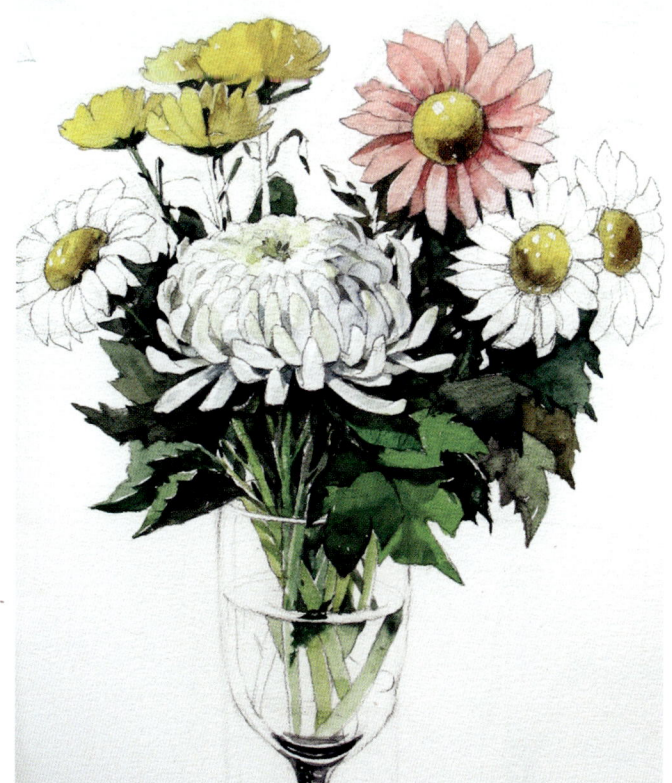

|과정6| 밝은 꽃잎은 물을 많이 섞고 어둠은 강하게 표현합니다.

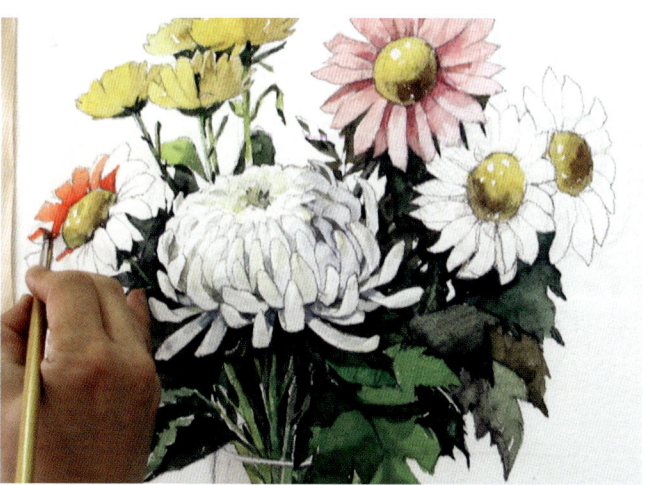

|과정7| 붉은 소국을 채색합니다.

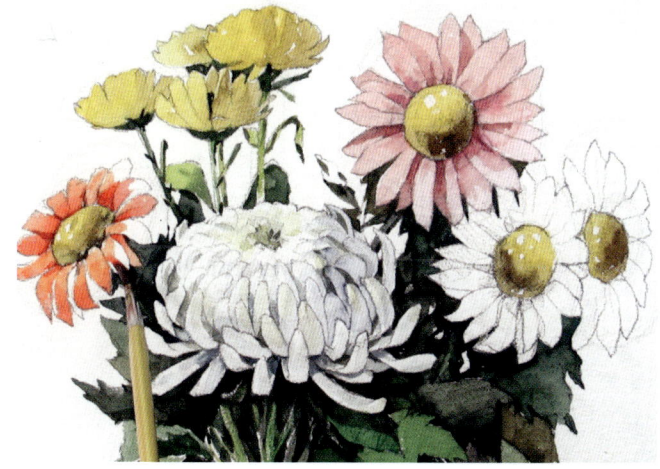

|과정8| 붉은 소국의 명암을 물 농도의 변화로 표현합니다.

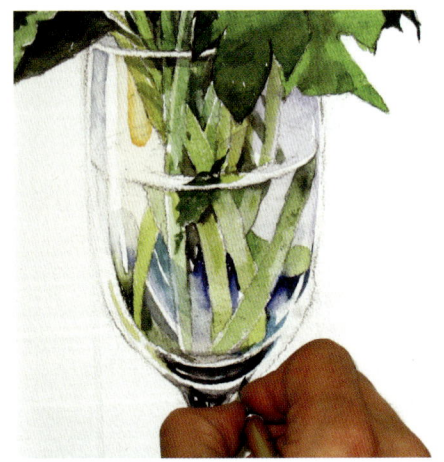

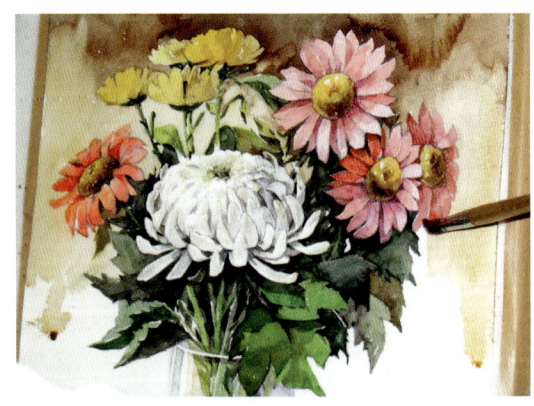

|과정9| 투명 유리잔을 묘사합니다. 작은 붓으로
물기 조절을 하며 그립니다.

|과정10| 배경을 채색합니다. 윗부분부
터 내려오며 농도와 색의 변화를 주어
자연스럽게 연결하며 채색합니다.

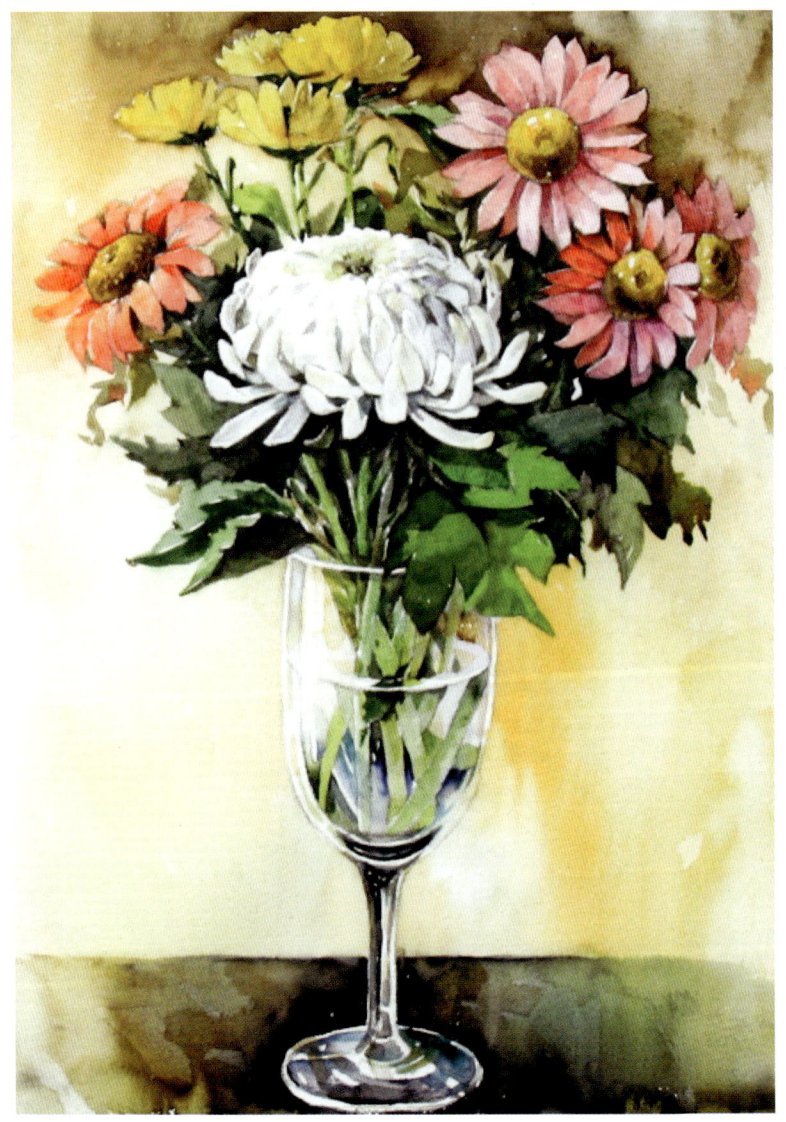

|완성| 배경을 채색할 때 유리잔의 외각이 선명하게 나오게 그립니다. 바닥은 배경보다
어둡게 하였고 전체적인 조화를 보며 완성합니다. 완성 후, 밝은 부분의 스케치선을 지
워주세요.

# 백합 항아리 정물

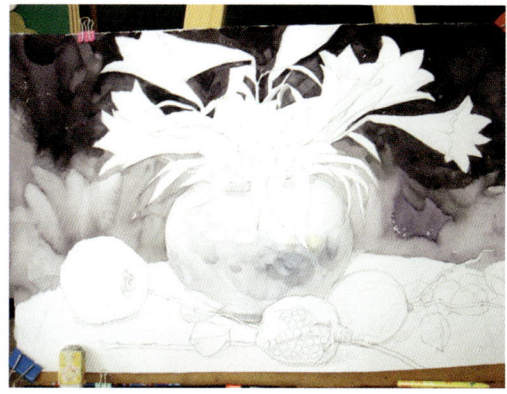

|과정1| 스케치 후 배경을 강하게 처리하고, 백자를 밝게 채색합니다. 백합의 외각을 정확하게 따는 것이 중요합니다.

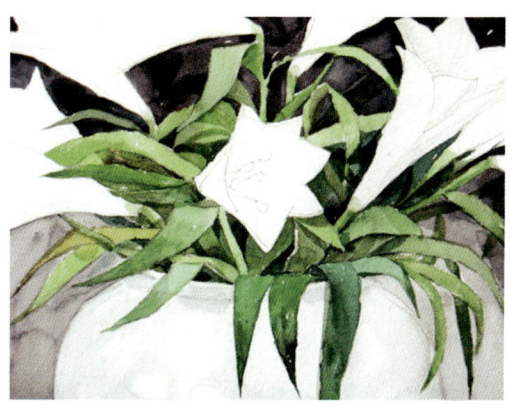

|과정2| 백합의 잎을 그립니다. 잎을 그릴 때 색을 많이 쓰는 것보다 물 농도 조절에 의한 명암이 중요합니다.

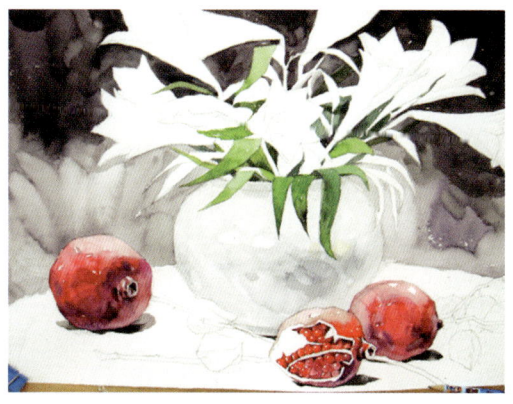

|과정3| 석류의 중간 톤을 과감히 채색하고, 같은 색으로 물을 섞어 밝은 곳을 채색합니다.

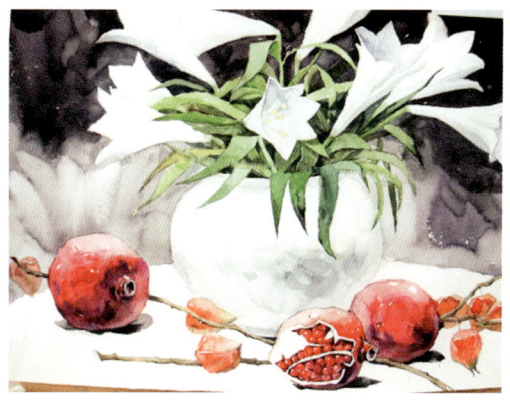

|과정4| 꽈리를 그리고, 백합의 어두운 부분을 무채색으로 약하게 채색합니다.

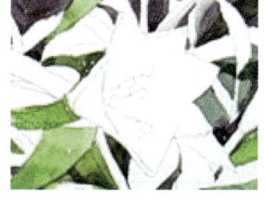
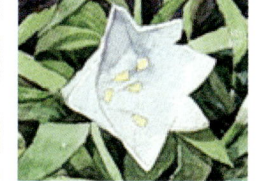
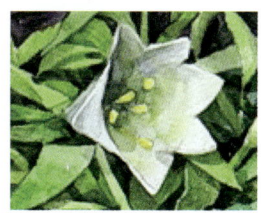

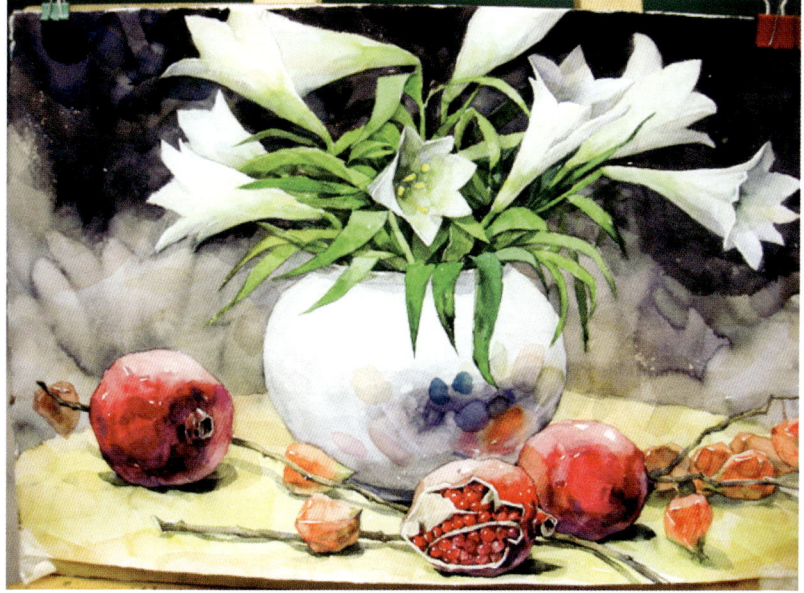

|완성| 하얀 항아리와 백합이 어두워지지 않도록 주의하며 완성합니다. 바닥을 채색할 때 아주 엷게 해주고 그림자도 함께 채색합니다. 완성 후에 밝은 부분의 연필 스케치 선을 지워주세요.

# 서양란

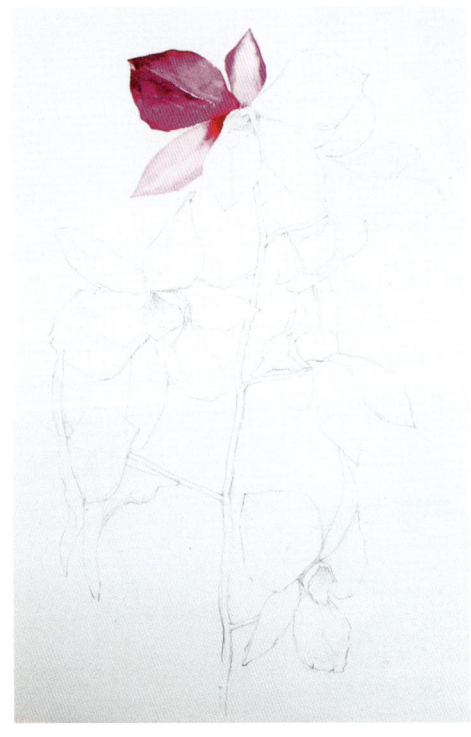

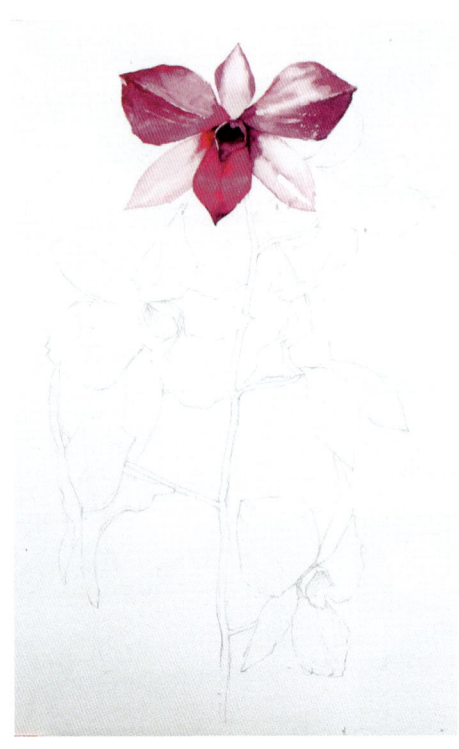

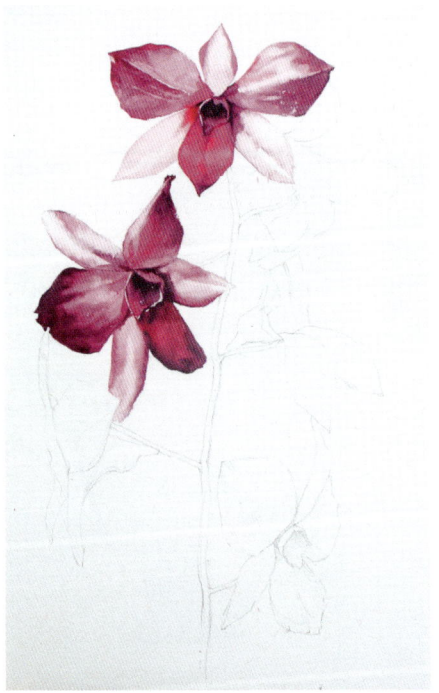

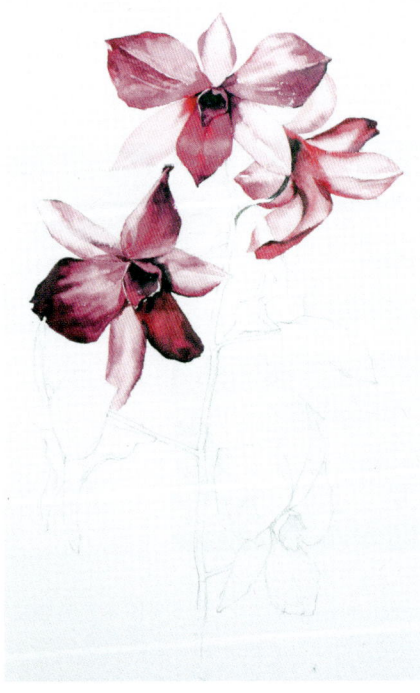

|과정1| 서양란의 특징이 잘 나타나도록 스케치한 후, 물 농도 조절로 톤 변화를 묘사합니다.

|과정2| 오페라를 기본색으로 하여 다른 레드 계열의 색을 혼합하여 변화를 주며 한 송이씩 완성해 나갑니다.

|과정3| 밝은 부분과 어두운 부분을 작은 붓으로 자연스럽게 번지도록 과감하게 표현합니다.

|과정4| 완성된 꽃의 톤을 기준으로 다음 꽃을 채색합니다.

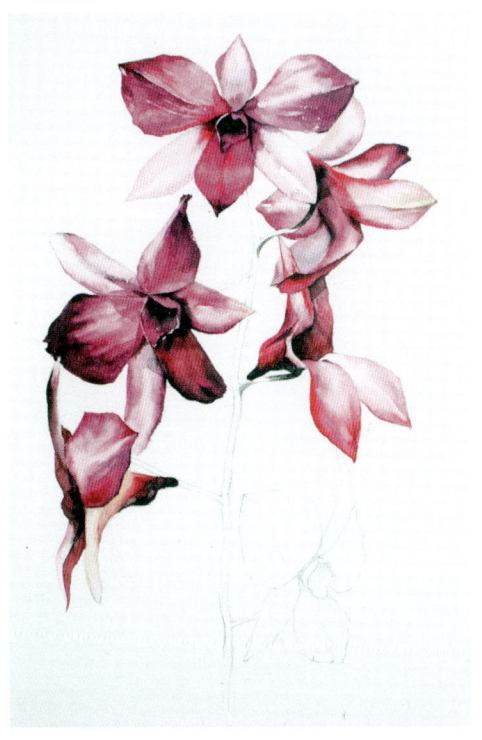

|과정5| 꽃의 색 변화는 물기 조절로 표현합니다.

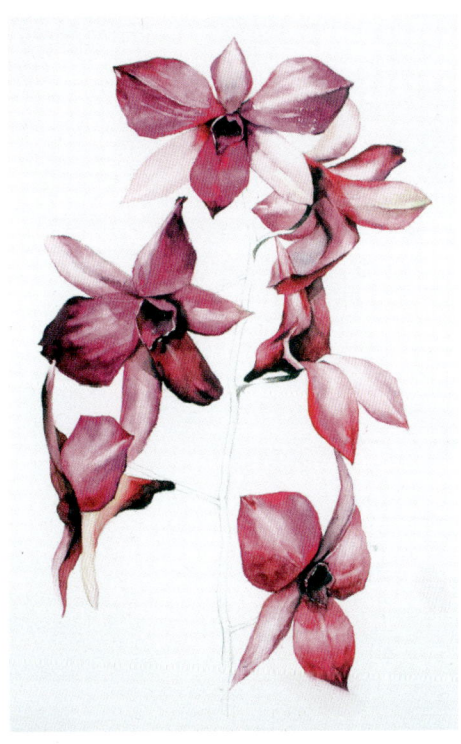

|과정6| 꽃이 자연스럽게 조화를 이루도록 완성합니다.

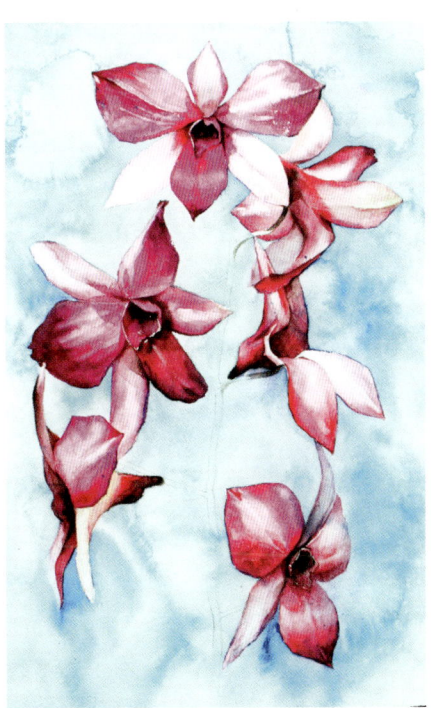

|과정7| 배경을 채색할 때 꽃의 외곽을 살리며 피코크 블루로 변화 있게 채색합니다.

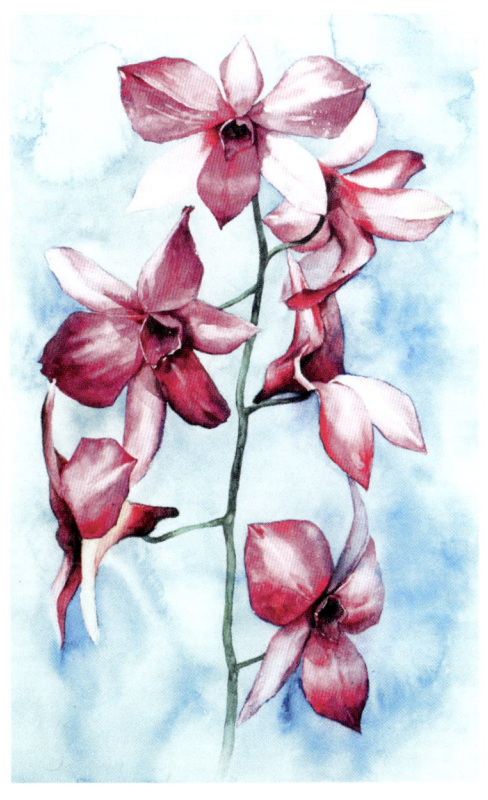

|완성| 배경이 완전히 건조된 후 줄기를 그리고 전체를 완성합니다.

## 정물화 감상하기

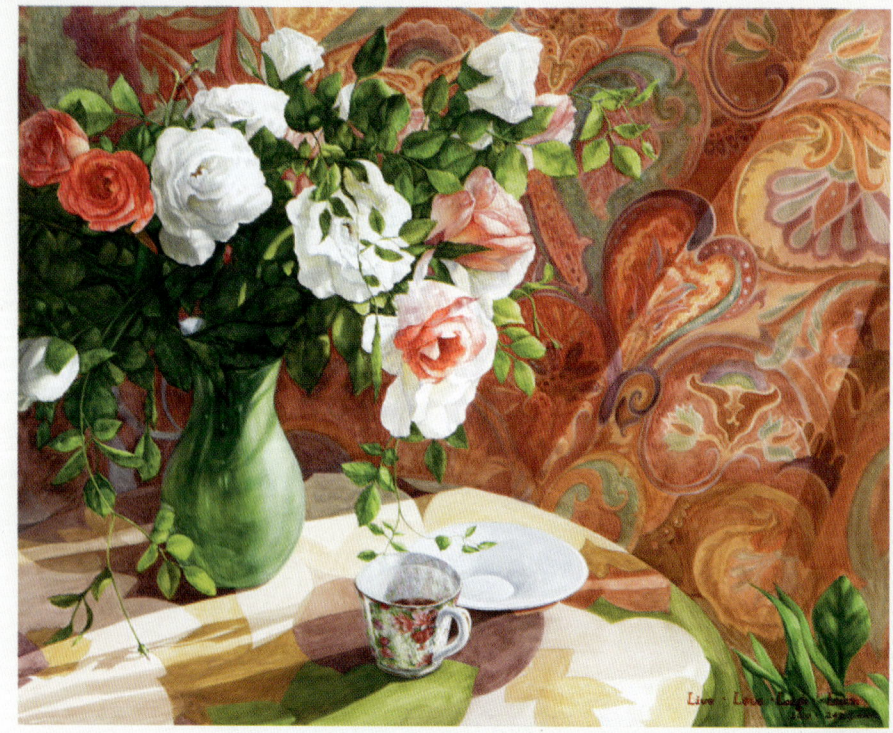

**장미꽃**, 고옥순, 96×80cm, watercolor on paper.
작가는 우리 주변의 수많은 아름다운 것들 중에서 한 아름의 장미꽃과 찻잔, 벽지를 그리며 숨은 그림을 찾듯 그림으로 표현하는 과정을 즐깁니다. 사실적인 묘사와 화면의 구성적인 조합이 작품을 더욱 아름답게 합니다.

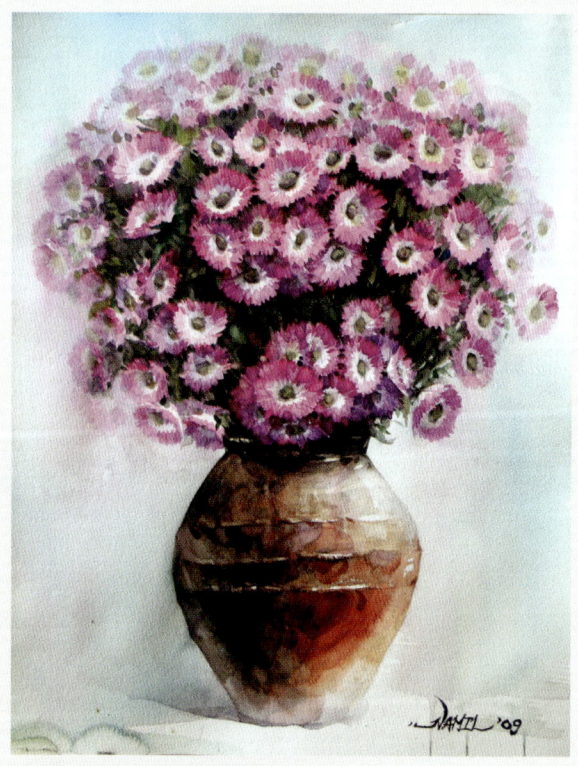

**기쁨**, 46×61cm, watercolor on paper.
항아리에서 화려한 꽃들이 터져 나온 것처럼 풍성한 느낌을 줍니다. 밝고 단순한 배경이 주제를 더욱 선명하게 부각시킵니다.

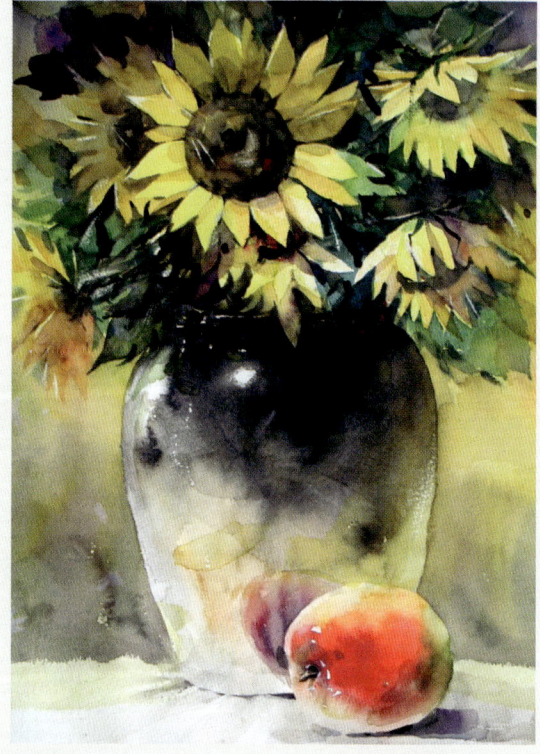

**해바라기**, 36×51cm, watercolor on paper.
검은 눈동자처럼 까맣고 투명한 항아리와 노란 해바라기, 붉은 사과를 단순하게 처리하여 회화적인 느낌을 살렸습니다.

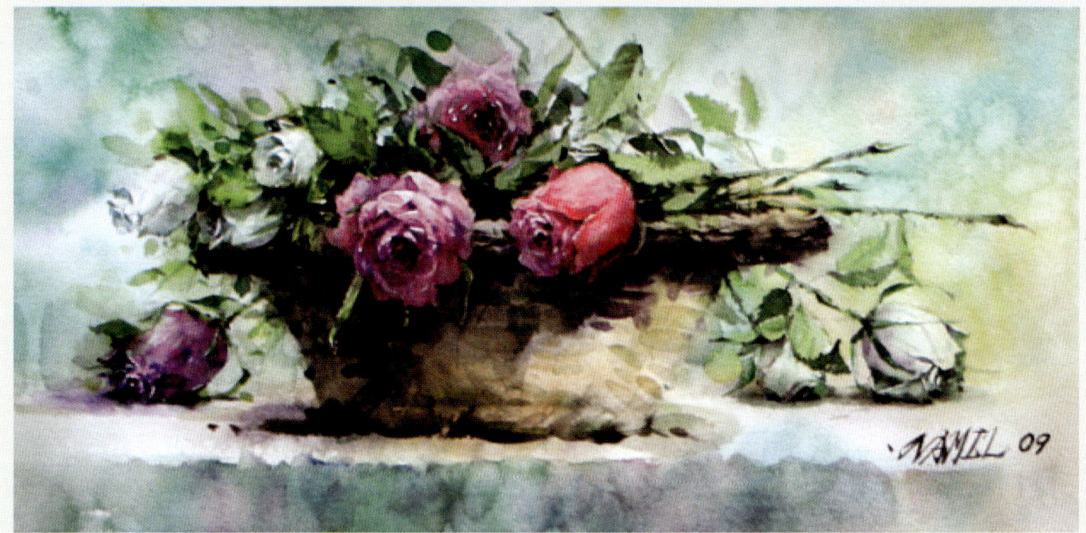

**장미 바구니**, 60×30cm, watercolor on paper. 바구니 위의 장미를 변화 있는 배경과 어우러지게 함으로써 회화적인 느낌을 살렸습니다. 바구니의 단순한 처리는 장미를 더욱 돋보이게 하기 위해서 입니다.

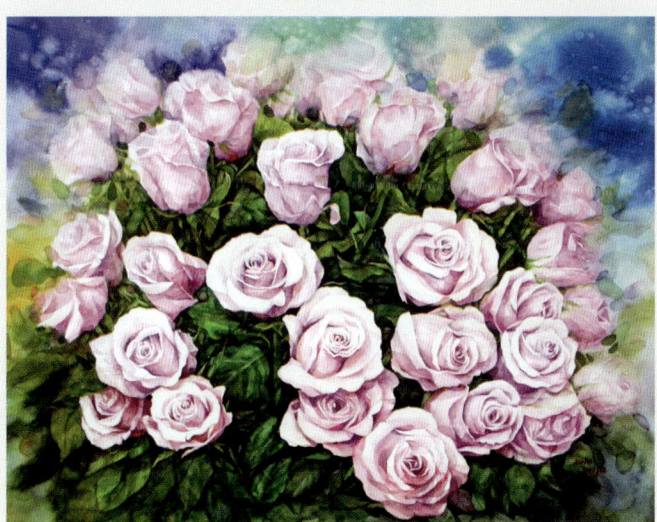

**행복**, 김미자, 20F, watercolor on paper.

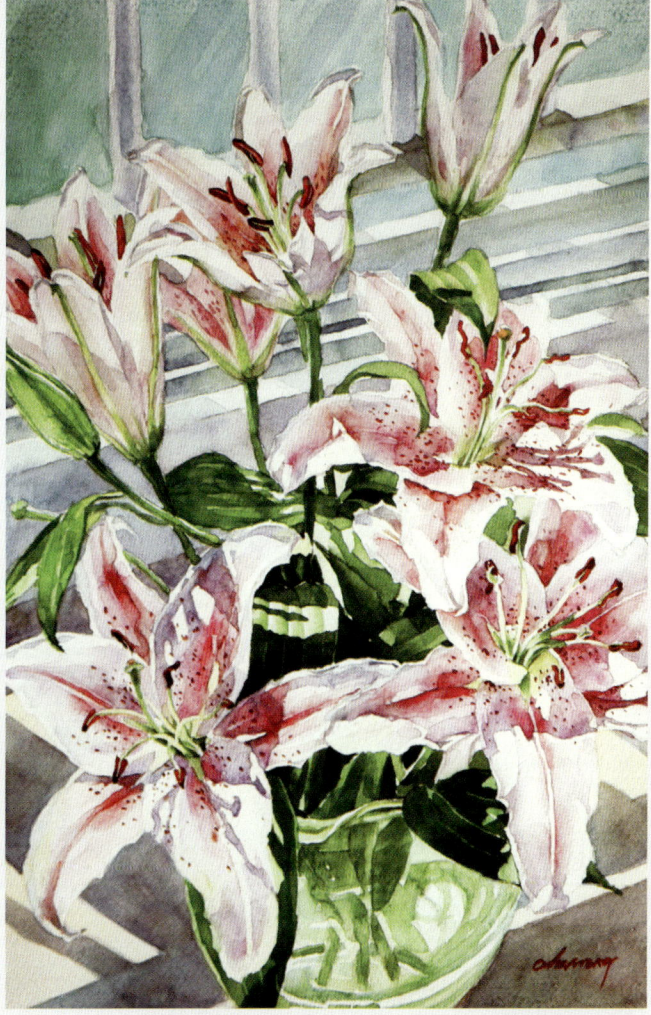

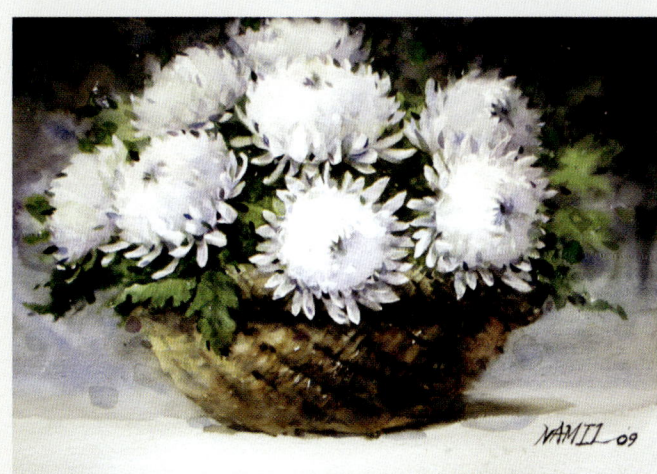

**소쿠리 속 국화**, 51×36cm, watercolor on paper.

**해맞이**, 임성숙, 40×60cm, watercolor on paper. 아파트 베란다에서 해맞이하는 유리화병이 사실적으로 표현되었습니다. 특히 자연스러운 그림자 표현이 작품을 더욱 사실적으로 보이게 합니다.

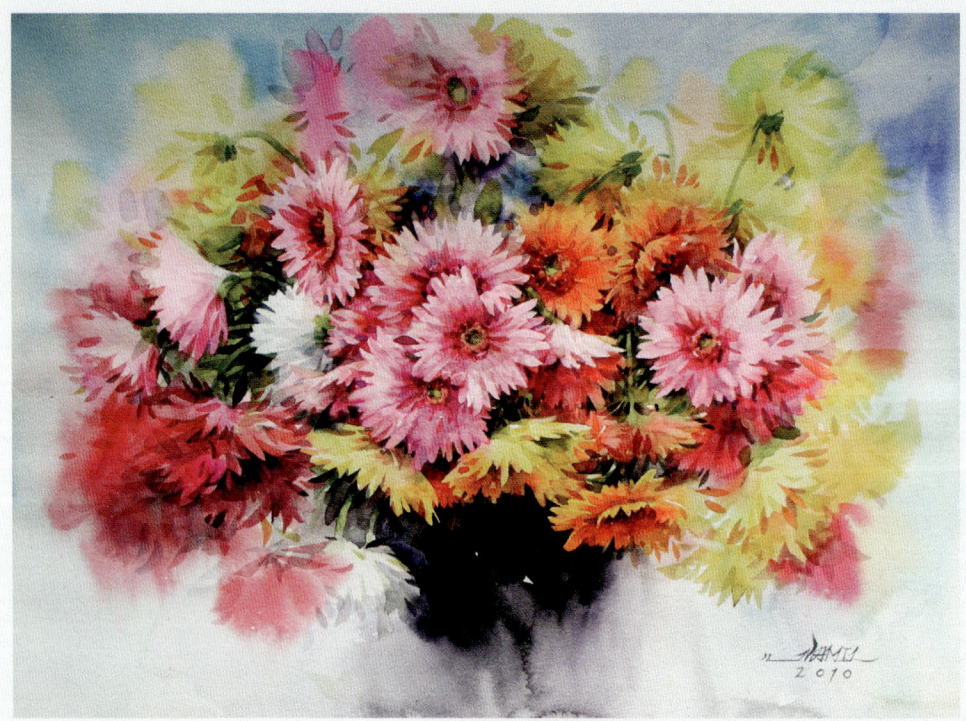

**합창**, 71×56cm, watercolor on paper.
다양한 색의 꽃들이 무질서하면서도 서로 어울리는 장면을 연출합니다. 마치 서로 다른 목소리를 내며 같은 노래를 부르는 모습처럼 묘사와 생략을 대비시켜 복잡하면서도 조화로운 화면을 구성하였습니다.

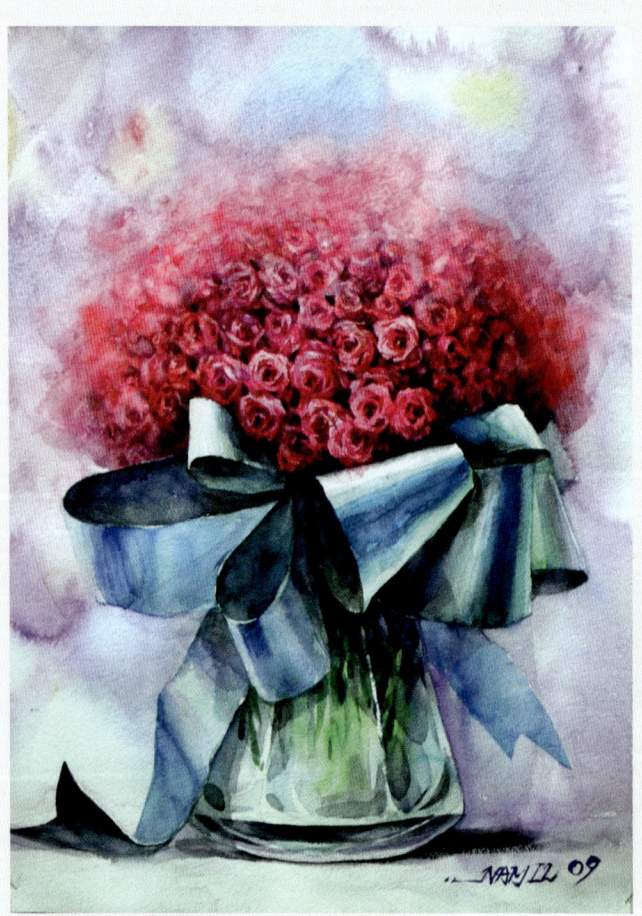

**백송이 장미**, 36×51cm, watercolor on paper.

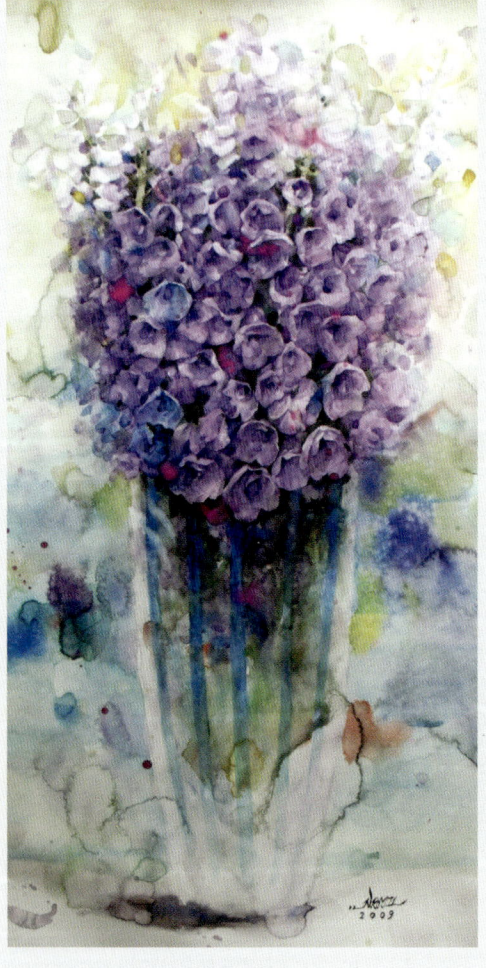

**나의 노래**, 42×78cm, watercolor on paper.

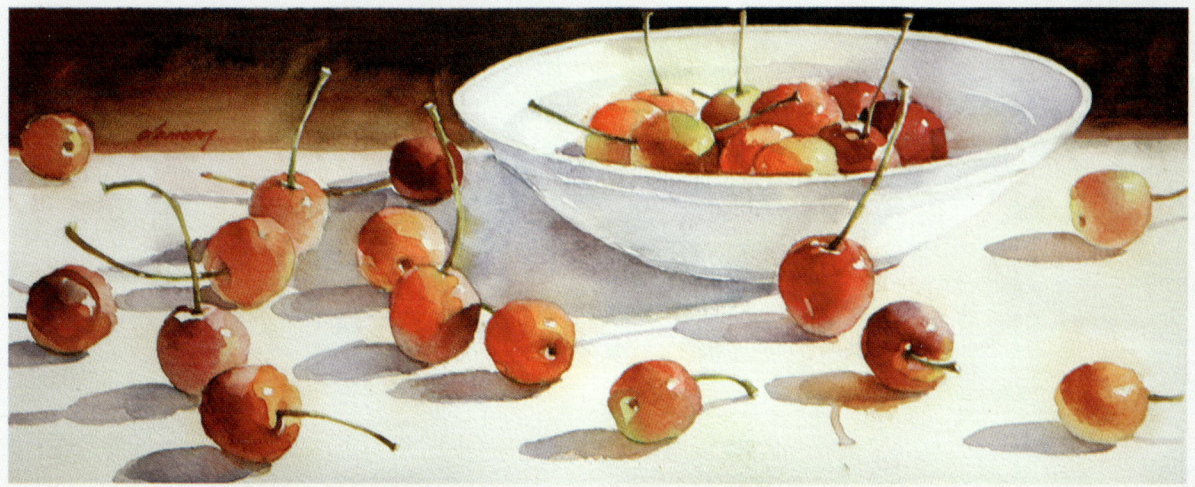

**앵두**, 임성숙, 70×30cm, watercolor on paper, 2009.
아주 작은 앵두의 자연스럽고 변화 있는 배치와 자연광의 표현이 잘 어울리는 작품입니다. 앵두의 정교한 묘사로 자연스러운 수채화 느낌이 잘 나타나 있습니다. 변형된 작품 사이즈가 더욱 풍성한 느낌을 줍니다.

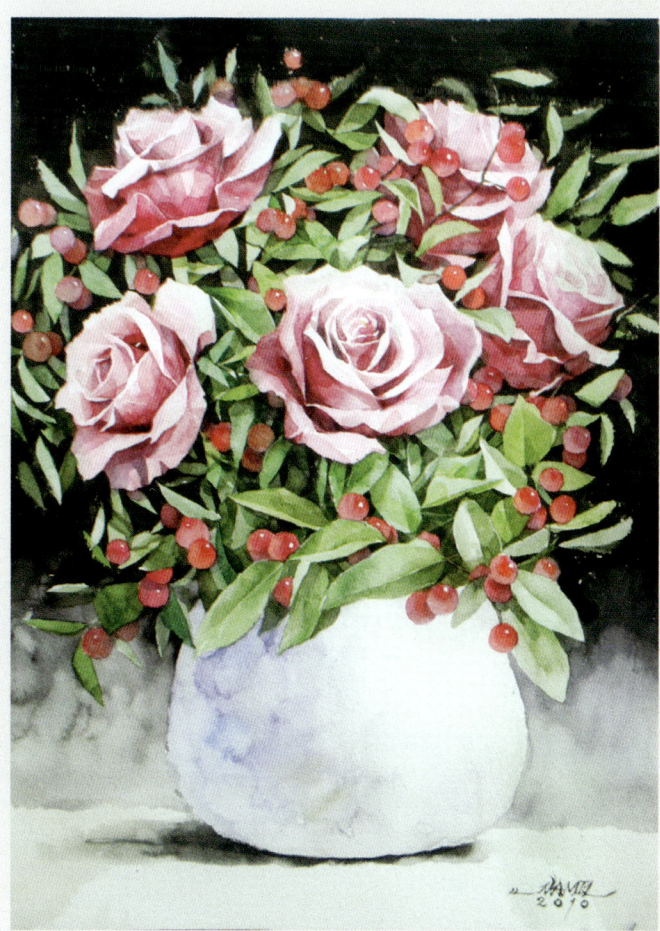

**흰 꽃병 속 장미**, 46×61cm, watercolor on paper.
작고 붉은 열매와 어우러지는 장미가 하얀 꽃병과 어두운 배경을 만나 더욱 도드라져 보입니다. 특히 잎사귀는 여러 색을 쓰지 않고 물 농도 변화로 채색하여 풍성하지만 산만하지 않게 표현하였습니다.

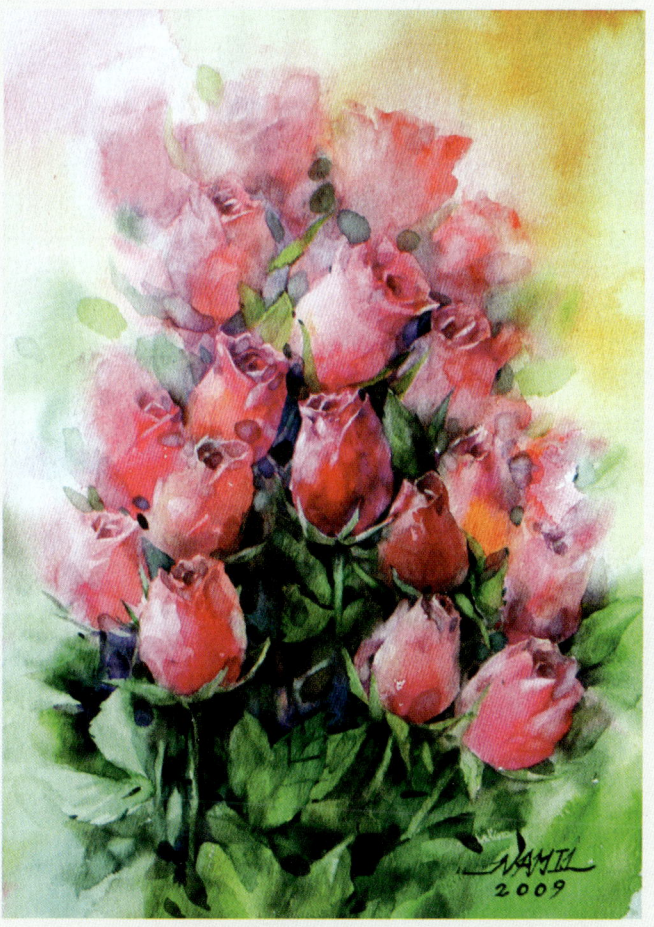

**축하**, 36×51cm, watercolor on paper.
장미 꽃다발을 연상시키는 연출로 기쁜 축하의 마음을 표현하였습니다. 배경과 자연스럽게 어울리는 장미는 번지는 효과로 자연스럽게 채색하였습니다.

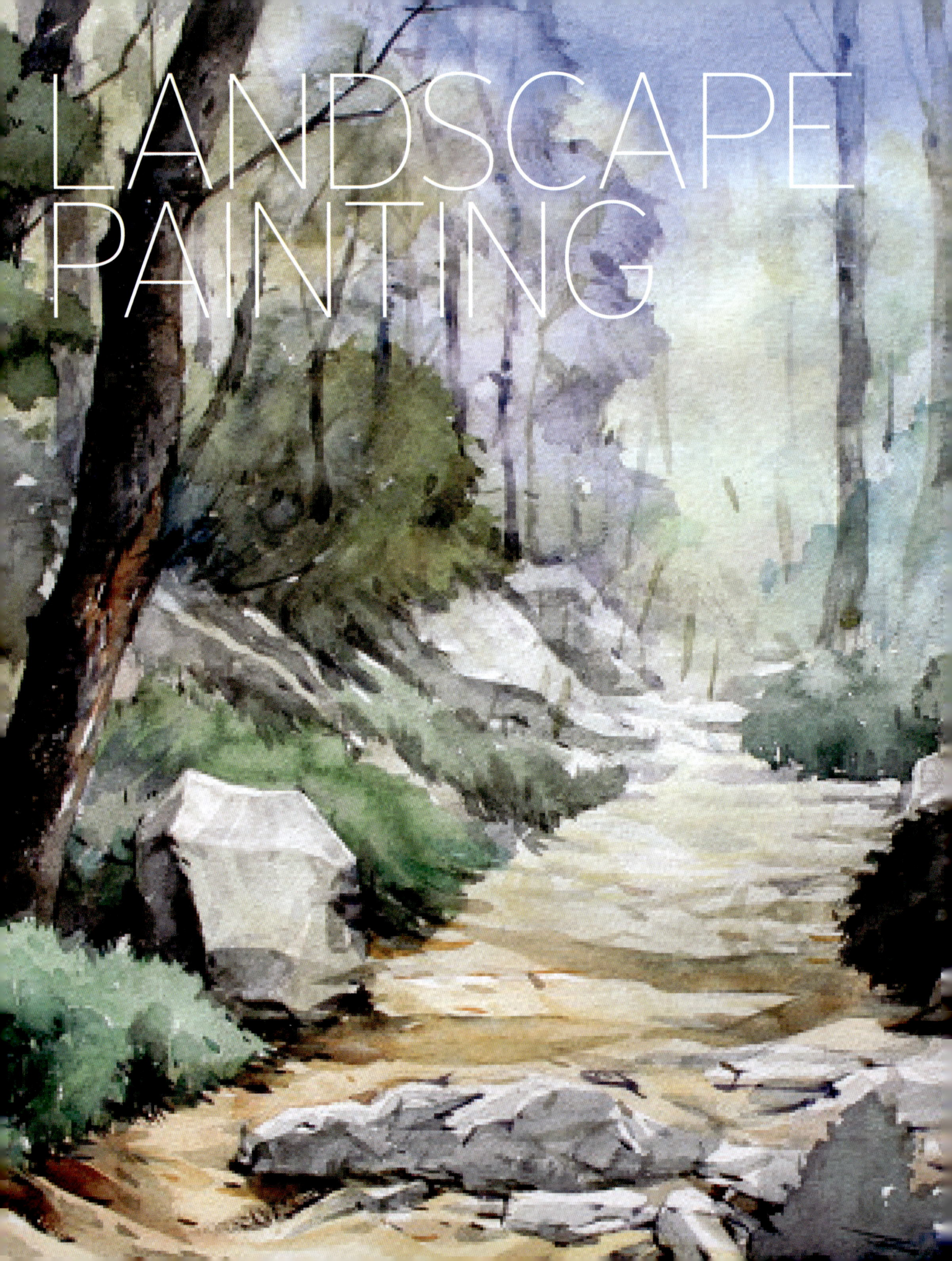

# LANDSCAPE PAINTING

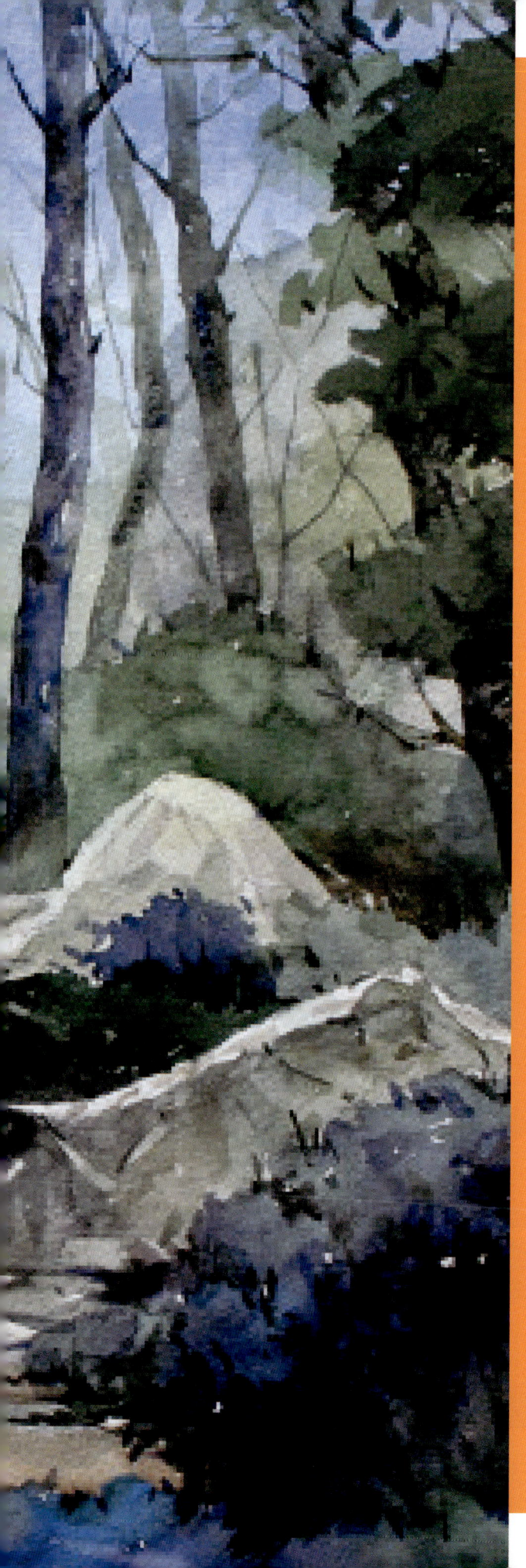

# part 5

# 풍경화

풍경화는 계절 및 자연의 여러 요소를 주제로 그린
그림입니다. 수채화의 시초라고 할 수 있는 영국의
화가 터너는 간단한 수채화가 풍경화를 그리는 데
유리해서 수채화를 시작하였다고 합니다.
즉, 풍경수채화는 수채화의 모태입니다.
수채화의 맑고 투명하며 풍부한 색채는 자연의
풍요로운 느낌을 표현하는데 제격입니다.
풍경화는 그 폭이 상당히 넓습니다. 산과 하늘과
나무와 집을 그리는 일반적인 풍경화부터 현대의
건축물이나 실내를 그리는 풍경화, 인물이 있는
풍경화, 자연의 작은 소재를 화면 가득 확대하여
그리는 그림까지 아주 다양하고 무궁무진합니다.

# 풍경화에 대하여

풍경화는 계절 및 자연의 여러 요소를 그리는 그림입니다. 정물화와 반대의 개념으로 생각하면 될 것 같습니다. 정물화의 특징을 '인공'과 '정지'라고 하였으니, 풍경화의 특징을 '자연'과 '움직임'으로 하면 됩니다.

꽃을 정원에 있는 상태로 보고 그리면 풍경화요, 꽃을 꺾어 실내에서 그리면 정물화입니다. 이렇듯 같은 대상이라도 어떤 상황에서 그리는가에 따라 달라집니다.

하지만 풍경화와 정물화의 구분이 쉽지 않은 작품들이 많습니다. 예를 들어 작가의 연출의도에 따라 사실적 공간이 생략되어 자연상태의 꽃인지, 인공상태의 꽃인지 애매모호하기도 합니다. 그러니 작품들을 구분하려 하지 말고, '음 …… 수채화 작품이구나'하고 감상하면 됩니다.

**산길**, 51×36cm, watercolor on paper.
이 작품에서는 하늘, 땅, 나무, 바위, 풀 등의 자연적인 소재들이 원근법에 의해 변화 있게 표현되었습니다. 멀수록 밝고 투명하게 그리고 단순하게 처리하여 앞부분의 표현들과 강한 대조를 이룹니다. 특히 자연 고유의 색보다 다양한 색을 써서 사실적인 느낌보다 개성 있고 회화적인 느낌을 주었습니다.

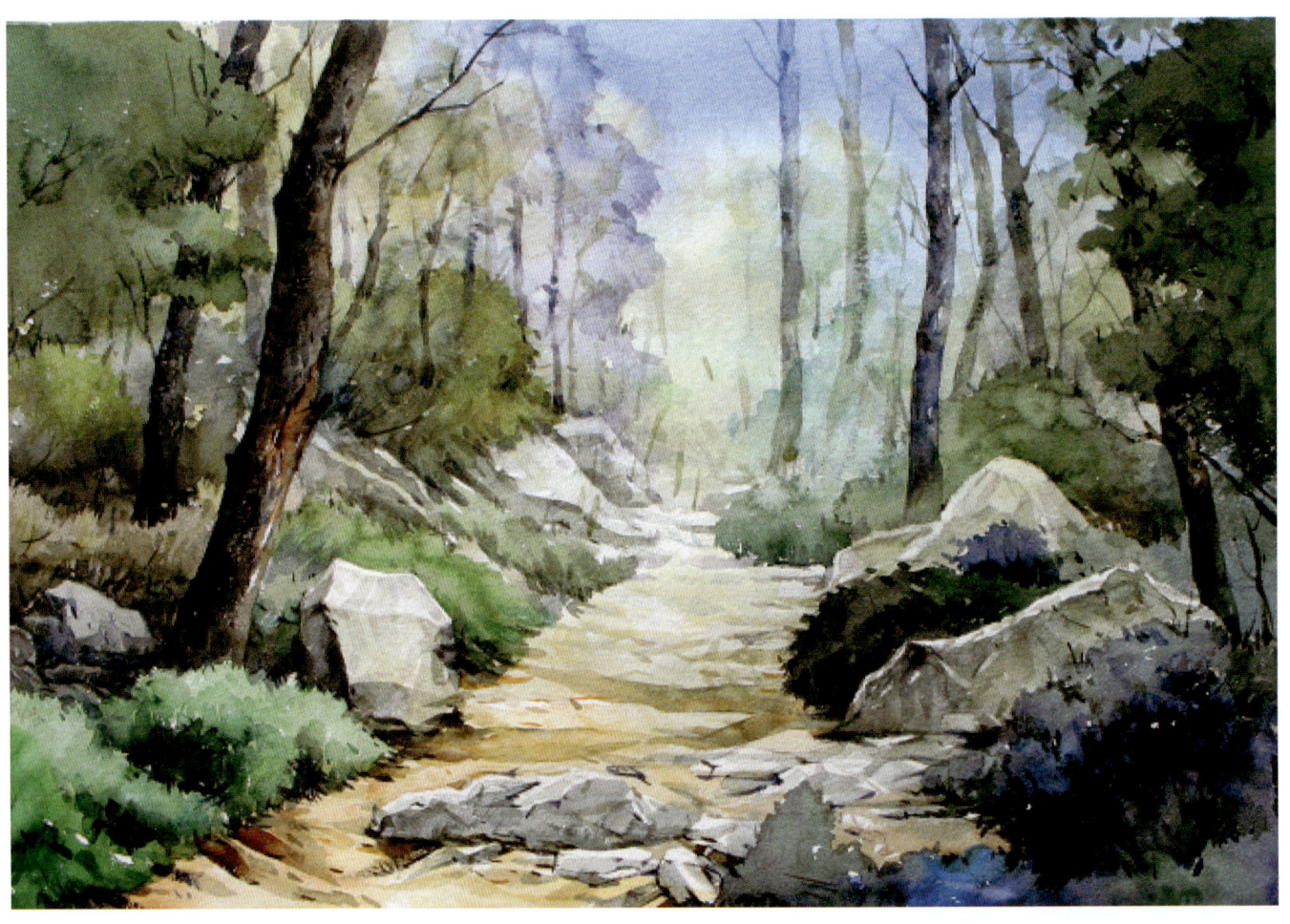

동양화에서 산수화가 오랜 전통이 있듯이 풍경수채화는 수채화와 함께 시작되어 발전되었다고 해도 과언이 아닙니다. 수채화의 경쾌하고 투명한 느낌, 풍부한 색채 변화를 잘 나타내는 것이 자연의 풍요로운 느낌을 표현하는 데 제격입니다. 자연의 변화를 유화에 비해 빠르게 표현할 수 있습니다.

풍경화는 하늘과 땅, 산과 들, 바다와 강, 시골과 도시, 사람과 동물, 바위와 물, 꽃과 풀 등 그 소재와 표현 방법이 무궁무진하므로 우리 주위의 모든 소재가 풍경화의 주제가 될 수 있다고 생각해야 합니다.

**풍경수채화를 위해 초보자들은 우선 나무의 표현을 공부하는 것이 좋습니다.** 풍경화에서 제일 많이 그리는 소재가 나무입니다. 나무의 표현이 늘면 풍경화에 대한 자신감이 생깁니다. 그러면서 점차 복잡하고 어려운 소재와 구도에 도전해 보는 것이 좋습니다.

특히 풍경화에서는 '원근' 처리가 중요하니, 원근법에 대해서도 공부하고 정물화에 비해 형태나 묘사에 대한 부담은 덜한 편이지만, 특히 구도(화면 구성)는 자유로운 만큼 더욱 신경써야 합니다.

---

**tip 야외 수채화**

일반적으로 시간적 제한과 주변 여건상, 사진을 자료로 하여 실내에서 풍경화를 그립니다. 하지만 도구를 챙겨 야외로 나가 직접 그려본다면 새로운 경험이 될 것입니다. 완성도가 높거나 큰 작품을 그리는 것은 불가능하고 오픈된 상태로 그리는 부담은 있지만, 어느 정도 연습이 되면 야외에서 직접 보고 그리는 것은 많은 의미가 있으며 훌륭한 작품성을 지닐 수 있습니다.

우리나라에 크고 작은 야외 수채화 동아리가 있고, 누구나 참가할 수 있는 전국 규모의 야외 수채화회도 있습니다. 주말마다 야외 사생을 가며 누구나 참여할 수 있습니다.

한국야외수채화가회(야수회)
http://cafe.daum.net/kow1989

# 풍경화의 시선(視線)

초보자들이 우선 알아야 할 풍경화의 시선은 '거리'입니다. 정물화의 시선이 '높이'라면, 풍경화의 시선은 '어느 정도의 거리를 두고 바라 보는가'입니다. 아주 먼 거리부터 아주 가까운 거리까지 작가의 의도대로 연출할 수 있으므로 어느 정도의 거리를 두고 그릴 것인가에 따라 화면의 구성(구도)이 결정됩니다.

더 정확히 말하자면, '화면의 풍경이 얼마나 멀리 보이는가'입니다.

풍경화의 시선에 따라, 아주 먼 거리 풍경(원경), 중간 거리의 풍경(중경), 가까운 거리의 풍경(근경)으로 나뉩니다. 하나의 작품에 원경, 중경, 근경이 모두 들어가는 경우도 많지만 따로 한번 알아보겠습니다.

## 원경(遠景) 풍경수채화

원경 풍경수채화는 아주 먼 거리의 풍경을 그린 그림입니다. 즉, 화면에서 보이는 풍경이 아주 멀리 느껴지도록 전체적인 화면을 구성하는 풍경화입니다. 한국화에서 많이 보이는 풍경이며 야외의 넓은 자연을 느낄 수 있어 시원한 공간감이 풍경화의 매력을 돋보이게 합니다. 구도, 원근, 묘사의 변화보다는 전체적인 조화와 분위기에 초점을 맞추며 차분한 분위기를 연출하는 경우가 많습니다.

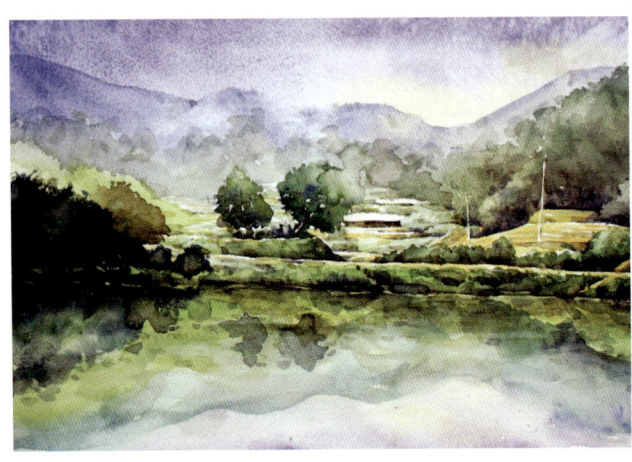

**강변마을**, 51×36cm, watercolor on paper.

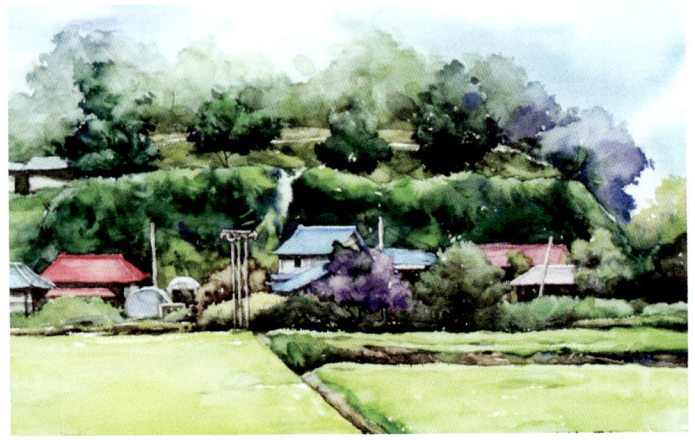

**마을풍경**, 61×46cm, watercolor on paper.

## 중경(中景) 풍경수채화

중경 풍경수채화는 원경 수채화보다는 가까운 거리의 풍경을 그립니다. 일반적으로 가장 많이 그리는 풍경화입니다. 또 중경 풍경화는 멀리 있는 원경의 풍경이 배경으로 들어가며 가까운 소재도 함께 그려 원근감을 잘 살려주는 것이 특징입니다. 묘사와 생략, 강조의 기법을 잘 나타날 수 있기에 초보자들이 선호하는 구도입니다.

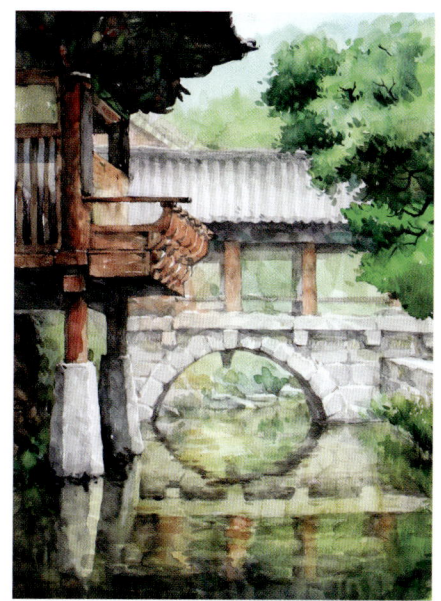

송광사, 36×51cm, watercolor on paper.

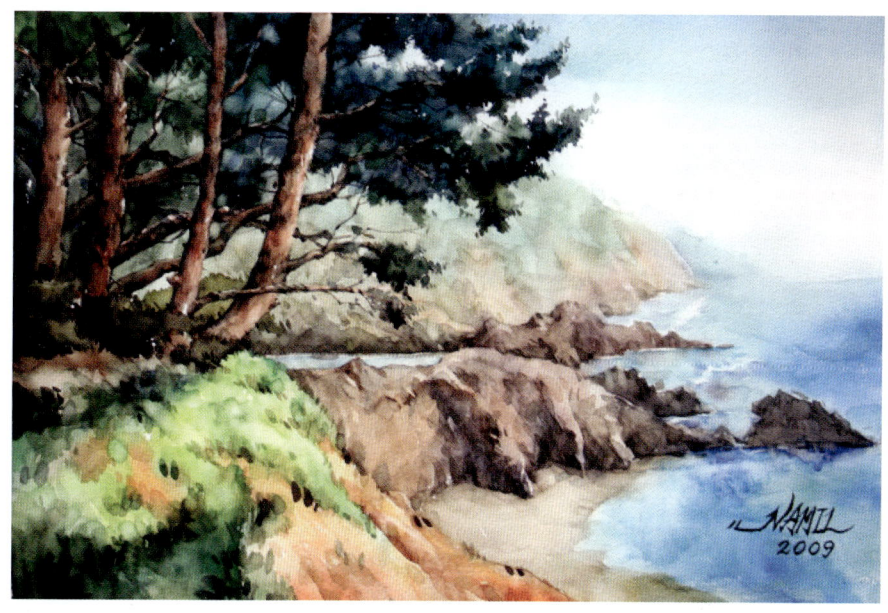

소나무숲, 51×36cm, watercolor on paper.

### 근경(近景) 풍경수채화

근경 풍경수채화는 가까운 거리를 그립니다. 주로 자연의 어떤 소재를 클로즈
업하여 표현하는 경우가 많고 풍경의 한 부분을 자세히 묘사하는 사실주의 작
품들이 있습니다. 이런 근경 풍경화는 정물화와 중복되기도 하므로, 풍경의
일부분을 확대한 것인가의 여부로 나누기도 합니다.

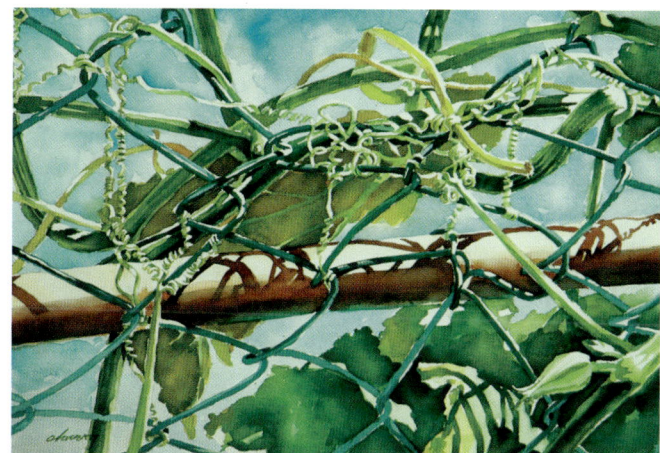

생명, 임성숙, 70×55cm, watercolor on paper.

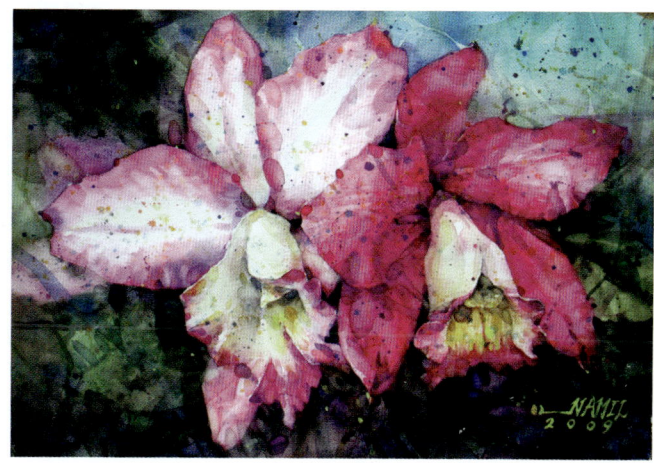

외출, 51×36cm, watercolor on paper.

# 나무 그리기

## 침엽수

풍경화에서 가장 많이 그리는 나무의 표현을 많이 연습하면 풍경화에 자신감이 생길 것입니다. 특히, 나무도 입체적 구조물로 해석하여 명도와 채도의 변화를 익히는 것이 중요합니다. 여러 색을 쓰지 않고 두세 가지 색의 변화만으로도 풍부한 느낌을 나타낼 수 있습니다.

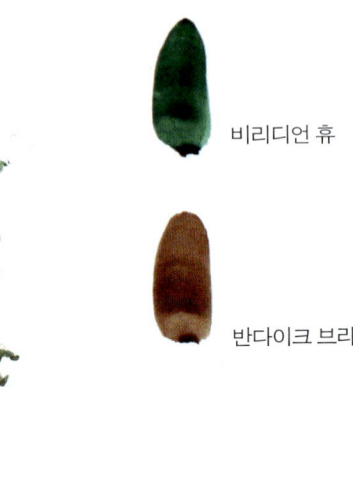

비리디언 휴

반다이크 브라운

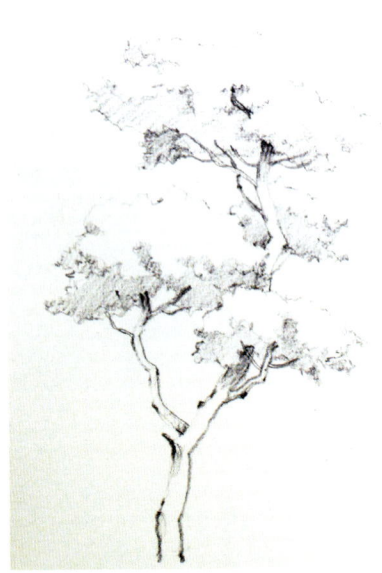

|과정1| 나무의 특징과 명암을 잘 관찰하여 스케치합니다.

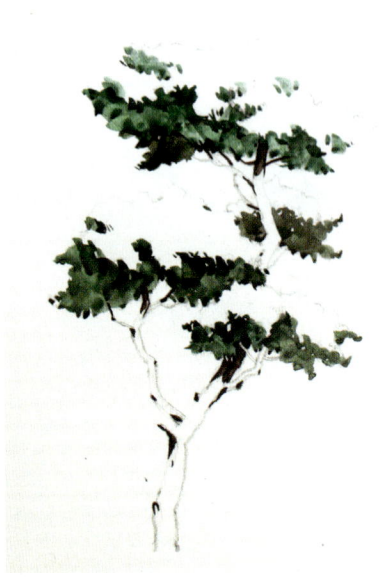

|과정2| 나무의 어두운 부분을 비리디언 휴와 반다이크 브라운을 섞어 변화 있게 채색합니다. 나뭇잎 아랫부분의 나무는 그림자를 넣어 줍니다.

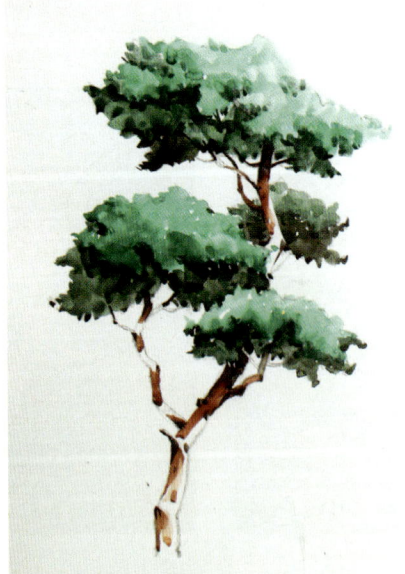

|과정3| 물 농도를 조절하며 비리디언 휴로 중간 톤과 밝은 톤을 채색합니다.

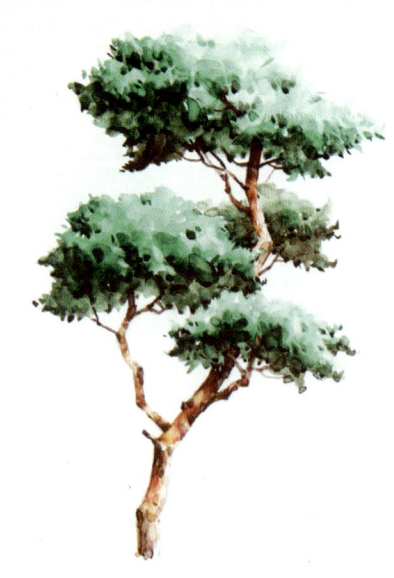

|완성| 침엽수의 특징인 가는 잎을 부분적으로 그리며 마무리합니다. 특히 밝은 부분은 많이 손대지 말아야 합니다.

## 활엽수

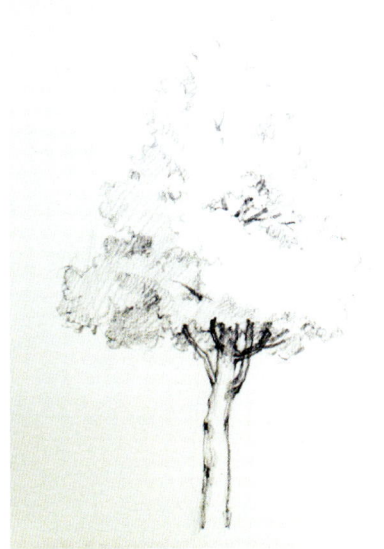

|과정1| 활엽수의 전체적인 형태와 명암을 잘 살펴 스케치합니다.

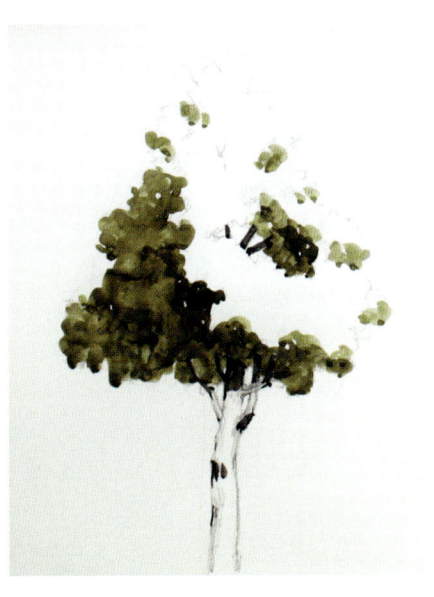

|과정2| 올리브 그린과 반다이크 브라운을 섞어 어두운 부분을 채색합니다.

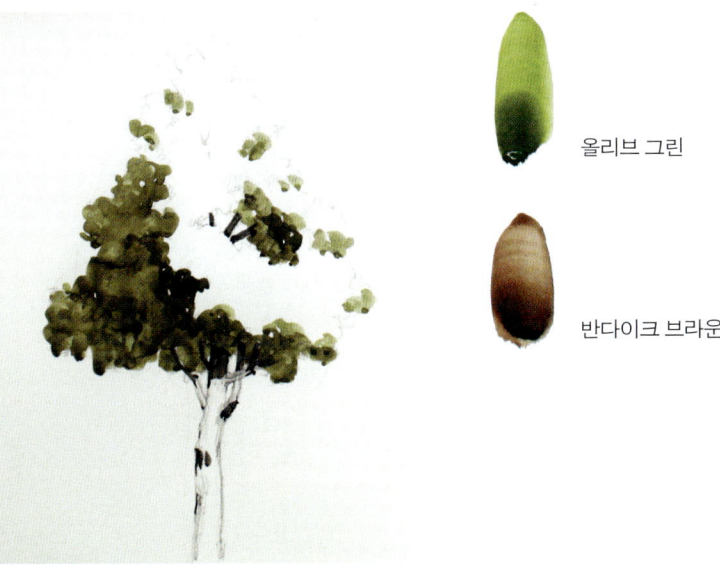

올리브 그린

반다이크 브라운

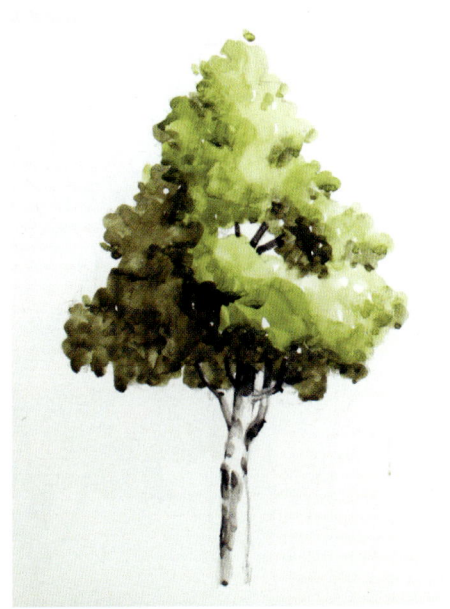

|과정3| 물 농도를 조절하며 올리브 그린으로 중간 톤과 밝은 톤을 채색합니다.

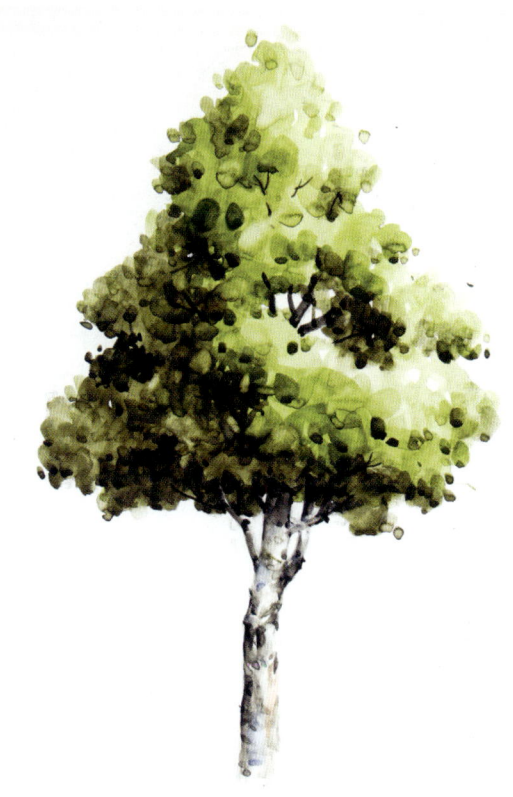

|완성| 어두운 톤과 중간 톤 부분을 덧칠하며 마무리합니다. 특히 활엽수의 특징을 둥근 터치로 표현합니다. 나무는 반다이크 브라운에 울트라마린 딥을 섞어 무채색으로 채색합니다.

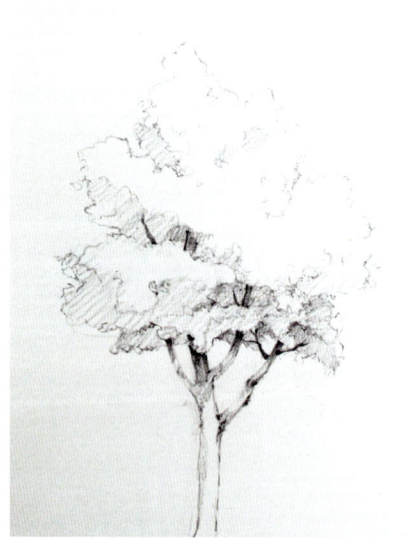

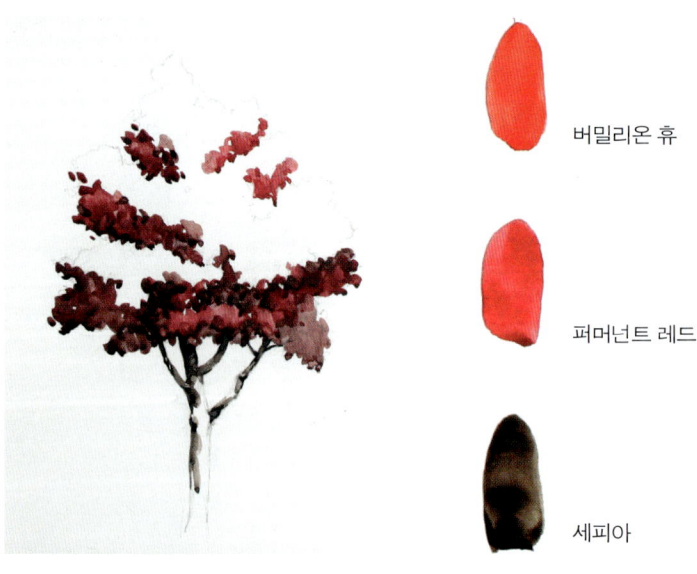

버밀리온 휴

퍼머넌트 레드

세피아

|과정1| 단풍나무의 전체적인 형태와 명암을 잘 살펴 스케치합니다.

|과정2| 퍼머넌트 레드와 세피아를 섞어 어두운 부분을 변화 있게 채색합니다.

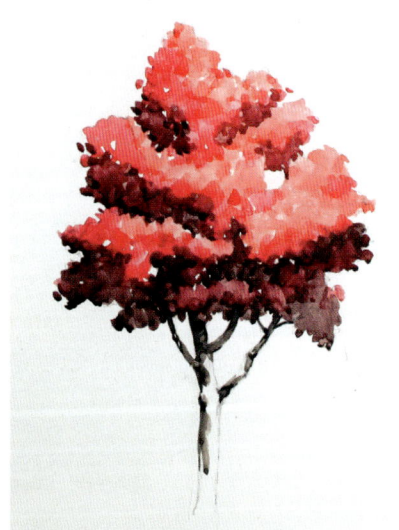

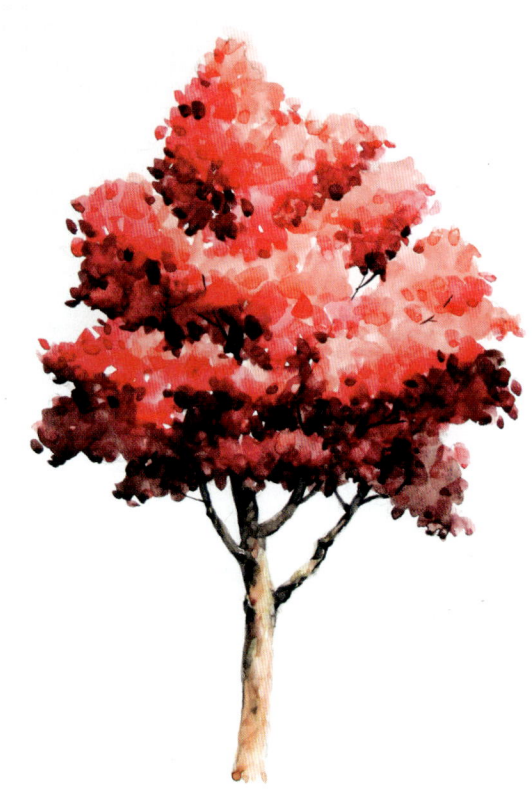

|과정3| 중간 톤은 퍼머넌트 레드, 밝은 톤은 버밀리온 휴로 채색합니다.

|완성| 단풍나무의 어두운 톤과 중간 톤이 자연스럽게 연결되도록 덧칠하고 나뭇잎의 자연스러운 터치를 넣어 완성합니다.

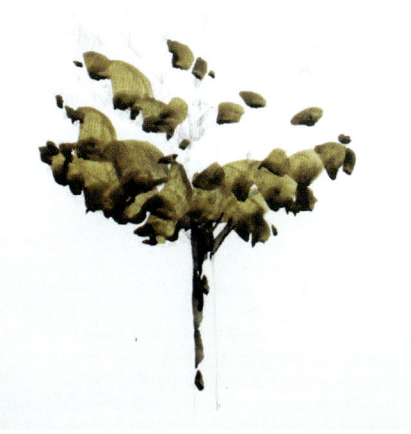

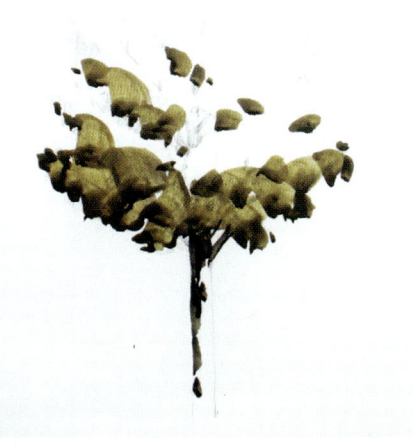

퍼머넌트 옐로우 딥

세피아

|과정1| 은행나무의 전체적인 형태와 명암을 잘 살펴 스케치합니다.

|과정2| 퍼머넌트 옐로우 딥과 세피아를 섞어 어두운 부분을 변화 있게 채색합니다.

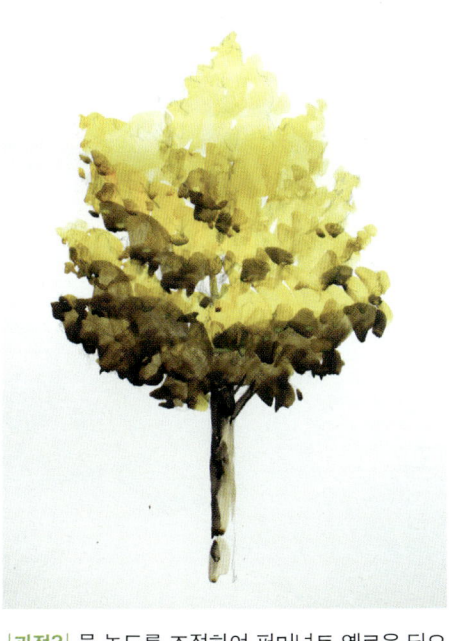

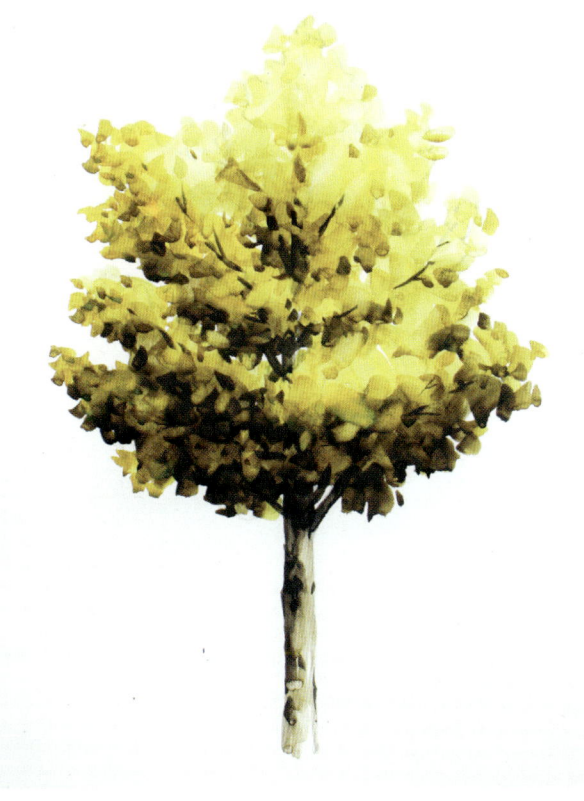

|과정3| 물 농도를 조절하여 퍼머넌트 옐로우 딥으로 중간 톤과 밝은 톤을 채색합니다.

|완성| 어두운 톤과 중간 톤이 자연스럽게 연결되도록 덧칠하며 마무리합니다. 붓 터치를 이용하여 잎의 자연스러운 변화를 표현합니다. 밝은 부분은 많이 손대지 않습니다.

# 바위 그리기

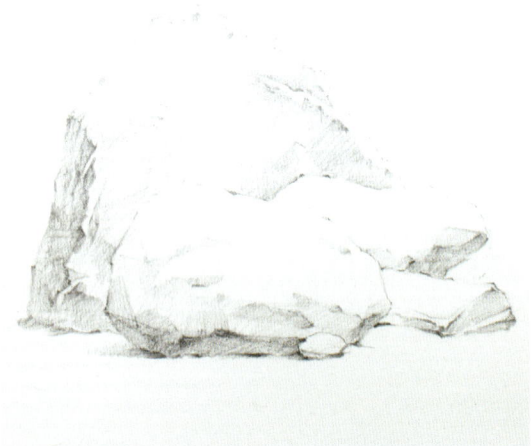

|과정1| 바위의 형태와 명암을 잘 살펴 스케치합니다. 명암의 차이가 많이 나므로, 스케치할 때 잘 표현합니다.

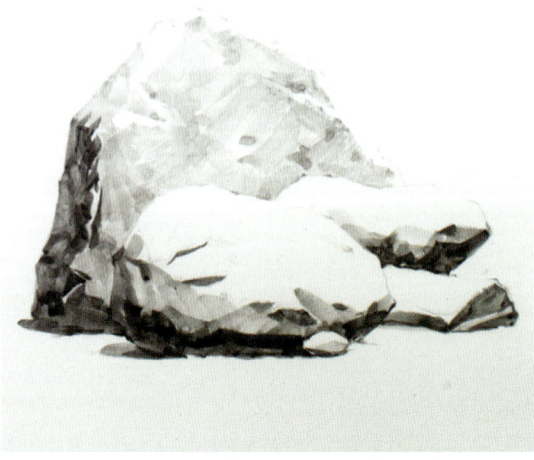

|과정2| 우선 아이보리 블랙으로 어두운 톤과 중간 톤을 채색합니다.

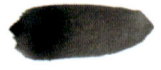

아이보리 블랙

울트라마린 딥

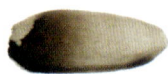

반다이크 브라운

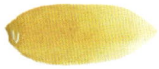

옐로우 오우커

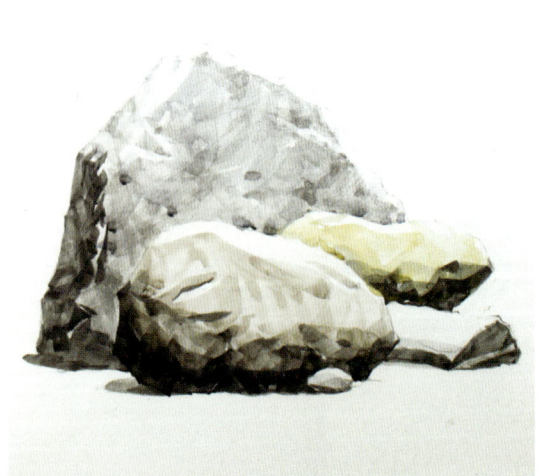

|과정3| 뒤의 가장 큰 바위는 울트라마린 딥과 반다이크 브라운, 앞의 바위는 반다이크 브라운, 옆의 바위는 옐로우 오우커로 중간 톤을 채색합니다.

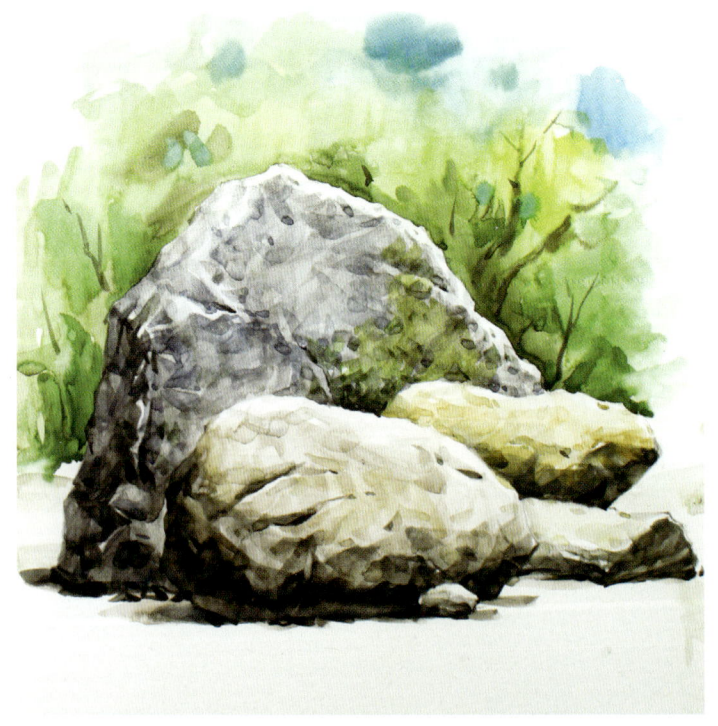

|완성| 바위의 어두운 부분과 중간 부분이 자연스럽게 연결되도록 덧칠하며, 바위의 홈이나 갈라진 부분을 묘사합니다. 바위의 밝은 부분이 어두워지지 않도록 주의합니다.

## 풍경화에 그리는 집

풍경화에서 집이나 고궁 또는 기타 건축물은 자연스러운 풍경화의 기본 소재입니다. 변화가 심한 나무와 풀 등의 자연스러운 소재에 기하학적인 집들의 풍경은, 그림을 더욱 다채롭게 하기 때문입니다.

예전에는 초가집이나 기와집을 많이 그렸지만 요즘은 슬레이트 지붕 집들이 자연스러운 시골 풍경을 나타냅니다. 반듯반듯한 새집보다는 세월의 흔적이 있고 이야기가 있는 그런 허름하고 오래된 집들이 풍경화의 소재로 쓰입니다. 그리고 고궁이나 사찰, 전통가옥의 기와집들은 우리나라 풍경화의 고전적인 소재입니다.

특히 우리나라 기와지붕들은 그 기울기와 형태가 좀 까다롭습니다. 묘한 곡선의 형태를 이루며 전체적인 조화를 갖춥니다. 그래서 스케치할 때 형태에 특히 신경을 써야 합니다.

요즘의 딱딱한 건축물에 비하면 그 묘한 형태미가 돋보입니다. 손수 그런 가옥을 만드는 장인들이 놀랍고 존경스러울 따름입니다. 여러 건축물을 그릴 때, 지붕의 몇 가지 특징은 잘 기억해 두는 것이 좋습니다.

### 집의 지붕은 밝아야 합니다.

풍경화의 광원은 태양입니다. 밤의 풍경을 제외하면 모든 풍경화는 하늘의 태양이 빛의 중심입니다. 그러니 하늘에서 떨어지는 광선을 직접 받는 지붕은 밝고 맑게 그려야 합니다. 굴곡에 의해 중간 톤도 나오지만 일단 아주 밝은 면이라는 것을 기억하세요. 특히, 한옥의 기와는 검은 색에 가까운 회색이지만 빛을 받은 밝은 부분이 잘 나타나야 합니다. 같은 이유로 풍경화에서는 땅, 잔디, 물의 표면 등도 아주 밝아야 합니다.

### 지붕의 아래는 아주 강한 그린자가 생깁니다.

위에서 오는 빛 때문에 지붕 아래(처마)에는 항상 강한 그림자 부분이 생깁니다. 그래서 집을 그리면 지붕 아래 부분에 어두운 면이 생기는 경우가 많습니다. 그 부분을 미리 잘 처리하면 집의 명암이 잘 나타납니다.

### 지붕의 기울기가 중요합니다.

보는 시선의 각도에 따라 다르기도 하지만 지붕의 기울기는 집의 자연스러운 형태를 나타내는 데 아주 중요합니다. 초보자들은 대충 그리지 말고 정확한 기울기를 그리도록 노력하세요. 특히, 고궁, 한옥, 사찰 등의 지붕 기울기는 까다로운 만큼 많은 공부가 됩니다.

**시골집 수채화 과정**

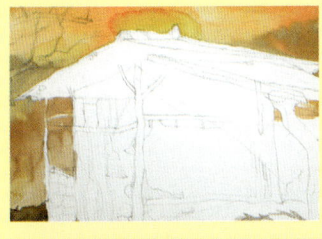

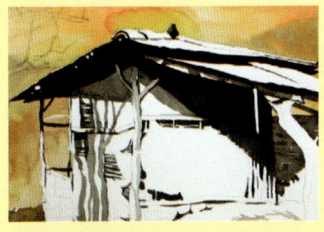

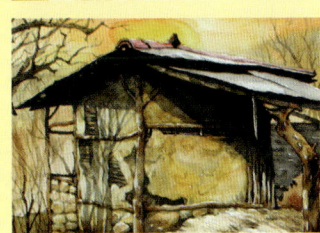

**고궁 수채화 과정**

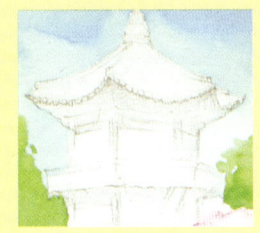

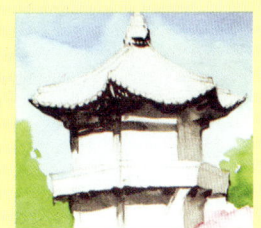

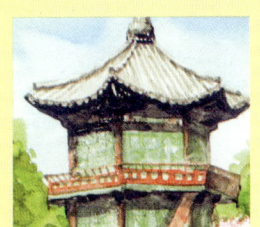

# 소나무 언덕

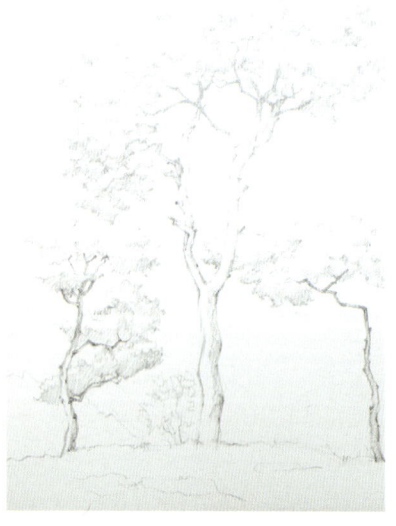

|과정1| 소나무의 자연스러운 형태를 구체적으로 스케치합니다. 특히 빛의 방향을 통일시켜 나무의 명암을 그립니다.

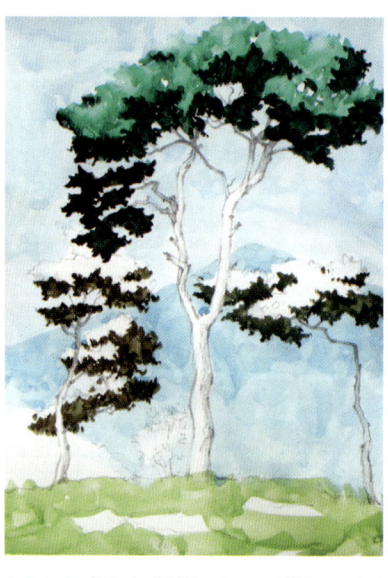

|과정2| 나무의 배경을 피코크 블루로 엷게 칠하고 아래의 잔디는 샙 그린으로 채색합니다. 배경이 밝은 색일 경우, 전체적으로 먼저 채색하는 경우가 많습니다.

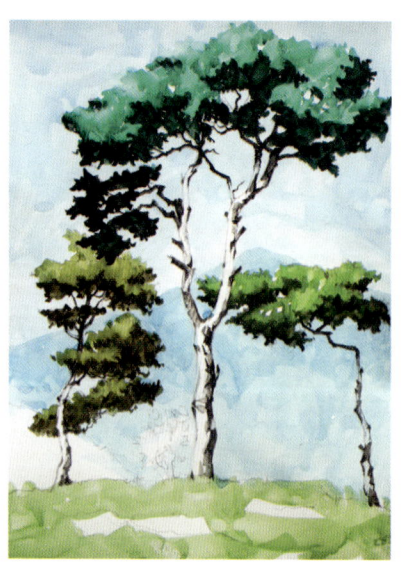

|과정3| 나뭇잎은 앞의 '나무그리기-침엽수'를 참고하여 채색하세요. 나무의 어둠은 무채색으로 변화 있게 그립니다.

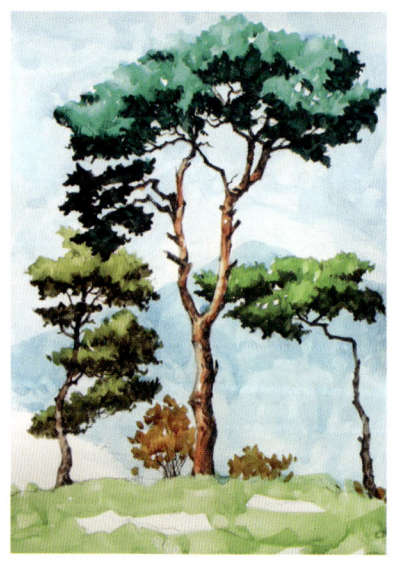

|과정4| 나무를 정리합니다. 주의할 점은 나무가 스케치보다 두꺼워지지 않도록 붓의 물기를 조절하여 작은 터치로 그리는 것입니다.

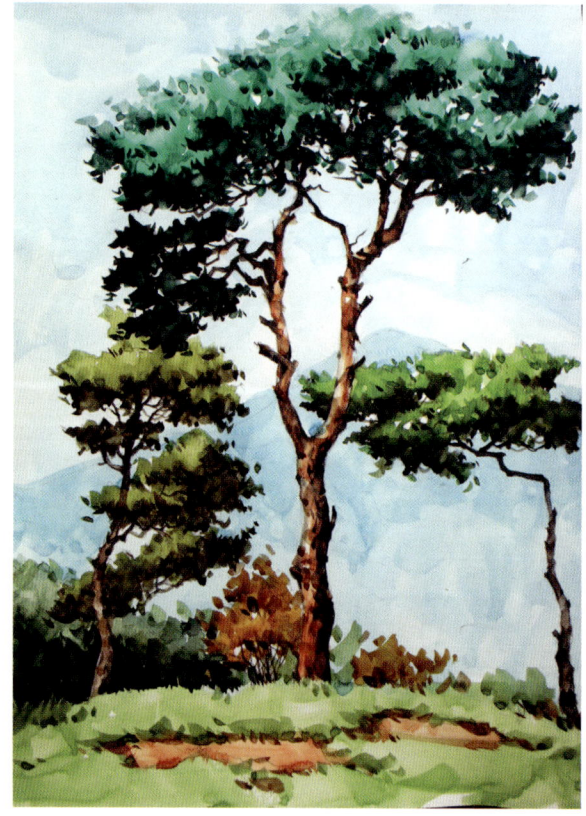

|완성| 소나무의 작은 변화를 그리고, 땅의 중간 어둠, 풀의 어둠 등을 위주로 마무리합니다.

# 솔숲

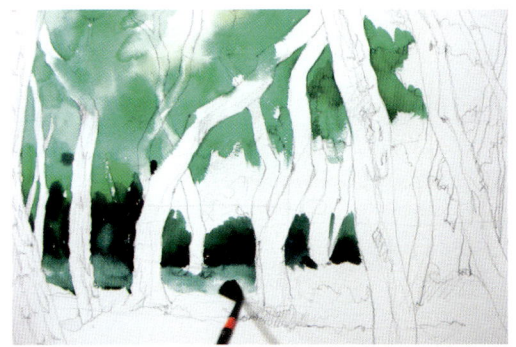

|과정1| 스케치 후, 배경을 변화 있게 채색합니다.

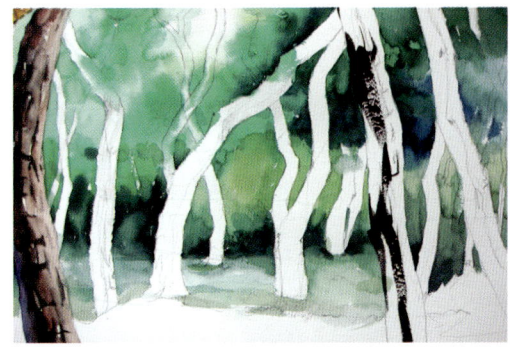

|과정2| 앞에 있는 나무의 어둠을 강하게 묘사합니다.

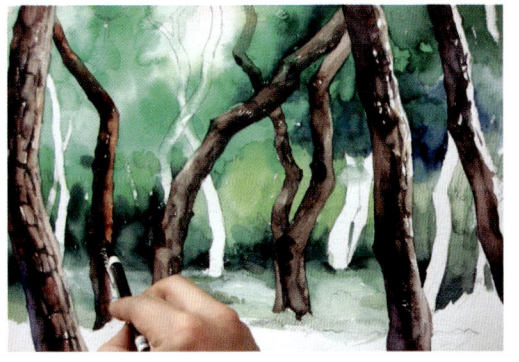

|과정3| 중간의 나무들을 앞의 나무의 어둠과 비교해 중간 톤으로 채색합니다.

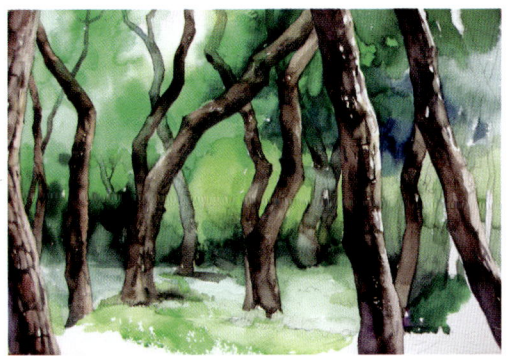

|과정4| 뒤에 있는 나무들을 약하게 표현합니다.

### tip 나무의 원근 처리

나무의 원근 표현은 미세한 거리 차이가 아니라 크게 보는 것이 좋습니다.

맨 앞줄 나무(강조, 묘사), 두 번째 줄 나무(보통), 세 번째 줄 나무(생략, 약화). 이렇게 세 단계의 큰 변화를 놓치지 않고 표현합니다.

이렇게 세 단계로 원근을 표현하는데 익숙해지면 더욱 풍부한 변화를 만들어 줄 수 있습니다.

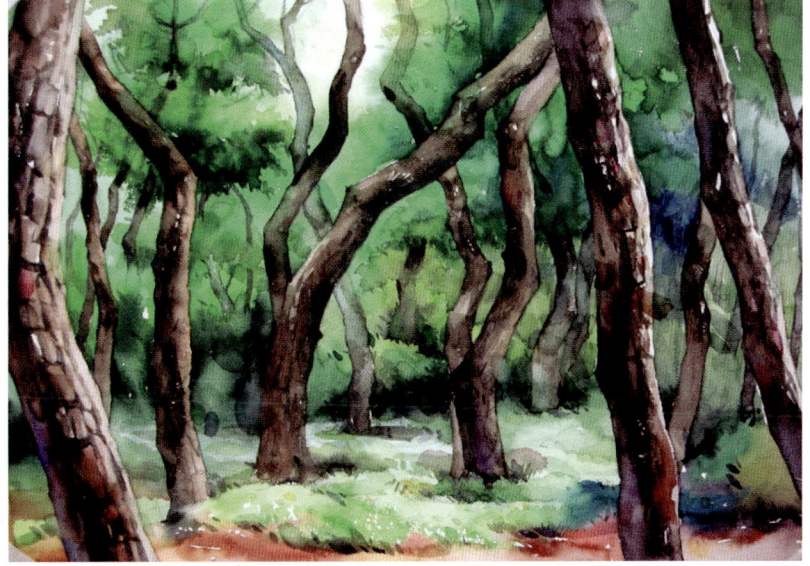

|완성| 항상 앞의 나무들을 중심으로 마무리합니다. 앞의 나무를 기준으로 점점 물 농도를 많게 하면 전체적으로 나무와 나무 사이의 공간감이 형성됩니다.

## 하늘 색깔 표현하기

풍경화에서 하늘은 붕어빵에서 팥을 감싼 빵처럼 여겨지는 부분입니다. 어린 아이들도 하늘색이라 하여 하늘을 푸르게 칠합니다. 하지만 막상 하늘은 우리가 알고 있는 하늘색으로만 표현되는 것이 아니라 무수히 많은 색으로도 나타납니다.

노을진 저녁녘의 황금빛 하늘, 비오기 직전의 회색빛 하늘, 군청색의 저녁 하늘, 눈부시도록 하얀 하늘, 먼지로 뒤덮인 누런 하늘, 해 뜨기 직전의 핏빛 하늘 등.

이렇듯 하늘은 다양한 색과 느낌으로 표현되는 부분이며 구름이라는 요소까지 더하니 하늘만으로도 논문 한 편이 나올 법합니다. 실제로 하늘만 그려도 훌륭한 작품이 나온답니다.

수채화에서 푸른 하늘은 블루 계열의 색에 물을 많이 타서 엷게 칠합니다.

물을 많이 섞는다, 물농도가 많다는 것은, 유화로 말하면 파란색에 화이트를 섞어 하늘의 색을 만드는 것과 같은 이치입니다. 즉, 하얀 종이가 많이 비치게 하는 것입니다.

그리고 블루도 각 색마다 느낌이 다릅니다. 가벼운 하늘, 무거운 하늘 등등 일반적으로 가지고 있는 블루 계열의 색을 섞지 말고 사용해봄으로써 각 색의 특징을 아는 것이 중요합니다.

초보자들은 일반 수채화 물감 32색 세트에 있는 네 가지 블루 계열 색만 알아도 많은 도움이 되리라 봅니다.

세루리안 블루 휴 (Cerulean Blue Hue)

피코크 블루 (Peacock Blue)

울트라마린 딥 (Ultramarine Deep)

코발트 블루 휴 (Cobalt Blue Hue)

# 나무가 있는 풍경

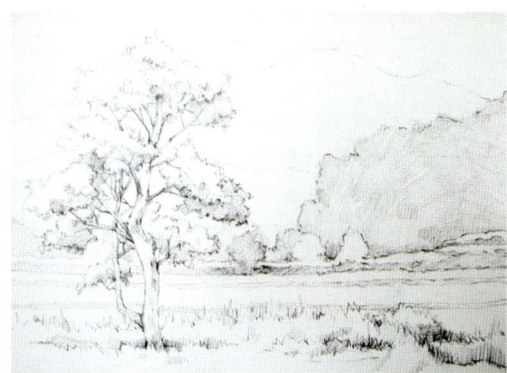

|과정1| 빛의 방향을 정하여 명암을 넣어 전체적으로 스케치합니다.

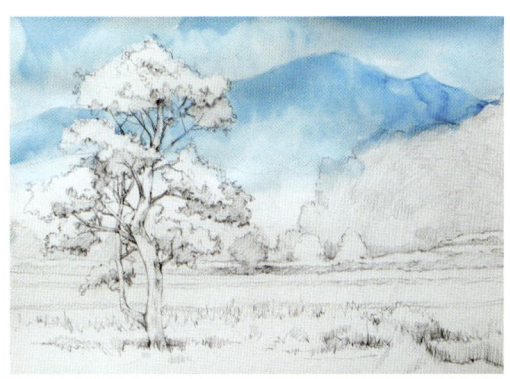

|과정2| 먼저 뒷부분을 물칠한 후 피코크 블루로 하늘과 먼 산을 표현합니다.

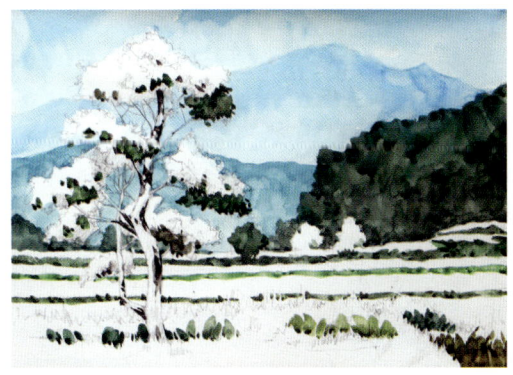

|과정3| 배경을 마무리하고 나무의 어두운 부분을 강하게 채색합니다.

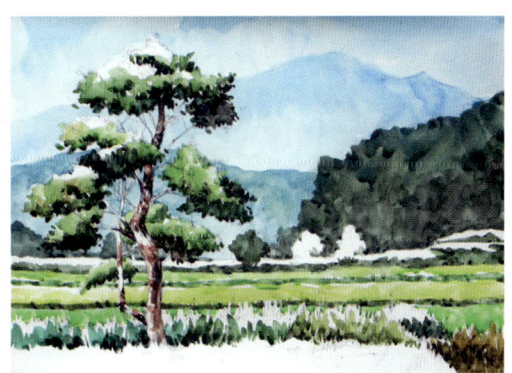

|과정4| 나무와 들판을 중간 톤으로 채색합니다.

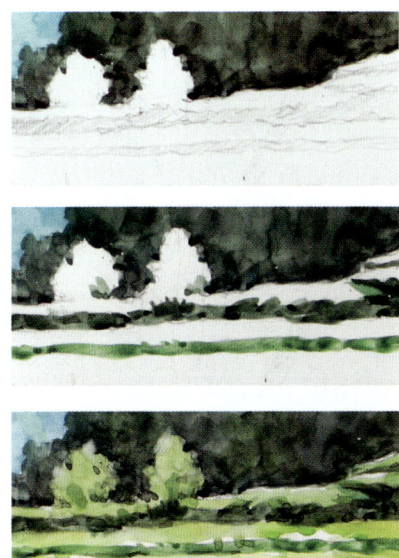

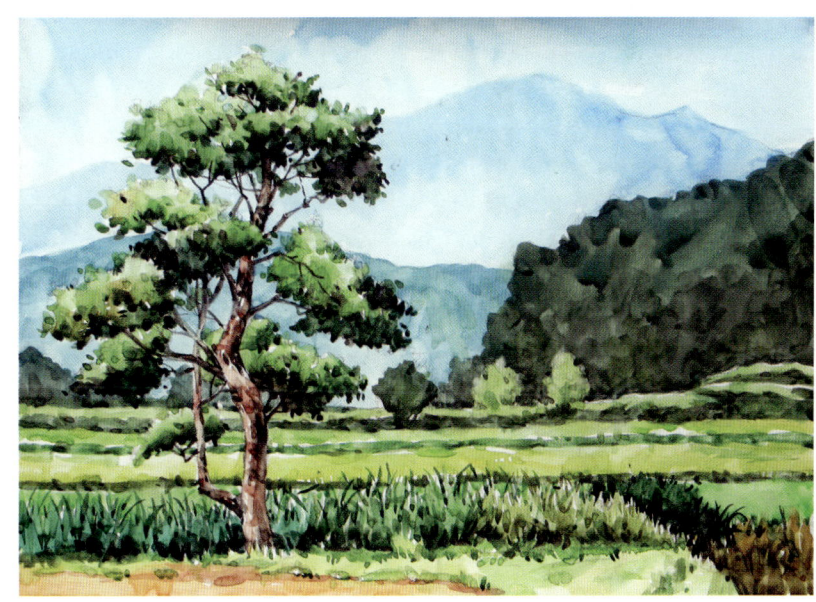

|완성| 나무의 잎들과 앞부분 풀을 채색하며 마무리합니다. 그림에서 나무의 밝은 부분, 들판, 땅 등 누워 있는 면은 하늘의 빛을 직접 받으므로 밝고 맑게 처리합니다.

# 시골 마을

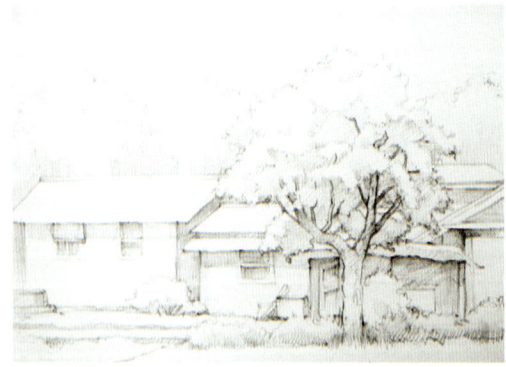

|과정1| 지붕의 기울기에 유의하고 나무의 큰 양감을 기준으로 스케치합니다.

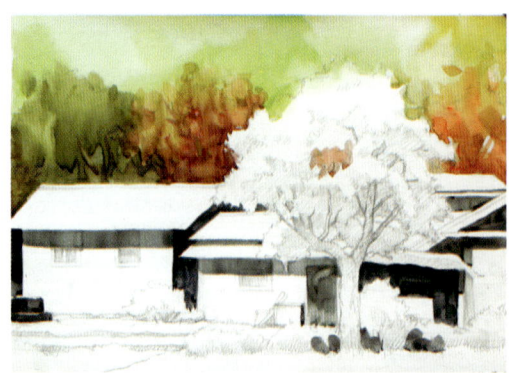

|과정2| 먼저 배경에 물질을 하고 변화 있게 채색합니다. 그리고 집의 어둠을 강하게 잡아줍니다

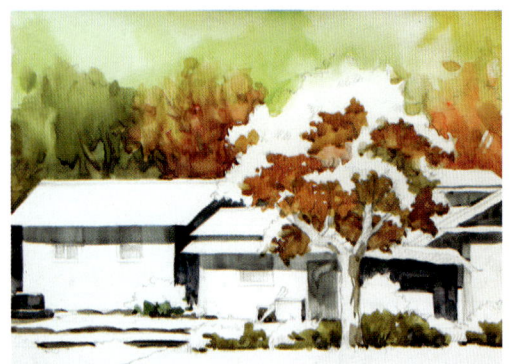

|과정3| 나무의 어둠을 변화 있게 채색합니다.

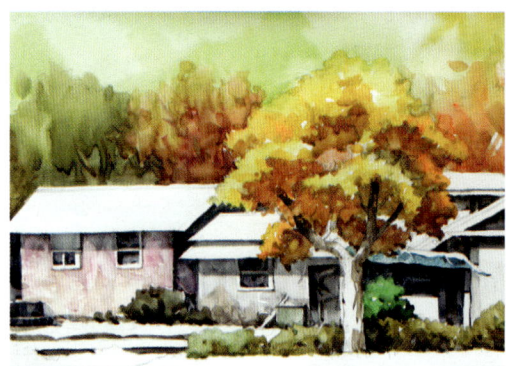

|과정4| 중간 톤의 색채를 살려 채색합니다.

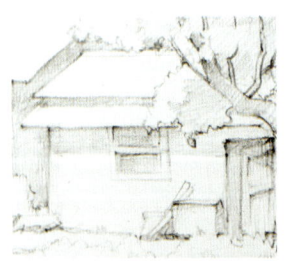

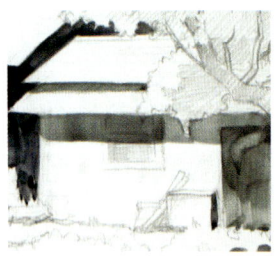

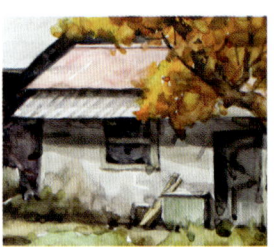

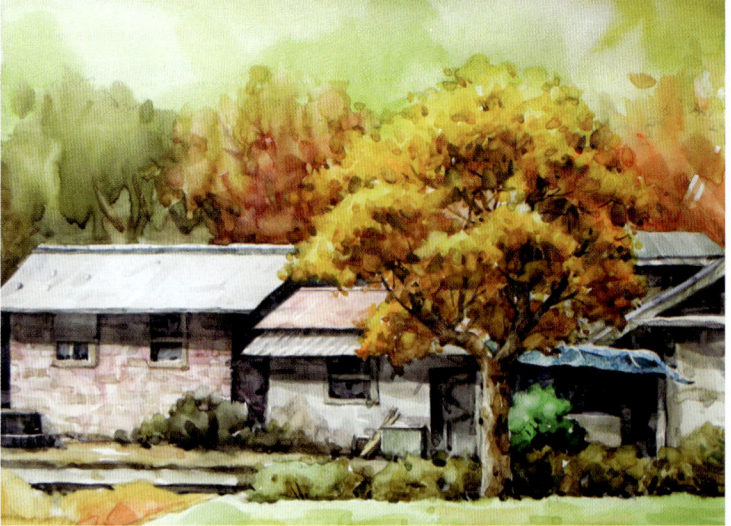

|완성| 붓의 물기를 조절하여 은행나무와 집을 묘사해주며 마무리합니다. 전체적인 조화를 안배하여 완성합니다.

# 시골집

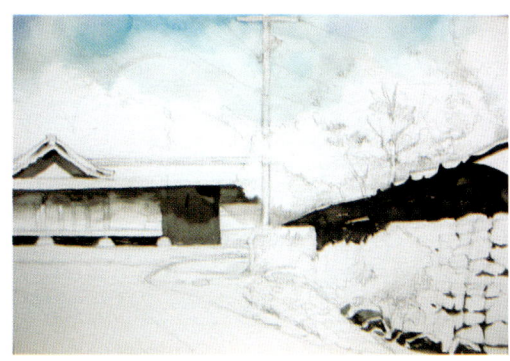

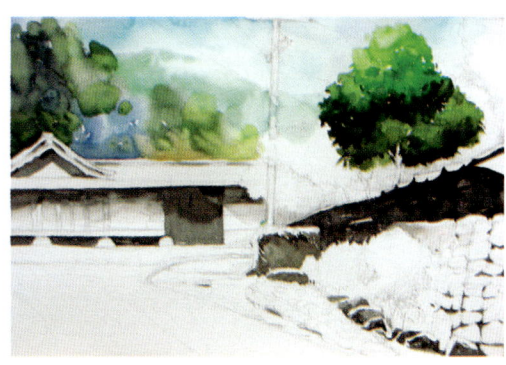

|과정1| 스케치 후 근경의 어둠과 원경의 어둠을 변화 있게 채색합니다.

|과정2| 근경의 나무와 원경의 나무를 채색합니다. 배경의 나무는 번지는 효과를 살립니다.

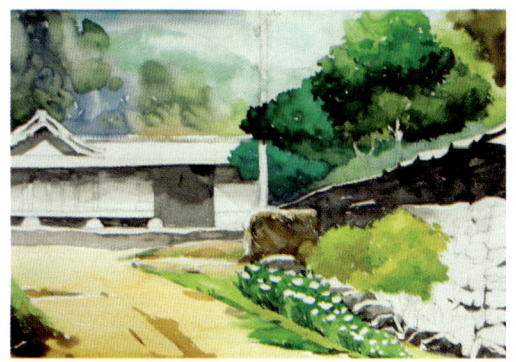

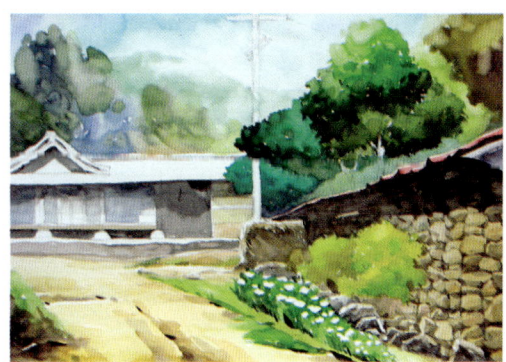

|과정3| 땅과 풀이 있는 지면은 밝게 채색합니다.

|과정4| 전체적인 중간 톤을 채색합니다. 특히 오른쪽 담은 제일 가까운 곳이므로 묘사를 해 주는 것이 좋습니다.

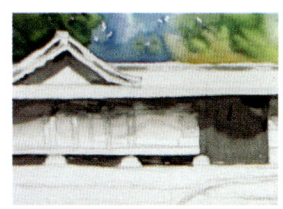

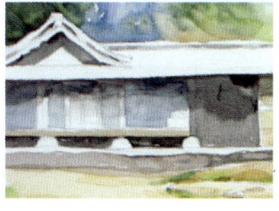

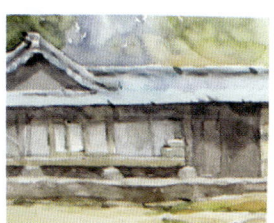

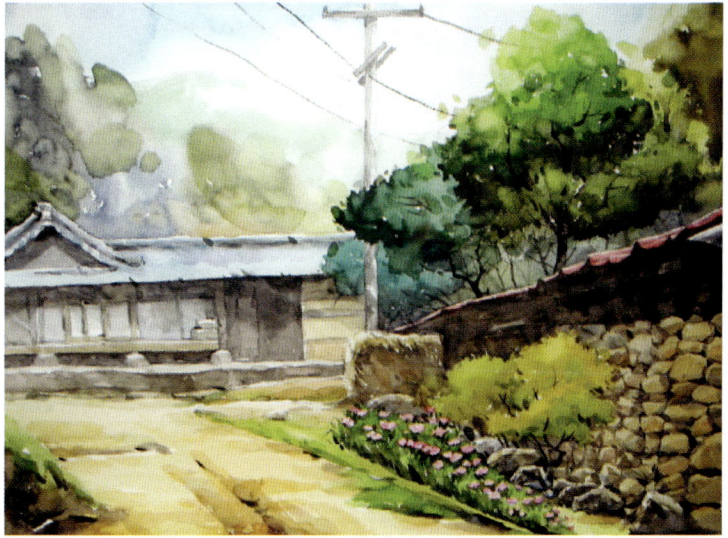

|완성| 전체적인 조화와 변화를 살피며 마무리합니다. 특히 정면에 보이는 집은 중간 톤으로 완성합니다. 너무 강하면 화면이 답답해질 수 있습니다.

# 눈 내린 마을

원경 풍경수채화

|과정1| 하얀 눈이 내린 풍경이므로 어둠 위주로 스케치 합니다.

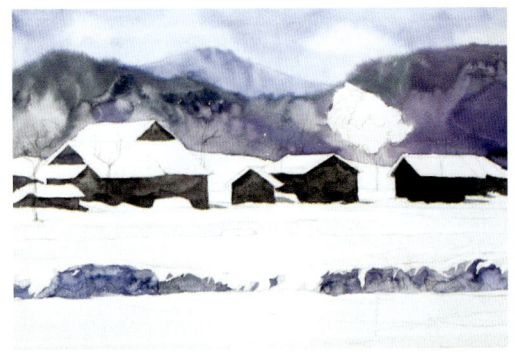

|과정2| 배경을 먼저 물칠한 후, 울트라마린 딥으로 밝게 채색합니다. 그리고 어두운 물감을 섞어 약간씩 진하게 앞산의 풍경을 채색합니다.

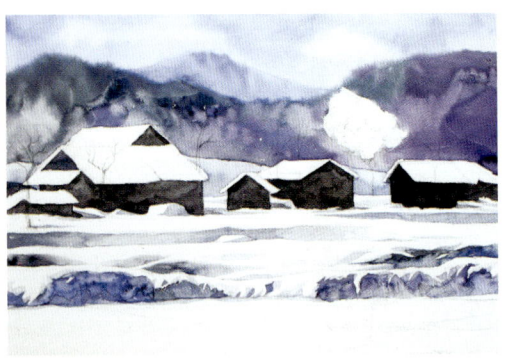

|과정3| 눈의 어둠을 중간 톤으로 부드럽게 채색합니다.

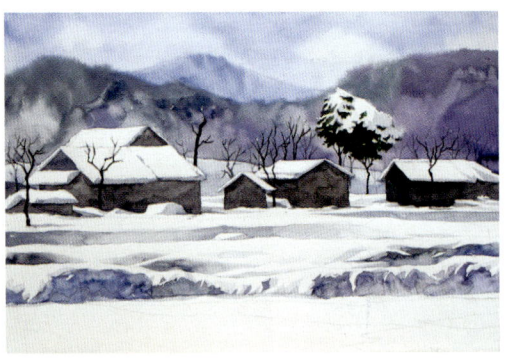

|과정4| 나무와 집을 중간 톤으로 채색하며 묘사합니다. 너무 진해지지 않도록 주의하세요.

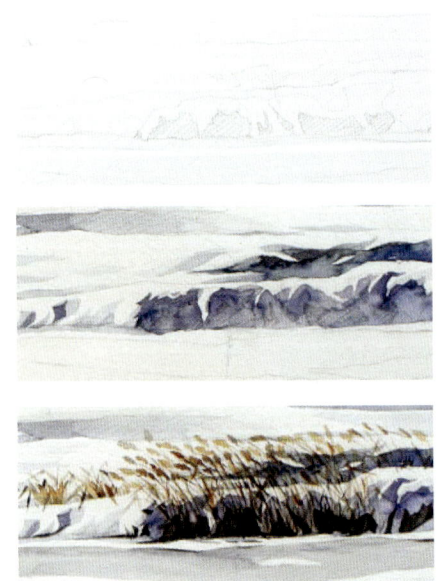

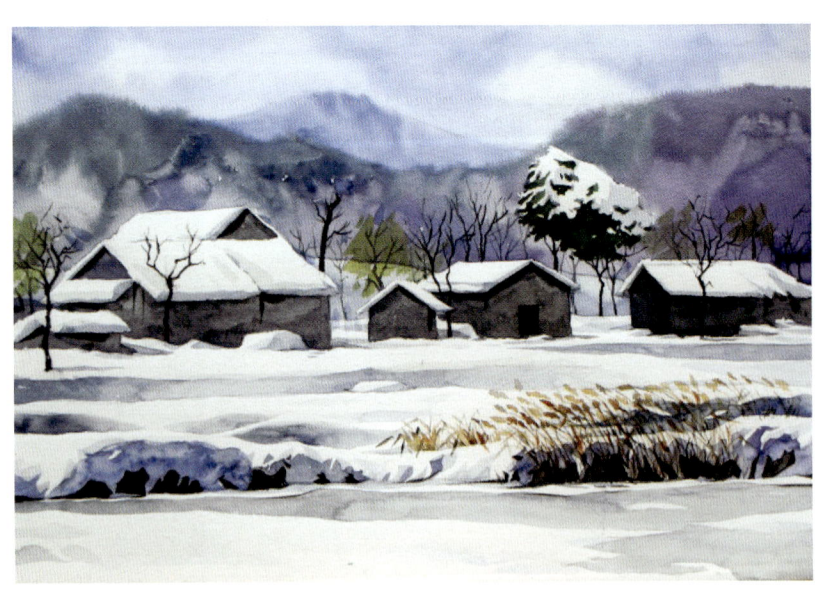

|완성| 앞부분의 풍경을 정리하며, 갈대와 마른 풀잎을 그려 완성합니다. 눈의 명암을 그릴 때 붓의 물기가 너무 많지 않도록 주의하며 밝은 변화를 표현해야 합니다.

# 푸른 들판

|과정1| 숲과 나무의 외각이 자연스럽도록 스케치합니다.

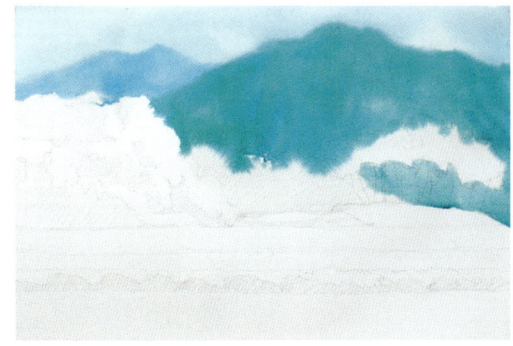

|과정2| 먼저 배경에 물칠을 하고 하늘과 먼 산은 피코크 블루, 두 번째 산은 피코크 블루와 샙 그린을 섞어 조금 진하게 채색합니다.

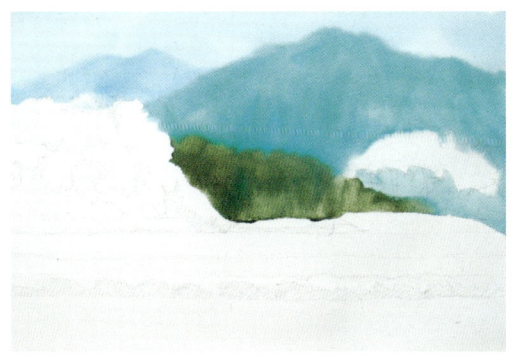

|과정3| 앞의 작은 언덕은 샙 그린과 반다이크 브라운을 혼합하여 채색합니다. 약간씩 진해진다는 것이 중요합니다. 이 부분까지 물칠한 후 한 번에 그려나갑니다.

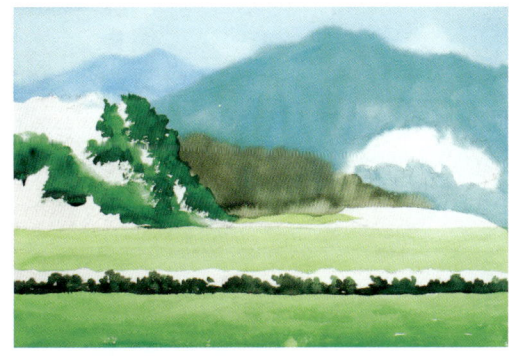

|과정4| 들판은 퍼머넌트 그린으로, 나무 숲은 후커스 그린으로 채색합니다. 들판은 가까울수록 약간 진하게 변화를 줍니다.

### tip 종이에 먼저 물을 칠하는 이유

종이에 먼저 물을 칠하여 물기를 머금게 하고 채색하면 자연스럽게 번지는 효과를 낼 수 있습니다. 하늘이나 산 같이 먼 거리는 외곽이 번져 부드럽게 그려지는 것이 시선을 덜 자극하기 때문입니다. 시선을 덜 자극해야 전체 그림에서 뒤로 후퇴해 보입니다. 이것을 응용하여 의도적으로 번지는 변화로 더욱 회화적인 느낌을 줍니다. 종이의 종류에 따라 차이가 날 수 있으니 참고하세요.

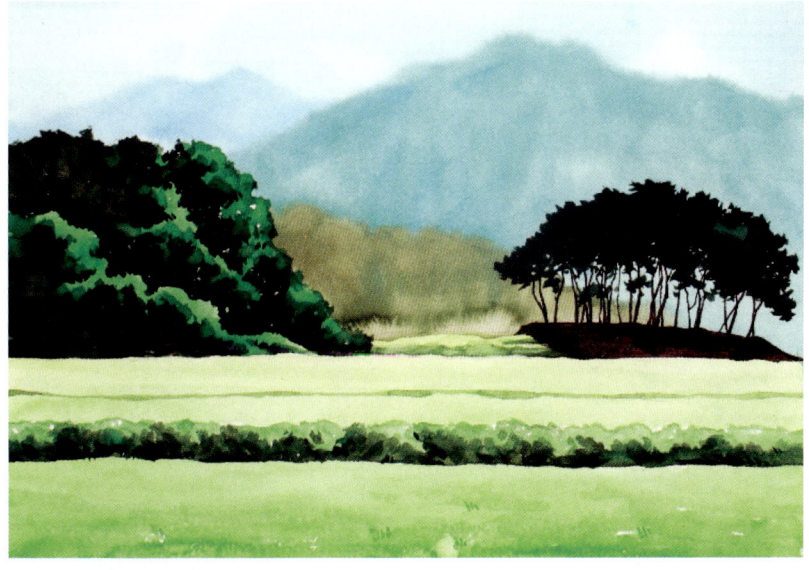

|완성| 나무 숲과 소나무 언덕을 진하게 채색합니다. 우측의 소나무 언덕은 외곽을 자연스럽게 그리는 것이 중요합니다.

# 산 너머 그 집

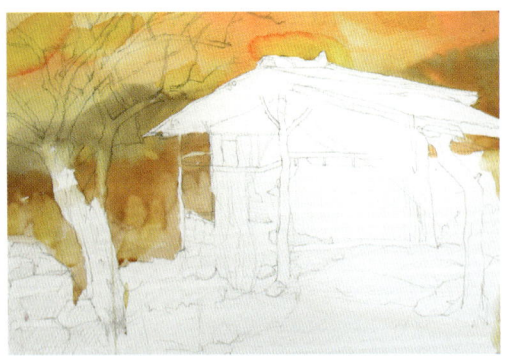

**|과정1|** 스케치한 후 배경을 노란 계열, 오렌지 계열, 고동색 계열 색들로 채색합니다. 이때 색의 변화와 물 농도의 변화가 함께 있어야 합니다.

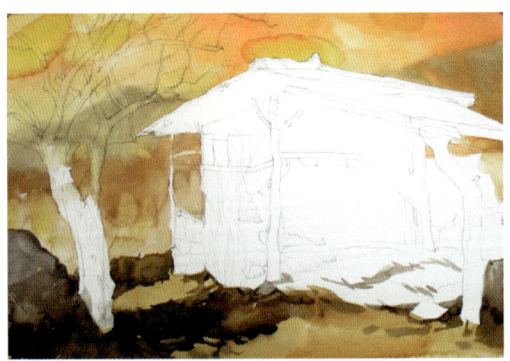

**|과정2|** 땅을 배경과 같은 분위기로 하기 위하여 로우 엄버를 주색으로 변화 있게 채색합니다.

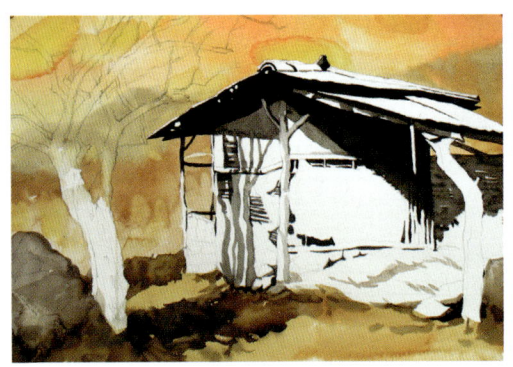

**|과정3|** 집의 어둠을 무채색으로 강하게 잡아줍니다. 중간 어둠은 물 농도를 조절하여 채색합니다.

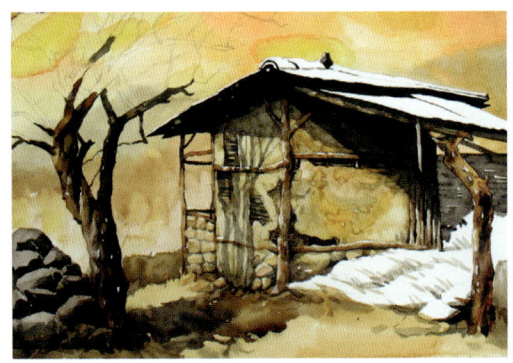

**|과정4|** 집의 벽면을 번지는 효과로 얼룩지게 채색합니다. 나무는 역광이 심하므로 어둡게 채색하세요.

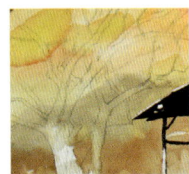

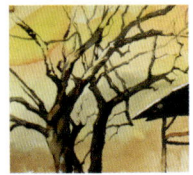

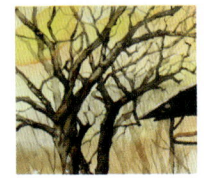

**|완성|** 나뭇가지를 작은 붓으로 그립니다. 작은 가지나 조금 먼 가지는 물 농도를 조절하여 채색하면 앙상한 가지임에도 풍부한 톤이 나옵니다. 집과 나머지 부분들도 브라운과 블랙으로 마무리합니다.

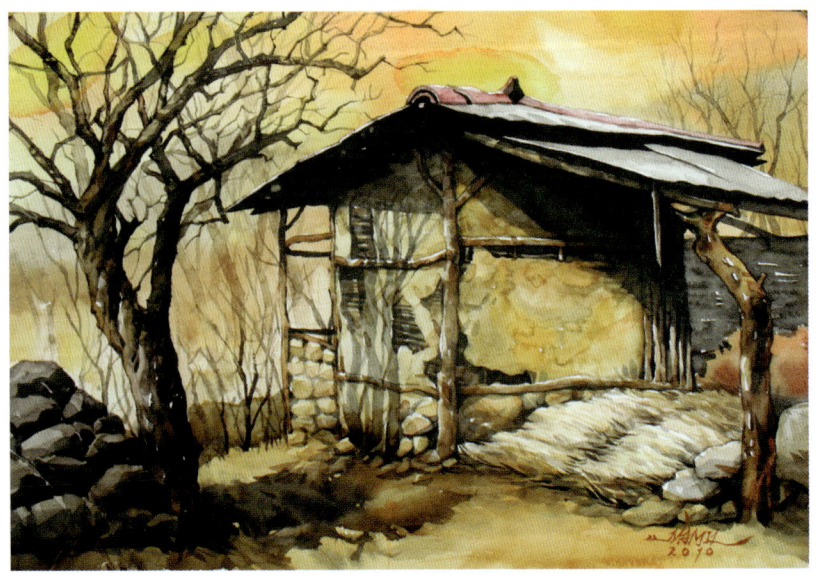

# 사찰풍경

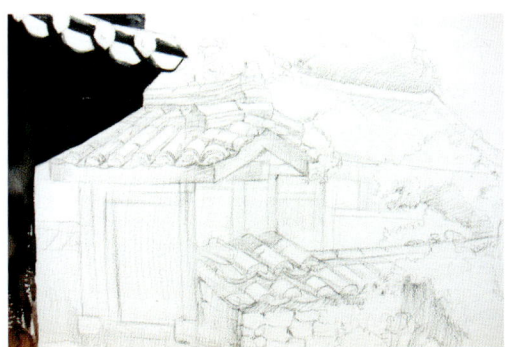

|과정1| 스케치한 후 왼쪽의 처마와 기둥을 강하게 채색합니다.

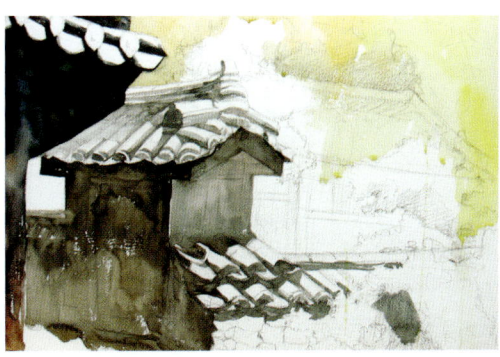

|과정2| 가운데 기와 대문의 어둠을 채색하고, 배경과 건물은 밝은 옐로로 채색합니다.

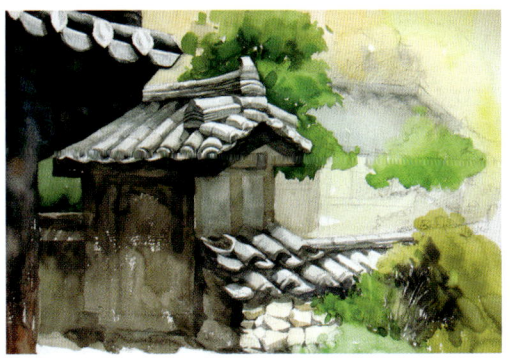

|과정3| 중간의 나무는 물 농도를 조절하며 채색합니다.

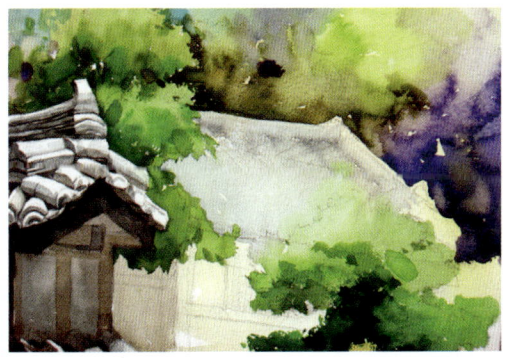

|과정4| 배경을 여러 색으로 채색하여, 변화 있고 풍성한 느낌을 줍니다. 이때 자연스럽게 번지는 효과를 이용하면 자연스럽게 색들이 어우러집니다.

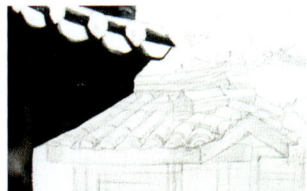
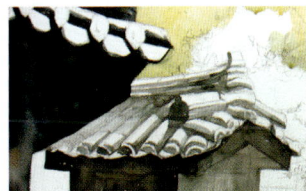
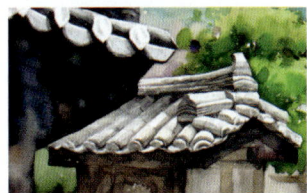

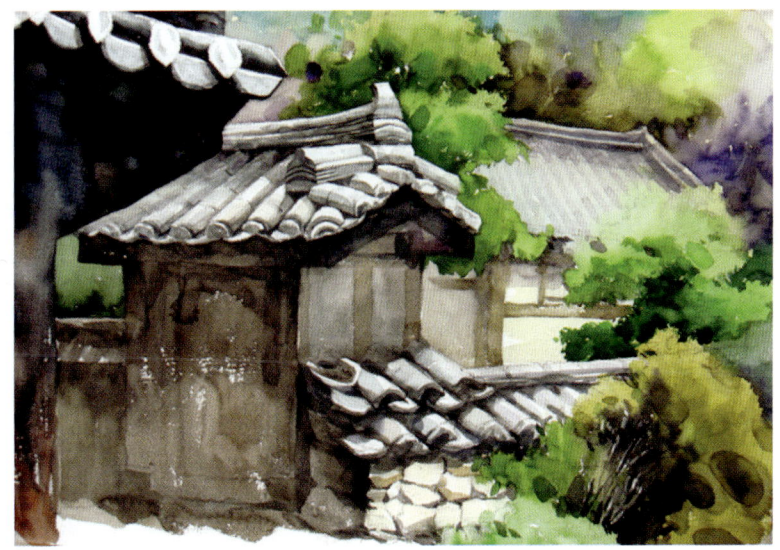

|완성| 첫 번째 기와(좌측), 두 번째 기와(중앙), 세 번째 기와(우측)가 세 단계(강, 중, 약)로 나오도록 마무리합니다.

# 향원정

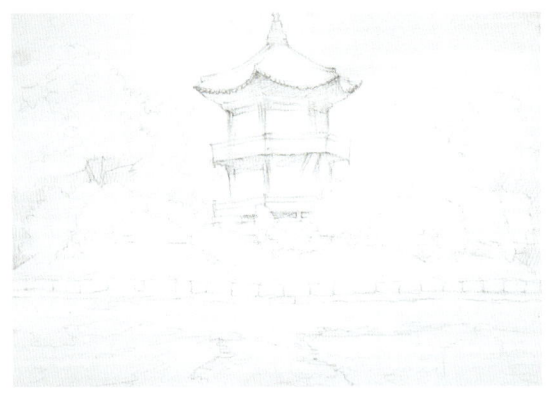

|과정1| 향원정의 형태, 특히 기울기에 주의하여 스케치합니다.

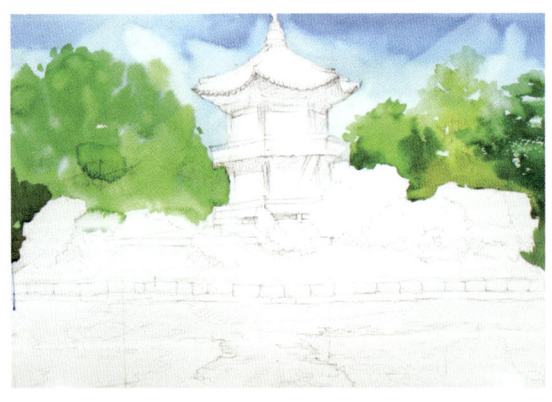

|과정2| 하늘과 배경의 숲을 변화 있고, 밝게 채색합니다.

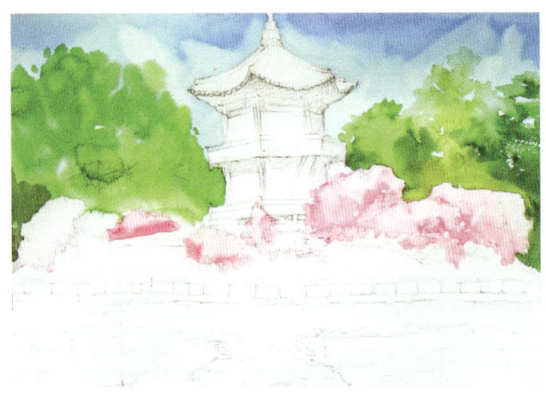

|과정3| 앞 나무의 밝은 부분을 변화 있게 채색합니다.

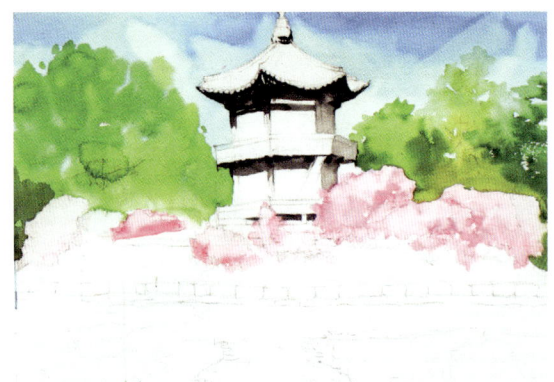

|과정4| 향원정의 어두운 부분을 과감하게 채색합니다.

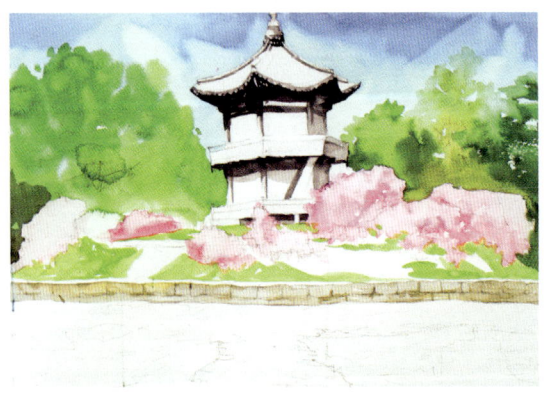

|과정5| 앞부분의 잔디는 빛을 직접 받은 부분이므로 너무 진하지 않게 채색합니다.

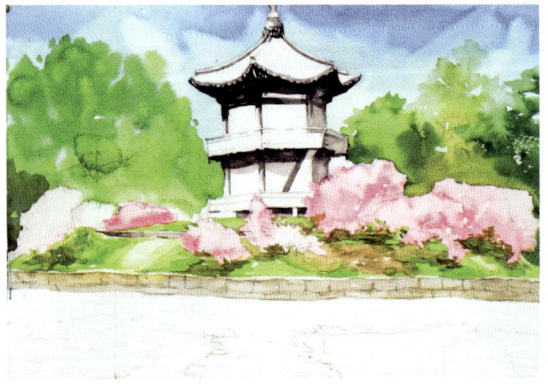

|과정6| 잔디의 어두운 부분과 땅을 채색합니다. 이 부분은 미리 스케치해 둡니다.

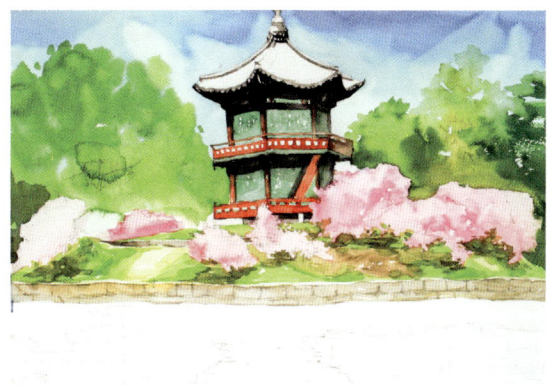

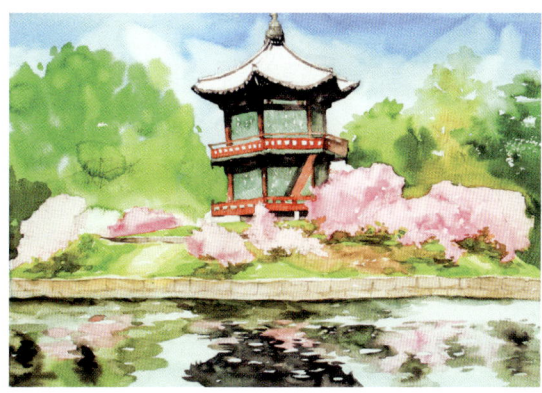

|과정7| 향원정을 채색할 때 지붕은 제일 밝은 부분이므로 나중에 그립니다.

|과정8| 연못에 비춰진 모습을 변화 있게 채색합니다.

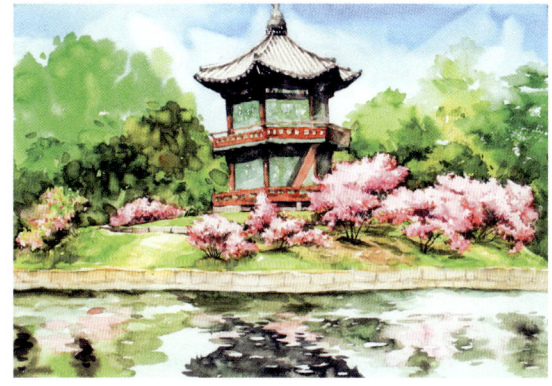

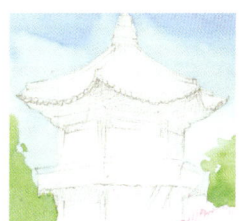
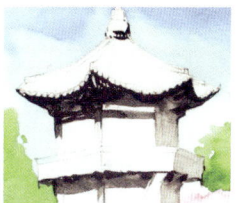
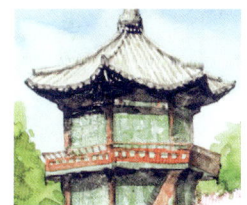

|과정9| 앞 나무의 어둠, 중간 숲의 어둠, 향원정 지붕의 밝음을 채색합니다.

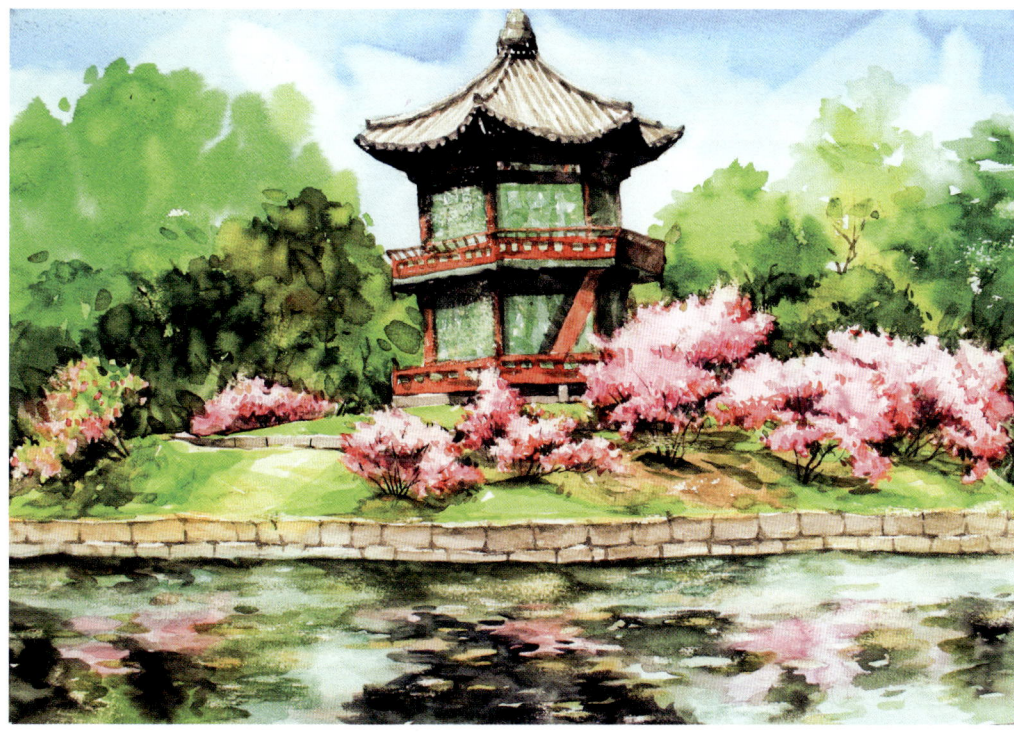

|완성| 향원정, 앞의 나무, 연못의 변화에 신경써서 마무리합니다. 나무나 연못 등 앞부분이 완성도가 높아야 자연스러운 풍경이 됩니다.

# 산책로

|과정1| 스케치 후 우측의 배경을 밝게 채색합니다.

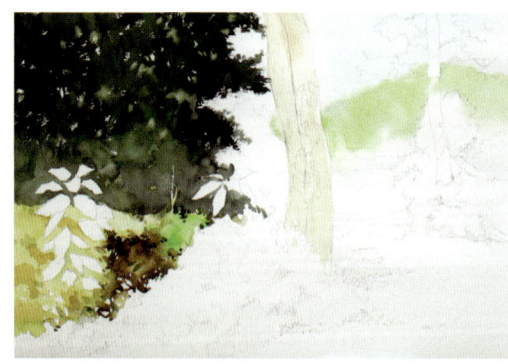

|과정2| 좌측의 나무 숲을 어둡게 채색합니다. 이 숲은 그늘이 많아 전체적으로 어둡습니다.

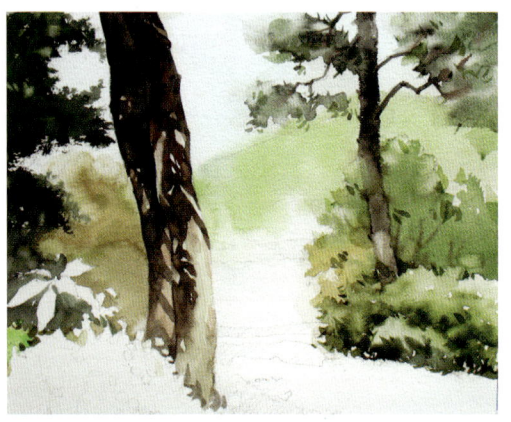

|과정3| 나무의 그림자를 채색하고 우측 나무를 중간 톤으로 채색합니다. 배경과 앞 나무의 중간 진하기입니다.

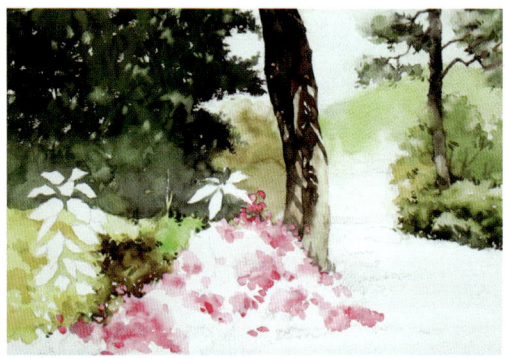

|과정4| 앞부분의 꽃을 오페라로 변화 있게 채색합니다.

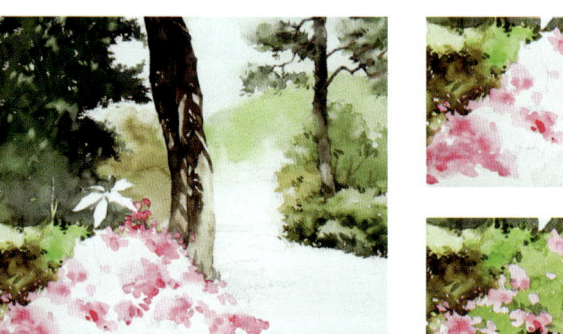

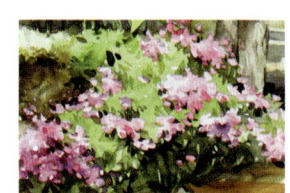

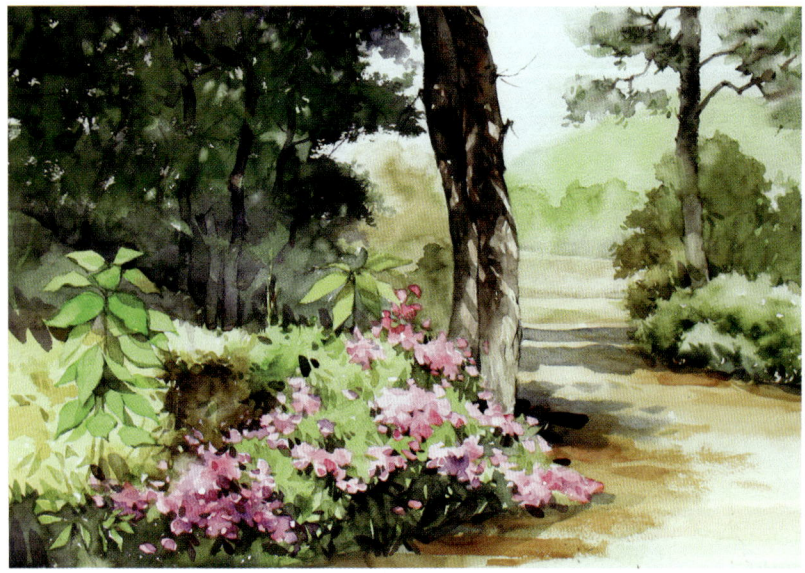

|완성| 앞부분 꽃은 샙 그린으로 채색하며 모양을 만들어 나갑니다. 나무의 강한 그림자에서 알 수 있듯이 햇빛이 강한 날의 풍경이므로, 밝은 곳이 잘 나타나도록 합니다.

# 고향길

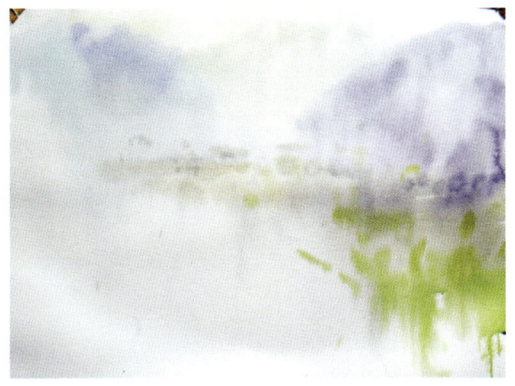

|과정1| 종이를 전체적으로 젖게 해 먼 배경의 색을 부드럽게 채색합니다.

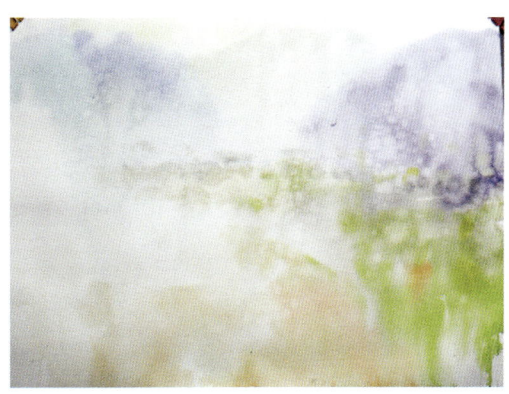

|과정2| 전체적인 분위기를 잡은 후, 스프레이로 물을 살짝 뿌려 얼룩을 만듭니다.

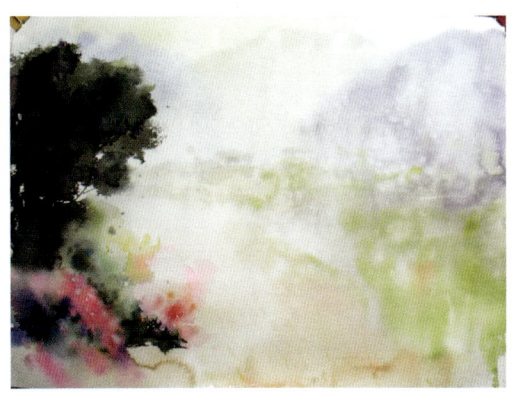

|과정3| 좌측 나무의 어둠을 중심으로 꽃을 채색합니다. 이때도 화면이 젖어 있는 상태에서 채색합니다.

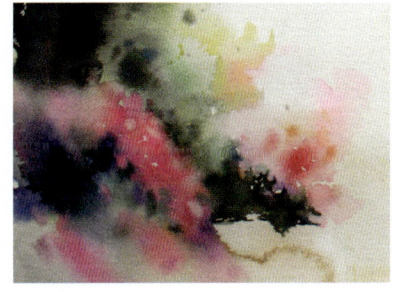

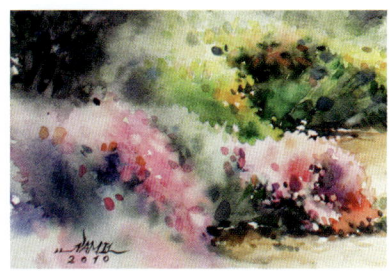

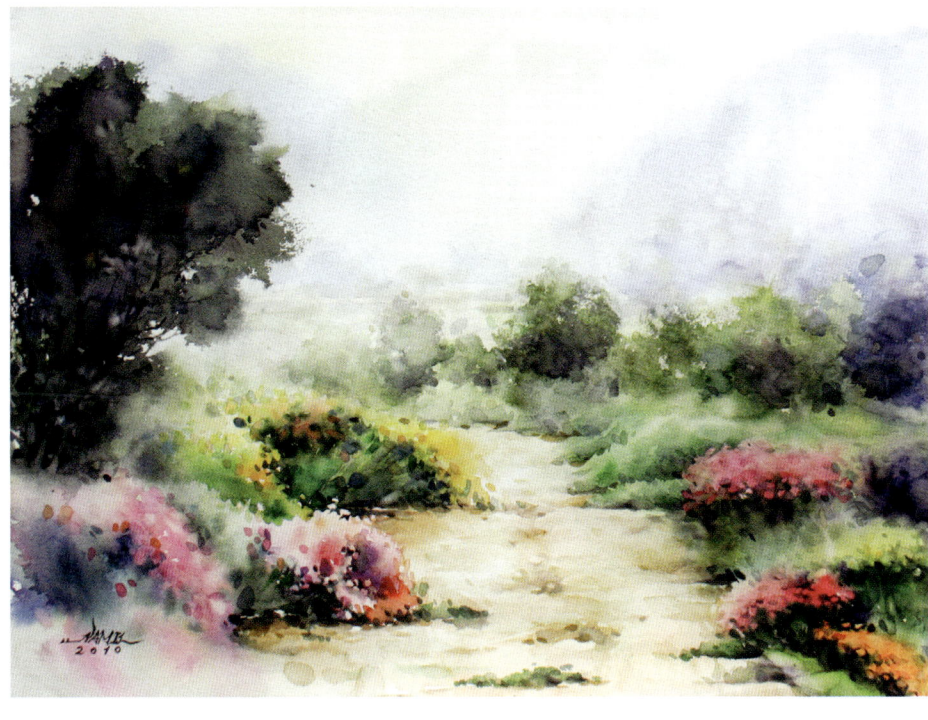

|완성| 전체적으로 밝고 맑은 느낌을 최대한 살려 정리합니다. 특히 그린 계열의 색은 원근에 따라 물 농도를 다르게 합니다. 색의 변화도 중요하지만 물 농도의 변화를 잘 체크하세요.

# 저수지 풍경

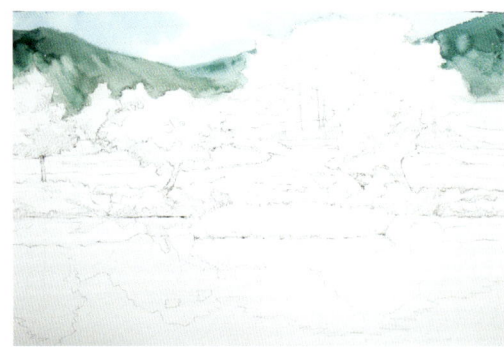

**|과정1|** 스케치 후 하늘과 먼 산을 먼저 채색합니다. 물칠을 하고 변화 있게 채색합니다.

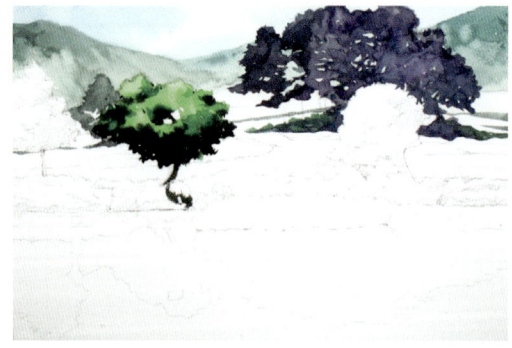

**|과정2|** 앞의 나무와 중간 숲의 이미지를 강하게 채색합니다.

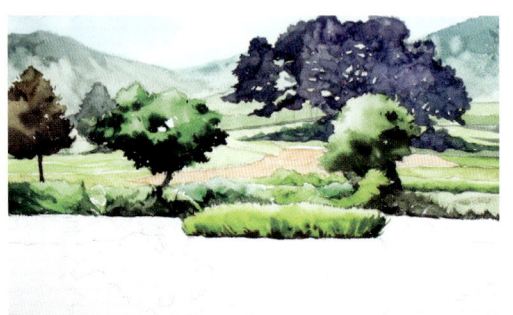

**|과정3|** 저수지 위의 풍경을 채색합니다.

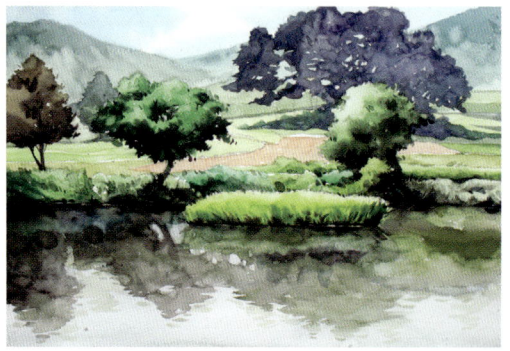

**|과정4|** 먼저 저수지를 전체적으로 밝게 채색한 후 물에 비친 모습을 그립니다. 이때 색의 채도는 낮추고 비친 이미지의 외곽은 물결 모양에 따라 채색합니다.

## tip 지우기

수채화는 데생처럼 잘못된 부분을 깨끗하게 지울 수는 없지만 어느 정도의 부분 수정은 가능합니다. 먼저 붓을 깨끗하게 씻은 후 수정할 부분을 문지르며 물감을 닦아 내는 방법입니다. 이런 경우, 종이의 표면이 상하여 탁한 느낌을 줄 수 있지만 그림의 느낌을 다양하게 하는 기법 중 하나입니다.

이 작품은 사포로 문지른 후 닦아냈는데, 이것은 두꺼운 전문용지이기에 가능합니다. 초보자들은 닦아내는 기법을 많이 사용하지 않도록 주의하고 완성할 때 부분적으로만 해야합니다.

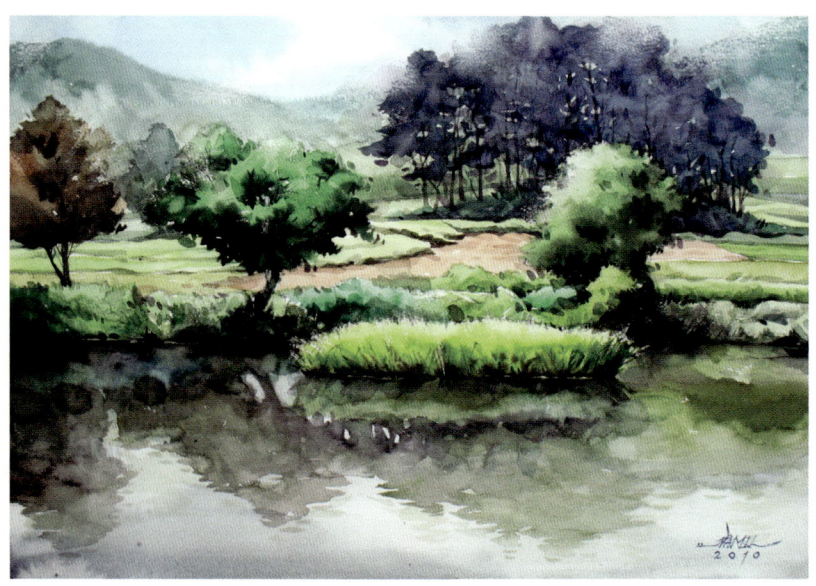

**|완성|** 중간 숲의 외곽을 부드럽게 지웠습니다. 그림의 어두운 부분을 중심으로 마무리하며 완성합니다.

# 연못 풍경

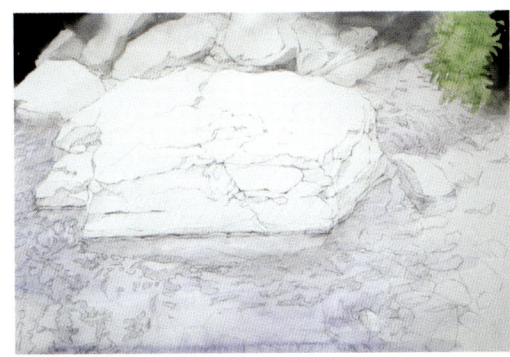

|과정1| 물의 그림자가 복잡하지만 차분하게 스케치하세요. 처음 밝은 물의 표면과 뒷부분의 어둠을 채색합니다.

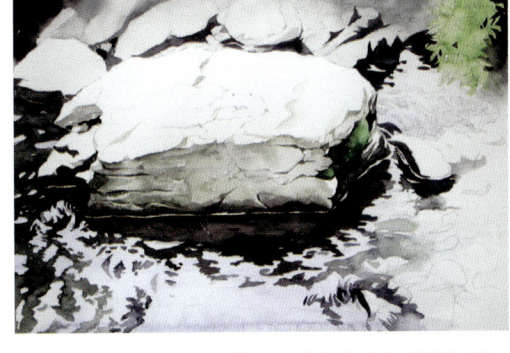

|과정2| 물에 비친 그림자를 스케치에 따라 어두운 색으로 진하게 채색합니다.

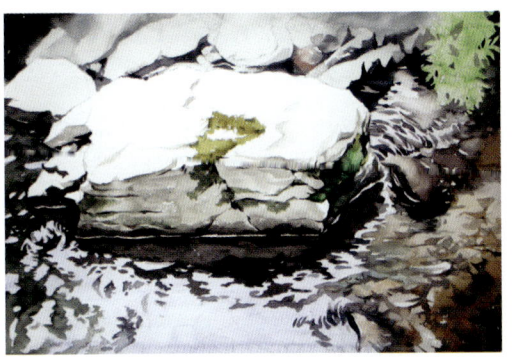

|과정3| 주제 바위와 우측의 돌을 채색합니다.

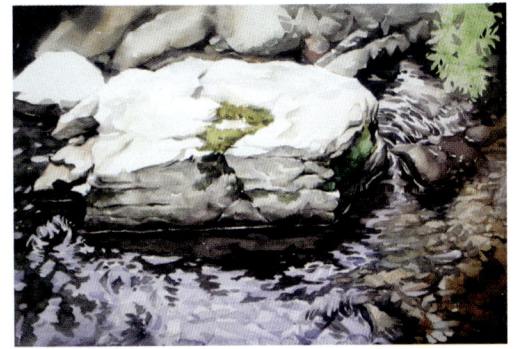

|과정4| 물의 표면을 자연스럽게 덧칠하고, 바위를 작은 붓으로 묘사합니다.

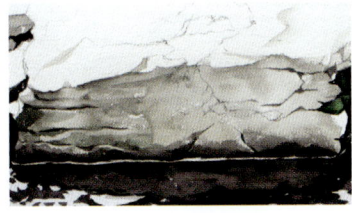

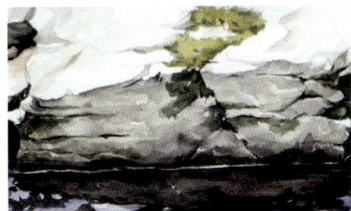

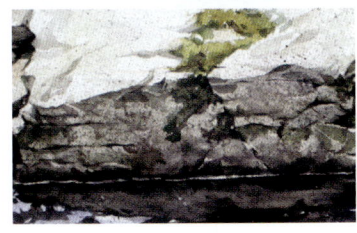

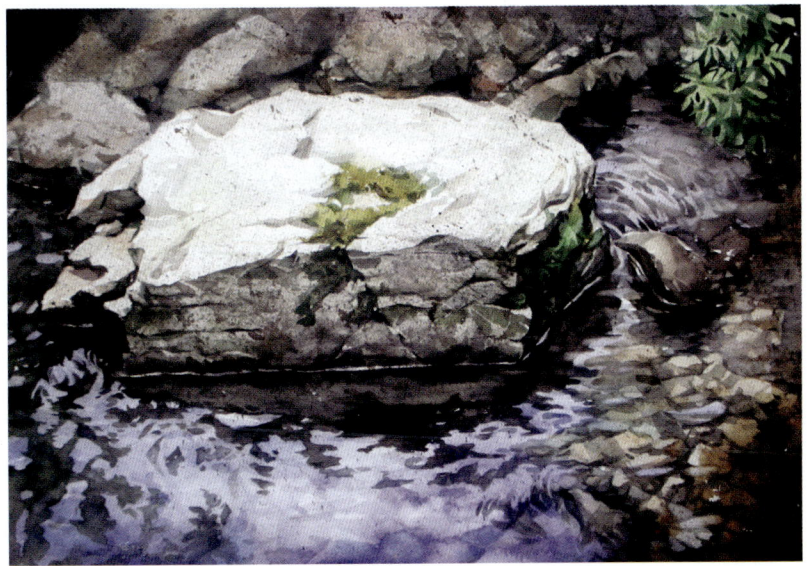

|완성| 이 작품은 완성 전에 뒷부분의 돌과 주제 바위에 칫솔로 뿌리기 기법을 하였습니다. 칫솔에 물감을 묻혀 손가락으로 튕기고 부분적으로 붓으로도 뿌렸습니다. 뿌리는 기법은 표면이 거친 소재를 그릴 경우 많이 사용합니다.

# 계곡 그리기

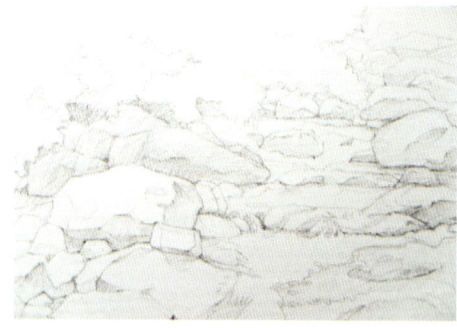

|과정1| 계곡의 밝은 여백 부분을 잘 살려 스케치합니다.

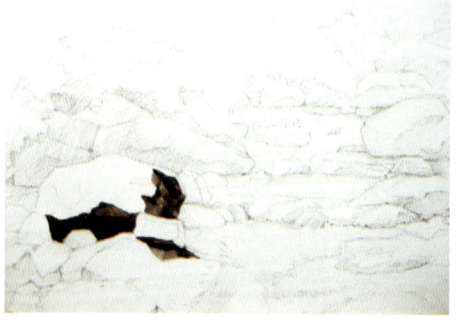

|과정2| 바위의 어둠을 강하게 채색합니다.

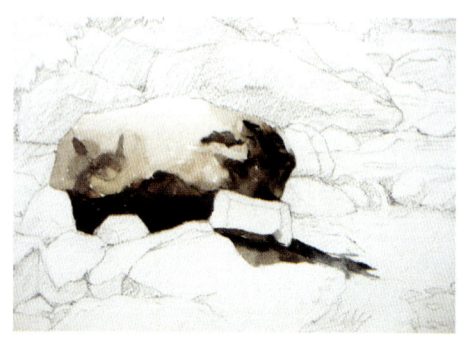

|과정3| 바위의 밝은 부분은 물을 많이 묻혀 밝게 채색합니다.

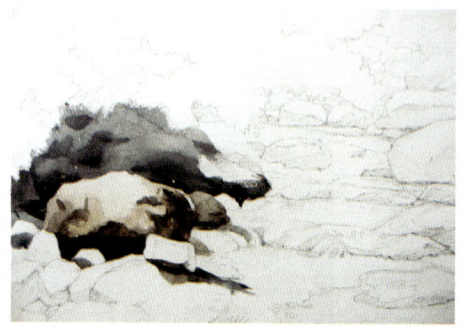

|과정4| 바위를 중심으로 어둠을 채색합니다.

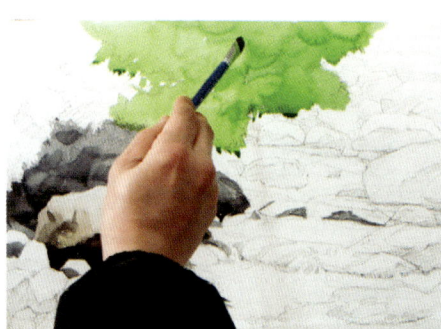

|과정5| 앞의 숲을 변화 있게 채색합니다.

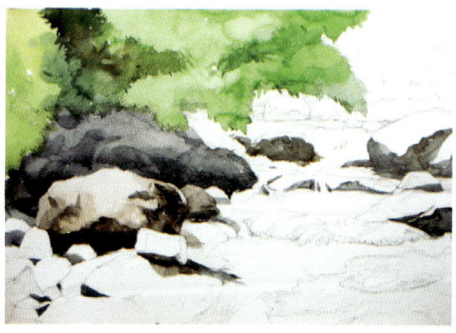

|과정6| 숲의 명암을 크게 보고 채색하며 변화를 크게 줍니다.

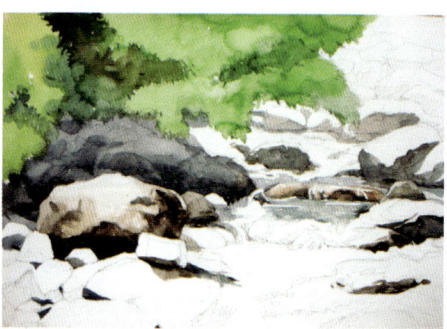

|과정7| 중간 바위의 어둠을 표현하고 하얀 여백을 잘 살려 물을 밝게 채색합니다.

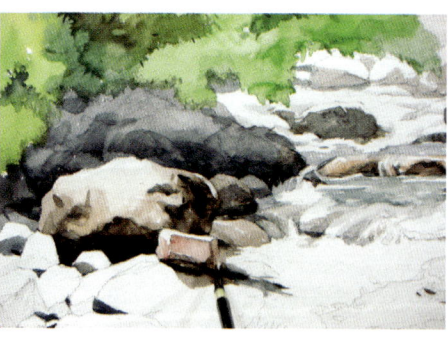

|과정8| 앞의 바위를 묘사해줍니다.

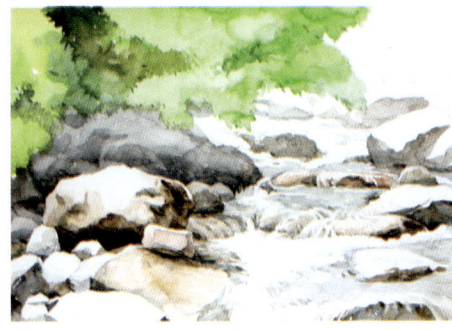

|과정9| 앞부분 작은 바위들의 어둠과 밝은 계곡을 채색합니다.

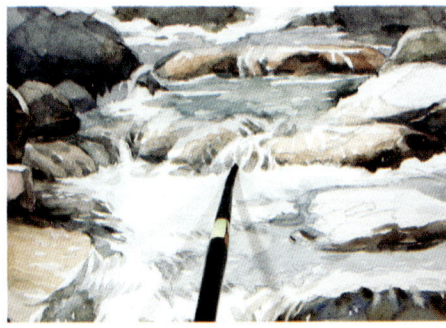

|과정10| 계곡의 물살을 채색할 때 자연스럽게 여백이 남도록 하며 이때 여백의 형태가 중요합니다.

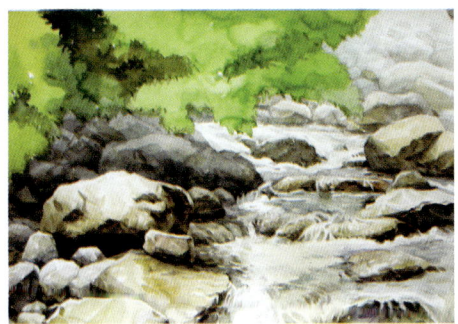

|과정11| 바위의 밝은 부분을 변화있게 채색합니다.

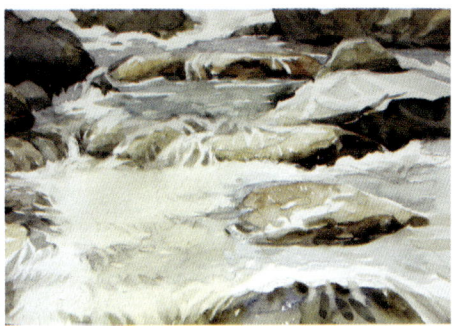

|과정12| 계곡물은 밝은 톤의 변화와 하얀 여백이 자연스럽게 어울리도록 채색합니다.

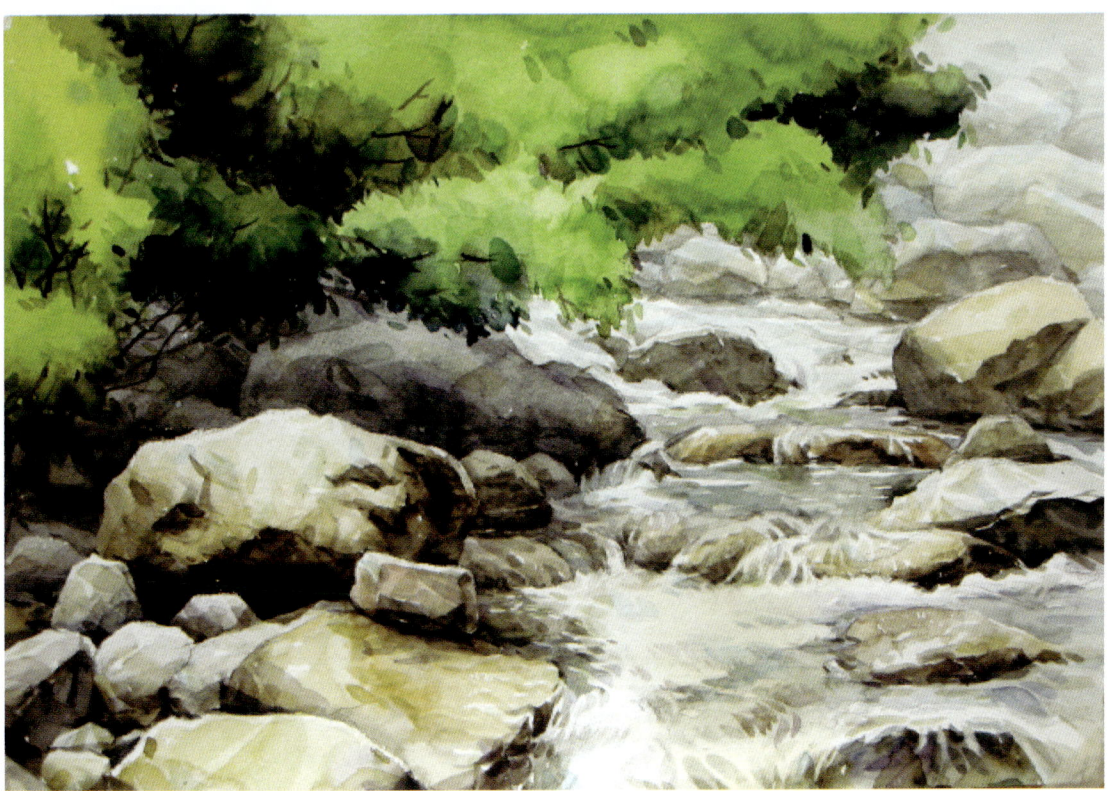

|완성| 숲의 작은 붓질과 나뭇가지, 물의 작은 변화, 바위의 중간 톤 변화를 정리하며 마무리합니다. 계곡물의 채색 부분이 어두워지지 않도록 주의하세요.

# 파도 그리기

|과정1| 파도의 변화가 잘 나오도록 스케치합니다. 큰 변화가 잘 나타나도록 신경쓰세요.

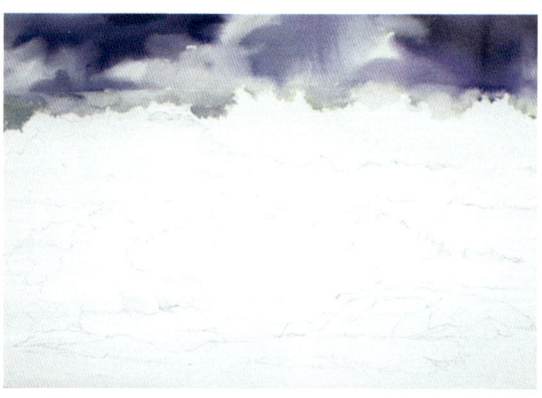

|과정2| 하늘을 물칠한 후 퍼머넌트 바이올렛, 울트라마린 딥, 세피아를 섞어 변화 있게 채색합니다. 색의 변화보다는 물 농도 조절이 중요합니다.

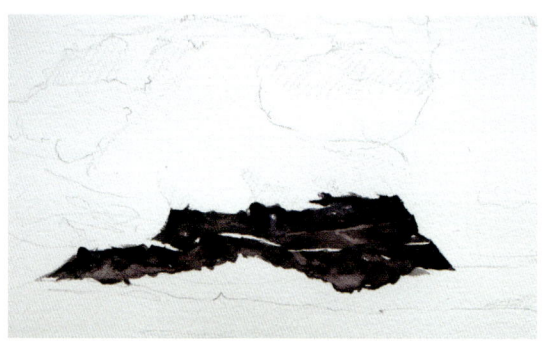

|과정3| 앞부분의 바위를 어둡게 채색합니다.

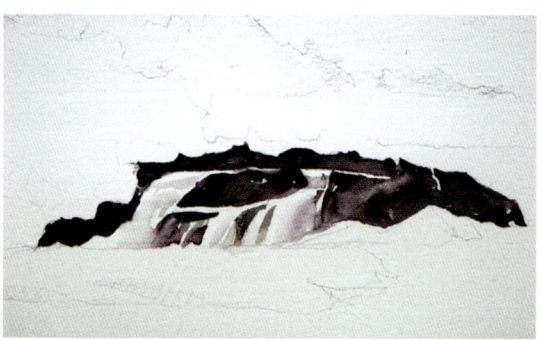

|과정4| 앞부분 오른쪽 바위에서 물이 흐르는 부분을 정확하게 남기고 어둡게 채색합니다.

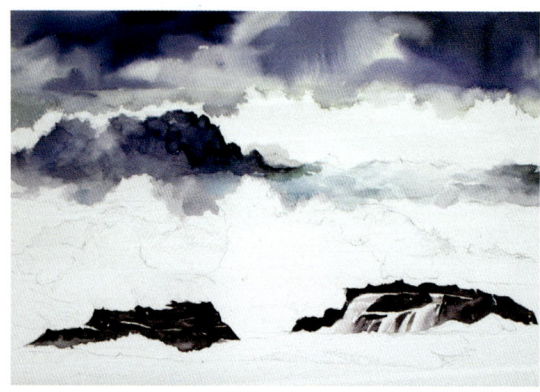

|과정5| 파도의 어둠과 밝음의 경계를 스케치에 따라 채색합니다.

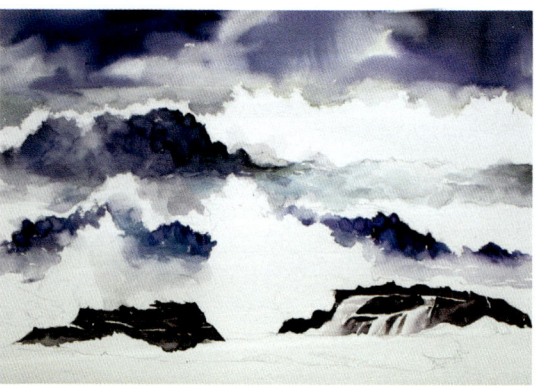

|과정6| 중간 파도를 퍼머넌트 바이올렛과 울트라마린 딥을 주색으로 하여 변화 있게 채색합니다.

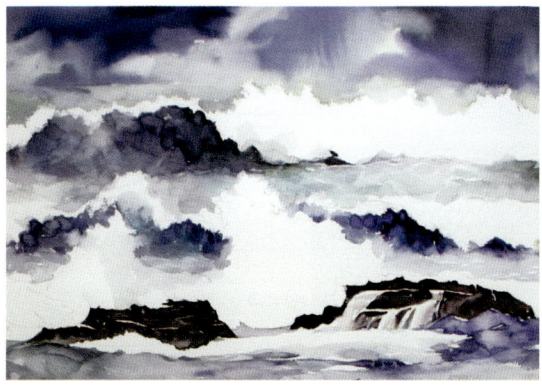

|과정7| 하얀 여백을 잘 살피며 바위 앞부분을 채색합니다.

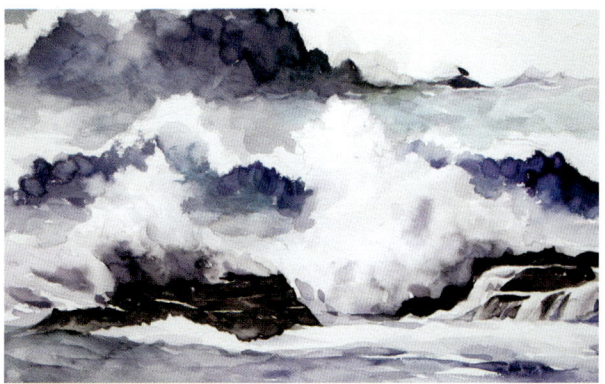

|과정8| 파도의 하얀 부분의 중간 어둠과 밝은 어둠을 채색합니다.

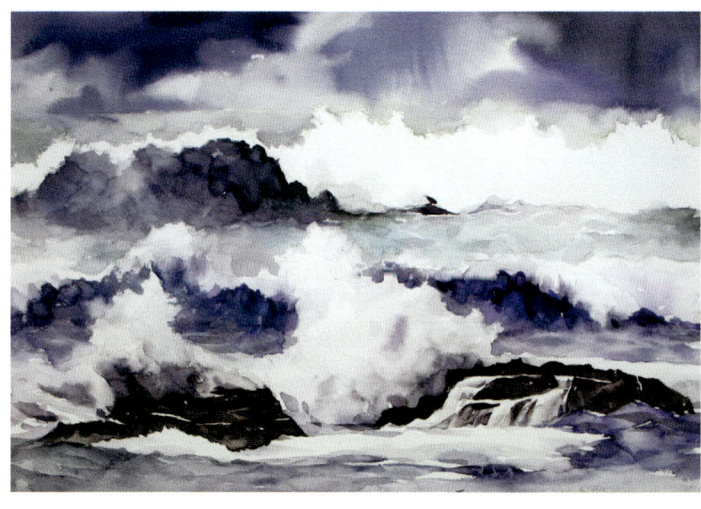

|과정9| 파도의 밝은 어둠은 부분적으로 물 칠해 밝게 채색하면 밝은 톤의 자연스러운 변화가 잘 나타납니다.

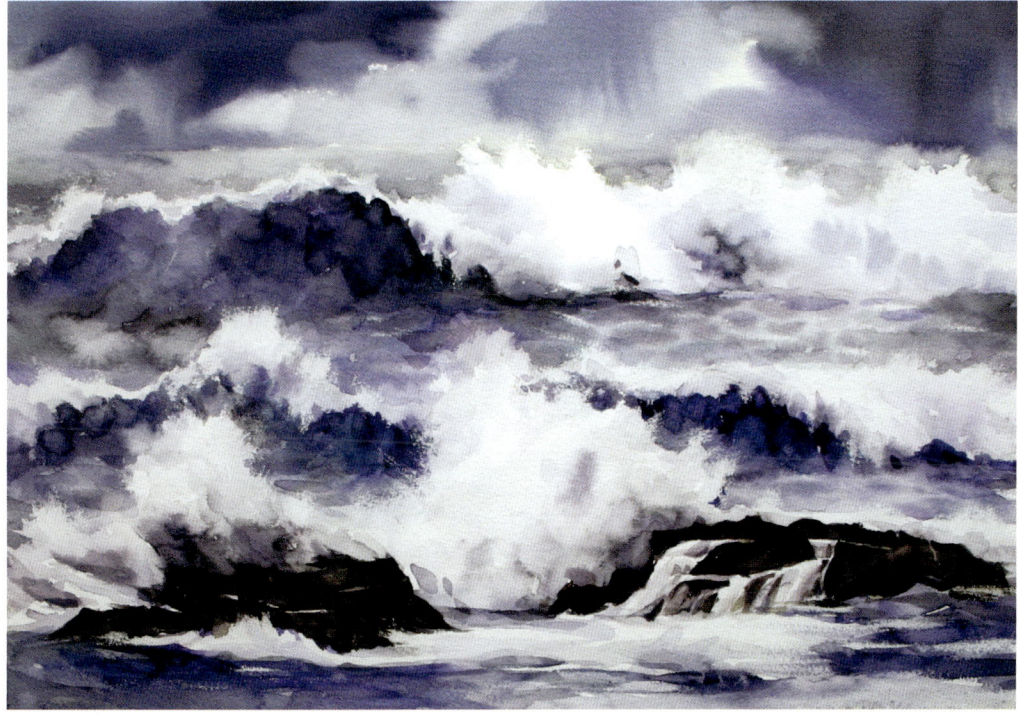

|완성| 전체적으로 자연스럽게 마무리한 후, 사포를 파도의 하얀 부분에 문지르거나 칼로 살짝 긁어 파도의 생동감 있는 모습을 표현합니다.

# 겨울 이야기

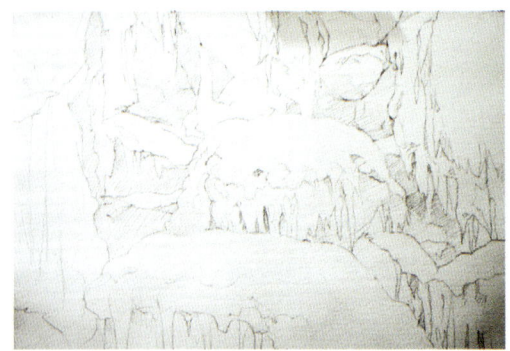

|과정1| 고드름의 형태를 주의하여 스케치합니다.

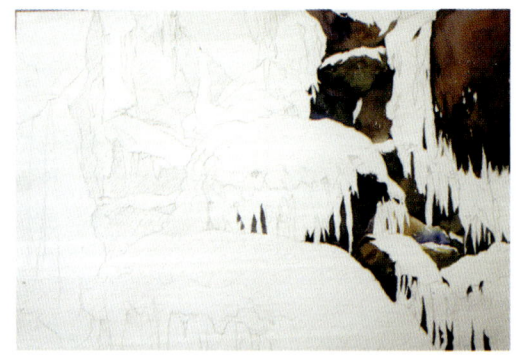

|과정2| 어두운 부분을 변화 있게 채색합니다.

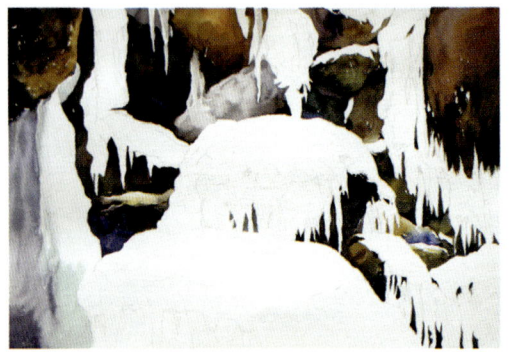

|과정3| 어두운 부분을 채색하며 고드름의 형태를 묘사합니다.

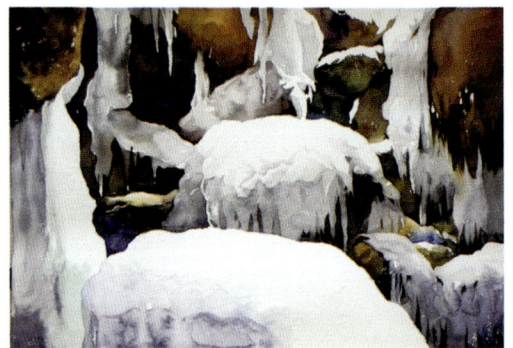

|과정4| 고드름의 명암을 밝게 채색합니다.

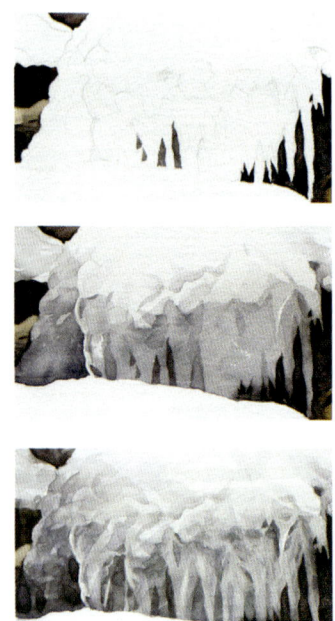

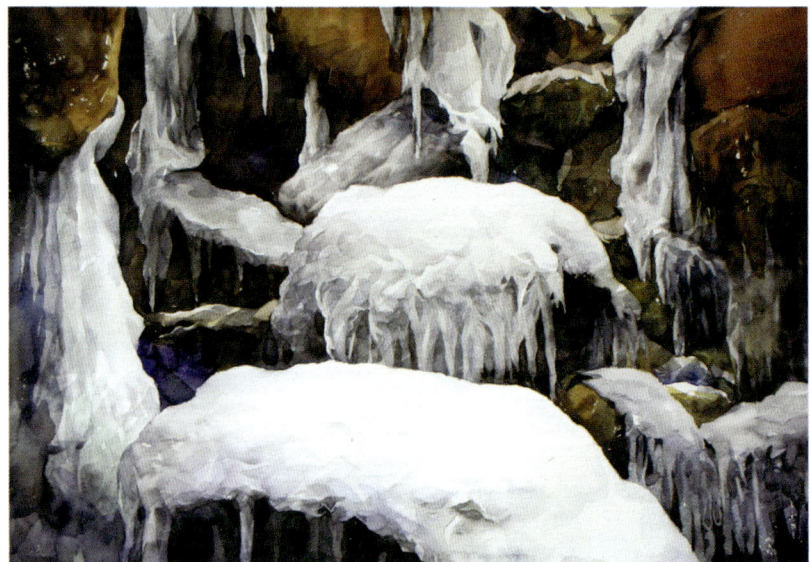

|완성| 밝고 부드러운 고드름과 어둡고 거친 바위의 느낌을 살려 마무리합니다. 고드름 부분의 어둠은 밝은 중간 톤으로 표현하여 바위와 대조를 이루게 합니다.

# 설중매

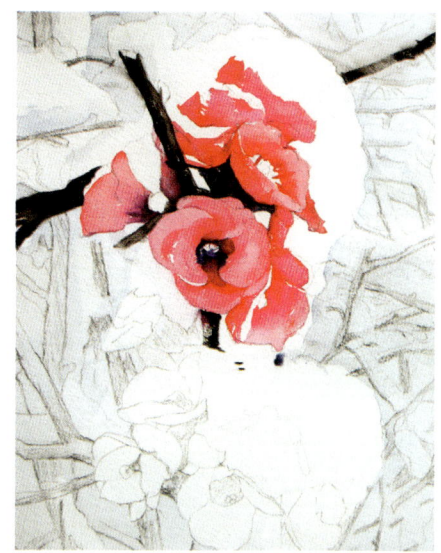

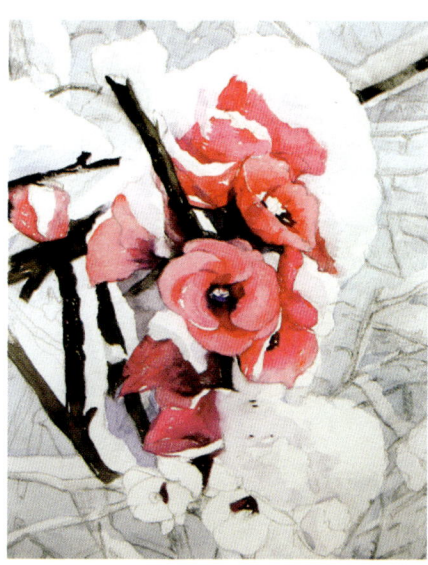

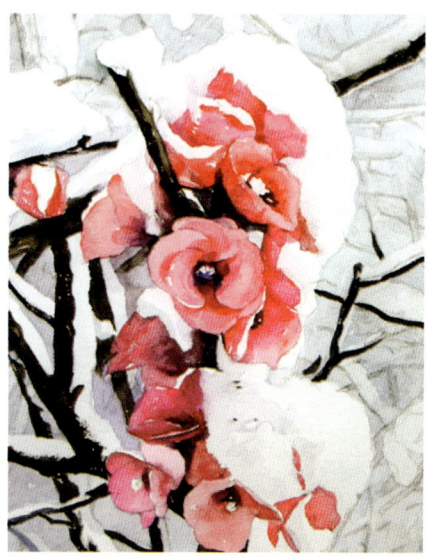

|과정2| 눈이 쌓인 매화의 모습이 잘 나타나도록 스케치한 후, 앞의 매화를 뺀 나머지 부문을 피코크 블루로 밝게 채색합니다.

|과정2| 눈과의 경계를 잘 살려 매화를 채색하고 나뭇가지의 어둠도 강하게 채색합니다.

|과정3| 나뭇가지의 어두운 부분을 채색할 때도 눈이 쌓인 것을 상상하며 채색합니다. 뒷부분 나뭇가지의 어둠은 섬사 약해지고 거기 쌓인 눈도 흐려져야 합니다.

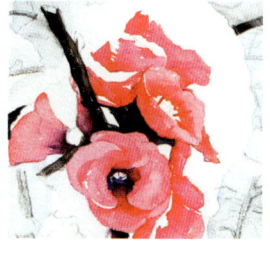

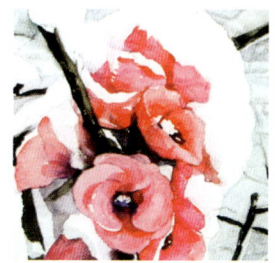

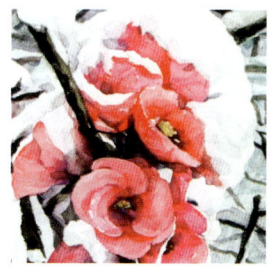

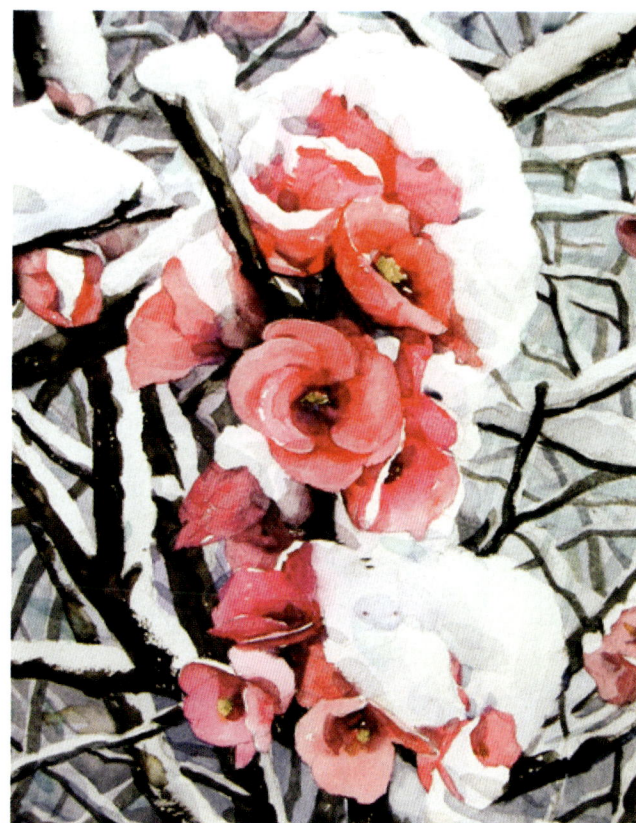

|완성| 붉은 매화와 하얀 눈의 대조가 이 그림의 포인트입니다. 특히 하얀 눈의 어둠은 밝은 중간 톤으로 채색하여 화면에서 하얀 느낌을 유지해야 합니다.

# 벚꽃 그리기

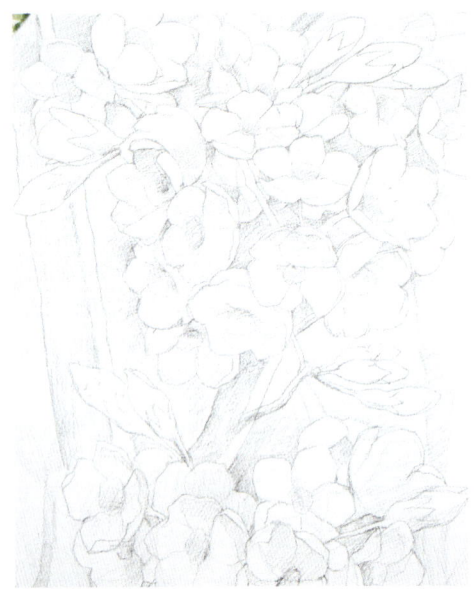

|과정1| 벚꽃의 다양한 형태와 비슷한 크기, 명암을 주의하여 스케치합니다.

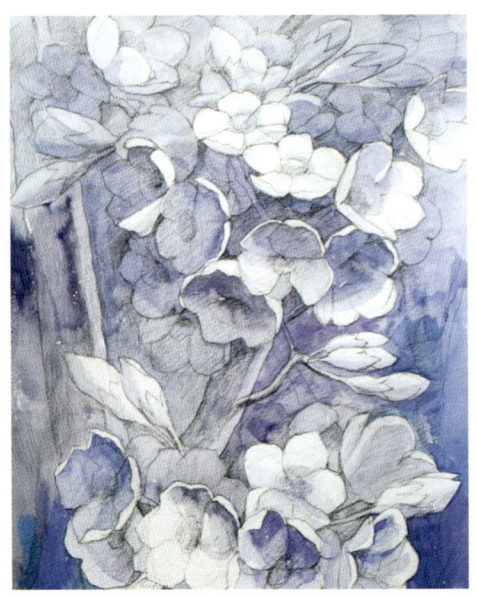

|과정2| 전체적으로 블루 계열의 모노톤으로 어둠을 채색합니다.

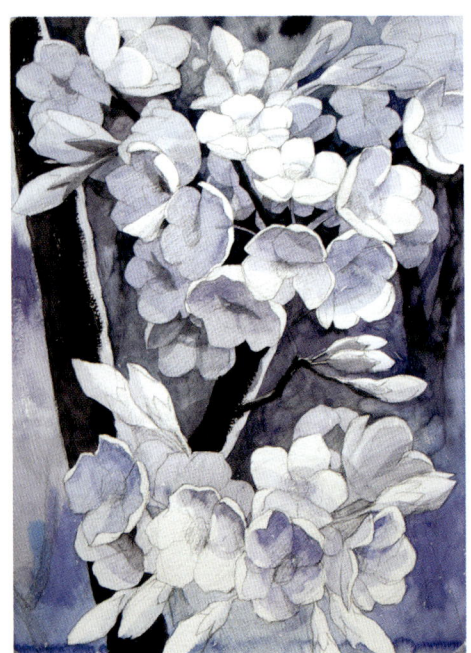

|과정3| 전체적으로 어두운 부분을 과감하게 채색합니다. 특히 나무와 벚꽃의 농도 차이가 크게 나와야 합니다.

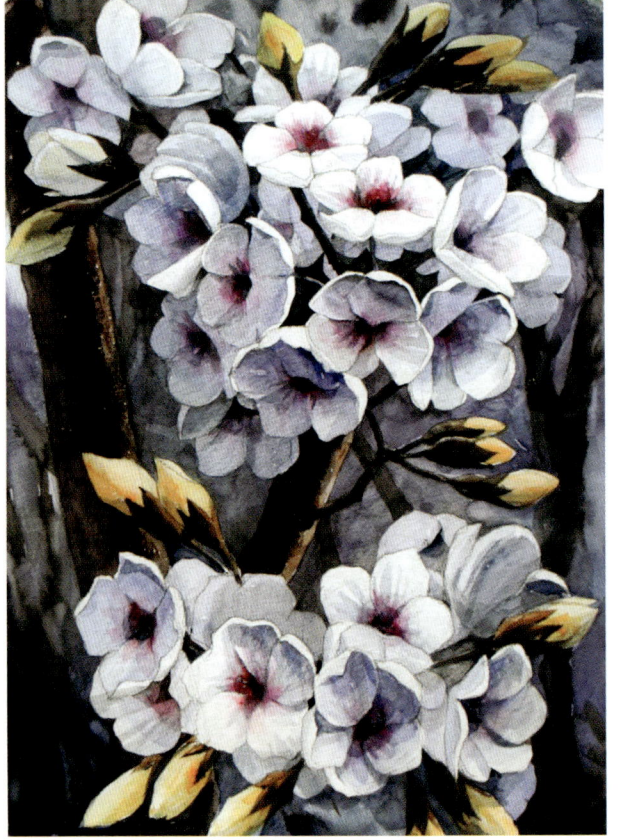

|완성| 물 농도를 약하게 하여 색채를 넣습니다. 이 그림에서는 미처 처리하지 못했지만, 스케치선을 지우도록 하세요.

# 민들레 풍경

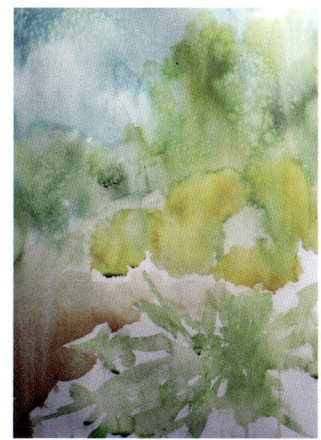

|과정1| 종이가 젖은 상태에서 전체적인 느낌을 살펴 채색합니다.

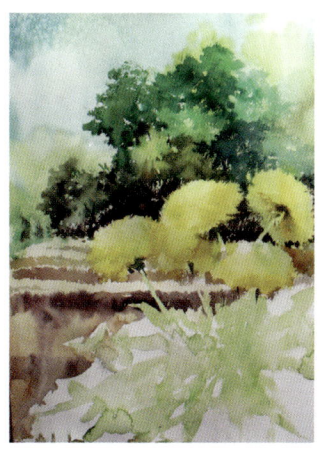

|과정2| 민들레꽃의 형태는 외곽의 어둠을 이용하여 잡습니다.

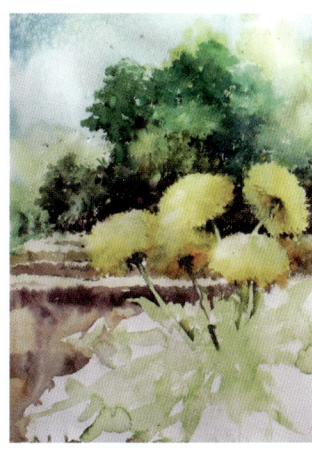

|과정3| 붓의 물기를 조절하며 꽃을 묘사합니다.

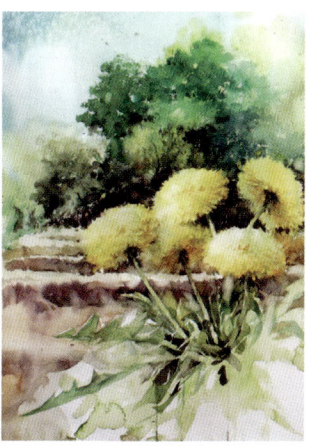

|과정4| 배경의 느낌을 살려 민들레잎을 묘사합니다.

### tip 갈필

민들레꽃의 외곽과 나무의 외곽에서 갈필의 기법을 사용했습니다. 갈필은 붓의 물기를 아주 적게 하여 종이의 질감이 나타나도록 하는 마른 터치입니다. 매우 거칠고 건조한 느낌을 주는 붓 터치의 일종으로, 질감 표현이나 회화적인 느낌을 위해 사용됩니다. 특히 중목 cold-pressed 이나 황목 rough 수채화용지의 표면 질감을 이용하여 다양한 느낌을 주는 테크닉입니다.

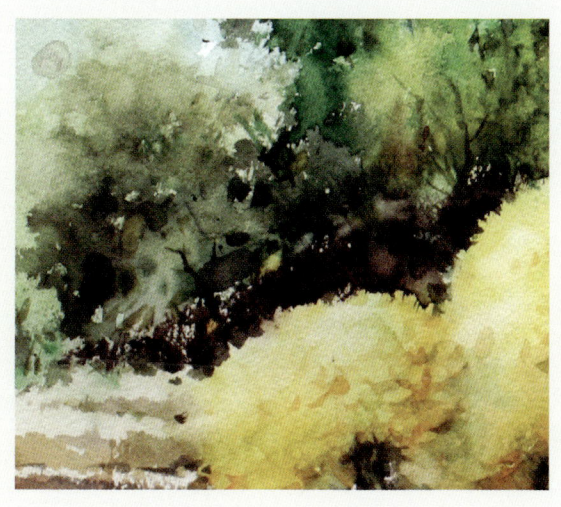

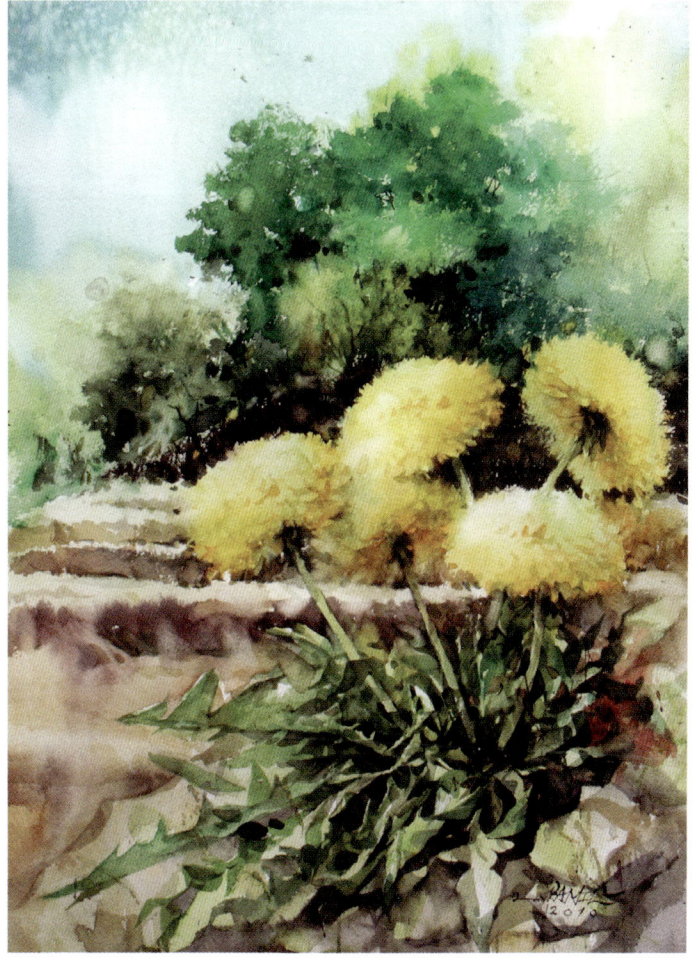

|완성| 전체적인 느낌을 살피면서 마무리합니다.

# 포도 그리기

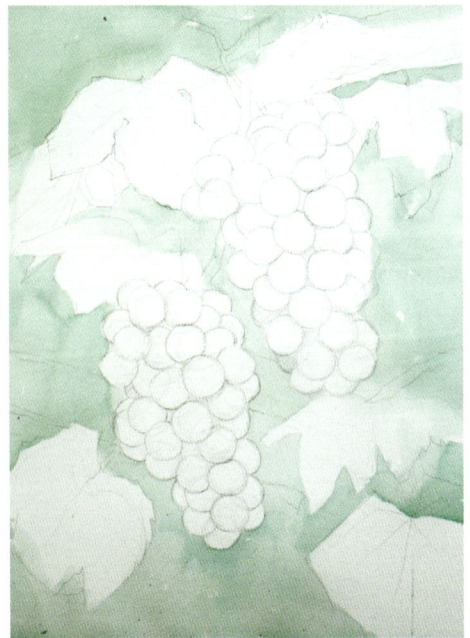

|과정1| 포도의 특징이 잘 나오도록 스케치하고 배경을 피코크 블루로 밝게 채색합니다.

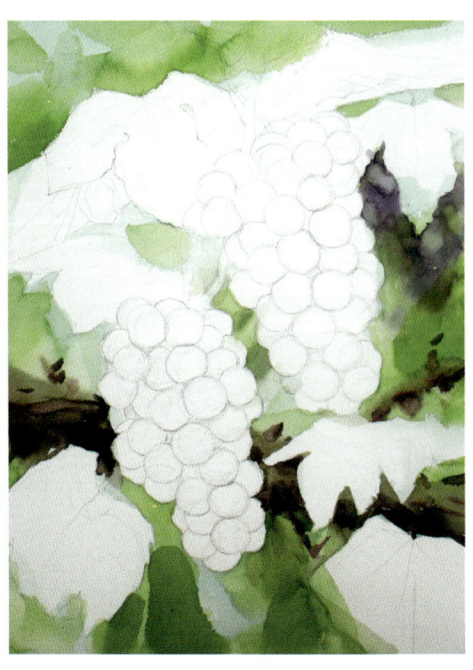

|과정2| 배경을 샙 그린과 후커스 그린으로 변화 있게 채색합니다. 특히, 물 농도의 변화를 줘 화면이 자연스럽게 번지도록 하세요.

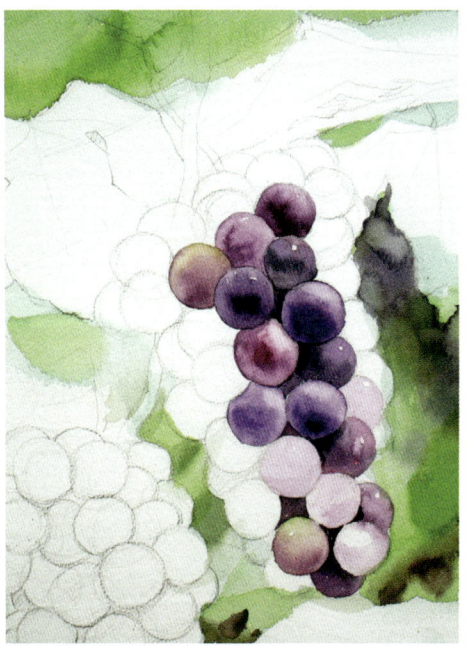

|과정3| 빛 방향을 주의하며 앞부분의 포도알부터 채색합니다. 포도알은 바이올렛을 기본으로 레드, 블루, 블랙 등을 혼합하여 채색합니다. 작은 붓으로 물 농도를 조절해 칠하세요.

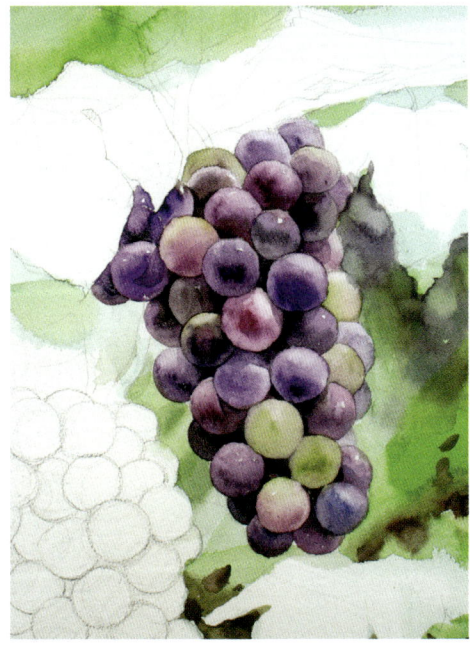

|과정4| 포도를 표현할 때 포도알의 작은 묘사와 포도송이의 전체적인 덩어리감이 함께 나와야 합니다. 어두운 부분을 자연스럽게 표현하세요.

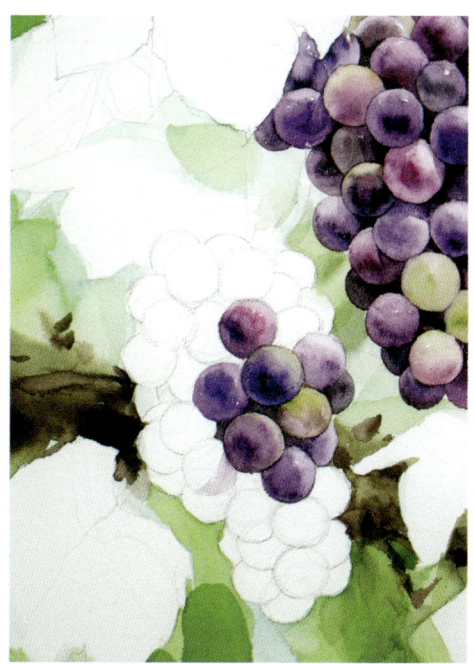

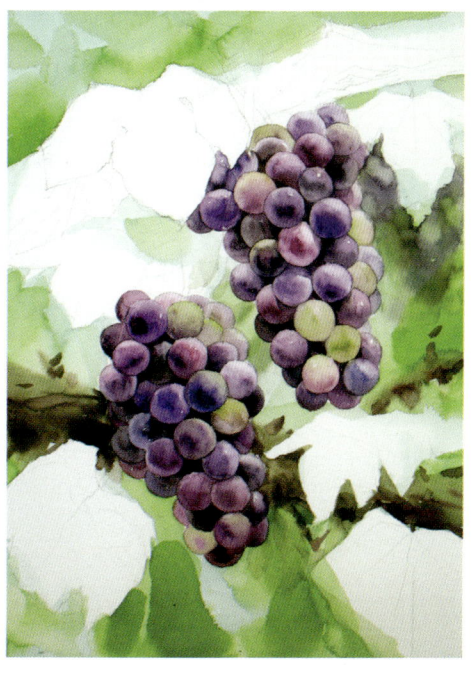

|과정5| 같은 요령으로 두 번째 포도를 채색합니다.

|과정6| 두 송이의 포도의 톤이 다르지 않도록 주의
하세요.

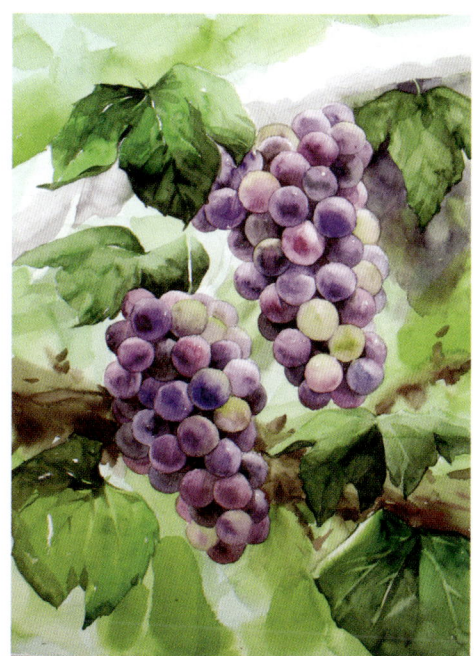

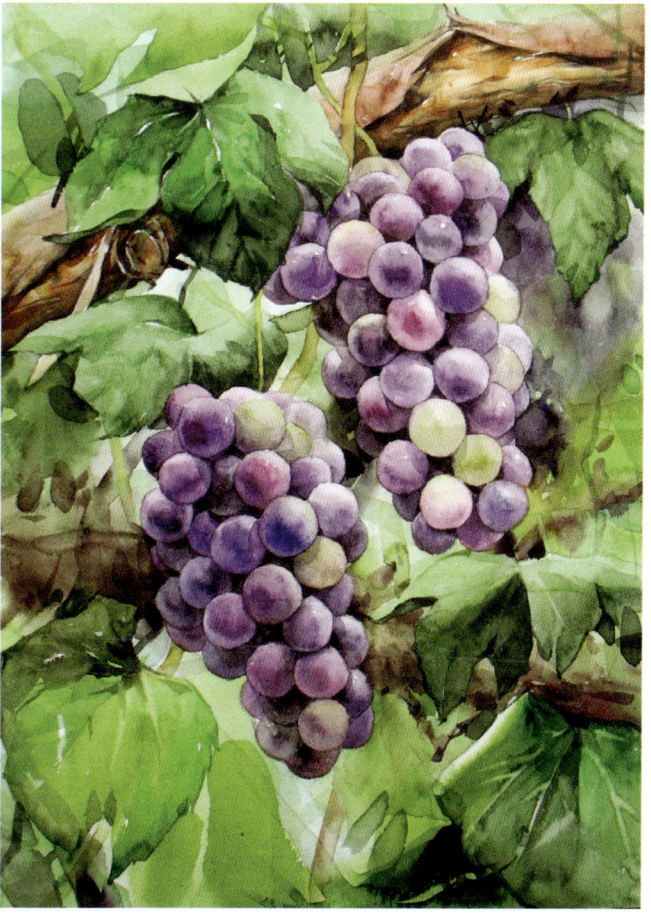

|과정7| 포도잎의 명암이 잘 나타나도록 채색합니다.
포도잎의 크기 때문에 자연스럽게 연출하는 것이 중
요합니다.

|완성| 위의 나뭇가지와 포도 줄기의 변화, 그리고 포
도의 어둠을 특히 주의하여 마무리하세요. 단순해 보
이지 않도록 중간 색으로 변화를 줍니다.

# 들장미 그리기

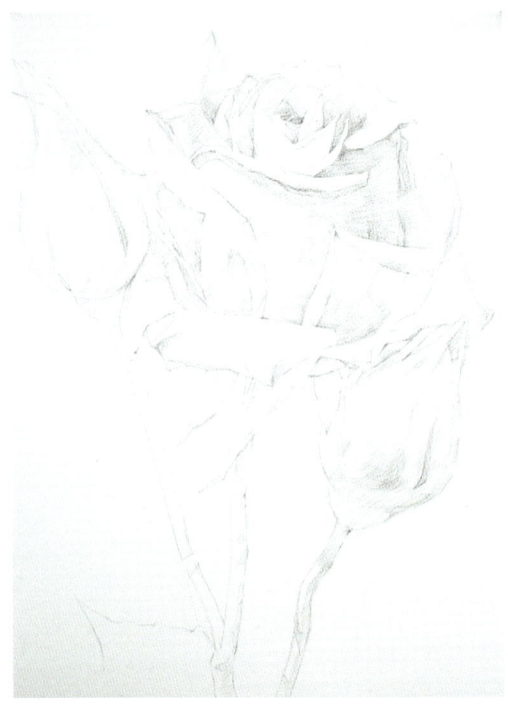

|과정1| 장미의 형태와 모양을 주의하여 스케치합니다.

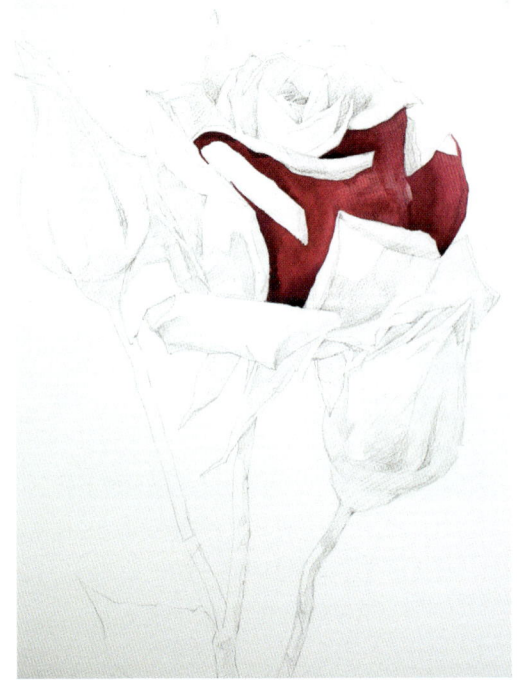

|과정2| 장미의 어두운 부분을 로즈 매더를 주색으로 진하게 채색합니다.

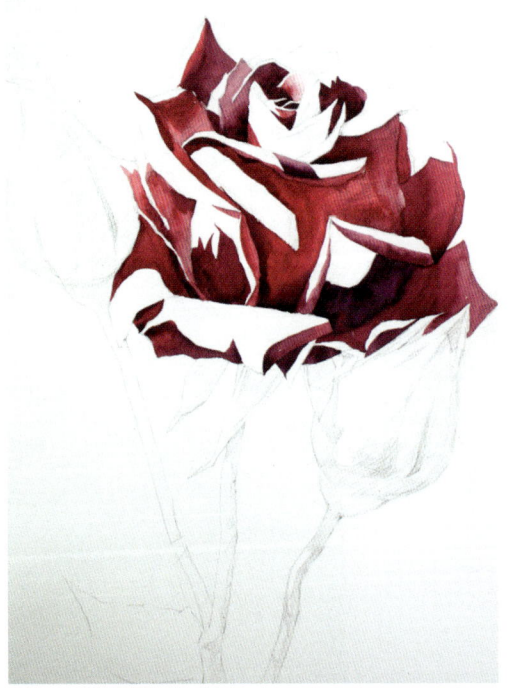

|과정3| 장미의 가장 어두운 부분에 바이올렛을 혼합해 강하게 채색합니다.

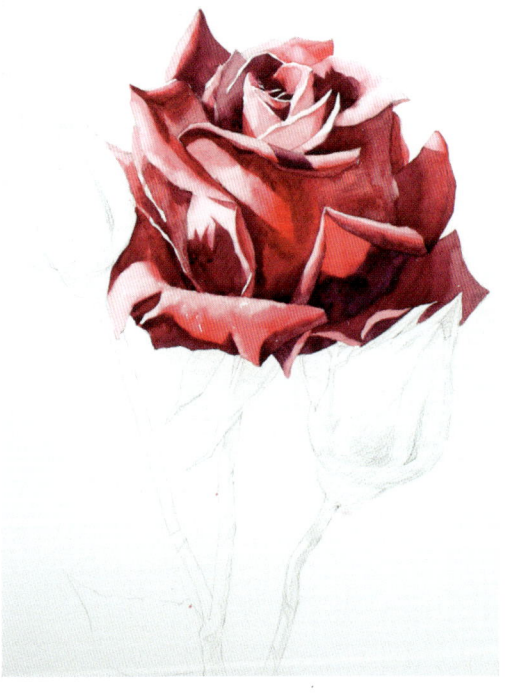

|과정4| 장미의 밝은 부분과 중간 톤 부분을 퍼머넌트 로즈로 물 농도를 조절해 채색합니다. 명암이 정확히 표현되어야 장미의 특징이 잘 삽니다.

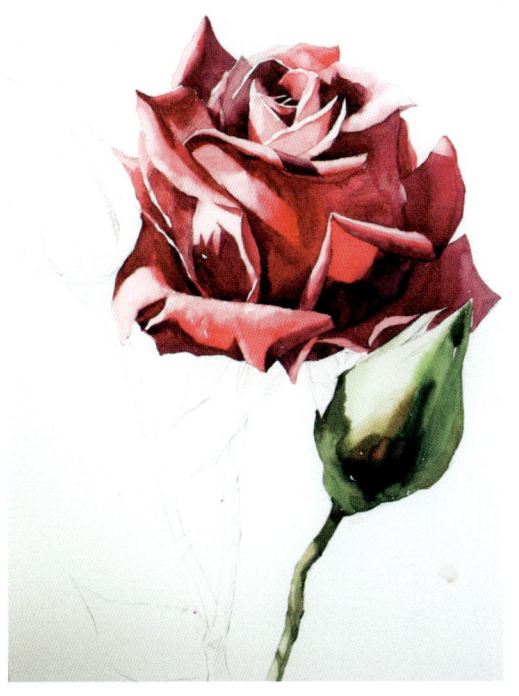

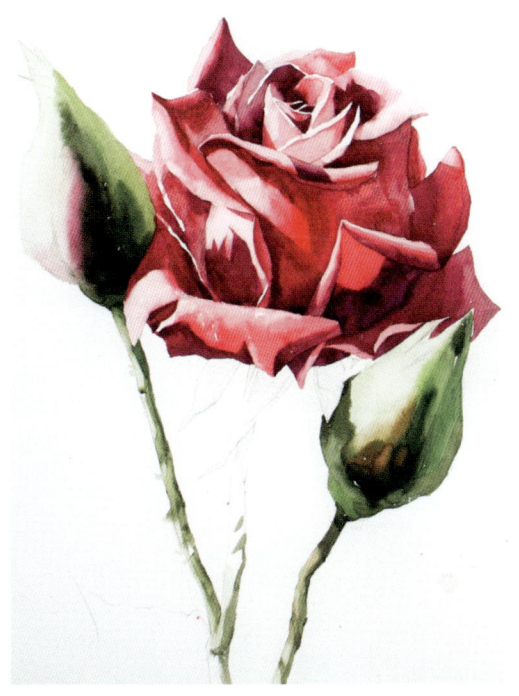

|과정5| 오른쪽 봉우리는 샙 그린을 주색으로 채색하고 어두운 부분을 반다이크 브라운으로 채색합니다. 밝은 부분은 물을 듬뿍 묻혀 아주 밝게 합니다.

|과정6| 왼쪽 봉우리도 샙 그린을 주색으로 채색해 어두운 부분과 연결하며 레드 계열을 밝게 채색해 자연스럽게 번지게 합니다.

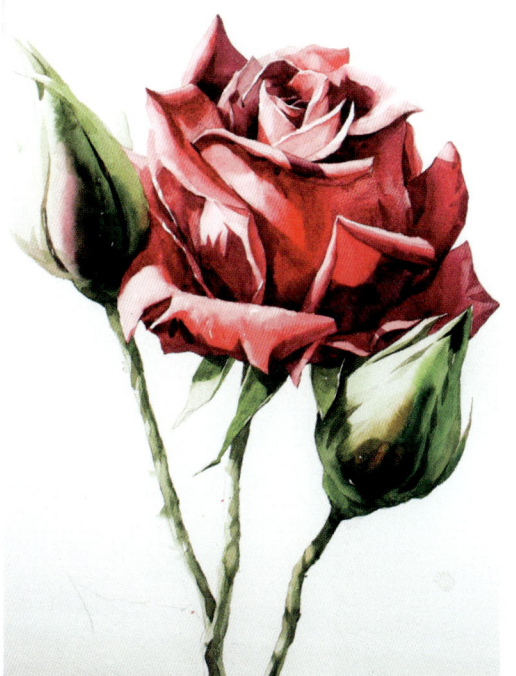

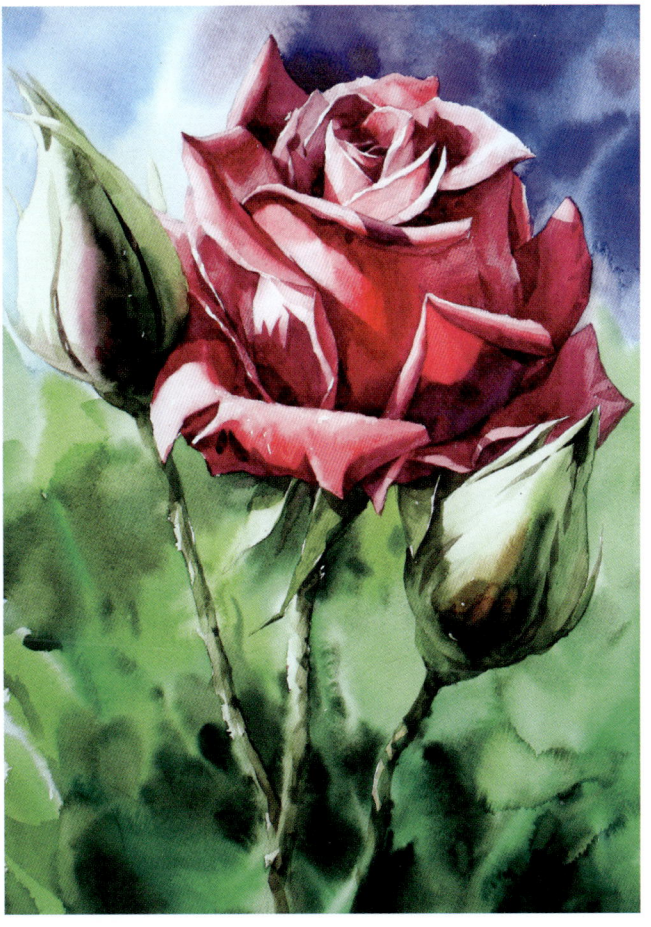

|과정7| 장미의 어두운 부분을 더 깊게 덧칠하고 꽃받침을 묘사합니다.

|완성| 완성된 장미의 경계를 잘 살려 배경에 물을 칠하여 변화 있게 채색합니다. 물이 흐르지 않도록 종이를 눕히고 채색하는 것도 한 방법입니다.

# 작약 그리기

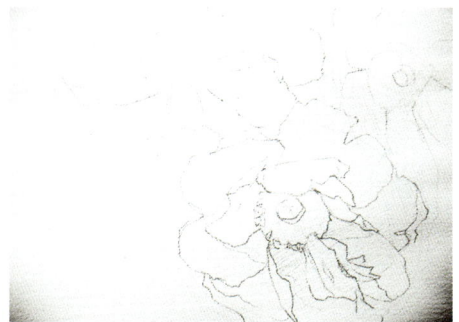

|과정1| 작양의 특징이 잘 나타나도록 스케치합니다.

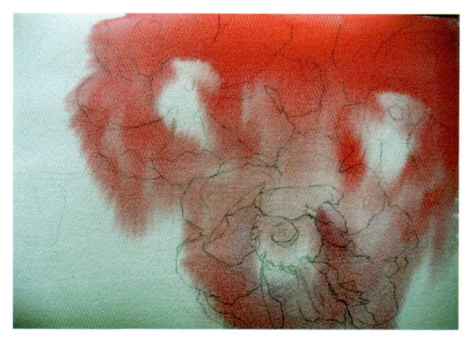

|과정2| 화면에 물을 칠한 후, 퍼머넌트 레드로 작약 부분을 채색합니다.

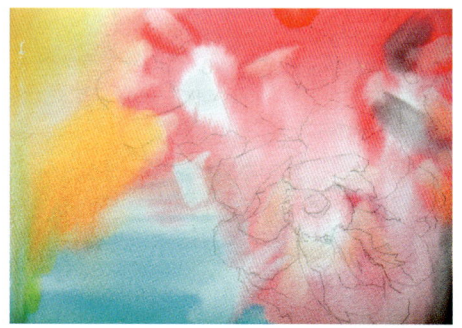

|과정3| 배경을 옐로와 블루로 채색합니다.

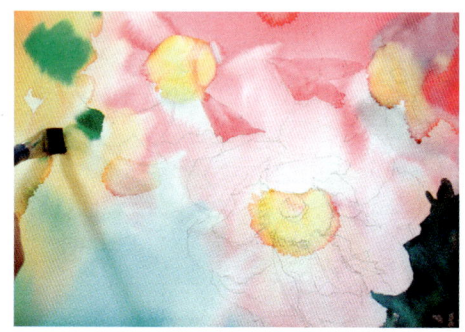

|과정4| 배경이 마르기 전에 작약의 꽃술 부분을 변화 있게 채색합니다.

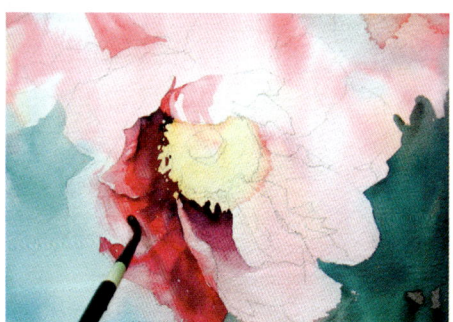

|과정5| 작약의 어두운 부분을 기준으로 꽃잎을 채색합니다.

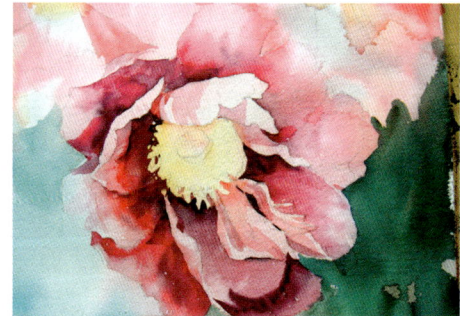

|과정6| 꽃의 풍부한 톤은 색의 변화보다 물 농도의 변화가 더욱 중요합니다.

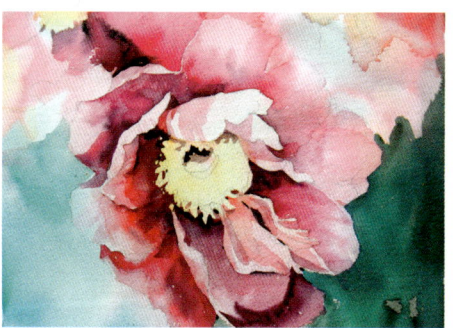

|과정7| 작약의 형태를 유의하며 변화 있게 채색합니다.

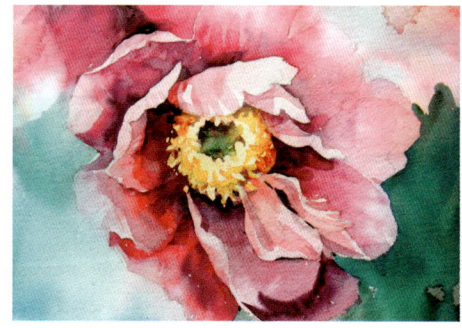

|과정8| 꽃술의 표현은 매우 중요하므로 각별히 신경써서 채색합니다.

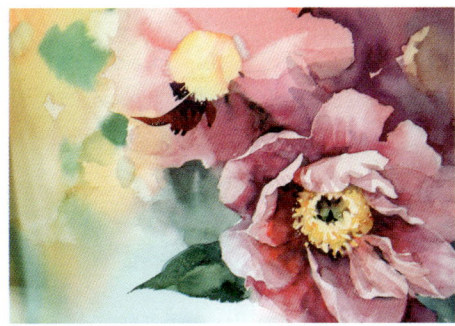

|과정9| 앞 작약의 어둠을 참고하여 과감하게 채색합니다.

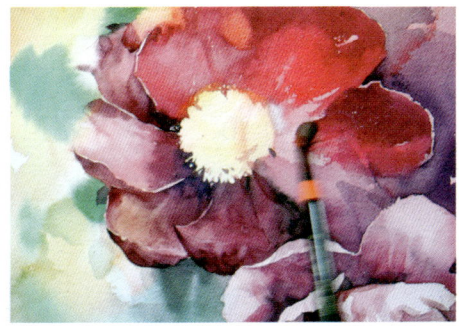

|과정10| 작약 꽃잎의 톤 변화를 덧칠하여 표현합니다.

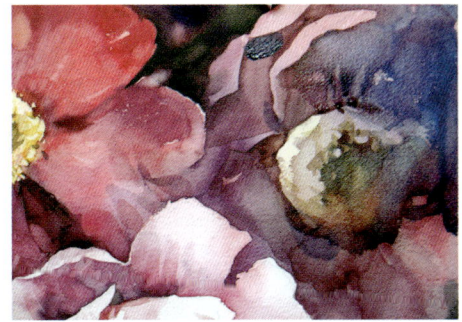

|과정11| 우측 작약은 바이올렛, 블루 계열로 덧칠하여 채도를 낮추어주세요.

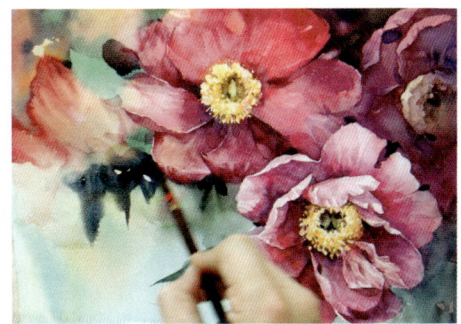

|과정12| 작약을 중심으로 배경을 변화 있게 표현합니다.

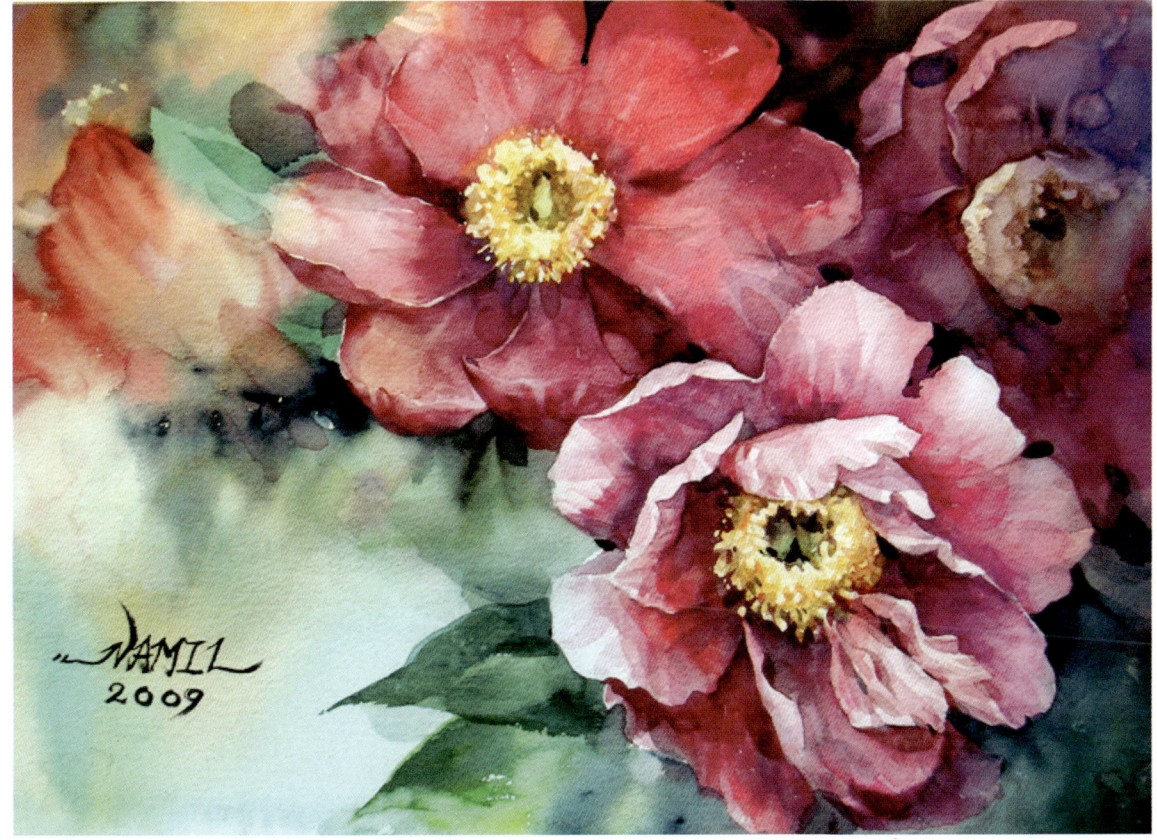

|완성| 작약의 특징과 전체적인 느낌이 잘 표현되게 마무리하세요.

# 자비의 꽃

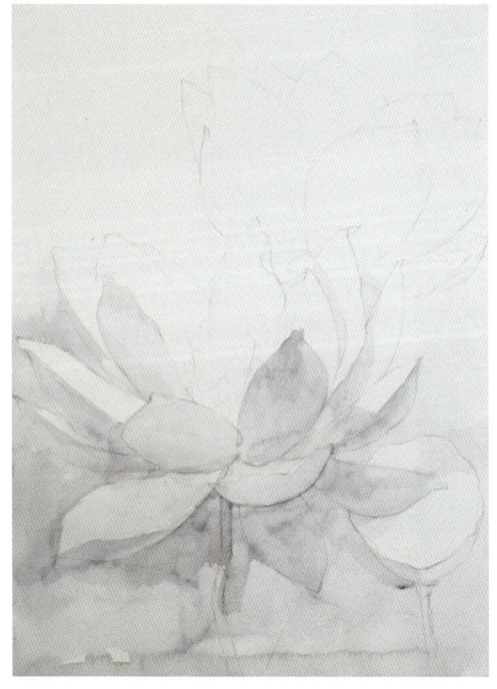

|과정1| 스케치 후, 울트라마린 딥과 반다이크 브라운을 혼합하여 연꽃의 어두운 부분과 그 아랫부분을 연하게 채색합니다.

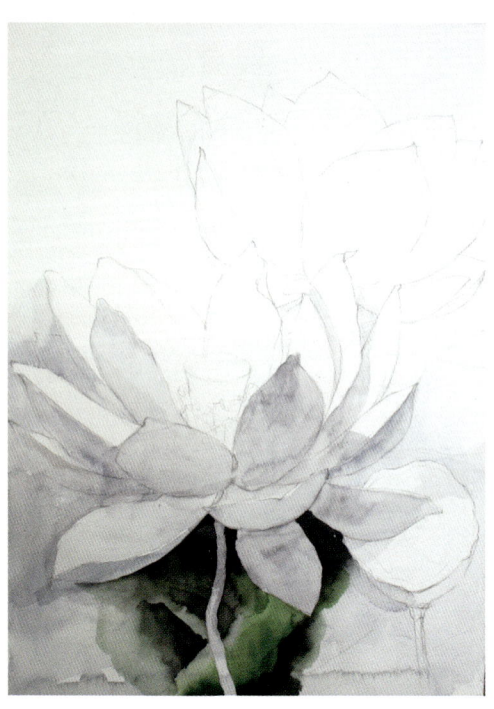

|과정2| 배경이 마르기 전에 연꽃의 아랫부분을 강하게 채색합니다.

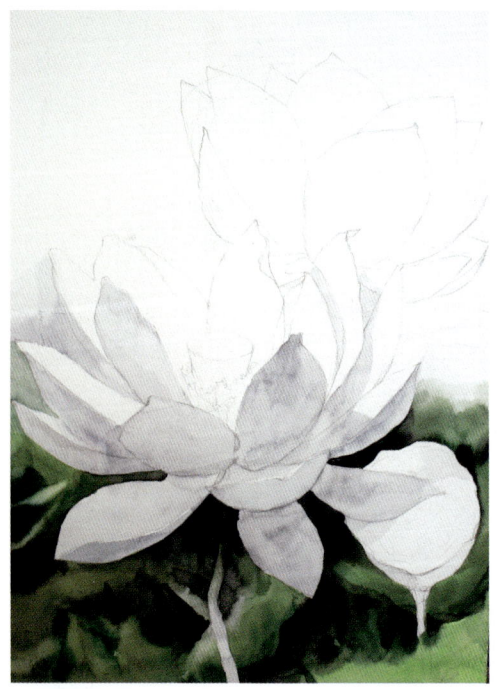

|과정3| 연꽃 아랫부분의 연잎들이 잘 표현되도록 채색합니다.

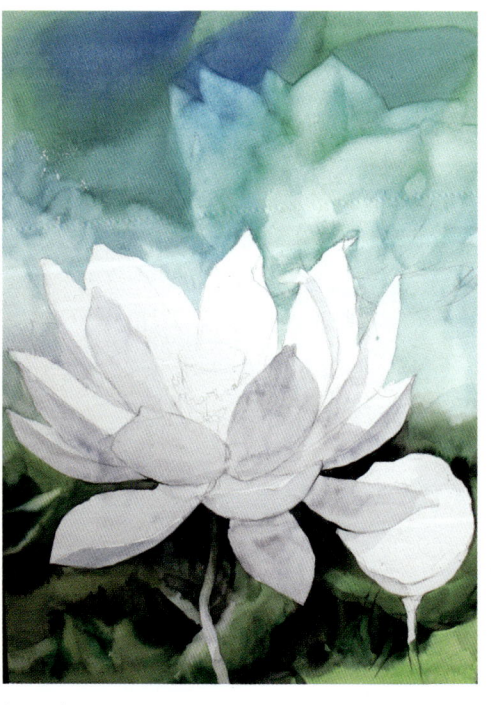

|과정4| 연꽃의 윗부분은 피코크 블루와 샙 그린을 혼합해 채색하고 중간으로 내려올수록 연하게 채색합니다.

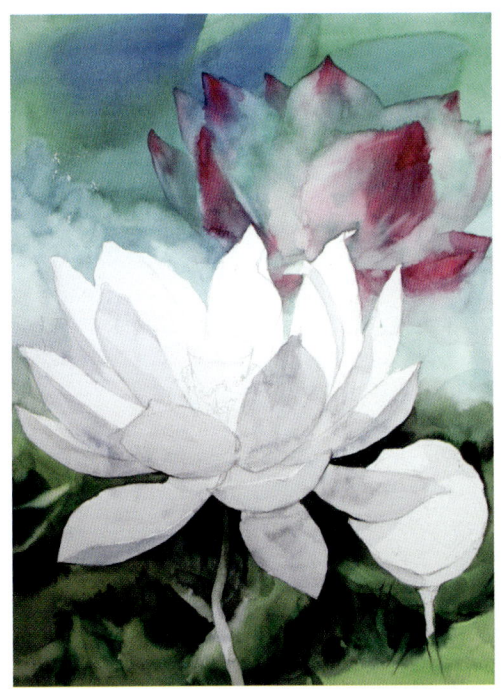

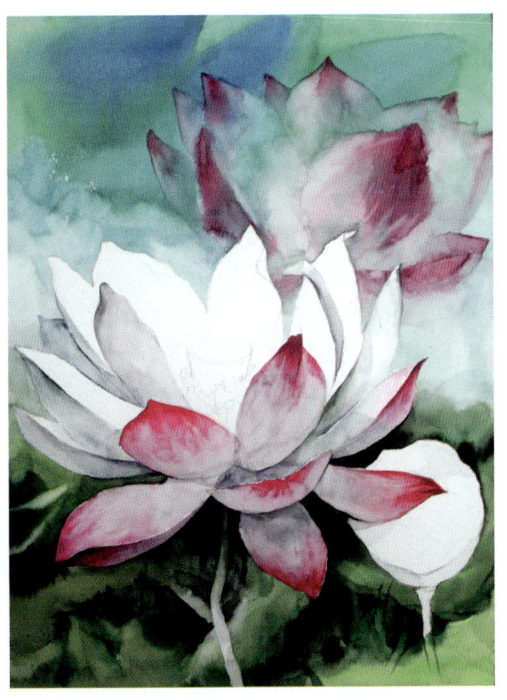

|과정5| 배경 윗부분의 채색이 마르기 전에 연꽃의 형태를 닦아내고 오페라 색을 덧칠합니다.

|과정6| 연꽃의 꽃잎은 끝부분에 오페라를 강하게 채색하고 아래로 내려올수록 닦여지도록 채색합니다. 연꽃의 하얀 부분은 색이 묻지 않도록 주의합니다.

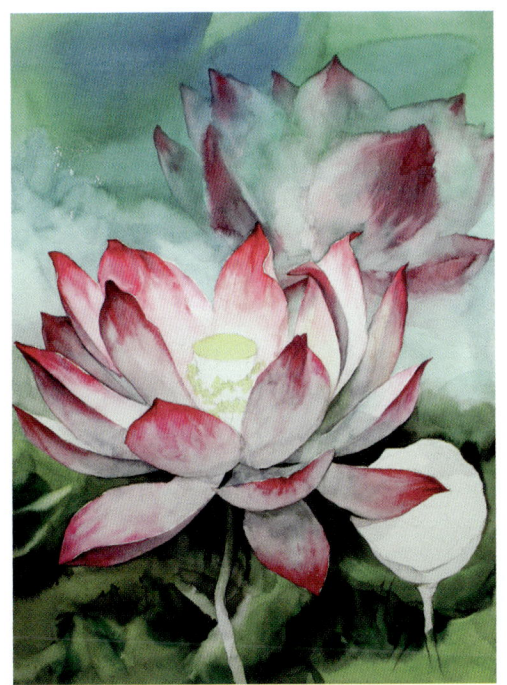

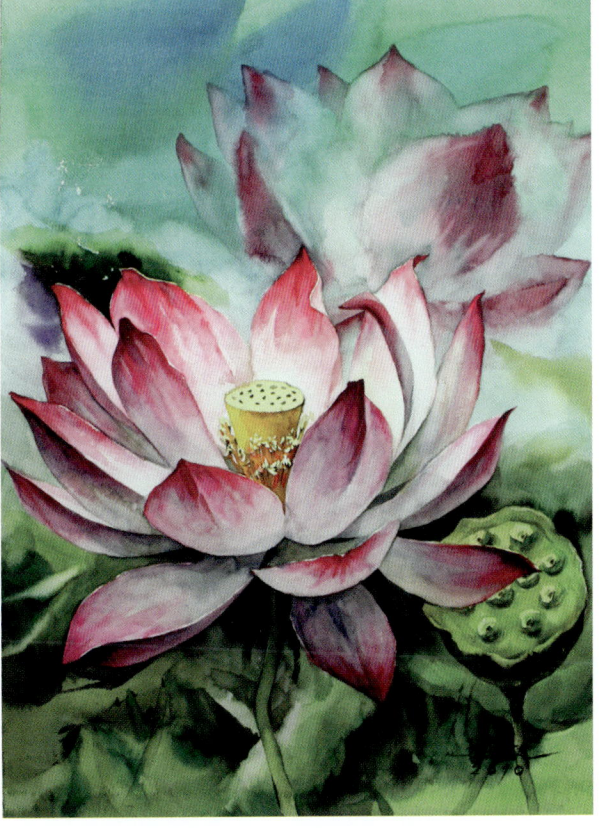

|과정7| 꽃술은 밝고 연하게 연뿌리 부분은 강하게 채색합니다.

|완성| 연꽃의 어두운 부분을 연한 중간 톤으로 덧칠하여 마무리합니다. 특히, 연꽃은 명암이 있더라도 하얀 꽃으로 보여야 하므로 너무 많이 만지지 않도록 하세요.

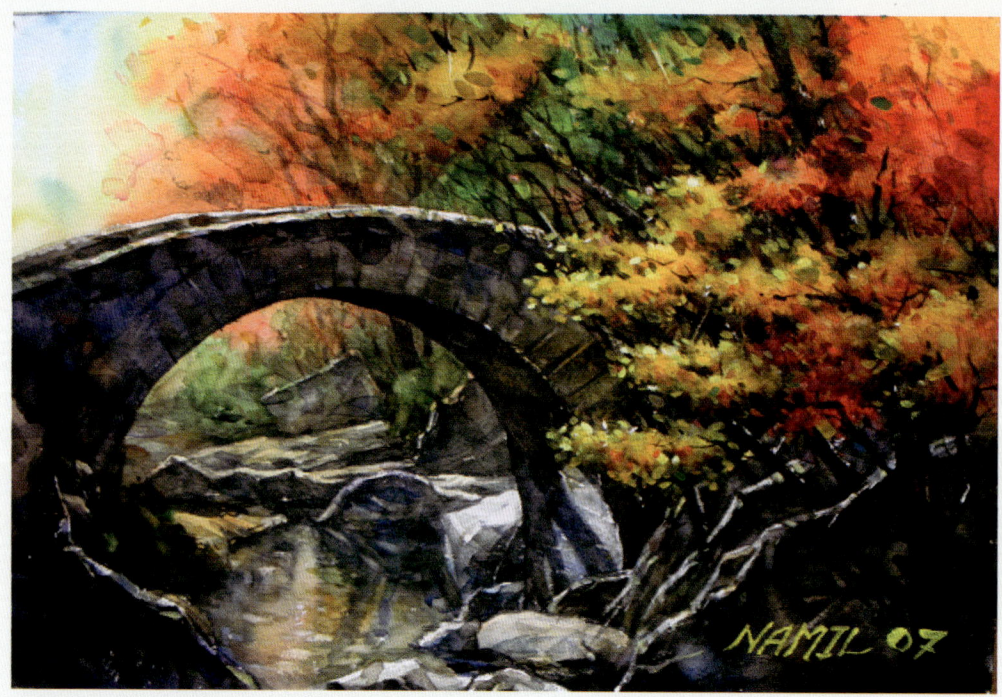

**가을 나들이**, 61×46cm, watercolor on paper.
늦은 오후의 빛을 받아 다리와 바위에 짙은 어둠이 생겼습니다. 불타는 듯한 단풍의 색과 단순한 무채색의 조화를 살린 작품입니다. 다리 뒤 공간을 투명하고 맑게 처리하여 깊은 숲에서 바라보는 시선을 유도합니다.

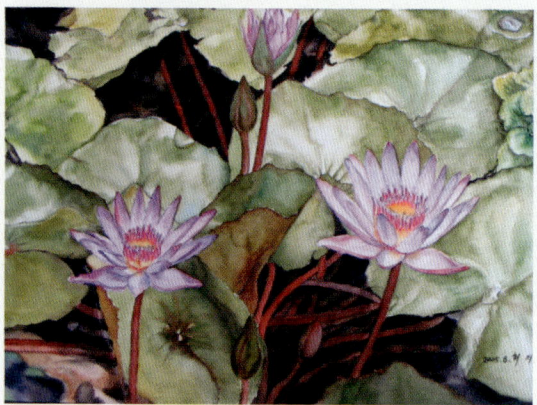

**수련**, 박희숙, 51×36cm, watercolor on paper.

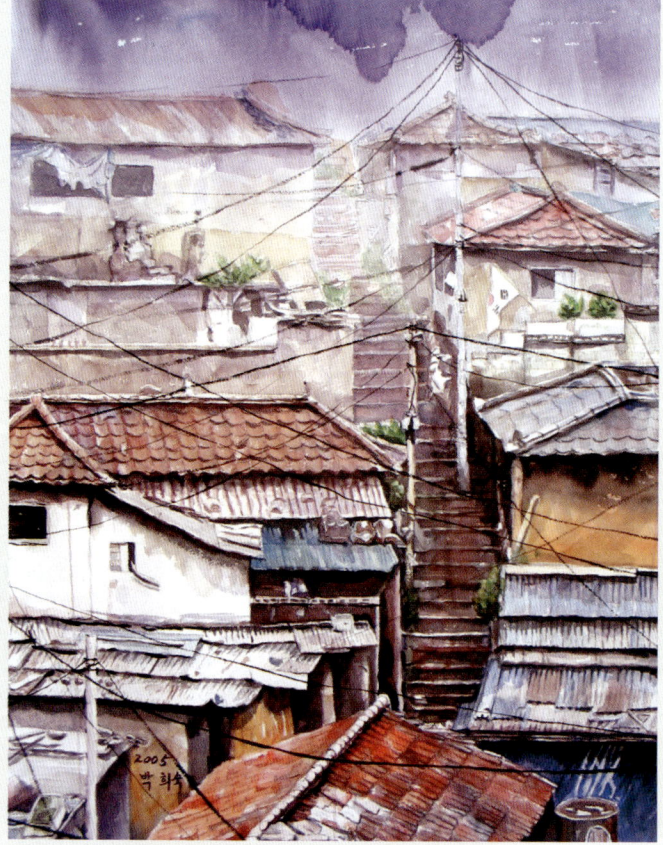

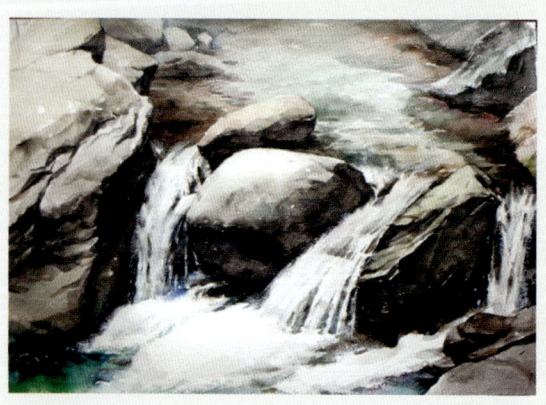

**계곡**, 51×36cm, watercolor on paper.

**산동네**, 박희숙, 20F, watercolor on paper.

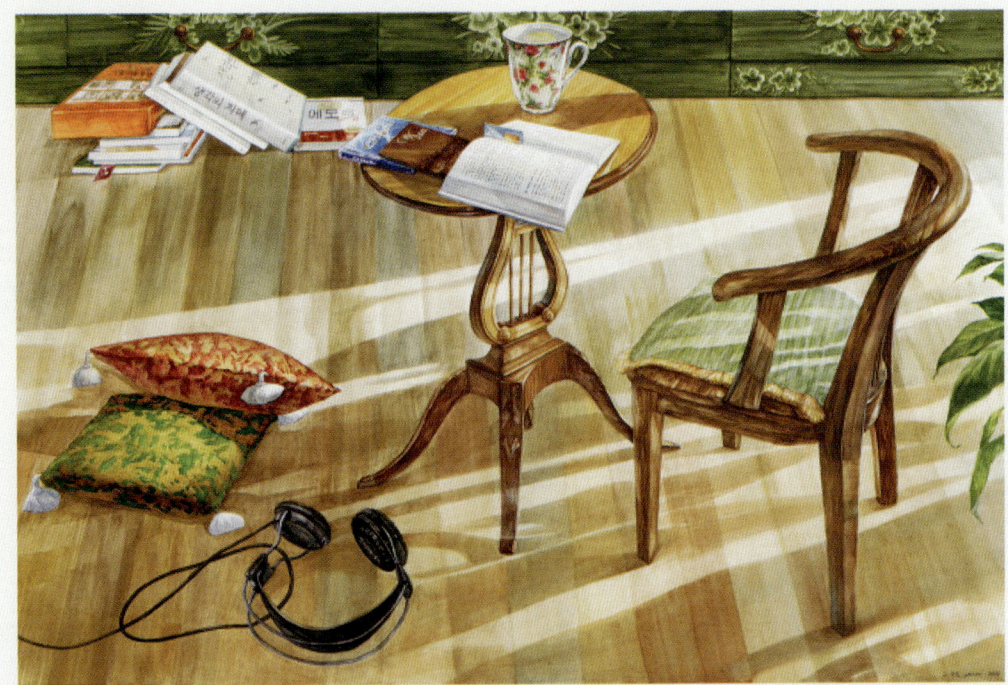

**나른한 오후**, 고옥순, 50F,
watercolor on paper.
자연스러운 실내의 풍경을 사실적
으로 표현해 낮게 드리운 그림자들
이 시간적 여유를 갖게 합니다. 실
내의 소소한 소재들을 통해 관객에
게 마음의 평화와 안식을 줍니다.

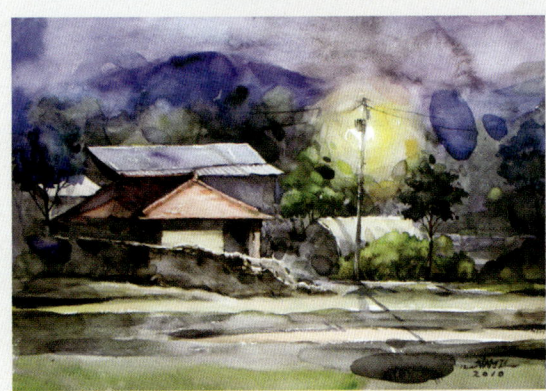

**밤**, 51×36cm, watercolor on paper.

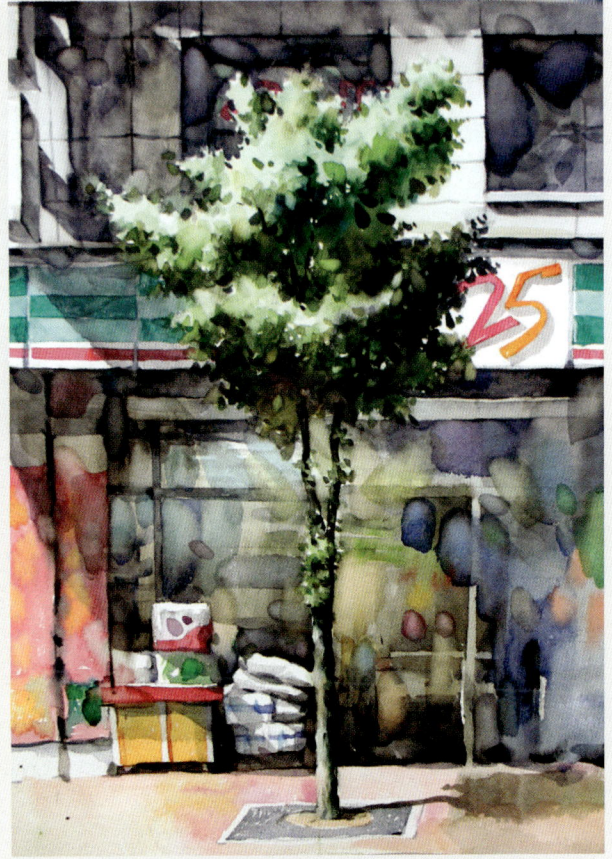

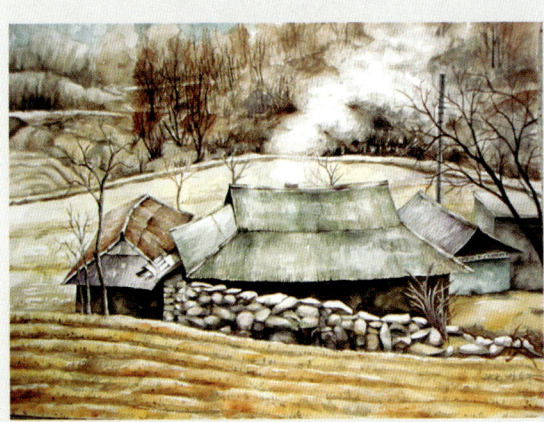

**아침**, 이숙자, 20F, watercolor on paper.

**구일동 가로수**, 36×51cm, watercolor on paper.

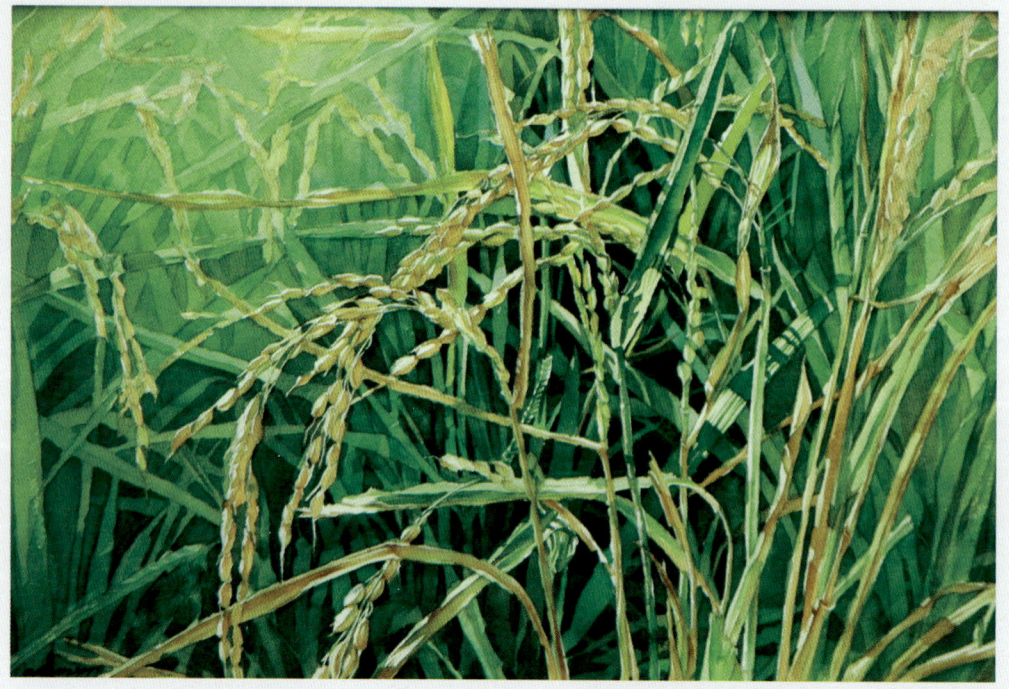

**결실**, 임성숙, 20F, watercolor on paper.
벼가 익어가는 모습을 정교하게 표현하여 풍성한 느낌을 줍니다. 복잡하지만 앞부분과 뒷부분의 톤 차이를 잘 표현해 간결하게 정리되었으면서도 깊이 있는 느낌을 줍니다.

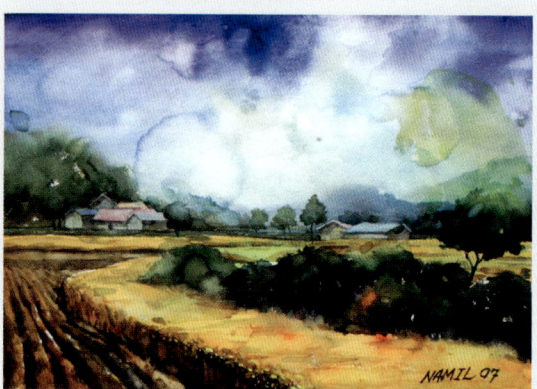

**마을**, 51×36cm, watercolor on paper.

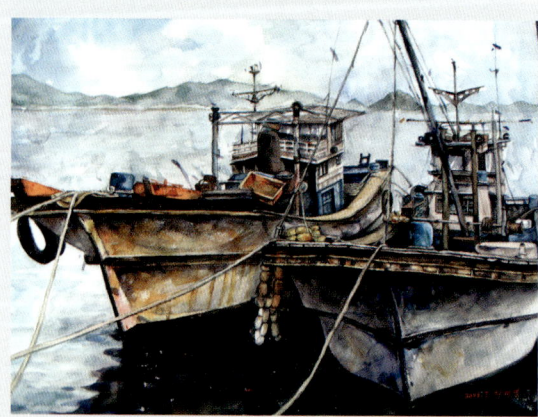

**휴식**, 허미영, 51×36cm, watercolor on paper .

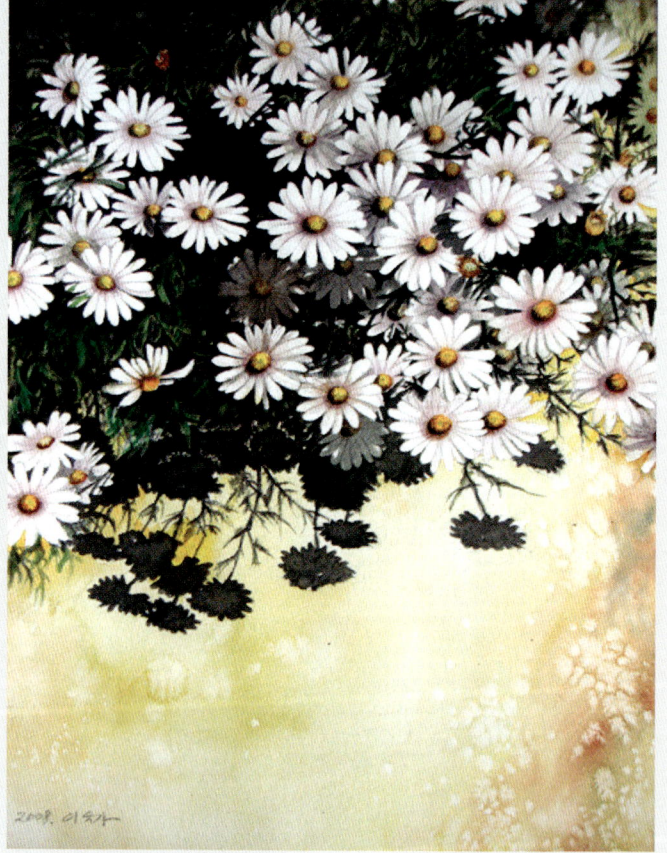

**나들이**, 이숙자, 36×51cm, watercolor on paper.

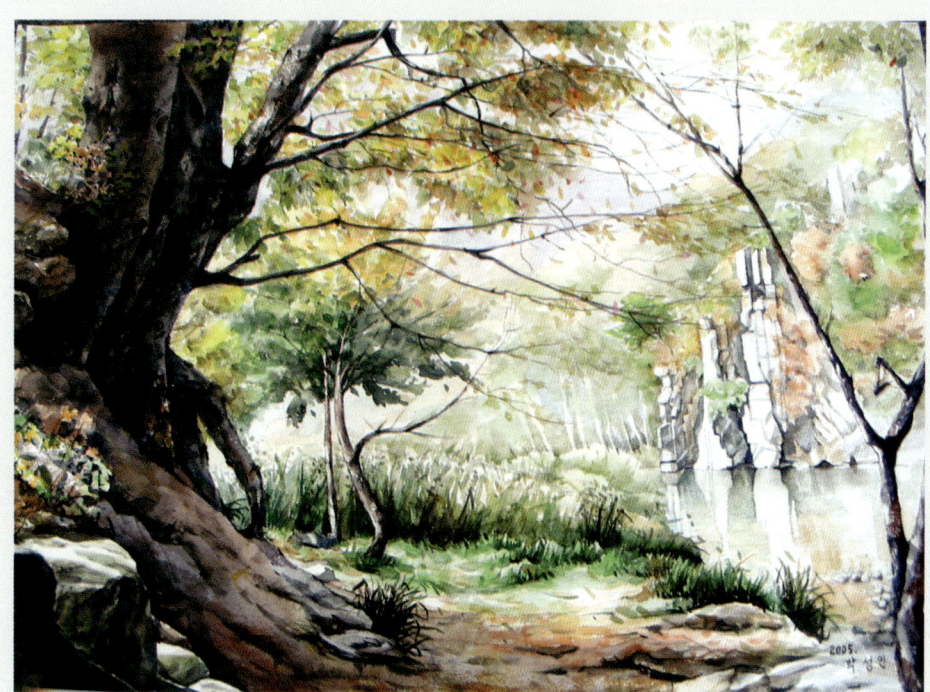

**천년의 사랑**, 박성인, 20F, watercolor on paper.
좌측 나무의 묵직한 묘사와 밝은 배경이 어우러져 깊이 있는 완성도의 작품이 되었습니다. 세련된 표현도 좋지만 작가의 세심하고 섬세한 열성이 돋보이는 작품입니다

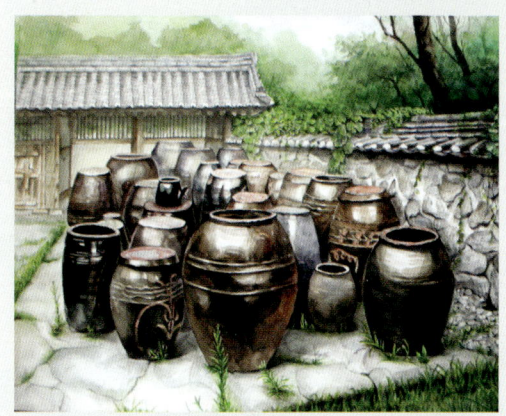

**정다운 가족**, 허정금, 20F, watercolor on paper.

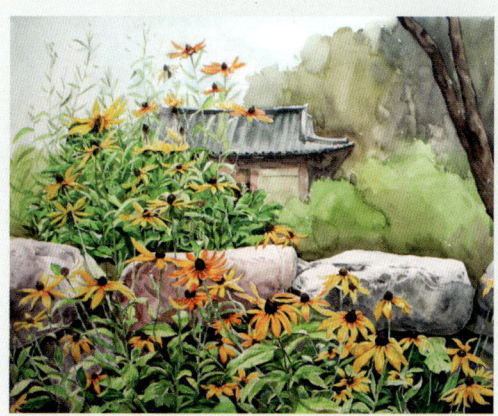

**마중**, 박희숙, 20F, watercolor on paper.

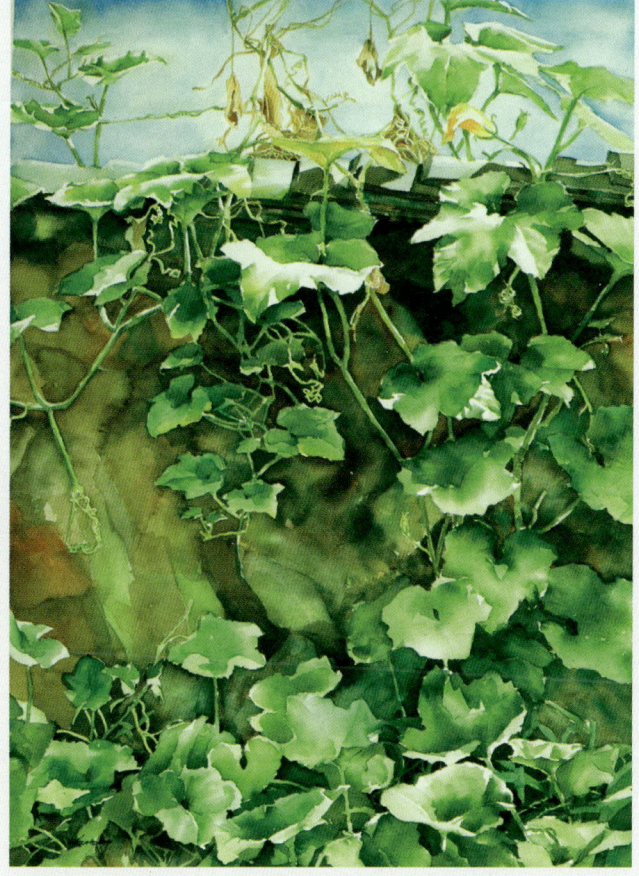

**담장에서**, 임성숙, 30F, watercolor on paper.

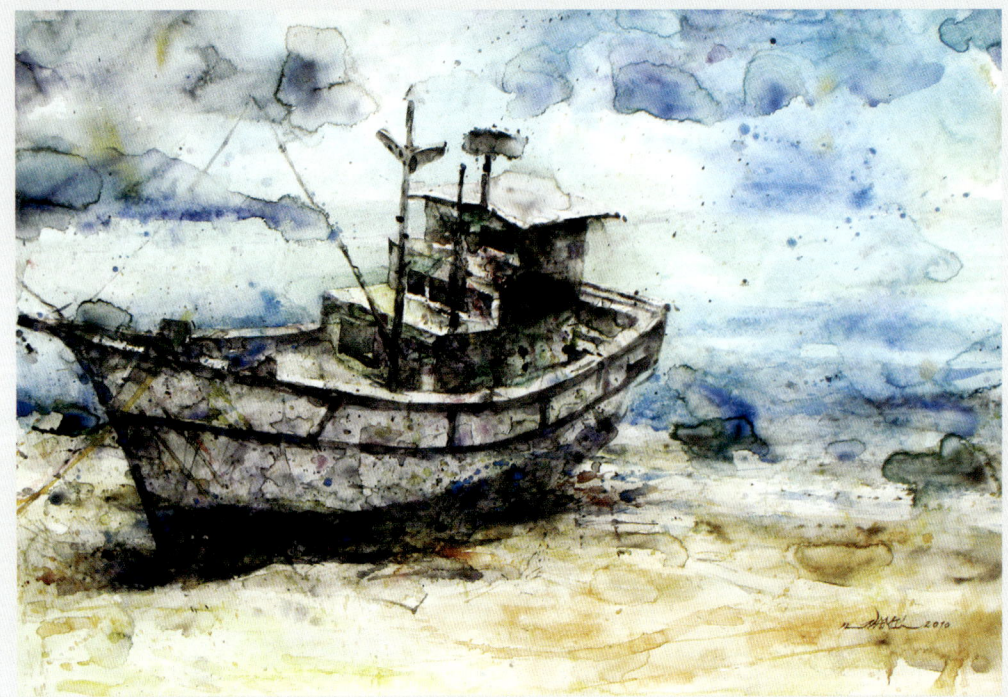

**휴식**, 80×55cm, watercolor on paper.
뭍에 나온 선박의 모습이 평화롭고 한가해 보입니다. 특히 물감의 자연스러운 얼룩을 만들어 우연한 번짐을 잘 살려주고 수채화 물맛을 돋보이게 해 회화적이고 감각적인 느낌을 줍니다.

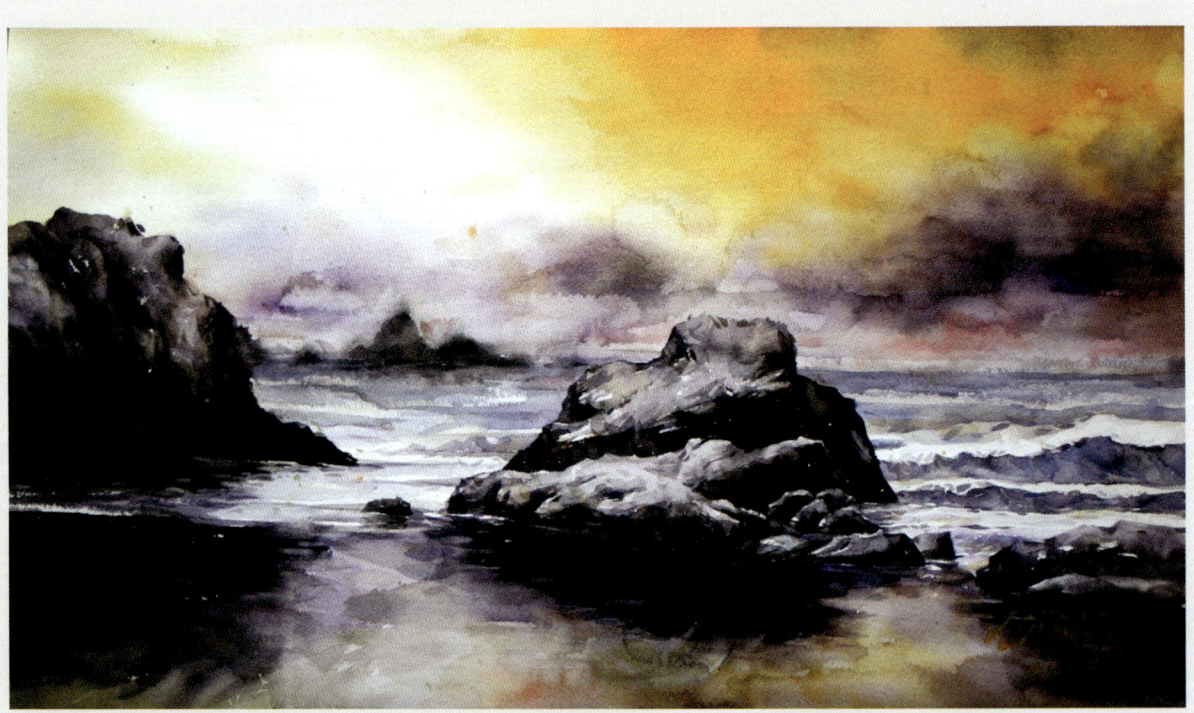

**바다**, 80×45cm, watercolor on paper.
강한 원색의 하늘과 무채색의 바위가 그림을 더욱 분위기 있게 만듭니다. 특히 아름다운 초저녁 하늘이 수채화의 느낌과 잘 어울립니다. 하늘의 다양한 색과 물 농도의 변화를 참고하세요.

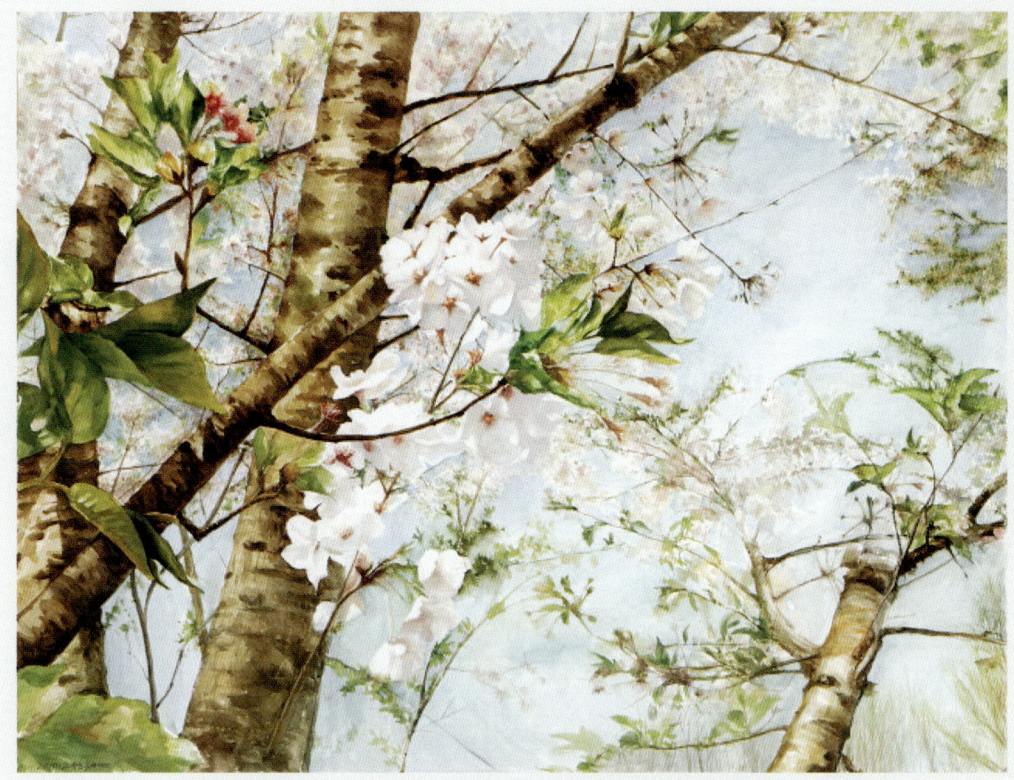

**벚꽃**, 고옥순, 116×90cm, watercolor on paper.
계절이 바뀌면 변함없이 벚꽃이 파란 하늘을 수놓고, 이 작은 꽃 사이로 과거의 시간은 현재로, 또 미래로 흘러갑니다. 벚꽃의 정교한 표현이 그 시간의 간극을 메우며, 보는 이로 하여금 봄의 향수를 느끼게 합니다.

**기다림**, 61×46cm, watercolor on paper.
벚꽃의 마음은 기나긴 겨울을 이겨낸 기다림의 결실입니다. 벚꽃의 몽환적인 연출로 기다린 이의 마음을 담고 싶었습니다. 하얀 꽃의 마음이 다양하듯, 봄을 기다리는 이의 다양한 마음을 느껴봅니다.
고옥순 작가의 벚꽃과 같은 소재이지만, 작가의 의도에 따라 매우 다른 느낌의 벚꽃이 될 수 있습니다. 이렇게 예술은 다양하고 다른 것이 매력입니다.

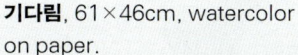

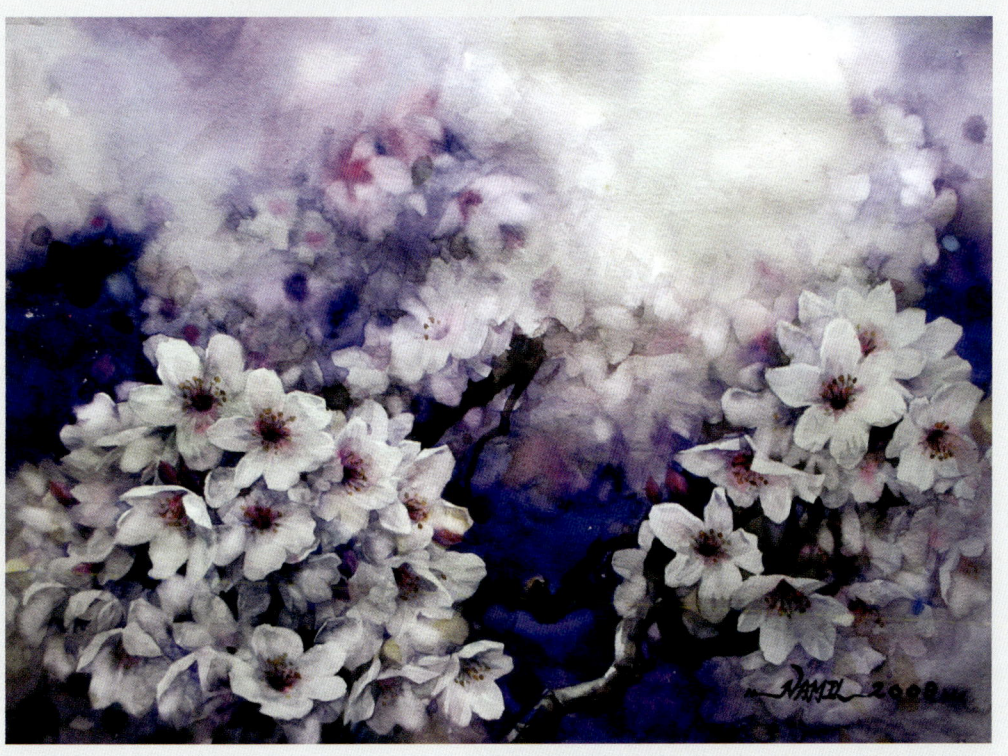

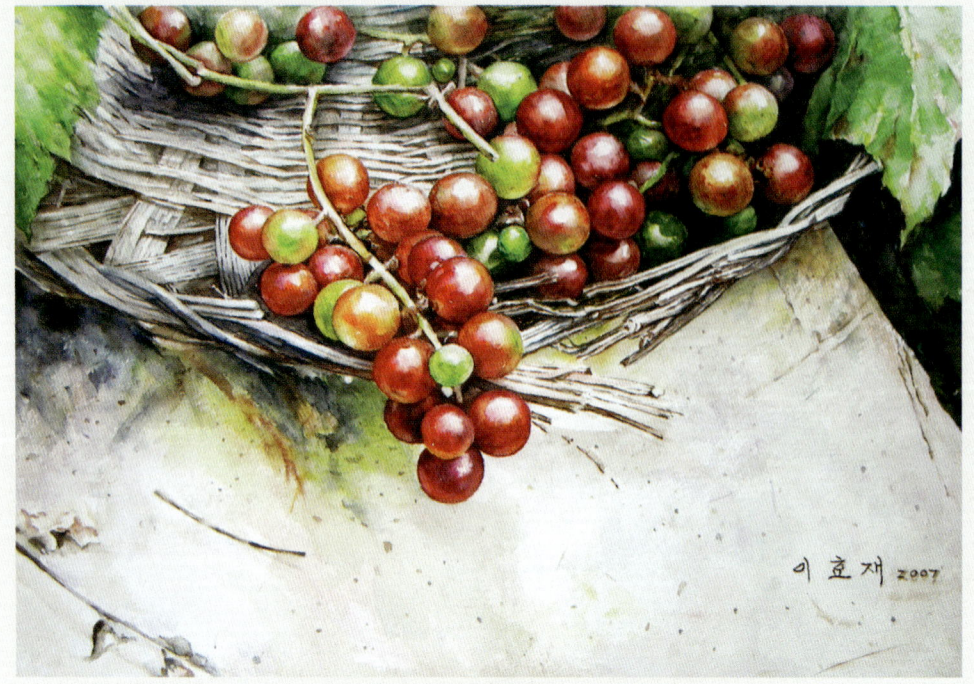

**마음의 풍경**, 이효재, 15F, watercolor on paper.
눈이 부시도록 아름다운 포도의 빛깔이 작은 것에서도 기쁨을 느끼려는 작가의 마음을 표현합니다. 거칠고 투박한 바구니의 정교한 묘사가 더욱 포도의 부드러움과 화려함을 돋보이게 합니다. 특히 과감한 구도가 시선을 자극하며, 감각적으로 느끼게 합니다.

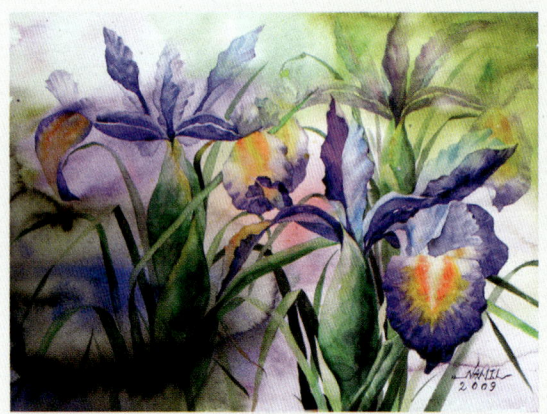

**기억 저편**, 61×46cm, watercolor on paper.

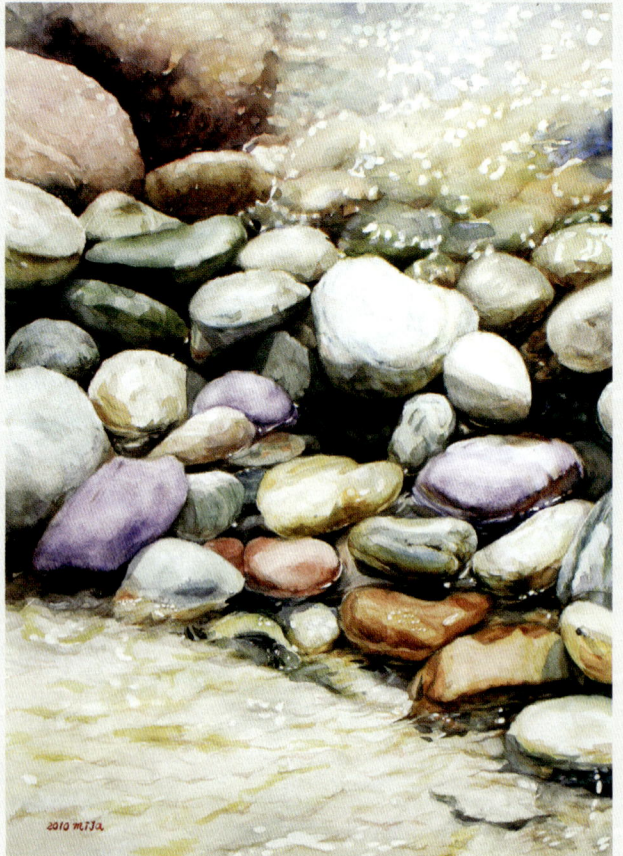

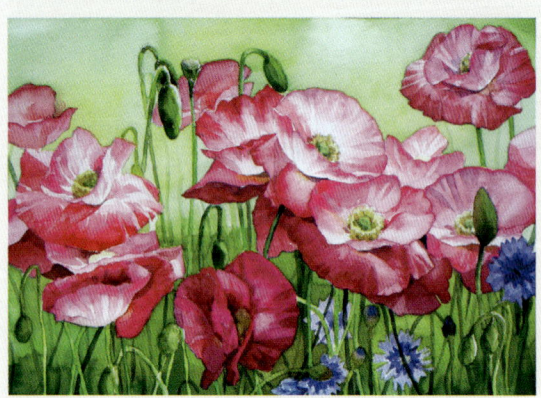

**양귀비**, 유샘물, 51×36cm, watercolor on paper.

**햇살**, 김미자, 36×51cm, watercolor on paper.

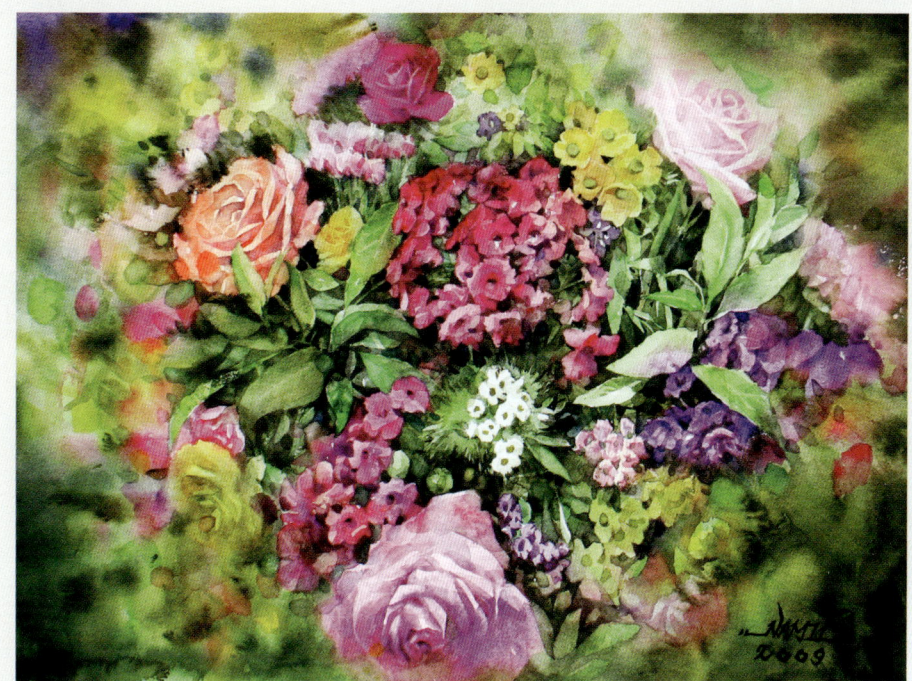

**꿈의 대화**, 61×46cm, watercolor on paper.
'아름다운 꽃의 꿈을 꾼다면 어떨까'라는 호기심으로 만든 작품입니다. 다양한 꽃들이 어울려 수많은 이야기를 나누는 세상입니다. 꿈결 속 영상을 연출하기 위해 외곽을 어둡게 처리하여 꿈의 희미한 이미지를 표현하였습니다.

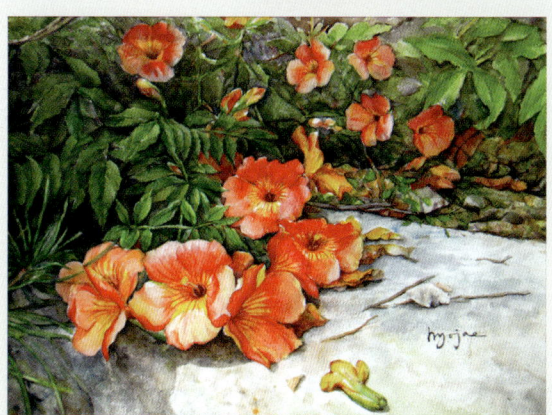

**외출**, 이효재, 10F, watercolor on paper.

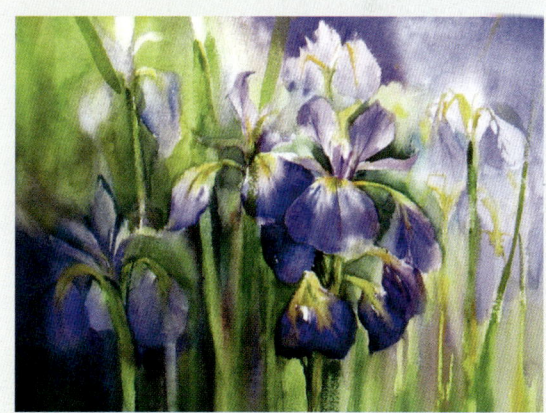

**여심**, 박성인, 10F, watercolor on paper.

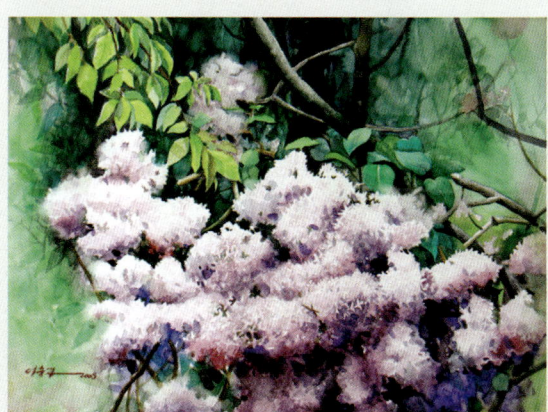

**라일락**, 이숙자, 12F, watercolor on paper.

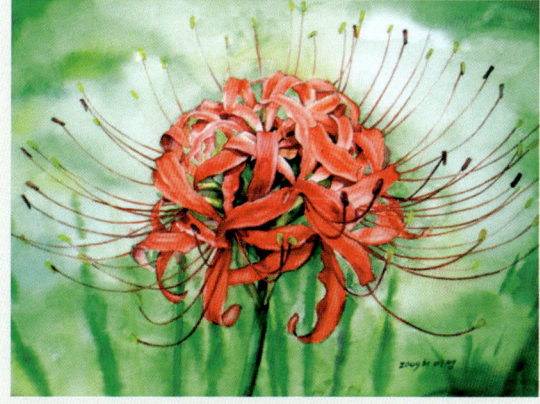

**교향곡**, 허미영, 51×36cm, watercolor on paper.

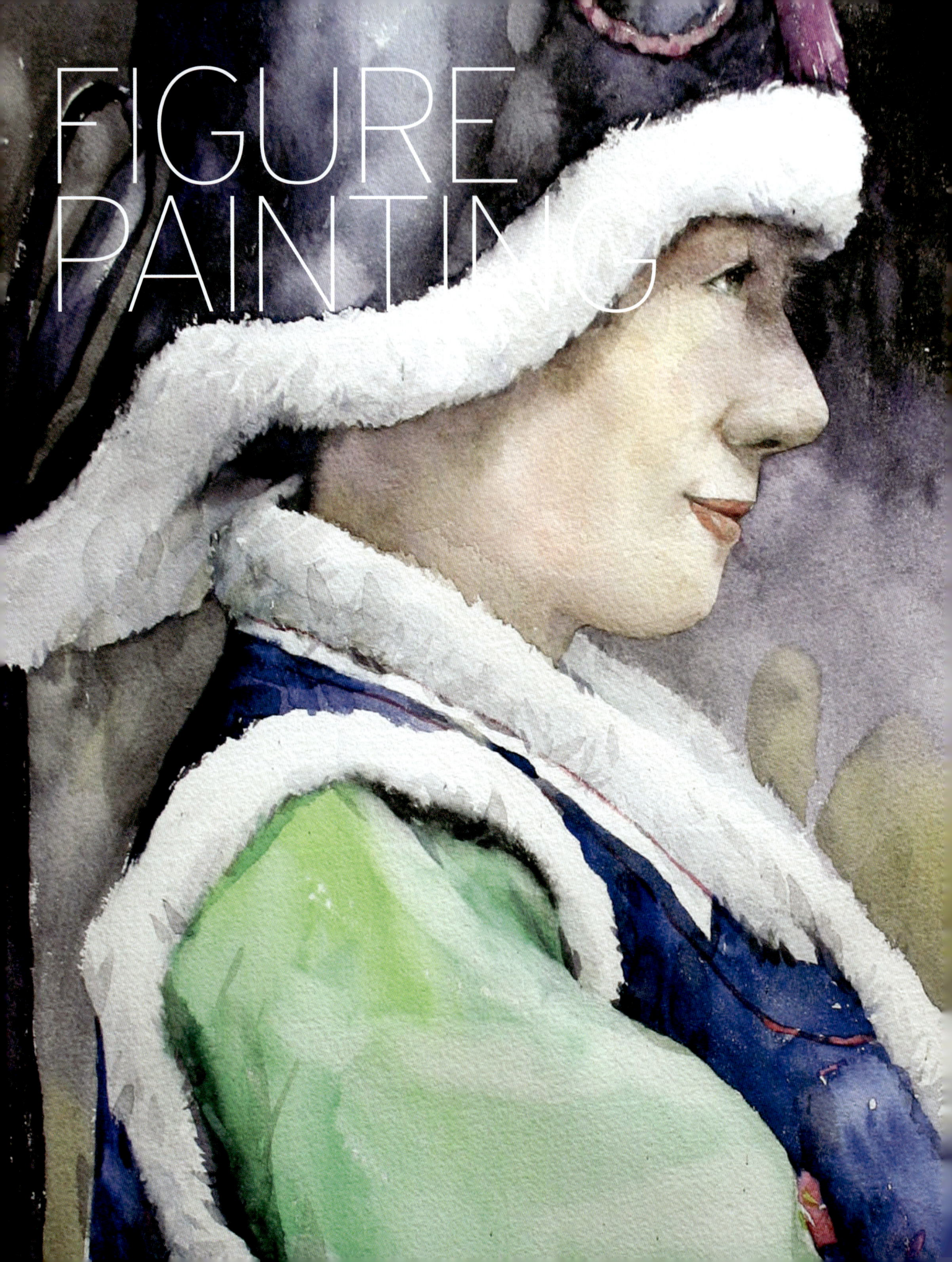

FIGURE
PAINTING

# part 6

# 인물화

인물화는 사람과 그와 관련된 모든 소재를 그립니다.
아주 똑같은 초상화부터 인체를 표현한 그림, 인물과
주변 풍경을 함께 그려 이야기가 생기는 그림까지
다양한 소재와 표현기법이 있습니다.
보통 인물화는 개인적인 관심이 없으면, 제일 나중에
공부할 정도로 정물화나 풍경화보다 어렵습니다.
하지만 누구나 그림의 시초는 사람을 그리는
호기심에서 출발합니다.
작가들도 자화상을 많이 그립니다.
여러분도 자신의 얼굴을 거울에 비춰 보며, 닮아
보이지 않더라도 실망하지 말고, 한번 그려보면
어떨까요!

# 인물화에 대하여

인물화는 사람과 그와 관련된 모든 소재를 그립니다. 아주 똑같이 그린 초상화부터 인체를 표현한 그림, 인물과 주변 풍경을 함께 그려 이야기가 생기는 그림까지 다양한 소재와 표현 방법이 있습니다.

하지만 인물은 표현하기가 쉽지 않습니다. 무엇보다 자연스러워 보여야 하기 때문에 형태력과 명암이 중요합니다. 그리고 피부의 미세한 톤 변화나 눈처럼 작은 묘사가 이루어지므로 물 조절을 많이 신경써야 합니다. 그래서 인물화가 항상 미술 기초공부의 후반부를 차지하는 것입니다.

인물화는 기초공부가 어느 정도 된다면 너무나 매력적인 그림입니다. 어릴 때 사람을 제일 먼저 그려보는 것처럼, 인물화는 작가들이 제일 다루고 싶어하는 분야임에 틀림없습니다.

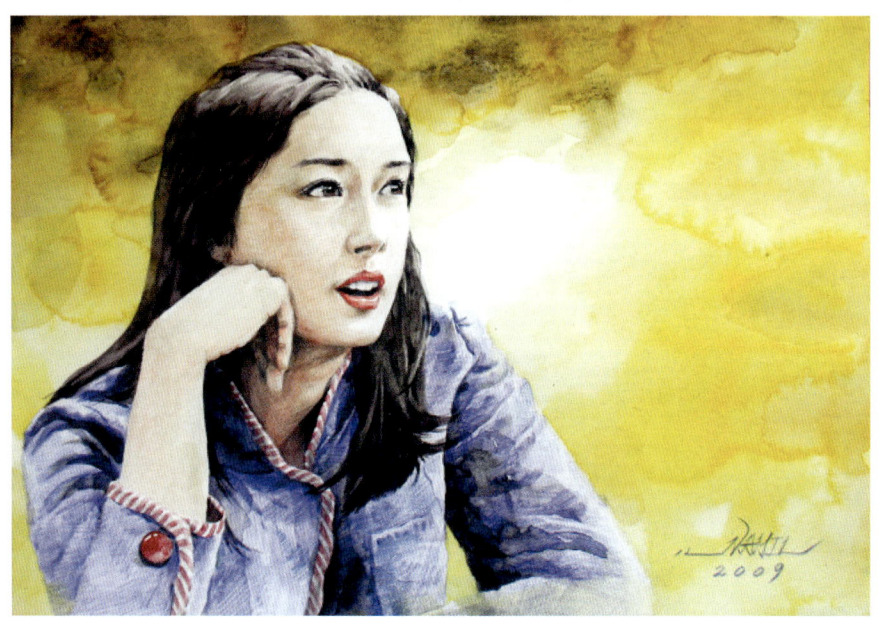

**열중**, 51×36cm, watercolor on paper.

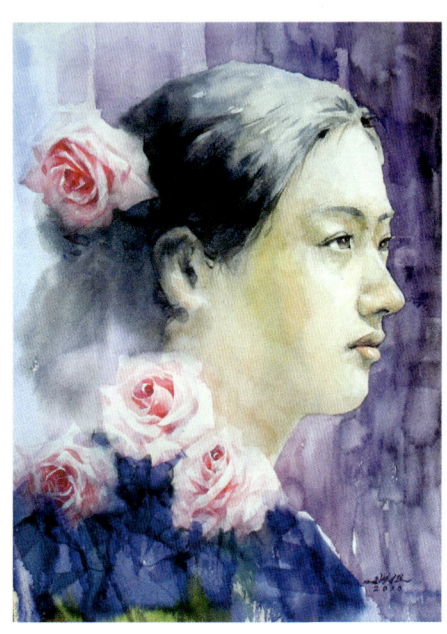

**소녀**, 36×51cm, watercolor on paper.

인물화의 큰 틀은 얼굴과 인체로 나눌 수 있습니다.

얼굴의 이목구비는 자세한 관찰과 세심한 표현이 요구되지만, 너무 닮게 하려고 하지 말고 큰 비례와 특징만 잡아 주면 됩니다. 닮지는 않더라도, 신중하게 그린 인물화가 작품으로서 큰 가치를 지니게 됩니다.

실제 작가들도 인물을 깡통처럼 표현하거나 쓰러지기 직전의 영양실조 환자처럼 그리고 '도라에몽'처럼 희화화해서 그리거나 비만환자처럼 터지기 일보 직전처럼 표현하고 달걀귀신처럼 그리기도 합니다. 즉, 아주 사실적인 작품뿐 아니라 작가의 개성이 담긴 훌륭한 인물화도 많다는 겁니다.

인체는 움직이는 동세를 표현하는 것으로 신체 비례와 동작 원리를 공부하면 그림에 빠른 진척이 있을 것입니다.

'팔인팔색'이라고 모두가 달걀형 얼굴과 팔등신의 몸매를 가진 것은 절대 아니지만 기본적인 비례를 공부하고 정확한 눈과 손을 키우는 훈련을 한다면, 생각보다 쉽게 자연스러운 인물을 그릴 수 있을 것입니다.

초보자들은 수채화로 피부의 톤을 내는 법 그리고 눈, 코, 입의 제작 과정을 먼저 공부하고 인물화에 도전해 보는 것이 좋습니다. 또 인물화를 잘하고 싶다면, 우선 스케치를 잘해야 합니다. 눈을 하나만 그리면 쉽겠지만 두 개 그려야 한다면 눈과 눈 사이의 거리, 얼굴에서의 크기 등 주변 요소와의 관계를 꼼꼼히 따져야 하는 작업이기에 먼저 스케치를 공들여 하는 것이 인물화가 느는 지름길입니다.

이렇게 가벼운 에스키스esquiss(습작)부터 자세한 데생까지 인물을 많이 그리다 보면 정해진 패턴이 보이며 익숙하게 인물을 표현할 수 있습니다.

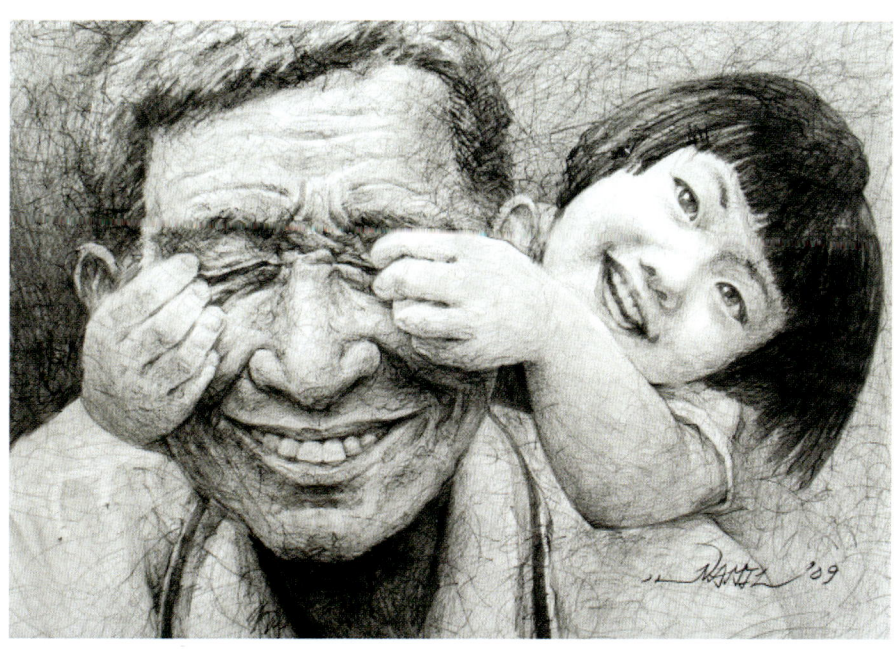

**행복**, 51×36cm, watercolor on paper.

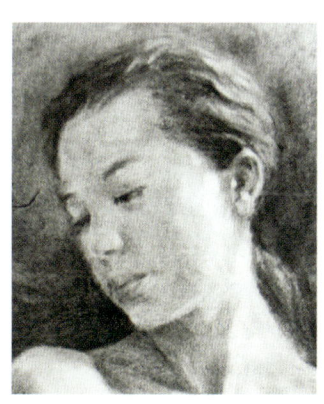
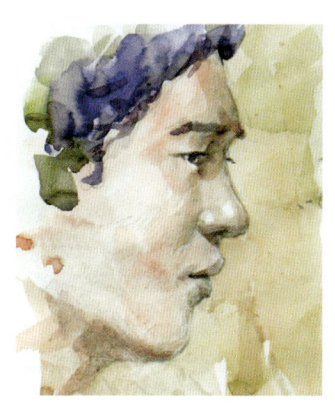
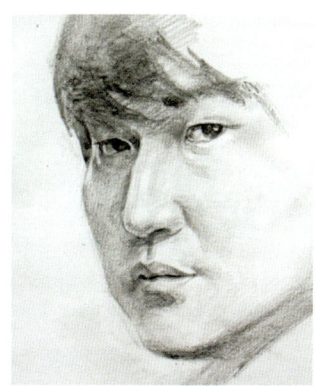
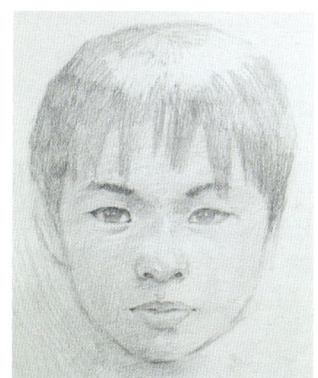

**인물 에스키스 작품들**

## 인물 데생 과정 – 노인

사색하는 어르신을 4절지 켄트지에 연필로 데생한 그림입니다. 참고하세요.

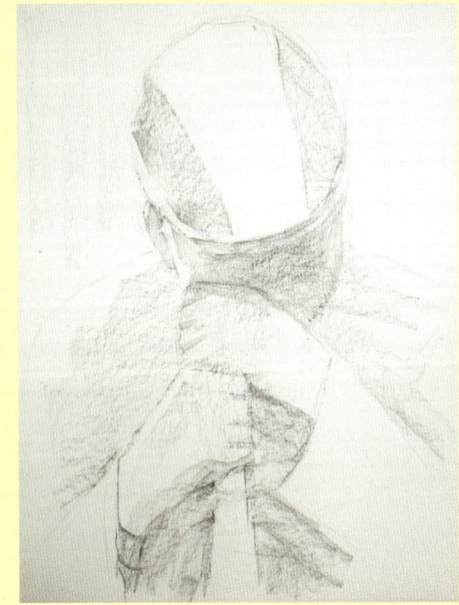

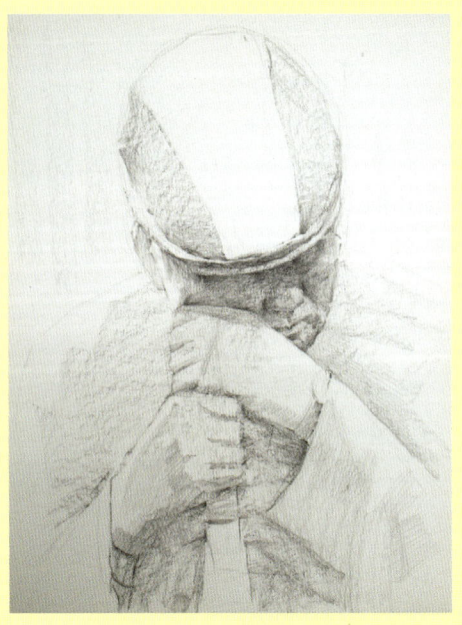

|과정1| 전체적인 크기와 형태를 잡아 나갑니다. 이 때 전체 비례와 큰 기울기를 그려야 합니다.

|과정2| 좀 더 구체적인 형태와 명암을 그립니다. 특히 얼굴의 어둠을 먼저 생각하며 그리고 큰 비례 는 계속 체크해야 합니다.

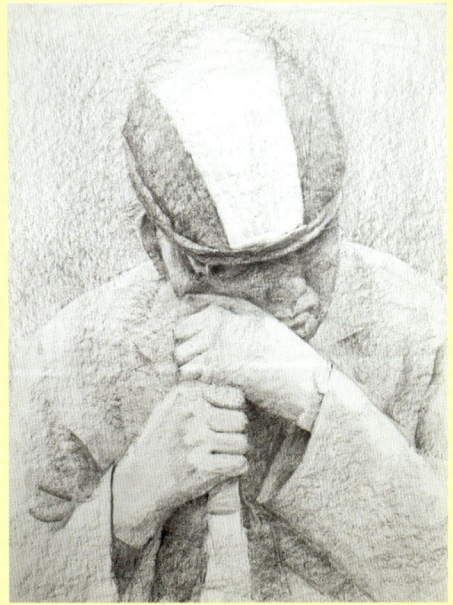

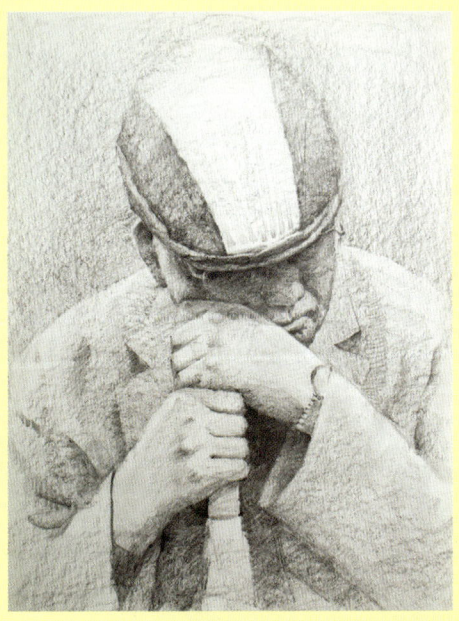

|과정3| 배경도 함께 넣어 전체적인 분위기를 연출 하고 손이나 얼굴을 좀 더 자세히 그립니다. 이 과 정에서도 전체적인 형태를 계속 체크해 나가야하는 데, 명암이 구체화될수록 형태의 어색함은 더욱 두 드러지기 때문입니다.

|완성| 그림의 포인트는 얼굴과 손이 만나는 지점입 니다. 지우개를 적절히 이용해 전체적으로 완성해 나갑니다. 작은 묘사나 부분적인 톤의 교정은 지우 개를 활용합니다. 연필 데생에서는 지우개도 도구 라는 걸 명심하세요.

# 피부색 만들기

우리가 보통 '살색'이라고 하는 피부색은 여러 가지 색으로 나올 수 있습니다. 사람마다 피부색이 다르며 어느 조명을 받는가에 따라 달라집니다. 또 백인종, 황인종, 흑인종처럼 매우 다양한 피부색의 사람들이 있습니다. 우선 황인종의 피부색을 알아봅니다.

일반적으로 사람의 피부색은 레몬 옐로우Lemon Yellow를 중심으로 버밀리온 휴Vermilion Hue나 퍼머넌트 레드Permanent Red, 번트 시엔나Bunt Siena를 적당히 섞어 채색하면 됩니다.

그리고 사람의 피부는 매우 밝습니다. 그림자나 어두운 부분을 진하고 어둡게 채색하는 경우도 있지만 피부는 기본적으로 물감의 농도가 매우 엷어야 합니다. 이렇게 피부색을 만들 때 노란색의 배합이 중요한 걸 보니 외국인이 왜 우리를 황인종이라 부르는지 이해됩니다.

어릴 적, 주황색에 하얀색을 섞어 살구색 또는 연주황색을 만들고 그 색을 '살색'이라고 했었습니다. 여기서 하얀색의 역할은 수채화에서 물 농도 조절에 의해 하얀 종이가 비치는 것과 같습니다. 즉 물을 많이 탈수록 하얗게 됩니다.

흔히 말하는 '살색'은 쟌 브릴리언트, 페일 오렌지 등으로 나와 있어 낱개의 물감으로 구비할 수도 있습니다. 물론, 여기서 말한 색말고 다른 색으로도 얼마든지 피부의 느낌을 나타낼 수 있습니다. 초보자들은 우선 여기 나온 색들의 혼합을 공부하고 나름의 실험을 통해 자신이 원하는 색을 만들어 보세요.

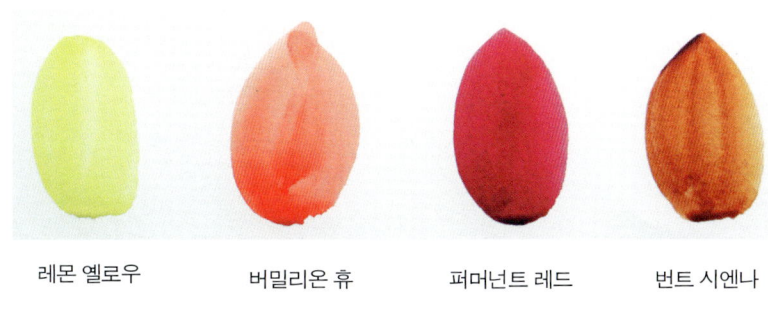

레몬 옐로우            버밀리온 휴            퍼머넌트 레드            번트 시엔나

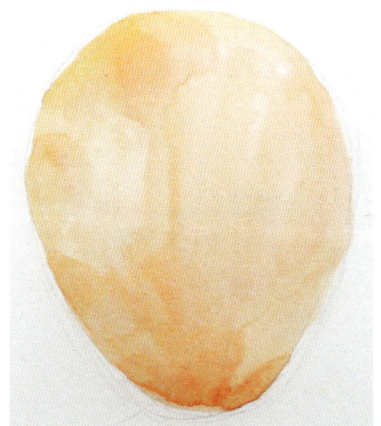 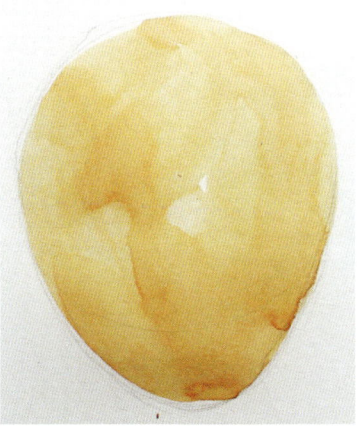 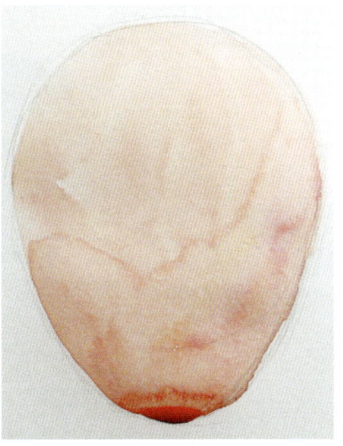

레몬 옐로우＋버밀리온 휴            레몬 옐로우＋번트 시엔나            레몬 옐로우＋퍼머넌트 레드

# 얼굴 그리기

## 눈 그리기 1

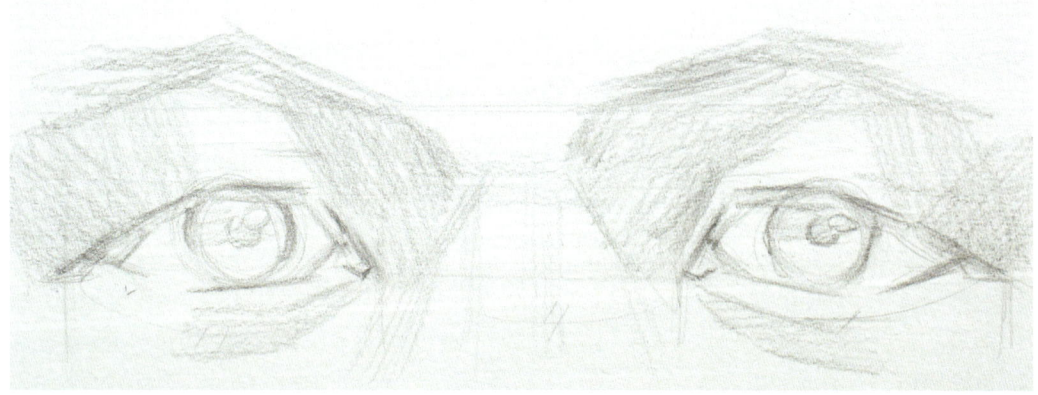

|과정1| 눈은 사람의 인상을 좌우하는 가장 중요한 부분입니다. 먼저 수직선과 수평선으로 좌우 대칭의 큰 구조를 체크합니다. 눈의 생김새를 잘 관찰하여 스케치하되 지나친 세부 묘사는 하지 않도록 합니다. 특히 지나치게 선명한 쌍꺼풀과 짙은 속눈썹에 대한 여러분의 애착은 알지만, 주의하세요.

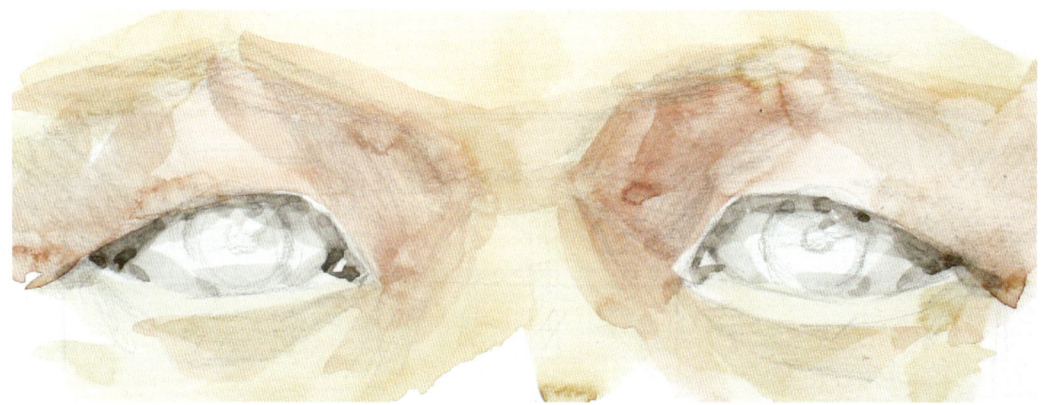

|과정2| 피부를 채색하고 눈의 어두운 부분을 찾아 줍니다. 특히 눈의 하얀 부분도 연한 어둠을 넣어 주어 평면적으로 보이지 않게 합니다. 눈을 그릴 때 붓이 물기를 적게 하여 뭉개지지 않도록 주의하세요.

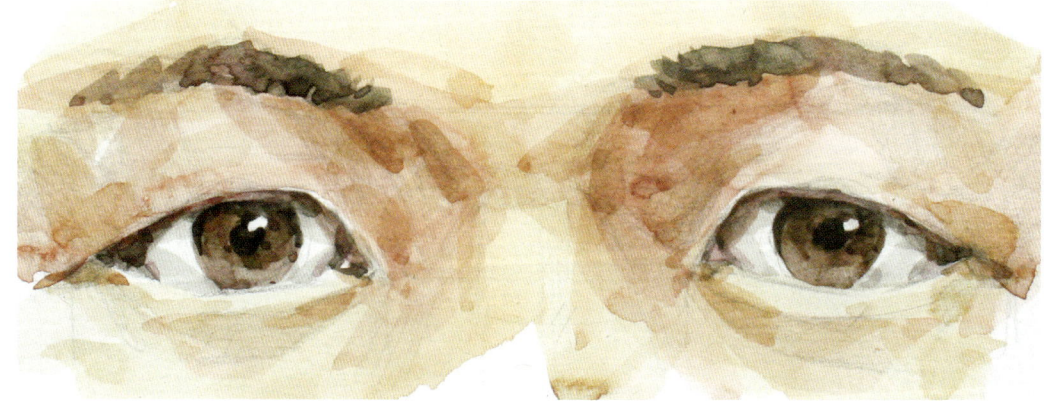

|완성| 눈동자를 묘사할 때는 붓의 물기가 많지 않도록 각별히 신경쓰며 눈동자에 톤 변화를 주어 생기 있게 표현합니다. 그리고 눈의 외곽을 너무 선명하게 하지 말고 부드럽게 해야 합니다. 또 지나친 덧칠을 자제하는 것이 중요합니다.

## 눈 그리기 2

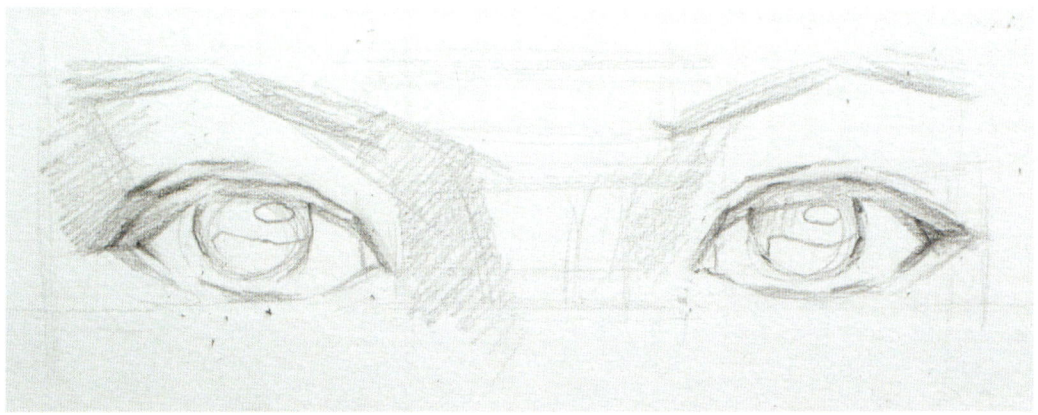

**|과정1|** 좌우 대칭인 구조를 파악하고 눈의 특징을 잡습니다. 너무 세부적인 묘사는 자제하세요. 사람의 눈이 항상 완전한 대칭은 아닙니다. 하지만 약간의 비대칭이라도 왠지 어색해 보입니다. 특히 스케치에서 느끼지 못했던 부분이 그림이 완성될수록 부각되는 경우가 많으니 주의하세요.

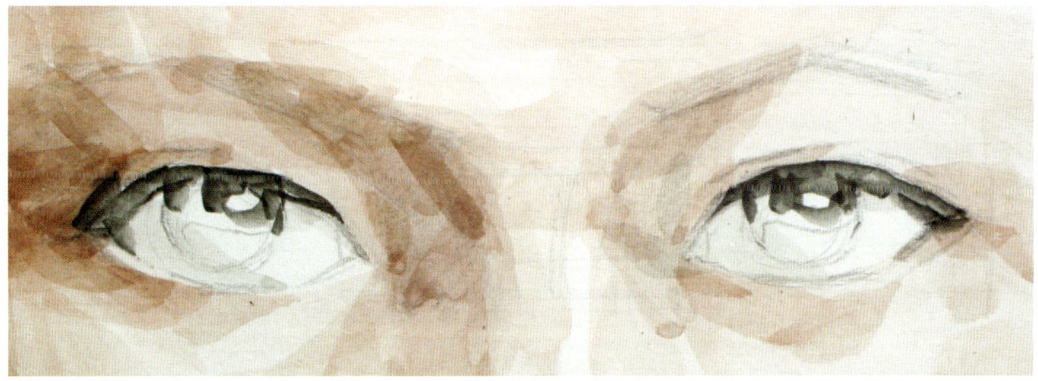

**|과정2|** 피부의 톤을 처리하고 눈의 어두운 부분을 붓의 마른 터치로 그려 나갑니다. 이 과정에서 인상이 달라질 수 있으니 주의하세요. 눈은 얼굴의 아주 작은 부분이므로 스케치에 따라 정확히 칠해 주도록 노력해야 합니다. 그리고 너무 많이 만지지 않도록 합니다. 적당한 시점에서 손을 떼는 것도 중요한 수채화 테크닉이라는 것을 명심하세요.

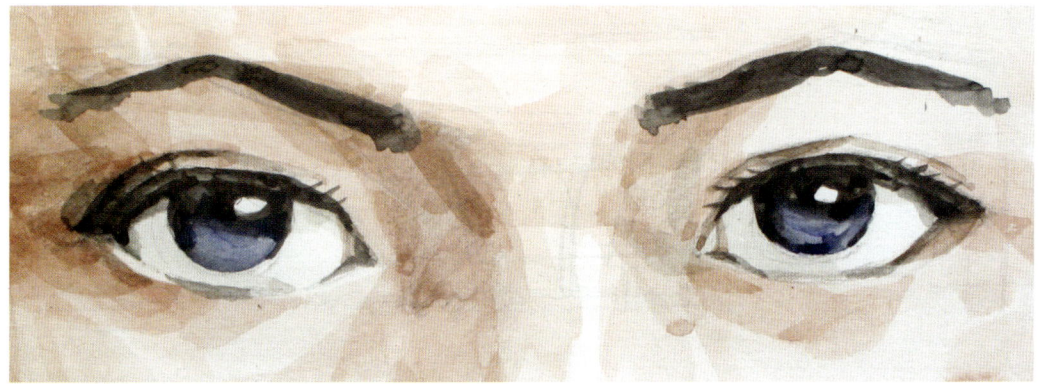

**|완성|** 스케치와 원본을 확인해가며 완성합니다. 눈썹이나 눈의 작은 묘사들은 제일 마지막에 하며 전체적인 조화를 잘 살펴야 합니다. 이 눈은 화장한 눈이라서 그런지 매우 선명하네요.

# 코와 입

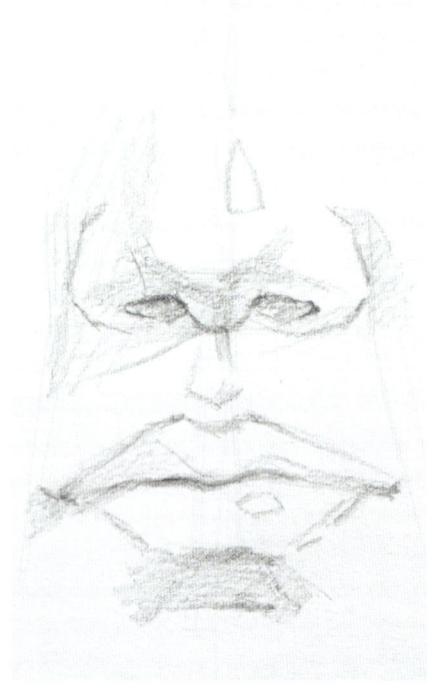

|과정| 코와 입의 구조적인 특징과 명암이 나타
나도록 스케치합니다.

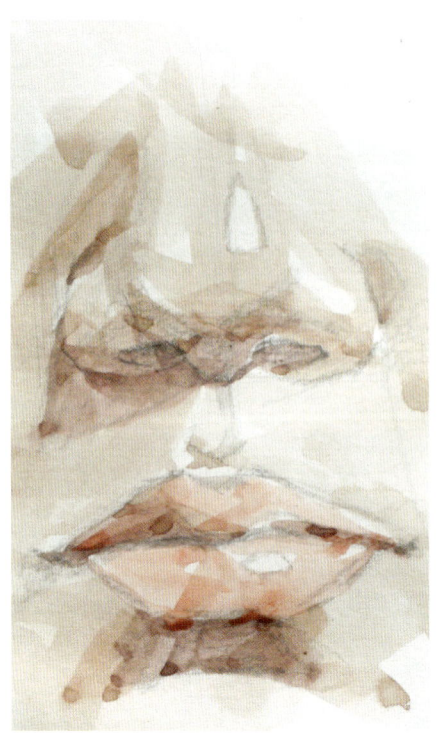

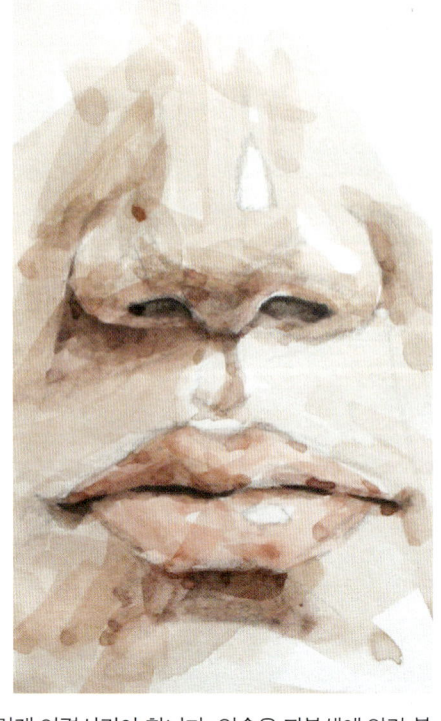

|완성| 코는 톤을 자연스럽게 연결시켜야 합니다. 입술은 피부색에 약간 붉
은 색을 더하여 밝게 채색하세요. 특히 중요한 것은 거의 중간 톤으로 그려
야 합니다. 가장 어두운 부분은 콧구멍과 입술과 입술 사이 정도입니다.

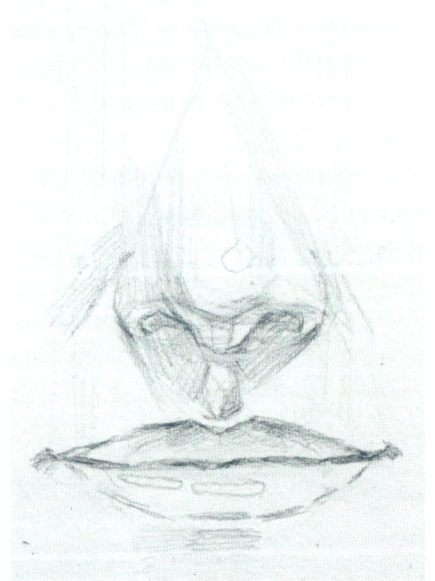

|과정| 코와 입의 크기를 주의하여 대칭이 되도
록 스케치합니다.

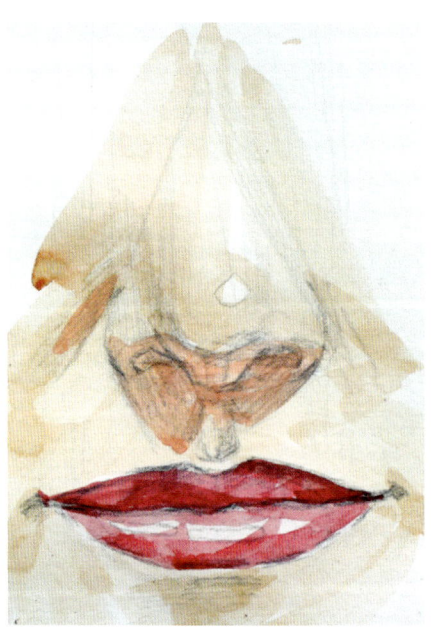

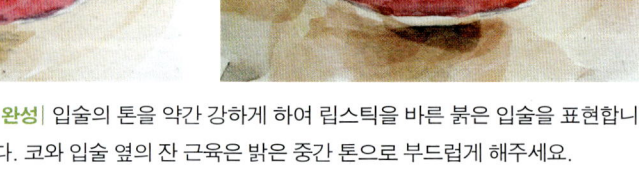

|완성| 입술의 톤을 약간 강하게 하여 립스틱을 바른 붉은 입술을 표현합니
다. 코와 입술 옆의 잔 근육은 밝은 중간 톤으로 부드럽게 해주세요.

## 인물 완성하기

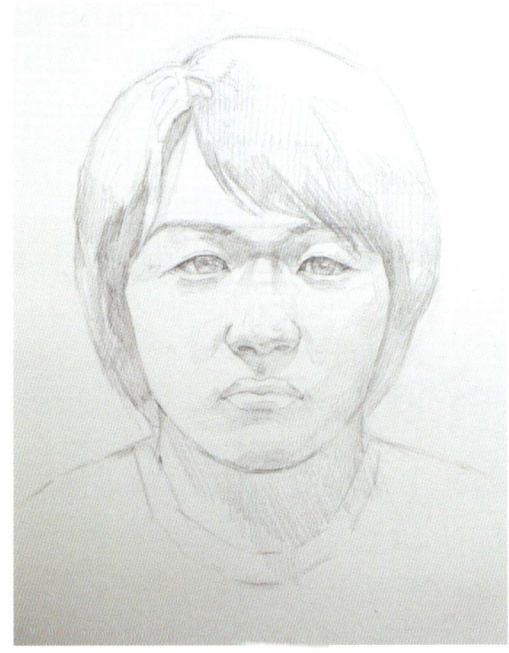

|과정1| 먼저 얼굴과 이목구비의 비례를 확인하고 구체적인 형태를 그립니다. 빛이 오는 방향에 따른 명암도 너무 진하지 않게 잡아주세요.

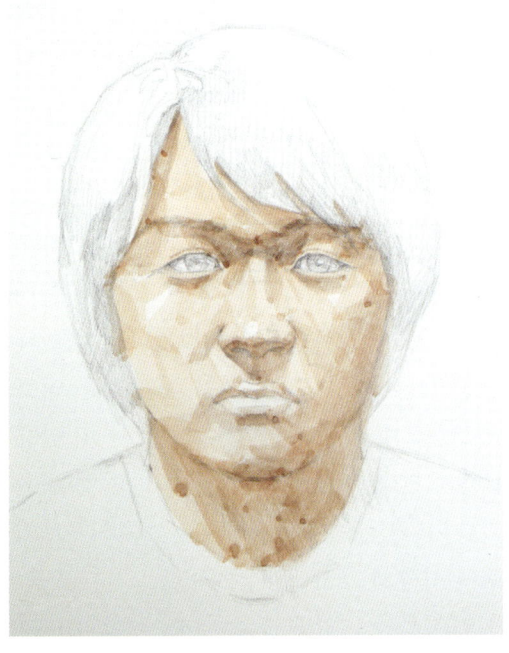

|과정2| 우선 피부색을 만들이 매우 밝게 채색합니다. 어두운 부분은 물 농도를 적게 하여 약간 진하게 채색합니다.

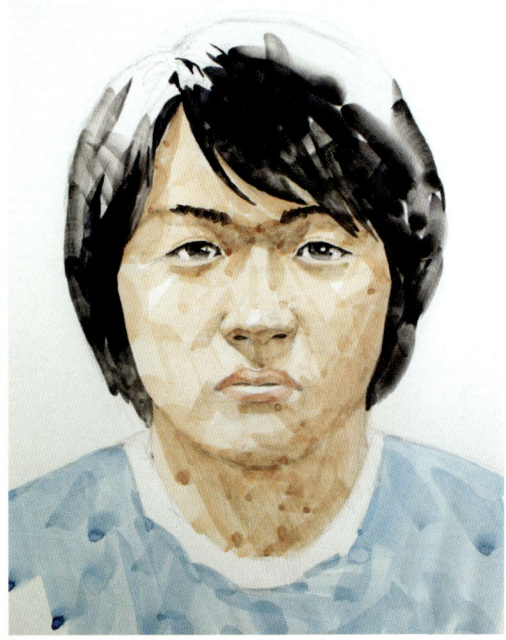

|과정3| 나무를 보지 말고 숲을 보듯이 머리카락을 '검은 덩어리'로 생각하여 큰 명암을 잡아줍니다. 작은 붓으로 이목구비를 채색할 때 물기가 많지 않도록 주의하세요.

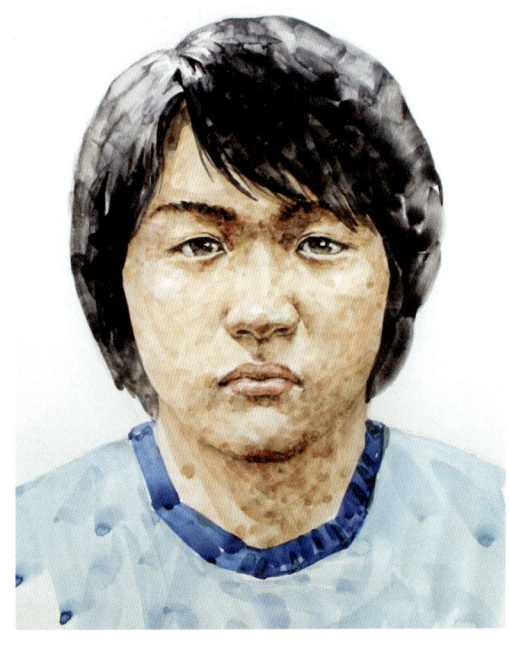

|완성| 이목구비를 중심으로 전체적으로 마무리합니다. 머리도 부분적으로 작은 묘사를 해주세요, 머리라고 너무 진한 검은색으로만 하지 말고 얼굴의 명암이 진해지지 않고 자연스럽게 연결되도록  완성하세요.

## 초상화

인물화를 그리고 싶은 초보자들은 대부분 닮게 그리고 싶어 합니다. 하지만 자세히 관찰한다고 얼굴이 저절로 닮아지진 않습니다. 아주 미세한 차이로도 인상이 변하기 때문에 전체적인 특징을 잡아내는 눈과 정확하고 자연스러운 묘사를 할 수 있는 손을 훈련해야 합니다.

하지만 다른 방법이 있습니다.

초상화 기법 중 하나인 격자무늬(그리드)를 사진에 넣어 그린다면 닮게 그릴 수 있습니다. 사진의 격자무늬, 그 작은 정사각형 속 모양을 따라 그리면 됩니다. 그리고 사진 격자무늬의 칸 수만 맞추어 종이를 확대하면 큰 그림도 그릴 수 있습니다.

어릴 적 영화 간판을 보며 저렇게 크고 정확하게 그림을 그린다는 것이 여간 신기하지 않았습니다. 나중에 영화 스틸 사진에 그리드를 그리고 큰 화면에 옮기는 것을 알았을 때도 신기한 것은 역시 마찬가지였습니다. 이런 기법을 이용하여 몇 십 배, 몇 백 배 크기의 닮은 그림을 그릴 수 있습니다.

정교한 초상화가는 이 격자무늬를 매우 작게 많이 그리고 작업합니다. 정말 사진처럼 똑같습니다. 여러분도 초상화를 그릴 때, 이 방법을 써 보세요.

또 다른 방법은 어릴 적 많이 해 본 먹지와 기름종이를 이용하는 방법입니다. 사진을 그림 사이즈로 뽑아 먹지를 대고 그리거나, 기름종이를 대고 그려 다시 먹지를 대고 그려내는 방법입니다.

또 다른 방법은 라이트 박스를 이용하거나 모니터처럼 빛을 내는 영상 위에 종이를 대고 비친 이미지를 따라 그리는 방법입니다.

그리고 극사실작가들 중에는 대형 작품들을 스케치할 때 프로젝트를 화면에 비추어 영상을 따라 그리기도 합니다. 이런 방법들은 초상화뿐 아니라 어떤 주제의 그림이라도 사실적으로 그릴 때 자주 활용됩니다.

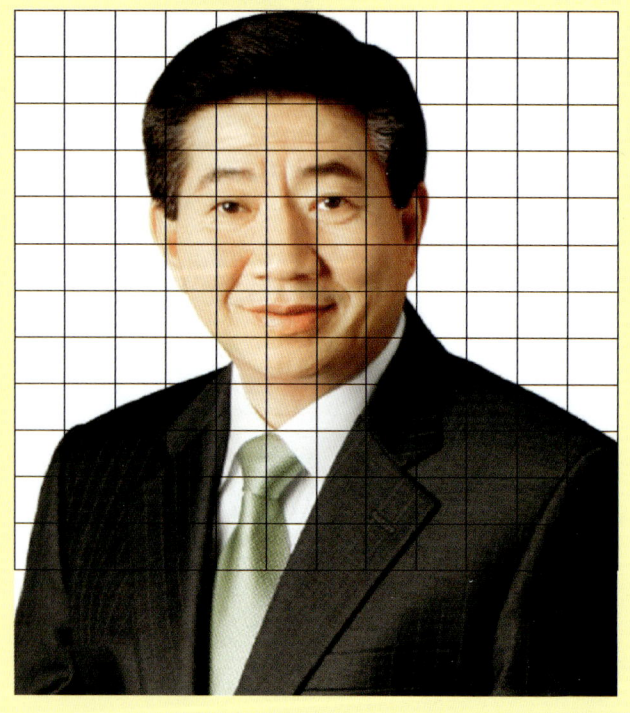

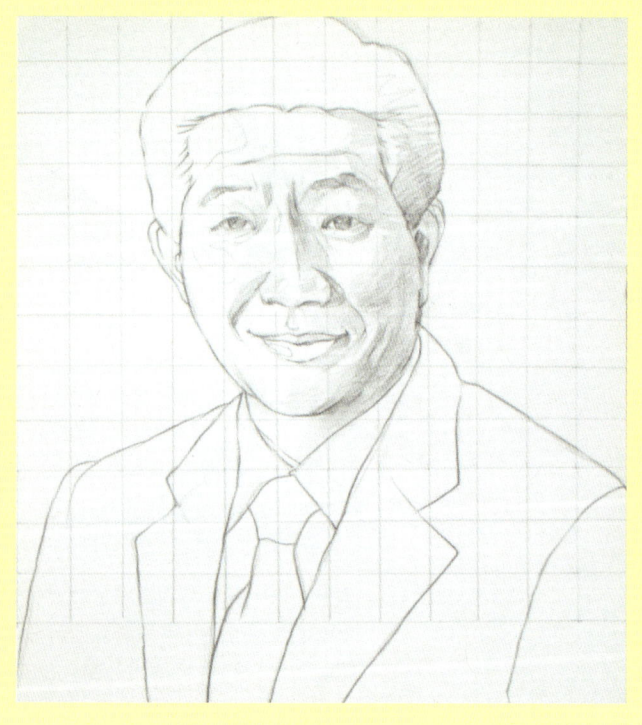

크로키는 움직이는 동물이나 사람의 형태를 짧은 시간 내에 스케치하는 것입니다. 보통 누드 크로키를 많이 알고 있지만, 동물이나 사람의 표정, 특정 부위, 동작 등 모든 살아 있는 생명체의 자연스러운 포즈를 순간적으로 그려내는 것은 모두 크로키입니다. 심지어 정물, 자연물, 건물 등의 무생물체도 빠른 시간에 그리면 크로키라고 말하기도 합니다. 성격 급한 분들이 좋아할 만한 장르죠. 그리고 만일 스케치를 후다닥 한다면 그건 스케치가 아니라 크로키가 됩니다. 재료는 연필, 펜, 콘테, 목탄, 파스텔, 붓 등 다양하게 사용할 수 있습니다.

그럼 제일 궁금한 '빠른 시간'이란 어느 정도의 시간일까요? 요즘 누드 크로키 학원에선 누드모델들이 포즈를 변경하는 시간을 노래 한 곡에 맞추는 경우가 많습니다. 3분에서 4분 사이로 보통 5분 정도를 넘지 않는 것이 상식입니다. 처음에 너무 당황하여, 눈 그리고 콧구멍 그리다 끝나버리죠. 또는 몸통을 땅콩처럼 그리다 끝나기도 합니다. 하지만 점차 익숙해지면 여유있게 그리게 됩니다. 작은 부분에 연연하지 않고 큰 동세를 그리는 것이죠. 처음 크로키를 하는 분들은 작은 사이즈의 종이에 그리는 것이 좋습니다.

또 여러분이 모델을 직접 서 보시라고 권합니다. 3~4분 동안 정지된 동작을 하는 것은 정말 힘듭니다. 특히 역동적인 동작일 경우 '일각이여삼추'입니다. 그러니 모델들에게 더욱 친절하게 잘해 주세요. 그럼 모델들도 정말 멋진 포즈로 답하겠죠.

크로키는 나름의 매력이 있습니다. 동호인들도 상당히 많고요. 특히 누드 크로키는 패션 디자인을 공부하는 분, 애니메이션을 공부하는 분, 인물화를 그리는 분에게는 필수 과목입니다. 초보자들이 크로키를 하면 일단 형태력이 많이 늡니다. 그리고 그림을 전체적으로 보는 눈이 길러지고 대상의 특징을 일목요연하게 그리는 실력도 늡게 됩니다. 하지만 크로키는 시간을 들인 정확한 데생과 함께할 때, 그 실력이 배가 된다는 것을 명심하세요.

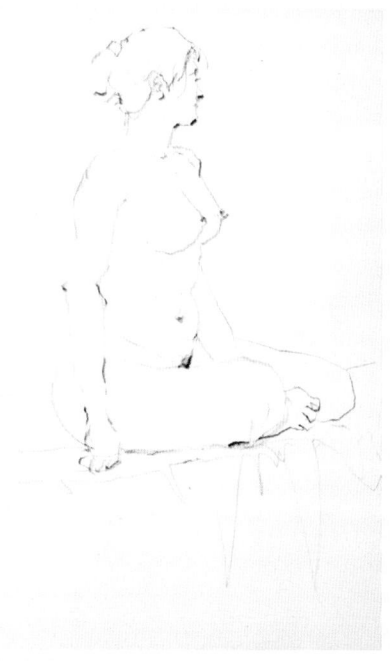

누드 크로키

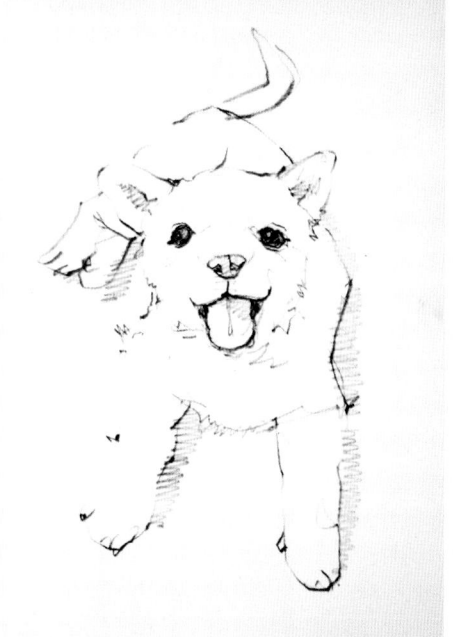

동물 크로키

# 그림 그리는 여인

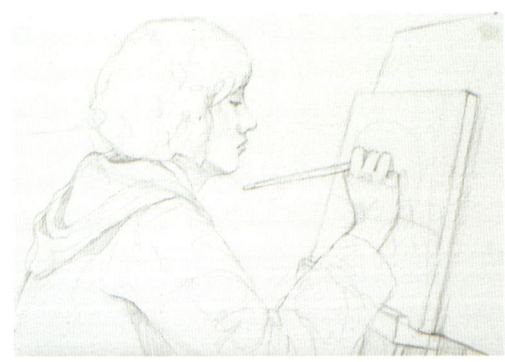

|과정1| 얼굴과 몸 그리고 손의 크기를 잘 살피며 스케치
합니다.

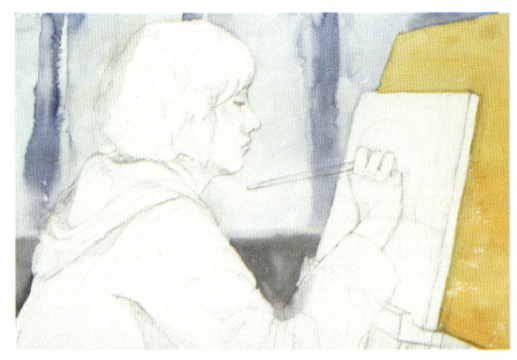

|과정2| 인물 주변을 물칠한 후 밝게 채색합니다. 정확한
채색보다는 번지면서 자연스럽고 부드러운 배경이 되도
록 합니다.

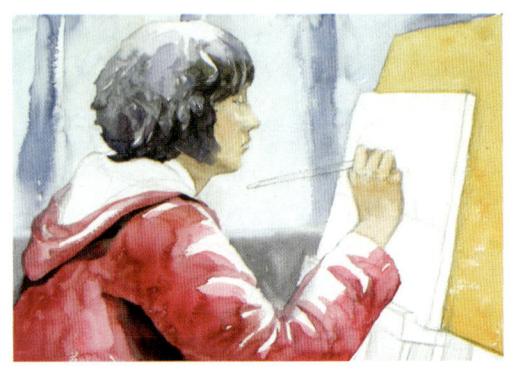

|과정3| 머리카락은 큰 명암 단계를 기본으로 물 농도를 조
절하여 채색합니다. 피부도 전체적으로 밝게 채색합니다.

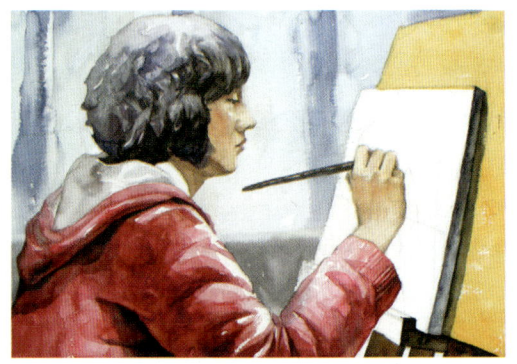

|과정4| 얼굴과 손의 명암이 너무 강하지 않도록 주의하
고 머리카락은 양감이 깨지지 않을 정도로 묘사합니다.

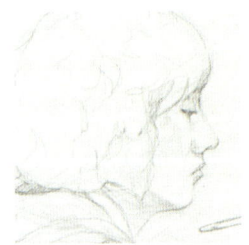 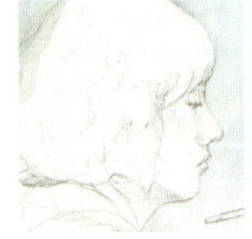

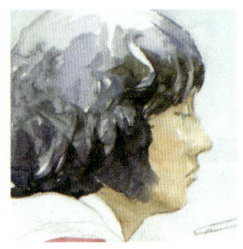

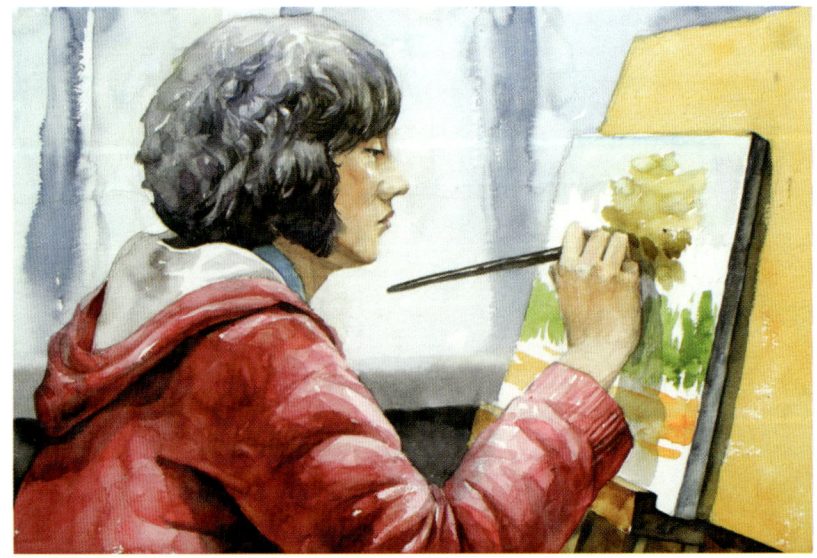

|완성| 그림에서 인물의 이목구비가 작으므로 한두 번에 끝내야 합니다. 중요한 부분이지만
너무 많이 손대면 안됩니다. 전체적으로 마무리하며 완성합니다.

# 한복 입은 아이

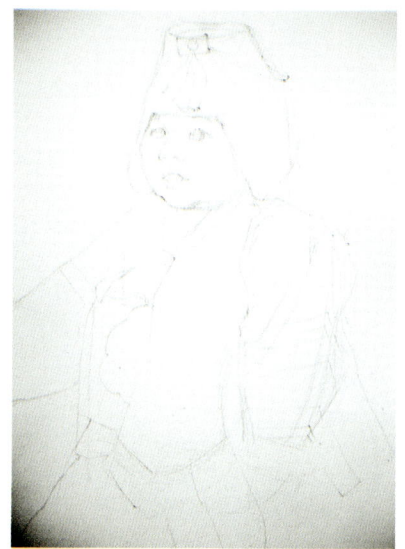

|과정1| 아이의 신체비례가 잘 나타나도록 스케치합니다.

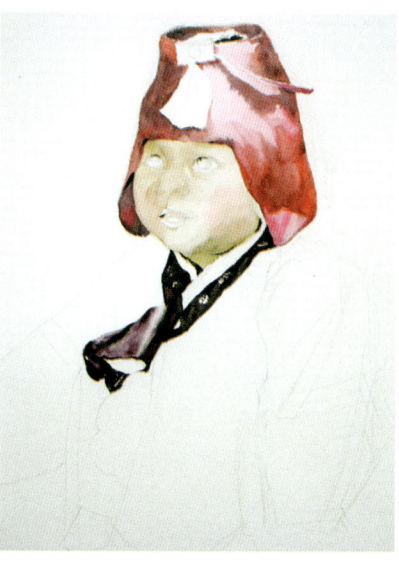

|과정2| 얼굴색을 밝게 채색하고 한복의 질감이 잘 나타나도록 명암을 처리합니다.

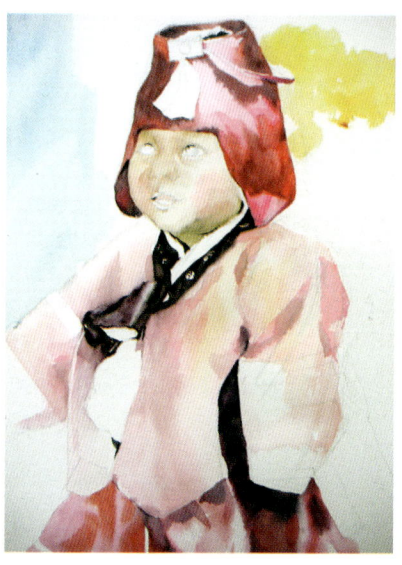

|과정3| 한복을 채색하고 배경을 밝게 채색합니다.

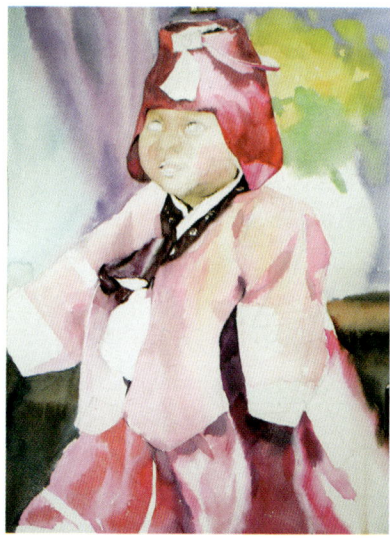

|과정4| 배경을 채색하며 전체적인 마무리를 합니다.

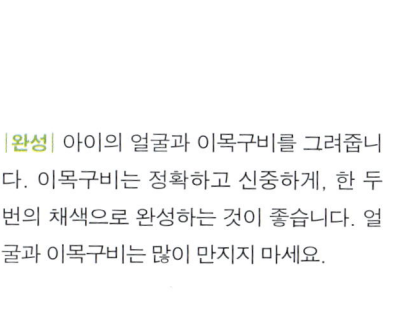

|완성| 아이의 얼굴과 이목구비를 그려줍니다. 이목구비는 정확하고 신중하게, 한 두 번의 채색으로 완성하는 것이 좋습니다. 얼굴과 이목구비는 많이 만지지 마세요.

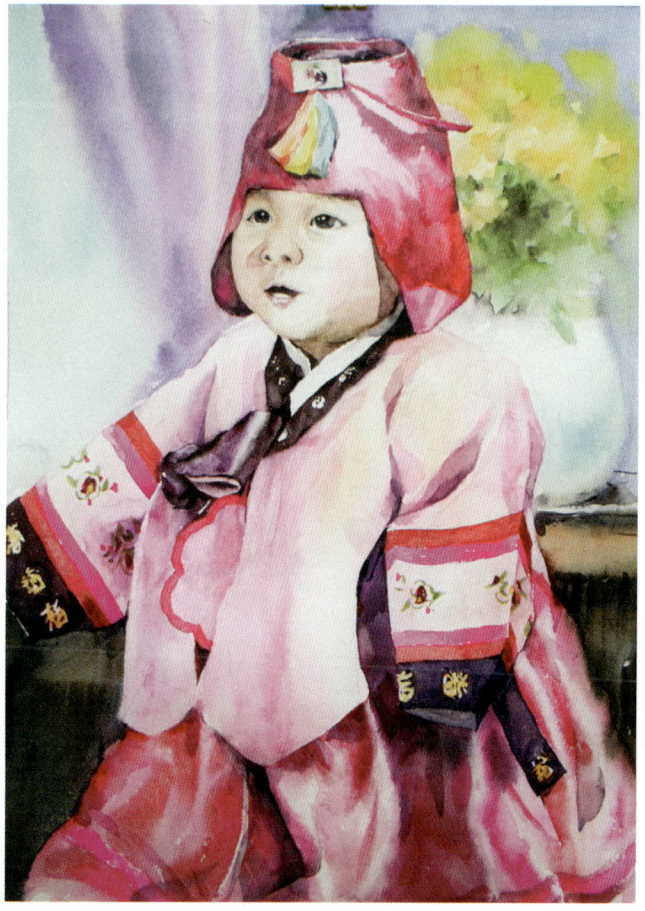

# 붓을 쥔 손

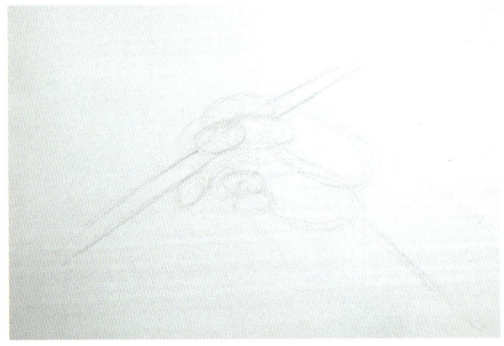

|과정1| 손의 형태를 잡을 때 전체적인 형태와 손가락의 관절을 중심으로 구조적인 특징을 잡아 줍니다.

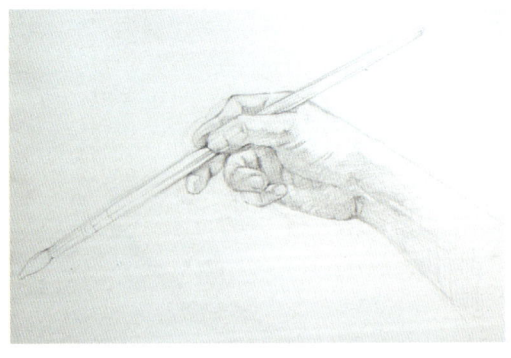

|과정2| 명암을 넣어 특징적으로 스케치합니다. 특히 손과 손가락의 크기나 형태를 잘 비교하며 그립니다. 똑같이 그리는 것보다 어색하지 않은 손 모양이 중요합니다.

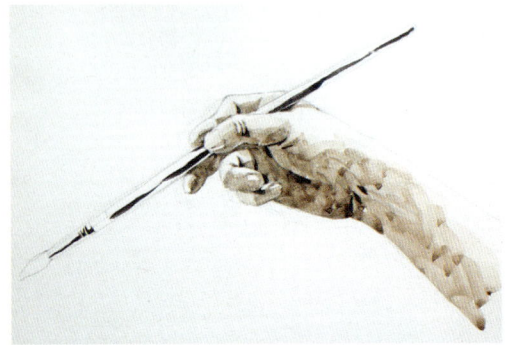

|과정3| 손의 어둠을 반다이크 브라운으로 물조절하여 채색합니다. 특히 손의 명암은 변화가 많으므로 잘 관찰하며 그립니다.

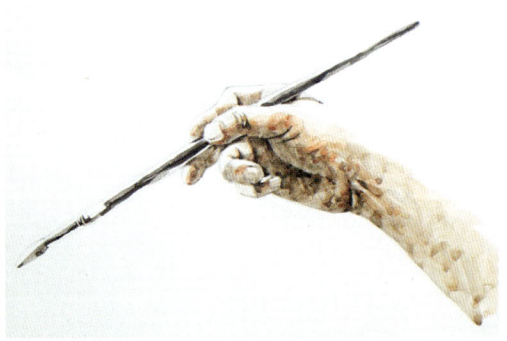

|과정4| 손의 어둠이 완성되면 피부색을 연하게 덧칠합니다. 밝은 부분은 채색하지 말고 하얗게 남겨 놓으세요.

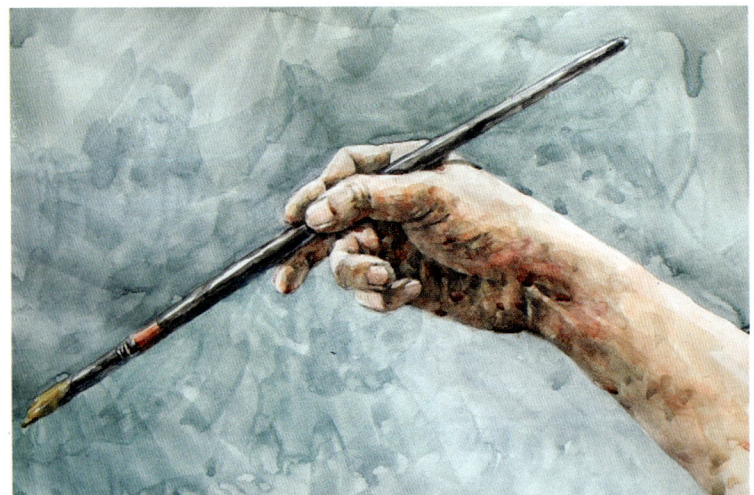

|완성| 손의 어둠과 중간 톤이 자연스럽게 어울리도록 채색합니다. 붓의 표현이나 손가락의 표현은 붓의 물기를 적당히 하여 뭉개지지 않도록 채색해야 합니다. 밝은 부분은 거의 물로 채색합니다.

**tip 자기 손을 그리자!**

손은 인체데생뿐 아니라 기본적인 미술수업에도 등장하는 중요한 소재입니다. 손은 생각보다 형태도 까다롭고 명암도 변화무쌍합니다.

손을 그리는 것은 손과 손가락의 비례, 자연스러운 손가락 관절의 움직임(동세) 등 정확한 관찰력은 물론 구조적인 이해를 공부하는 중요한 형태 학습법입니다. 또 손의 굴곡에 따라 변하는 다양한 톤 변화와 주름들은 명암을 공부하는 필수코스죠. 그래서 손은 기본기를 평가하는 시험 소재로 많이 나옵니다. 우리나라 대학 입시에도 자주 등장합니다.

초보자들이나 인물화를 공부하는 분은 자신의 손을 직접 보며 그리는 것이 아주 좋은 공부가 됩니다. 간단한 스케치에서부터 데생, 수채화까지 다양한 시도를 해보세요. 여러분은 아주 훌륭하고 중요한 미술 소재를 가지고 다니는 것입니다.

# 소망

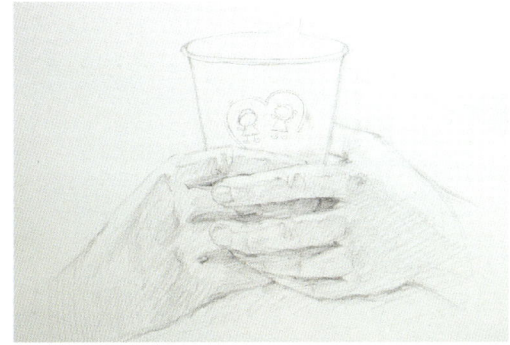

|과정1| 손과 종이컵 크기를 자연스럽게 스케치합니다. 손은 역광이므로 명암에 신경쓰세요.

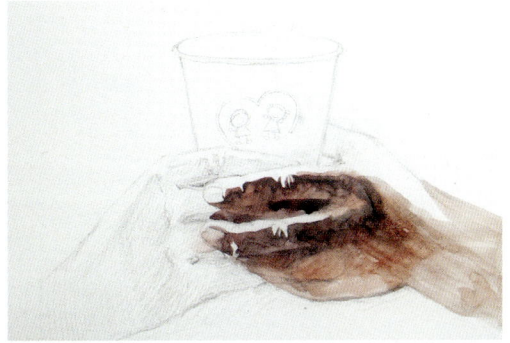

|과정2| 손의 스케치를 기본으로 어둠을 과감하게 채색합니다. 어둠이 시작하는 손가락의 어둠은 세게 잡고 조금씩 어둠을 풀어 주며 채색하세요.

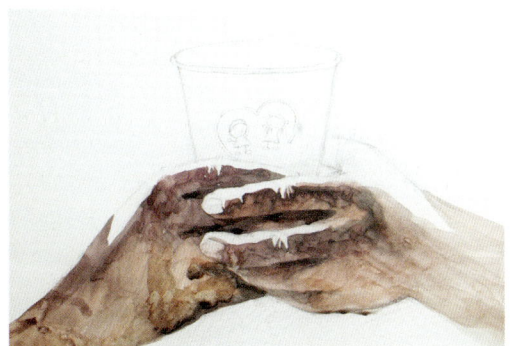

|과정3| 손의 어둠을 전체적으로 채색합니다.

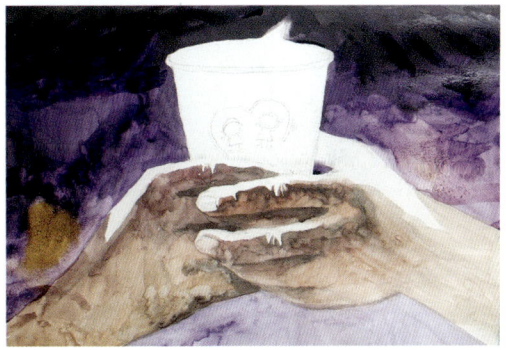

|과정4| 아이보리 블랙과 퍼머넌트 바이올렛을 이용하여 배경을 어둡게 채색하며 큰 변화를 잡아 줍니다.

|완성| 촛불이 들어 있는 종이컵은 밝게 채색하고, 손의 밝은 면도 아주 밝은 피부색으로 덧칠하여 어둠과 자연스럽게 연결합니다. 특히 손목의 바깥 부분은 배경의 색을 엷게 해서 겹쳐 칠하여 손이 배경 속으로 사라지는 느낌을 표현합니다.

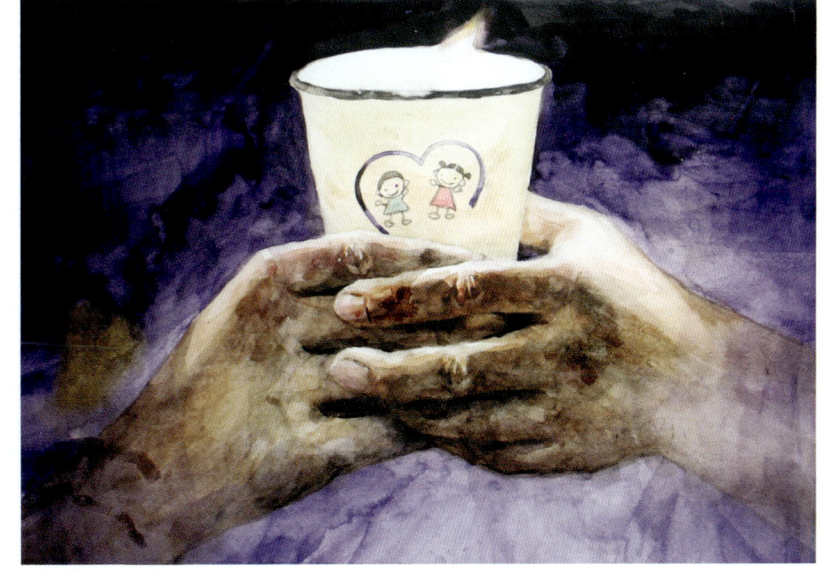

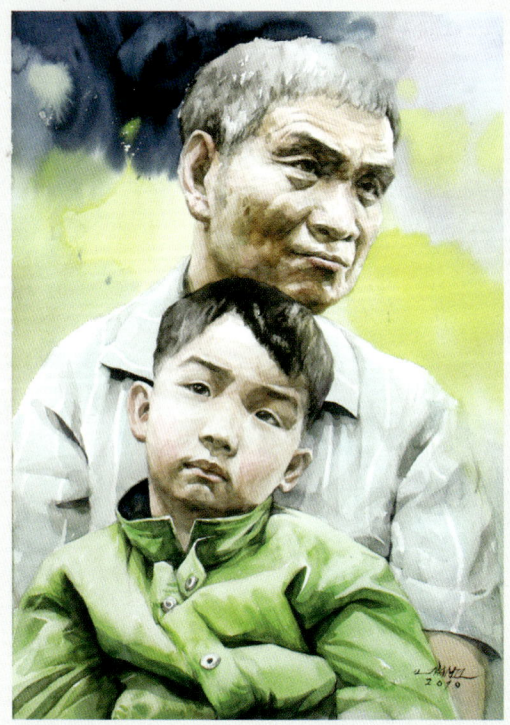

**할아버지와 손자 – subway**, 50×70cm, watercolor on paper.

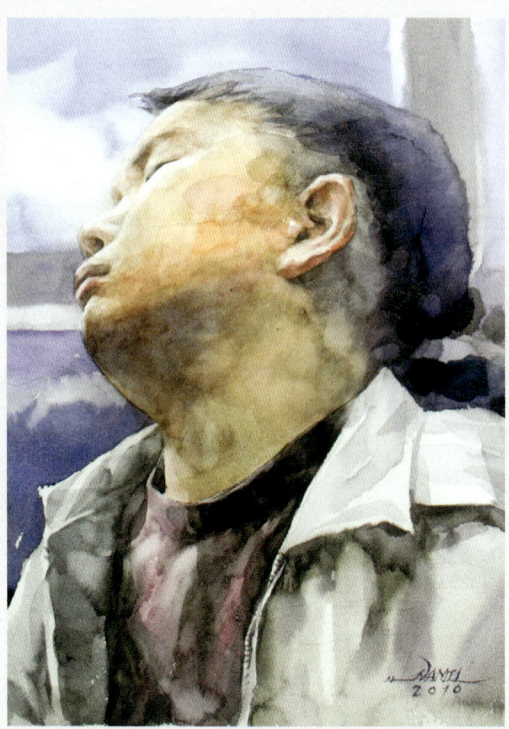

**맛있는 잠 – subway**, 36×51cm, watercolor on paper.

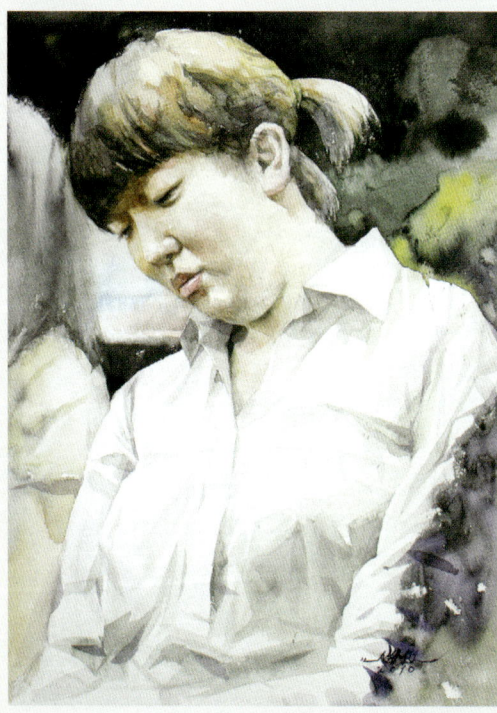

**귀가 – subway**, 36×51cm, watercolor on paper.

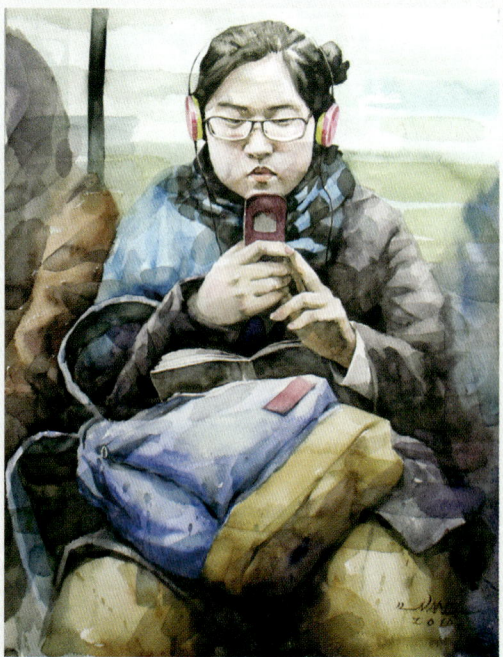

**멀티플레이어 – subway**, 46×61cm, watercolor on paper.

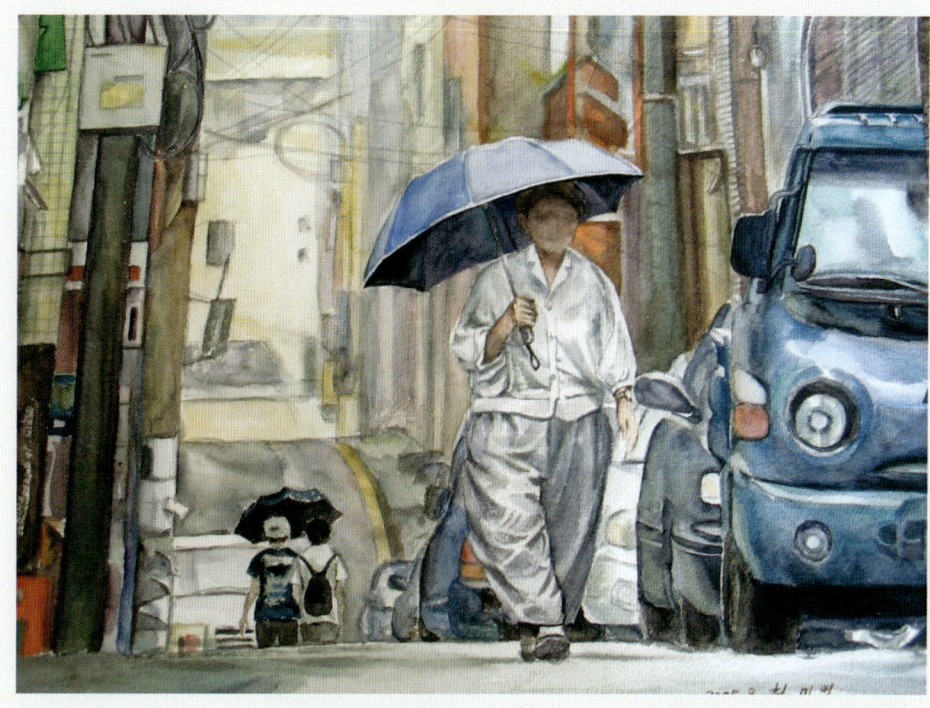

**비오는 날**, 허미영, 20F, watercolor on paper.

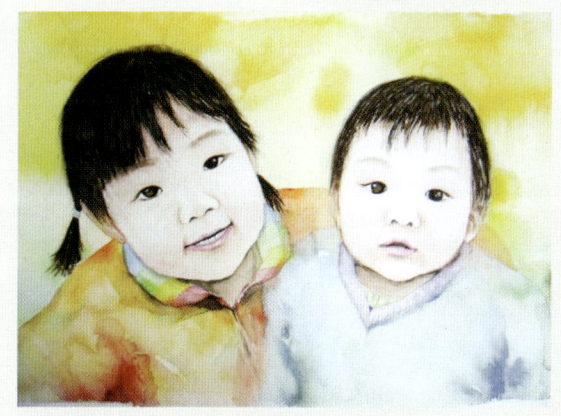

**사랑**, 신현진, 51×36cm, watercolor on paper.

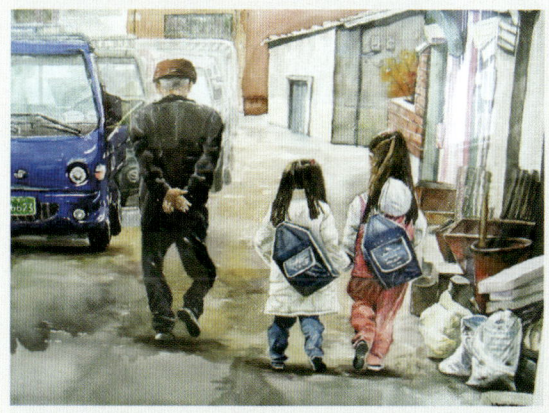

**등굣길**, 박희숙, 20F, watercolor on paper.

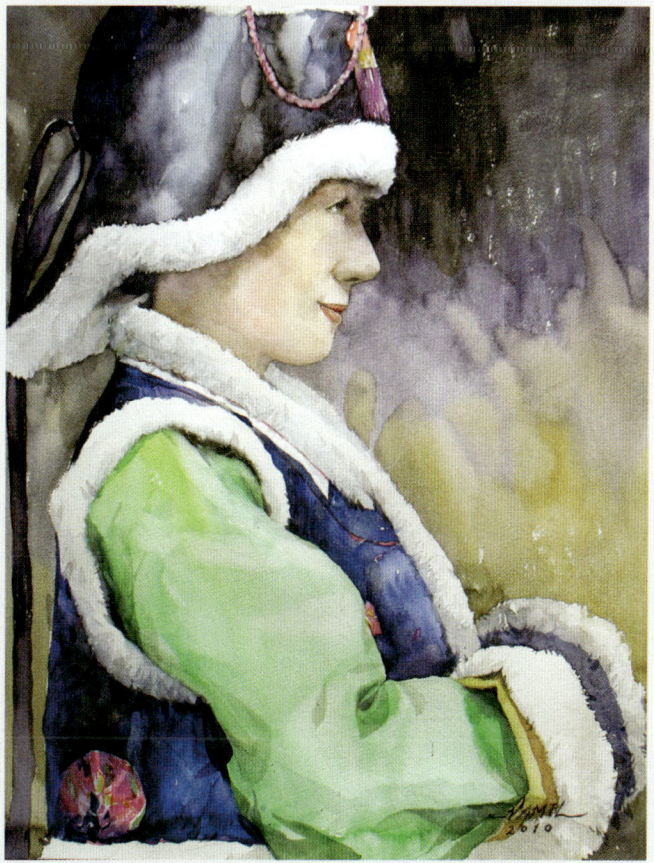

**한복 입은 여인**, 46×61cm, watercolor on paper.

마치는 글
# 그림 빨리 느는 지름길

### "난 미술에 소질이 없나 봐요"

수채화를 가르치다 보면 이런 소리를 많이 듣게 됩니다. 아마도 노력에 비해 성과가 별로 없다고 느끼는 분들의 하소연이겠지요. 물론 미술도 재능의 많고 적음이 매우 중요합니다. 가르치는 것을 스펀지처럼 빨아들이는 학생들을 보면 가르치는 보람을 느끼기도 합니다.

하지만 아마추어든 프로든, 미술은 소질과 재능으로만 할 수 있는 것이 아닙니다. 무엇보다 자신의 애정과 열정이 중요합니다. 특히 취미로 미술을 하는 분들을 볼 때면 그 열정에 감탄하곤 합니다. 마치 연애를 막 시작한 것처럼 보이기도 합니다. 거기다 그림 그리는 자신에 대한 애정이 더해진다면 좋겠습니다. 남들과 너무 비교하지 말고 스스로 즐길 수 있어야 합니다. 그렇다면 미술이 여러분 삶의 비타민이 될 수 있겠죠. 참고로 프로 미술 작가들도 자신의 재능이 아주 뛰어나다고 생각하는 사람은 거의 없습니다.

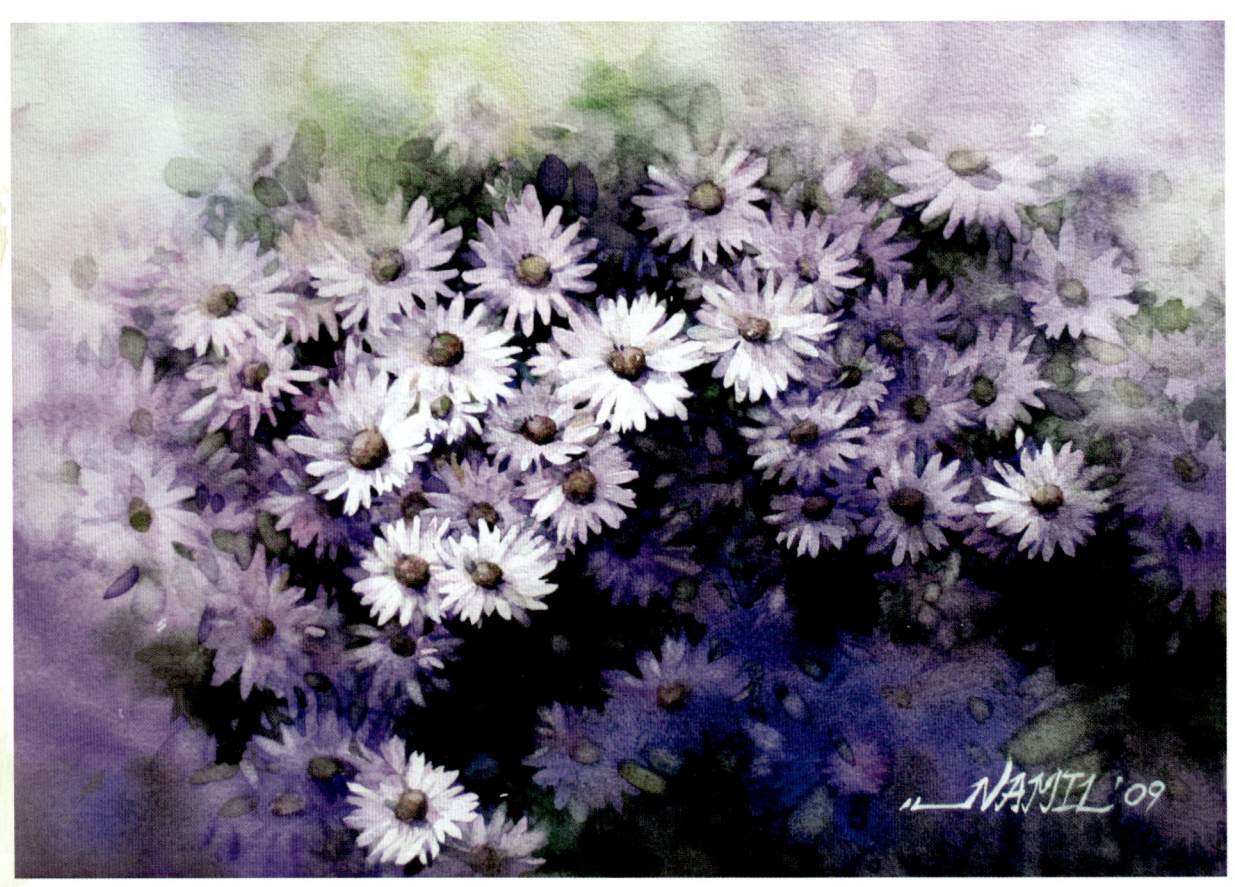

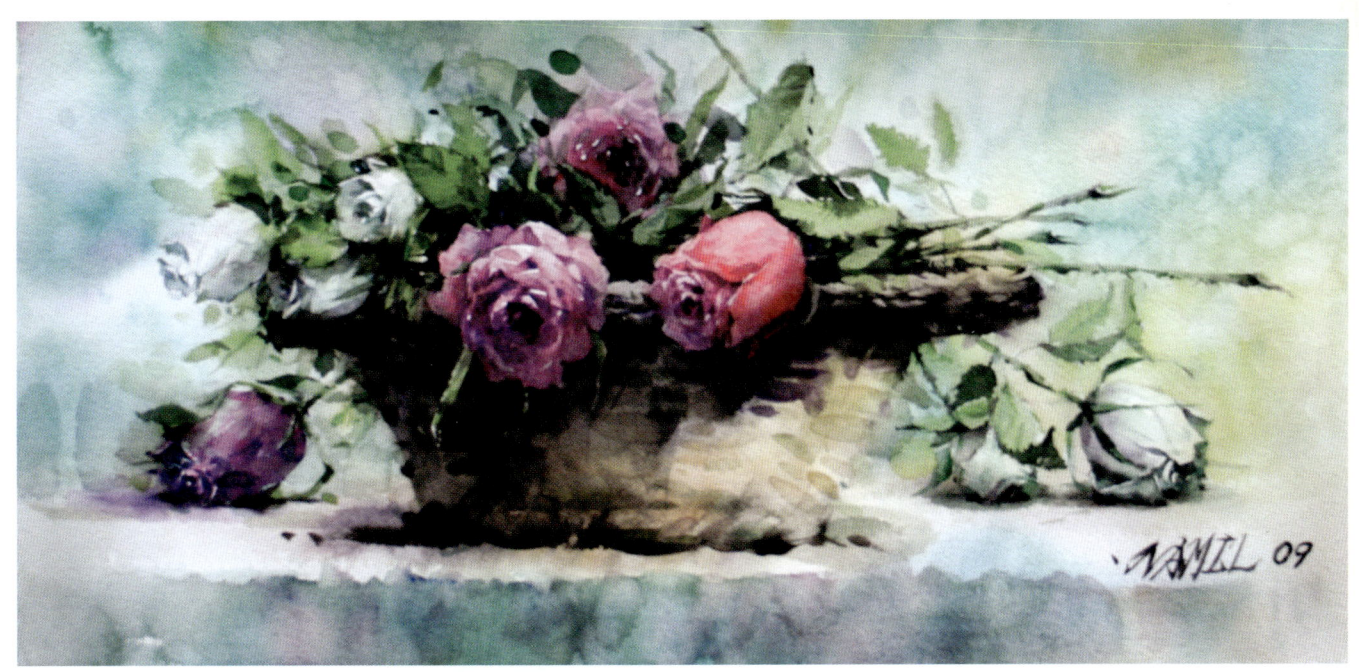

### 날로 먹지 말자

제가 농담 반 진담 반하는 말입니다. 잘 그리고 싶다면 그만큼 투자를 해야 합니다. 복잡하고 어려운 그림은 스케치를 며칠 동안 하면 됩니다. 그 고생이 자신의 실력이 될 수 있으니 헛고생이 아니겠죠. 특히 수채화는 간단하고 빠르다는 오해가 있습니다. 물론 유화에 비해서는 제작기간이 매우 짧습니다. 하지만 그림의 내용과 표현방법, 크기에 따라 수채화도 상당한 시간과 노력이 필요하다는 것을 알아야 합니다.

### 세 살 버릇 여든까지 간다?

저는 초보자들을 지도하며 오히려 많이 배웁니다. 제가 알고 있던 잘못된 오해나 습관들을 되돌아 볼 수 있기 때문입니다. 수채화는 사실 처음이 어렵지 기본기만 어느 정도 익히면 정말 재미있는 그림입니다. 그 기본기를 자신의 습관이 될 때까지 중요하게 다루어야 합니다. 빨리 완성하고 싶어서 마르지도 않았는데 덧칠하고 나선 "내가 원래 성격이 급해요"라고 말한다면, 아직 수채화의 기본기를 익히지 못한 것이겠죠. 그러므로 기본기를 복습하여 좋은 세 살 버릇을 얻을 수 있어야 합니다. 참고로 저는 생활 습관은 엉망이지만 작품에 대한 습관은 칼입니다.

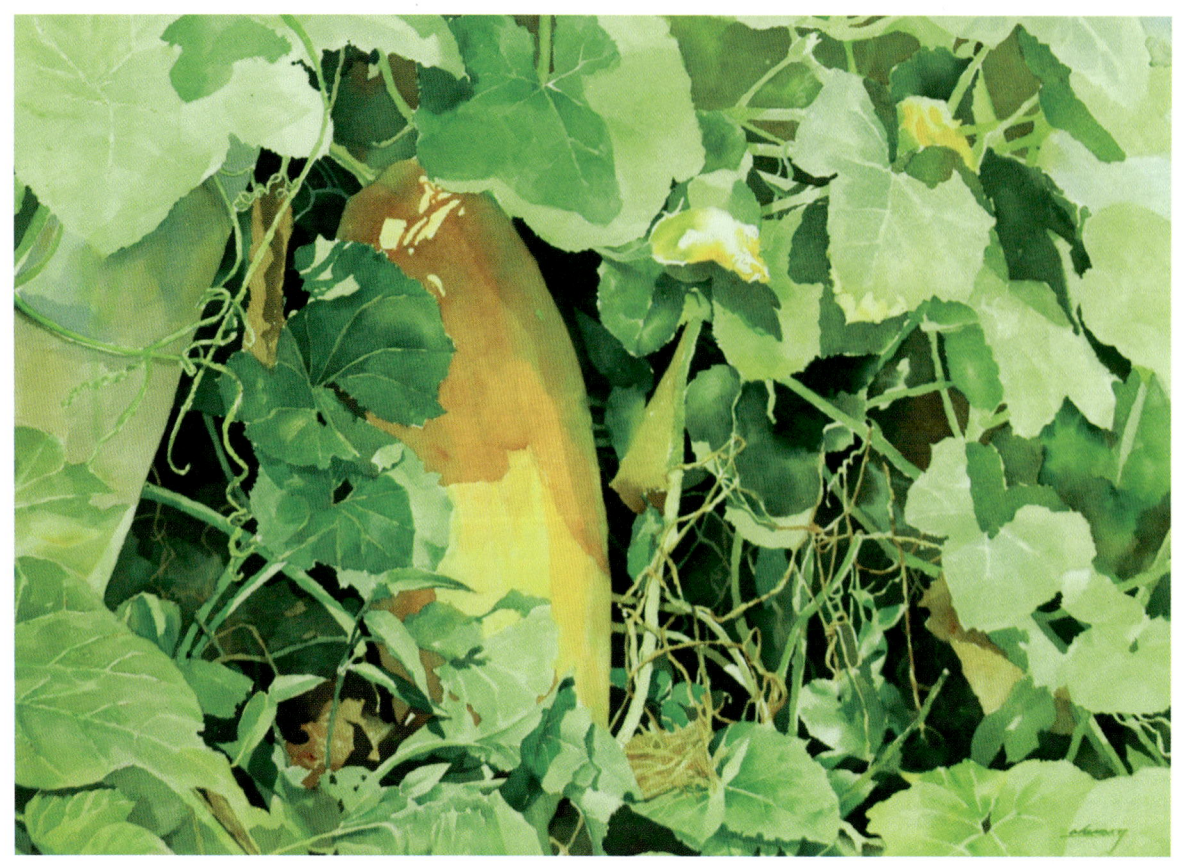

## 끝까지 완성합니다

모든 선생님들의 한결같은 이야기입니다만 그만큼 중요합니다. 한 장의 그림을 끝까지 완성해야 한다는 겁니다. 수채화는 수정이 불가능하기에 초반에 망하는 경우가 많습니다. 하지만 그 망한 그림을 끝까지 완성시킨다면 정말 많은 것을 얻을 수 있을 것입니다. 끝까지 완성하는 습관은 초보자에게는 학습의 왕도입니다.

## 모방은 창조의 어머니!

초보자들이 좋은 그림을 따라 해 보는 것은 매우 좋은 학습 방법입니다. 수채화는 완전한 카피가 불가능한 장르입니다. 물의 작은 변화라도 다른 효과가 나기 때문이죠. 그래도 완성작은 작가가 이미 색채나 톤을 정리하여 표현했기 때문에 그것을 따라하면 자연스럽게 색채와 톤, 그림 완성도 등의 공부를 할 수 있습니다. 단, 실물과 사진을 보고 그리는 공부를 병행해야 합니다. 그래야만 카피한 실력이 완전하게 자기 것이 됩니다. 저도 마음에 드는 표현 부분이나 톤의 변화는 기억했다 제 작품에 시도해 보곤 합니다.

### 풍부한 자료 수집

요즘은 인터넷을 통해 너무나 좋은 그림이나 사진, 다양한 정보들을 쉽게 모을 수 있습니다. 이렇게 자신이 마음에 드는 자료들을 모아 보관하는 것이 좋습니다. 또 자신이 직접 카메라로 촬영한다면 더욱 다양한 자료들을 모을 수 있을 것입니다. 카메라 앵글을 화면이라고 생각하면 주인공뿐 아니라 주변 환경도 알맞게 집어넣을 수 있을 것입니다.

자기가 그린 그림도 깨끗하게 보관하거나 디지털 카메라로 촬영하여 자료로 보관한다면 그것이 자신의 포트폴리오가 되는 것입니다. 참고 그림들은 인터넷에서 내려받으면 되는데 수채화 작품들을 내려받을 때에는 가능한 한 작가의 이름과 출처를 밝히는 센스를 잊지 마세요. 수채화 인터넷 동아리도 많으니까 참고 하세요.

한국 수채화협회 www.watercolor.or.kr    대한민국 수채화작가협회 www.kwaa.co.kr

### 그림 감상

수채화 작가들의 전시를 직접 보도록 합니다. 인터넷을 통해 화면으로 보는 것도 좋지만, 작가의 작품이나 아마추어 모임의 전시 작품 등을 발품을 팔아 보는 것은 중요합니다. 작품을 직접 보는 것과 사진이나 화면으로 보는 것은 다릅니다. 요즘은 각 도시마다 전시실이 있으므로 가까운 곳에서도 수채화 전

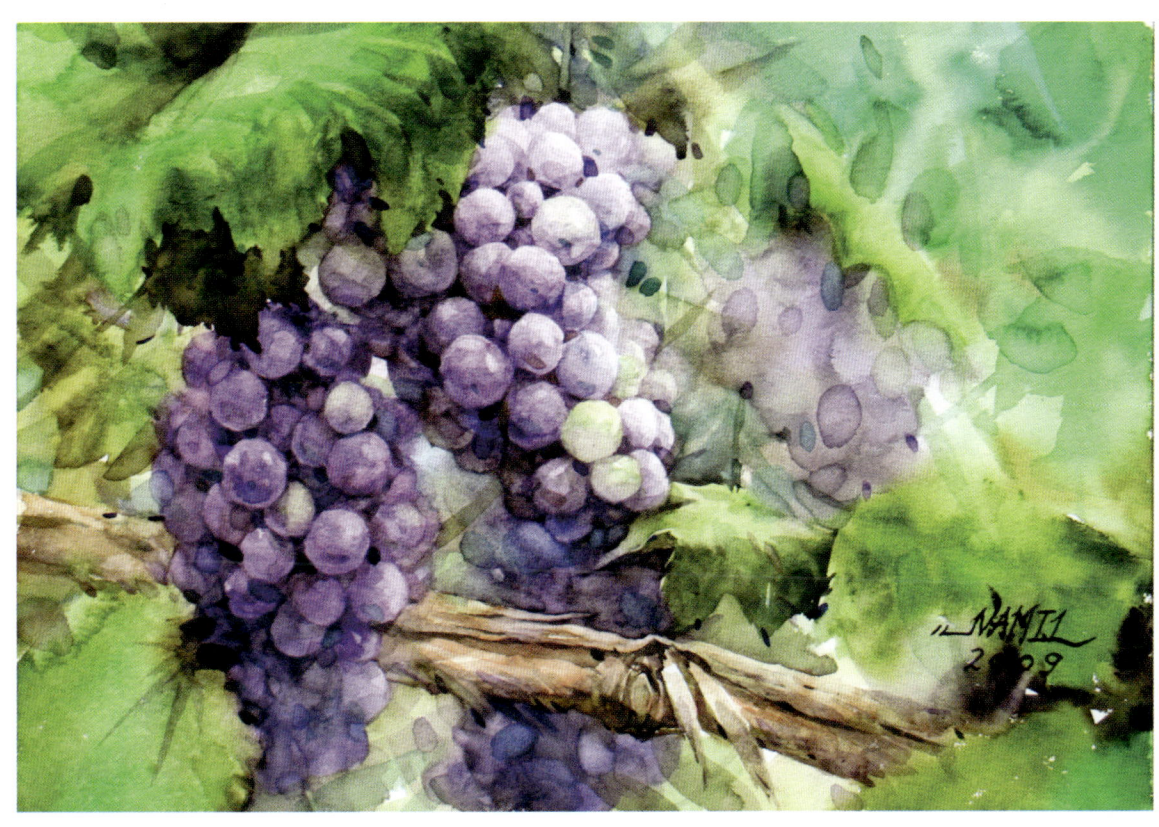

팸플릿이나 카탈로그 등에서 작품을 소개할 때 밑에 나오는 작품설명 즉, 캡션caption에 대해 알아보겠습니다. 여러분도 자신의 작품을
보관하거나 컴퓨터 파일로 가지고 있을 때 이런 캡션을 작성해보세요.

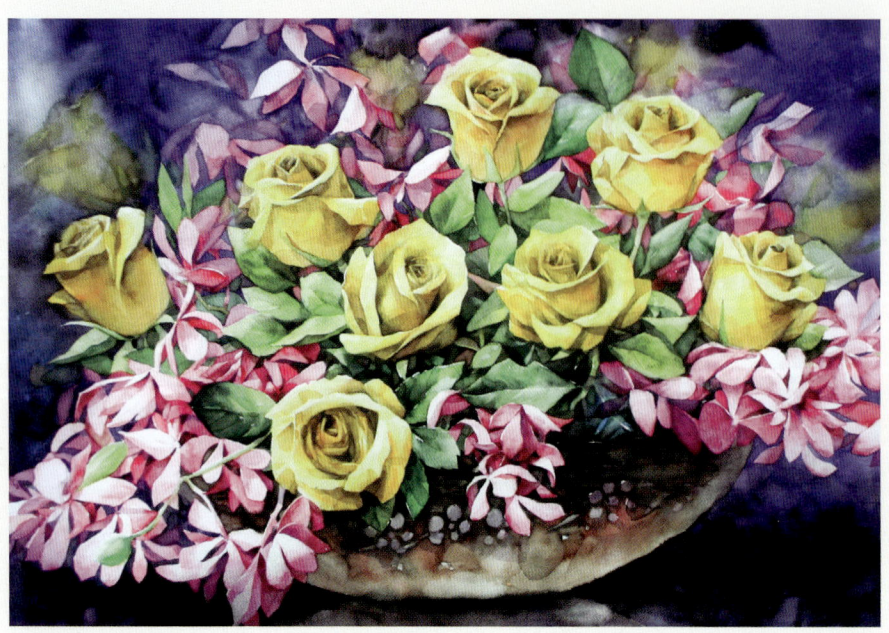

① 남 일 ② 슬픈 너를 위하여 ③ 20F ④ watercolor on paper ⑤ 2011

① 작가 이름 – 작가 이름은 개인 도록이나 개인 섹션에선 제외되기도 합니다.

② 작품 제목 – 작품 제목이 처음에 나오는 경우가 많습니다. 그럼 이 세상에 제일 많은 작품 제목은 무엇일까요? 정답은……'제목 없음' 즉, '무제'입니다.

③ 작품 크기 – 작품의 크기는 cm가 생략된 숫자로 표시되기도 하며 주로 '가로X세로'입니다. 또는 '20F' 이렇게 쓰기도 하는데, 이것은 '20호 F형 사이즈'입니다.

④ 작품 매체 – 작품을 제작한 방법이나 매체를 간단히 소개하는 겁니

다. 'watercolor on paper'는 '종이 위에 수채화'입니다. 참고로 유화는 'oil on canvas'이고 연필데생은 'pencil on paper', 아크릴화는 'acrylic on canvas', 사진은 'photo(graph)', 여러 가지 혼합 재료로 제작한 작품은 'mixed media'라고 표시합니다. 한글로 '종이 위에 수채화', '종이 위에 연필', '캔버스 위에 유화'라고 쓰기도 합니다.

⑤ 제작 연도 – 작품이 완성된 연도를 알려줍니다. 참고로 외국의 유명한 그림을 보면 제작기간이 몇 년씩 걸린 그림이 있습니다. 그건 몇 년 동안 계속 그렸거나, 미완성 상태로 보관하고 있다가 세월이 지난 뒤 완성한 것입니다.

시회를 찾아볼 수 있을 것입니다. 전시장에서 조금 용기를 내어 궁금한 것을 작가에게 직접 물어보세요. 작가들은 관람자가 작품에 대해 물어보기를 은근히 기대하기도 합니다.

### 전시를 해본다

그림을 남들에게 자꾸 보여주세요. 아직 자신의 실력에 확신이 없더라도 가족들에게 관람시켜 주세요. 그리고 여건이 된다면 전시를 하도록 합니다. 전시작을 준비한다는 것은 자신에겐 큰 시험이지만, 그만큼 실력이 많이 늘게 되는 새로운 경험이 될 것입니다. 그리고 좋은 동기부여도 되고요. 요즘 주변의

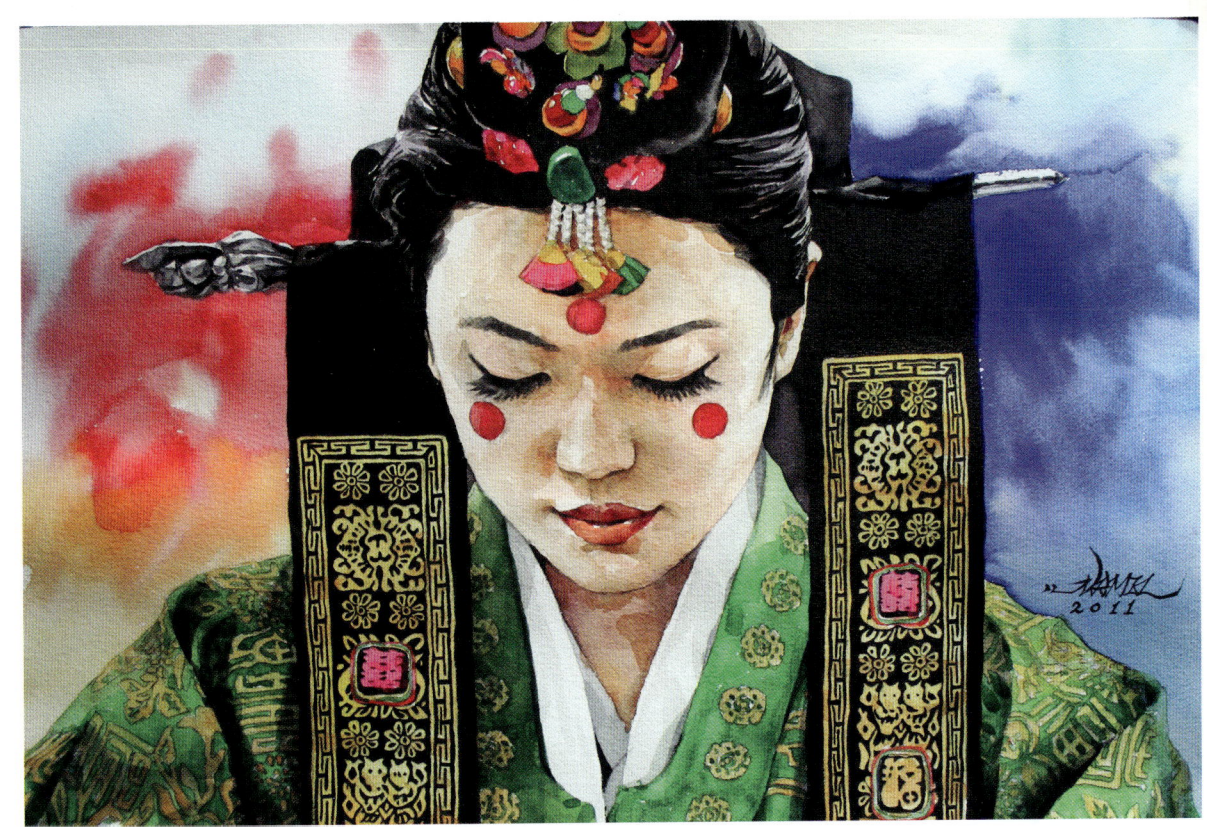

관공서에는 훌륭한 시설의 전시실이 많습니다. 대여료도 비싸지 않고 일반인들도 대여할 수 있으므로 적극적으로 이용하는 것이 시민의 도리가 되겠죠. 또는 공모전에 출품해 보는 것도 좋고요. 그렇게 전시를 하다 보면 어느새 프로 미술 작가가 되어 있을 것입니다.

### 뭐니뭐니 해도 가늘고 길게~

수채화는 다른 장르와 달리 기술적인 부분이 어느 정도 익숙해야 표현이 자유로워지는 예술입니다. 그래서 아무리 뛰어난 데생력과 색채 감각을 가지고 있더라도, 물 조절의 경험이 없다면 수채화를 잘 하지 못합니다. 몇 년 열심히 수채화를 해서 높은 수준에 오르더라도 한참 동안 손을 놓으면 헤매기 일쑤죠. 그러니 취미로 하거나 시간을 많이 투자할 수 없는 초보자의 경우도 꾸준히 오래오래 한다는 생각으로 하는 것이 좋습니다. '굵고 짧게' 보다는 '가늘고 길게' 가는 것이 멋진 수채화의 참맛을 느낄 수 있는 지름길입니다.

# 수채화 첫걸음

**초판 1쇄 인쇄**  2011년  8월  30일
**초판 5쇄 발행**  2022년  7월  15일

**지은이**  남일
**펴낸이**  김호석
**펴낸곳**  도서출판 대가
**편집부**  주옥경 · 곽유찬
**디자인**  F205
**마케팅**  오중환
**관  리**  김경혜

**등  록**  제 311-47호
**주  소**  경기도 고양시 일산동구 장항동 776-1 로데오메탈릭타워 405호
**전  화**  (02) 305-0210
**팩  스**  (031) 905-0221
**전자우편**  dga1023@hanmail.net
**홈페이지**  www.bookdaega.com

**ISBN**  978-89-6285-073-4   13630